천예록
매옹한록
이순록

天倪錄·梅翁閑錄·二旬錄

정환국 책임교열

교감표점
정본
한국야담전집
02

보고사

해제

　이 책은 조선 후기 야담집 총 20종의 원전을 교감하여 새로 정본을 구축한 전집이다. 원래 2016년도 한국학 분야 토대연구지원사업으로 선정된 〈조선 후기 야담집(野談集)의 교감 및 정본화〉의 결과물로 2021년에 1차로 간행한 바가 있었다. 이후 약 3년간 수정 보완을 거친 끝에 이번에 명실공히 조선 후기 야담집의 정본을 내놓게 되었다.
　잘 알려져 있듯이 조선 후기 야담집은 거개가 필사본으로 존재하고 있으며, 다종의 이본을 양산하면서 축적되어 왔다. 그러다 보니 그 자체가 하나의 활물(活物)처럼 유동적이고 적층적인 형태를 취하고 있다. 이는 동아시아 고전 자료 중에서도 유별난 사례이자, 조선 후기 이야기문학의 역사를 웅변한다. 한자를 공유했던 동아시아 어느 지역에서도 찾아볼 수 없는 이 필사본의 족출과 적층은 조선조 문예사에서 특별히 주목할 사안이지만, 한편으로는 이 때문에 해당 분야의 접근이 난망했던 것도 사실이다. 다양한 필사본과 이본들의 존재는 원본과 선본, 이본의 출현 시기 등 복잡한 문제를 던져주었을 뿐만 아니라 애초 원전 비평을 어렵게 하였다.
　하지만 야담에 대한 이해와 접근은 무엇보다 원전 비평이 선결되어야 했었다. 물론 이런 문제의식과 고민, 그리고 일부 성과가 없었던 것은 아니다. 그렇지만 특정 야담집에 한정한 데다 그 방법 또한 유익한 방향이 아니었다. 그리하여 조선 후기 야담은 동아시아에서 우리만의 서사 양식으로, 또 조선 후기 사회를 밀도 있게 반영한 대상으로 주목받았으면서도 원전에 대한 정리는 상대적으로 미진하기 짝이 없었다. 그러니 우리의 야담 연구는 어쩌면 첫 단추를 아예 끼우지 않았거나 잘못 낀 채 진행해 왔다고 해도 과언이 아니다.

그런데 조선 후기 야담의 전체 양이나 이본 수로 볼 때 이 분야 연구는 일개인의 노력으로는 거의 불가능한 영역이라 하겠다. 더구나 우리의 학문생태계에서 교감학이 활성화된 적도 거의 전무했다. 자료의 상태와 양은 물론 정립할 학문적 토대가 취약한 터라 해당 연구의 출발 자체가 난망했던 터다. 그럼에도 우리는 이젠 더 이상 미룰 수 없다는 책임감으로 연구팀을 꾸려 지난한 과제를 수행하게 된 것이다. 본 연구팀은 한국 야담 원전의 전체상은 물론 조선 후기 이야기문학의 적층성과 그 계보를 일목요연하게 드러내고자 이본 간의 교감을 통한 정본 확정의 도정을 시작한 것이다. 일단 이 자체로 개별 야담의 온전한 자기모습을 복원할 수 있게 되었다고 자부한다. 앞으로 이 자료가 고전문학뿐만 아니라 전통시대 역사와 예술 등 한국학과 인문학 전 영역의 연구에서 보다 적극적으로 활용되리라 믿는다. 나아가 이 책은 동아시아 단편서사물의 집성 가운데 중요한 결과물의 하나가 될 것이며, 자연스레 한국 야담문학에 대한 관심도 제고될 것으로 기대된다.

다만 본 연구가 기획되던 시점부터 스스로 던지는 의문이 있었다. 다른 고전 텍스트의 존재 양태와는 달리 야담의 경우 이본마다 나름의 성격과 시대성을 담보하고 있다. 그런데 이를 싸잡아 정본이라며 특정해 버리면 개별 이본들의 성격과 특징이 소거되는 것은 아닌가, 그러면 이 정본은 결국 또 다른 이본이 되고 마는 것은 아닌가. 이런 점을 고민하지 않을 수 없었다. 고민 끝에 우리는 '동태적 정본화'를 추구하기로 하였다. 정본을 만들기는 하지만 개별 이본의 특징들이

사상되지 않도록 유의미한 용어나 문장, 그리고 표현 등을 살리는 방향이었다. 대개는 주석을 다양하게 활용하여 이를 해결하고자 하였다. 말하자면 닫힌 정본이 아닌 열린 정본의 형태를 추구한 것이다. 이런 방식은 지금까지 시도된 예가 없거니와, 야담의 존재적 특성을 잘 반영하면서 새로운 교감학의 실례가 됐으면 하는 바람도 있어서다. 그러다 보니 일반 교감이나 정본화보다는 품이 훨씬 더 많이 들어갔다. 이 과정을 소개하면 이렇다.

먼저 해당 야담집의 주요 이본을 모은 다음, 저본과 대조본을 선정하였다. 저본은 선본이자 완정본이면서 학계에서 이미 인정되고 있는 점 등을 감안하여 잡았다. 대조용 이본은 야담집에 따라 그 수가 일정하지 않은바 최대한 동원 가능한 이본을 활용하되, 이본 수가 많은 경우 중요도에 따라 선별하였다. 다음으로, 저본과 대조이본을 교감하되 저본의 오탈자와 오류는 이본을 통해 바로잡았다. 문제는 양자 사이에 용어나 표현 등에서 차이가 있지만 모두 가능한 경우였다. 이때는 주로 저본을 기준으로 하되 개별 이본의 정보를 주석을 통해 반영하였다.(이에 대한 구체적인 사례와 처리 방식은 〈일러두기〉 5번 항목 참조) 그러나 저본과 대조본 사이의 차이를 모두 반영한 것은 아니다. 분명한 오류이거나 불필요한 첨가 부분은 자체 판단으로 반영하지 않았다. 이는 본 연구팀의 교감 기준에 의거했다.

그러나 실로 난감한 지점도 없지 않았다. 이본 중에는 리라이팅에 가까울 만큼 다른 내용이 첨입되어 있거나 일부 이야기를 다소 엉뚱한 방향으로 끌고 가는 사례도 있었기 때문이다. 이런 경우 꼭 필요한 부분만 반영하여 주석에 밝혔다. 이런 교감 과정에서 예상치 못한 상황에 직면하기도 하였다. 일반적이라면 으레 오자나 오류로 보이는 한자나 단어가 의외로 빈번하게 등장하였다. 이를 무시하려고 했으나 노파심에 자의와 출처를 다시 확인해 보니 뜻밖에도 해당 문장에 합당한 사례가 적지 않았다. 독자로서 교감 부분을 따라가다 보면 왜 이런 것들을 반영했을까 싶은 부분이 있을 텐데, 대개 이런 이유이니 유의해 주었으면 한다.

위와 같은 사례나 문제들 때문에 최선의 정본을 확정하는 과정은 참으로 쉽지 않았다. 그렇지만 이를 최대한 반영하고자 노력하였다. 그 결과 해당 야담집의 개별 이본들의 성격이 정본으로 흡수되면서도 어느 정도 자기 색깔을 유지할 수 있게 되었다. 이 20종의 편제는 다음과 같다.

1책	어우야담(522)	6책	기문총화(638)
2책	천예록(62) 매옹한록(262) 이순록(249)	7책	청구야담(290)
3책	학산한언(100) 동패락송(78) 잡기고담(25)	8책	동야휘집(260)
4책	삽교만록[초](38) 파수록(63) 기리총화(146)	9책	몽유야담(532) 금계필담(140)
5책	계서잡록(235) 계서야담(312)	10책	청야담수(201) 동패(45) 양은천미(36)

* ( )는 화소 수

위 가운데 지금까지 원문 교감이 이루어진 사례로는 『어우야담』(신익철 외, 『어우야담』, 2006), 『천예록』(정환국, 『교감역주 천예록』, 2005), 『청구야담』(이강옥, 『청구야담 상·하』, 2019)과 『한국한문소설 교합구해』(박희병, 2005)의 일부 작품이 있었다. 당연히 이 결과물들의 원문은 본 연구의 참조가 되었다. 그러나 애초 교감의 방식이 다를뿐더러, 본서처럼 동태적 정본화를 구현한 것도 아니었다. 따라서 해당 야담집의 원전 교열은 더 종합화되고 정교해졌다. 이 외의 야담집은 그동안 몇몇 표점본과 번역본들이 나왔지만, 한 번도 이본 교감을 통한 정본화가 이루어진 사례는 없었다.

한편, 본서 10책의 구성은 대체로 성립 시기 순을 따랐다. 다만 『파수록』 등 일부 야담집은 성립 시기를 확정하기 어렵거나 불확실한 데다, 분량 등을 고려하다 보니 편제 순에 다소 차이가 있을 수 있다. 이 점 참작하여 봐주기를 바란다. 또한 「검녀(劍女)」로 유명한 『삽교만록(霅橋漫錄)』의 경우 개별 화소가 대개 필기류라서 전체를 실을 수 없었다. 그래서 불가피하게 야담에 해당하는 화소만 뽑아 초편(抄篇)하였다.

이렇게 해서 최종 수록된 야담집은 20종 10책이며, 총 화수는 4천 2백 여 항목이다. 화소 숫자로만 봐도 엄청나다. 그런데 이 숫자는 다소간 현실을 감추고 있다. 이 항목이 순전한 개별 이야기 숫자로 보기는 어렵기 때문이다. 이미 기존 연구에서 지적되었고 그 양상이 어느 정도 밝혀졌듯이 하나의 이야기가 여러 야담집에 전재(轉載)되는 경우가 많다. 실제 20종 안에 같은 이야기가 반복되는 화소의 빈도는 예상보다 높다. 그럼에도 독자성이 확인된 이야기는 대략 1,000편을 헤아리며, 그중에서도 좀 더 서사적 이야기, 즉 한문단편은 300편 안팎으로 잡힌다. 또 이 300편 안에서도 다종의 야담집에 빠짐없이 전재됨으로써 자기 계보를 획득한 작품은 150편 내외로 잡힌다. 다시 말해 이 150편을 잘 조각하면 조선 후기 사회현실과 인정세태의 퍼즐은 다 맞춰진다고 보면 될 듯하다.

물론 한 유형이 여러 야담집에 전재된다고 해서 이것을 '하나'로만 볼 수 없다는 점이 조선 후기 야담 역사의 중요한 특징이기도 하다. 한 유형의 다양한 전재는 고정된 것이 아니라 리트머스 종이마냥 번져 나갔기 때문이다. 단순한 용어나 표현의 차이뿐만 아니라 배경과 서사의 차이로 나가는가 하면, 복수(複數)의 화소가 뒤섞여 또 다른 형태를 구축하기도 하였다. 이런 변화상은 실로 버라이어티하다. 같은 화소가 반복된다고 해서 단순 수치화할 수 없는 이유이거니와 야담의 적층성과 관련해선 오히려 더 주목할 사안이다.

아무튼 이것으로 조선 후기 야담과 야담집의 전체상은 충분히 드러났다고 판단된다. 다만 조선 후기의 야담이라고 할 때 모두 이 야담집 20종 안에 들어있는 것은 아니다. 야담 중 완성도 높은 한문단편이 집약된 『이조한문단편집』에도 일부 수록되었듯이, 이외의 문집이나 선집류 서사자료, 기타 잔편류에도 흥미로운 야담 작품이 잔존하고 있기 때문이다. 하지만 해당 자료는 야담집이 아니어서 이 책에 반영할 수 없었다. 조만간 이들 잔존 자료들만 따로 수집, 정리하여 이 책의 부록편으로 간행할 예정이다.

사실 이 연구는 앞에서 언급했듯이 토대지원연구사업의 결과물이기는 하지만 그 준비는 그보다 훨씬 전이었다. 계기는 2007년으로 올라간다. 그해 동국대학교 대학원 고전문학 수업에서 처음 『청구야담』의 이본을 대조할 기회가 있었다. 그때 교토대 정선모 박사(현 남경대 교수)를 통해 그동안 학계에 알려지지 않은 교토대 소장 8책본 『청구야담』을 입수하였다. 이 책은 그동안 학계에 보고되지 않았던 『청구야담』 이본 가운데 하나였다. 검토해 보니 선본이었다. 실제로 어떤 차이가 있는지 궁금하여 기존에 알려진 주요 이본과의 교감을 시작한 것이다. 약 8편 정도를 진행했는데, 이 수업을 통해 『청구야담』 전체에 대한 교감이 절실함을 깨달았다. 그 후 이때 교감을 함께한 대학원생들을 중심으로 2013년 1월부터 『청구야담』의 이본 교감과 정본 확정, 그리고 이 정본에 의거하여 번역을 시작하였다. 우리는 약 3년을 매주 토요일을 반납한 채 이 교감과 번역에 매달렸다. 이 작업을 통해 야담 원전에 대한 장악력을 갖게 되었고, 『청구야담』에만 한정하지 말고 조선 후기 야담집 전체로 확대해야 한다는 점을 명확히 인식할 수 있었다.

  그러니까 이 책은 대략 15년 이상의 시간과 대학원생부터 전문연구원, 관련 분야 전문가까지의 노고가 쌓인 결과물이다. 나름 엄정한 기준과 잣대로 정본의 원칙을 세우고 저본과 이본 설정, 이본 대조와 원문 교감 등을 진행하여 정본을 구축하려 했고, 이 과정에서의 오류를 최대한 줄이려고 했다. 그러나 한문 원전을 교감하는 데는 오류의 문제가 엄존한 법이다. 최선의 이본들이 선정된 것인가, 정본화의 방향에선 문제가 없는가, 향후 개별 야담집의 이본이 더 발굴될 여지도 있지 않은가? 활자화 과정 중에 발생하는 오탈자 여지와 표점의 완정성 문제도 여전히 불안을 부추긴다. 그렇긴 하지만 질정을 달리 받겠다는 다짐으로 상재한다. 독자 제현의 사정없는 도끼질을 바란다.

  이 결과물이 나오기까지 많은 분들의 협업과 도움이 있었다. 은사이신 임형택 선생님과 고 정명기 교수는 좋은 이본 자료를 제공해주셨다. 감사한 마음을 이본의 명칭에 부여한 것으로 대신하였다. 본 연구팀의 공동연구원으로 이강옥 교수님과 오수창 교수님이 함께하였다. 각각 야담 문학 전문가와 역사학 전문가로 진행 과정에서 고견을 제시해 주셨다. 이채경, 심혜경, 하성란, 김일환 선생은 전임연구원으로 3년 동안 전체 연구를 도맡아 진행해 주었다. 이들의 노고는 이루 다 말할 수 없을 지경이다. 마지막으로 대학원 과정부터 함께한 동학들을 잊을 수 없다. 남궁윤, 홍진영, 곽미라, 정난영, 최진영, 한길로, 최진경, 정성인, 양승목, 이주영, 김미진, 오경양은 2013년 이후 『청구야담』 교감과 번역에 참여하였고, 일부는 본 연구팀의 연구보조원으로 참여하여 원문 입력과 이본 고찰에 기여하였다. 그리고 이들 모두 최종 교정 작업에 끝까지 함께 하였다. 특히 과정생인 이주현, 유양, 정민진은 교정 사항을 반영하는 일을 도맡아 주어 큰 힘이 되었다.

이들이 없었다면 이 책은 나올 수 없었다. 다행히 이 10여 년의 과정은 우리 모두에게 소중한 경험이자 학문적 자산으로 남게 되었다. 이들은 지금도 속집 작업을 함께 하는 중이다. 이래저래 이 책은 나와 나의 동학들이 동행하는 텍스트의 유토피아이다.

끝으로 3년여 전에도 그리고 이번에도 이 거질의 전집 출판을 흔쾌히 맡아 준 보고사 김흥국 사장님과 시종여일 책의 완성도를 높이기 위해 애써 준 이경민 대리를 비롯한 편집부 관계자 분들께 미안하고 감사하다는 마음을 전한다.

2025년 2월
연구팀을 대표하여 정환국 씀

차례

해제 … 3
일러두기 … 13

천예록天倪錄 ─────── 15

1. 智異山路迷逢眞 ─── 17
2. 關東路遭雨登仙 ─── 20
3. 鄭北窓遠見奴面 ─── 26
4. 尹世平遙哭妹喪 ─── 27
5. 俗離山土窟坐化 ─── 29
6. 金剛路兵使夢感 ─── 30
7. 閻羅王托求新袍 ─── 33
8. 菩薩佛放觀幽獄 ─── 35
9. 土亭漁村免海溢 ─── 37
10. 樵氓海山脫水災 ─── 38
11. 臨場屋枯骸冥報 ─── 39
12. 棲山寺老翁陰佑 ─── 40
13. 西平鄕族點萬名 ─── 41
14. 任實士人領二卒 ─── 44
15. 一島魚肉臥家中 ─── 45
16. 萬騎蹂躪坐路上 ─── 45
17. 掃雪因窺玉簫仙 ─── 46
18. 簪桂重逢一朶紅 ─── 54
19. 高城鄕叟病化魚 ─── 60
20. 昇平族人老作猪 ─── 62
21. 御史巾幗登筵上 ─── 63
22. 提督裸裎出櫃中 ─── 66
23. 沈進士行怪辭花 ─── 69
24. 金秀才謀拙折玉 ─── 73
25. 成進士悍妻杖脚 ─── 75
26. 禹兵使妬婦割髻 ─── 77
27. 笞頑孫數其妄錯 ─── 78
28. 招後裔敎以眞的 ─── 79
29. 生日臨要救飢腸 ─── 80
30. 忌辰會羞攝弊衣 ─── 81
31. 出饌對喫活小兒 ─── 82
32. 操文祭告救一村 ─── 84
33. 愼學士邀赴講書 ─── 86
34. 孟道人携遊和詩 ─── 90
35. 士人家老嫗作魔 ─── 95
36. 一門宴頑童爲魙 ─── 96
37. 李秀才借宅見怪 ─── 97
38. 崔僉使僑舍逢魔 ─── 99
39. 故相第蛇魂作禍 ─── 102
40. 武人家蟒妖化子 ─── 102

41. 鄭公使權生傳書 —— 104	52. 鷺梁津鐙打勢奴 —— 118
42. 元令見許相請簡 —— 105	53. 潦澤裡得萬金寶 —— 120
43. 毁裂影幀終見報 —— 107	54. 海島中拾二斛珠 —— 121
44. 議黜院享卽被禍 —— 108	55. 關北倅劒擊臭尙 —— 123
45. 士人逢湖南死師 —— 110	56. 別害鎭拳逐三鬼 —— 124
46. 武倅見安家亡父 —— 110	57. 送使宰臣定廟基 —— 125
47. 背負妖狐惜見放 —— 111	58. 見夢士人除妖賊 —— 126
48. 手執怪狸恨開握 —— 112	59. 刀代珠扇爲正室 —— 128
49. 廣寒樓靈巫惑倅 —— 113	60. 腋挾腐肉得完節 —— 131
50. 龍山江神祀感子 —— 115	61. 獨守空齋擢上第 —— 131
51. 泰仁路鏑射獠僧 —— 117	62. 妄入內苑陞顯官 —— 133

매옹한록梅翁閑錄 —— 137

　　上冊 —————— 139　　下冊 —————— 230

이순록二旬錄 —————— 301

일러두기

1. 이 자료집은 조선후기 야담집 총 20종을 활자화하여 표점하고, 이본을 교감하여 정본화한 것이다.
   • 해당 20종은 다음과 같다. 『於于野談』, 『天倪錄』, 『梅翁閑錄』, 『二旬錄』, 『鶴山閑言』, 『東稗洛誦』, 『雜記古談』, 『雪橋漫錄(抄)』, 『破睡錄』, 『綺里叢話』, 『溪西雜錄』, 『溪西野談』, 『紀聞叢話』, 『靑邱野談』, 『東野彙輯』, 『夢遊野談』, 『錦溪筆談』, 『靑野談藪』, 『東稗』, 『揚隱闡微』.

2. 저본과 이본(대조본) 설정 과정은 다음과 같다.
   • 개별 야담집마다 저본을 확정하고 주요 이본을 대조본으로 삼았다.
   • 저본의 기준은 야담집마다 상이한데, 기존의 이본 논의를 참조하여 본 연구팀에서 최종 확정하였다.
   • 이본의 경우, 야담집마다 존재하는 이본들을 최대한 수렴하되 모든 이본을 대조본으로 활용하지는 않고 교감에 도움이 되는 주요본을 각 야담집마다 2~6개 정도로 선정하였다. 이본이 없는 유일본의 경우 다른 자료를 대조로 활용하였다.

3. 활자화 과정은 다음과 같다.
   • 개별 야담집의 저본을 기준으로 활자화하였다.
   • 원자와 이체자가 혼용되었을 경우 일반적으로 활용되는 이체자는 그대로 반영하되, 잘 쓰지 않는 이체자는 원자로 대체하였다.
   • 필사상 혼용하는 한자의 경우 원자로 조정하거나 문맥에 맞게 적절하게 취사선택하였다. 대표적으로 혼용되는 글자들은 다음과 같다. 藉/籍, 屢/累, 炙/灸, 沓/畓, 咤/吒, 斂/歛, 押/狎, 係/繫, 褐/裯, 辨/卞, 別/另, 縛/縳 등

4. 활자화와 표점은 다음과 같은 기준에 의거하였다.
   • 개별 야담집의 권수에 따라 이야기를 나누고 이어지는 작품들은 임의로 넘버링을 통해 구분하였다. 권수가 없는 야담집의 경우 번호만 붙여 구분하였다.
   • 원문의 한자를 최대한 반영하였으나 최종적으로 판독이 불가능한 글자는 ■로, 공백으로 되어 있는 경우는 □로 표시해 두었다.

- 원문의 구두와 표점은 일반적인 기준에 의거하였다. 문장 구두는 인용문(" " ' '), 쉼표(,), 마침표(. ?!), 대구(;) 등을 활용하였다.
- 원문의 책명이나 작품명의 경우 『 』, 「 」 등으로 표기하였다.
- 원주로 되어 있는 부분은 【 】로 표기하여 구분하였다.

5. 정본화 과정은 다음과 같다.
    - 개별 야담집마다 저본과 대조 이본을 엄선하여 교감하되 모든 작품들의 정본을 구축하는 것으로 목표로 하였다. 각 야담집의 저본과 대조본은 해당 야담집의 서두에 밝혀두었다.
    - 저본과 이본은 입력과 이해의 편의를 위해 각 본의 개별 명칭을 쓰지 않고 저본으로 삼은 본은 '저본'으로, 이본으로 삼은 본은 중요도에 따라 '가본', '나본', '다본' 등으로 통일하여 대체하였다. 대조본 이외의 이본을 활용한 경우 '다른 이본'으로 구분하여 반영하였다.
    - 저본을 중심으로 교감하되 이본을 적극적으로 활용하여 가장 이상적인 형태를 구축하고자 했다. 이 과정은 오류를 바로잡은 것에서부터 상대적으로 나은 부분을 선택하는 방향으로 이루어졌다. 그 기준은 다음과 같다.
        ① 저본의 오류가 확실할 때: '~본에 의거하여 바로잡음'
        ② 저본이 완전한 오류는 아니나 이본이 더 적절할 때: '~본 등에 의거함'
        ③ 저본에 빠져있는데 이본을 통해 보완할 경우: '~본 등에 의거하여 보충함'
        ④ 저본도 문제는 없으나 이본 쪽이 더 나을 때: '~본 등을 따름'
        ⑤ 서로 통용되거나 참조할 만한 경우: '~본 등에는 ~로 되어 있음'
        ⑥ 저본을 그대로 반영하면서도 이본의 내용도 의미가 있을 때도 주석을 통해 밝혔음.
        ⑦ 익숙하지 않은 통용된 한자나 한자어가 이본에 있는 경우도 주석을 통해 반영하였음.
        ⑧ 저본과 이본으로도 해결되지 않는 오류는 다른 자료를 활용하여 조정하였음. 이 경우 상황에 따라 바로잡기도 하고, 그대로 두되 주석에서 오류 문제를 적시하기도 하였음.
        ⑨ 기타 조정 사항은 각주를 통해 밝혔음.

천예록
天倪錄

저본 및 이본 현황

저본: 천리대본
가본: 고려대본(백두산기)
나본: 김영복본
다본: 버클리대본
라본: 천리대본(어우야담)

1. 智異山路迷逢眞[1]

中廟朝, 京城有一丐者, 容貌醜惡庸陋, 年若[2]四十許, 猶作後髻. 肩掛一帒, 行乞於市, 晝則遍歷城中, 無處不到, 夜則托宿於人家門側. 而多在鍾樓近處街上, 傭奴無賴輩, 逐日相見, 仍以親熟, 與之同戱. 自稱姓蔣, 衆皆呼以蔣都令[3], 都令乃國俗士夫未娶之稱也. 時方士田禹治, 挾其異術, 頗驕傲於世, 而每於衢路[4]上逢蔣都令, 則輒滾下馬, 趨進拜謁, 不敢仰視. 蔣不領首而問曰: "汝邇來[5]好況否?" 田拱而對曰: "唯唯."[6] 其色甚畏, 時或拜謁, 蔣視之蔑如, 不顧而過去. 見者怪之, 問于田, 則曰: "東國卽今有三仙人, 蔣都令上仙也, 其次鄭磏, 又其次尹世平. 世人皆不知, 而吾獨知之, 安得不敬而畏之耶?" 人或爲訝, 而以田之妖誕, 故亦不之信也. 城中有一蔭官人, 門臨路傍, 累見蔣行乞在路, 一日, 招見問之, 蔣答以'本湖南士夫, 父母俱沒於癘疫, 旣無兄弟, 且乏族黨, 孑然一身, 無所依賴, 流離丐乞, 仍以萍蓬到京, 百無一能, 目不識丁云.' 蔭[7]官人聞其士夫, 而甚矜憐之, 饋以酒食, 周以米粟. 自是, 每當[8]家有飮食, 必使人招而饋之, 累加存恤焉. 一日, 蔭官人出, 遇一死屍傳替牽向興仁門[9]者, 於馬上未及便面, 瞥然見之, 乃蔣都令也. 心甚惻然, 歸家歎曰: "世間薄命者何限, 而豈有如蔣都令者乎? 屈指

---

1) 이 편은 저본에 누락되어 있어 나본을 저본으로 삼아 보충함.
2) 若: 다본에는 '數'로 되어 있음.
3) 都令: 다본에는 '道令'으로 되어 있음. 이하의 경우도 동일함.
4) 衢路: 다본에는 '街路'로 되어 있음.
5) 邇來: 가, 다본에는 '邇日'로 되어 있음.
6) 田拱而對曰唯唯: 가본에는 '田拱而唯唯'로, 다본에는 '田拱手唯唯'로 되어 있음.
7) 蔭: 저본에는 빠져 있으나 다본에 의거하여 보충함. 이하의 경우도 동일함.
8) 當: 저본에는 빠져 있으나 다본에 의거하여 보충함.
9) 興仁門: 가본에는 '興仁之門'으로, 다본에는 '光熙門'으로 되어 있음.

天倪錄 17

計之, 蔣之來乞於鍾樓者, 十五霜矣, 竟作傳替之屍, 誠可矜也!"[10]
伊後數十年, 蔭官人有事, 下往湖南地, 過智異山下, 忽然迷失路, 轉入山中, 日將向暮, 進退維谷. 見有細逕若樵路, 意其必有人家, 迤邐而行. 初只深邃而已, 漸覺山明水秀, 草木淸佳, 愈入愈奇, 行數十里, 怳是[11]別乾坤世界[12], 非復人間塵土境矣. 遙望, 一人衣靑袍, 騎靑驢, 張蓋從數人而來, 其疾如飛. 蔭官人意謂大官之行, 而深山中安得有官行, 心竊疑惑, 欲引馬入于林藪而避之, 未及避[13]屛, 忽已至矣. 其人於馬上, 揖問曰: "公別來安否?" 蔭官人惝怳, 逡巡不能對.[14] 其人笑曰: "吾居在此, 公其卽賜過臨也." 卽回驢而先, 其疾又如飛, 倏忽已不見矣. 蔭官人隨後而行, 俄到一處, 見大宮殿, 彌滿數里, 樓臺縹緲, 金碧照映. 門有一衣冠者候之, 見蔭官人之至, 迎拜引入. 經三四殿閣, 至一殿, 引之而上, 見一美丈夫, 衣冠甚偉, 左右侍姬數十人, 顔皆絶代, 靑童侍者, 亦且十餘人[15], 帳御使令從官, 有若王者. 蔭官人恐惧, 趍進拜謁, 不敢仰視, 美丈夫答揖笑, 謂曰: "君不識我乎? 須諦視之." 蔭官人乃敢仰視, 卽騎靑驢張蓋而迎于路上之人, 而不曾相識也. 伏而對曰: "昔者之拜, 不自省識, 今承下問, 莫知所對." 美丈夫曰: "我乃蔣都令也, 君何不識也?" 蔭官人始仰首諦[16]視之面目, 果蔣也, 而風神秀朗, 英彩溢發, 非復昔日之醜惡傴陋矣. 蔭官人大驚, 莫測其端倪. 蔣卽命設宴以待之, 肴饌之珍異, 器玩之瑰琦, 俱非人間所有. 十數少娥,

---

10) 竟作傳替之屍, 誠可矜也: 저본에는 빠져 있으나 다본에 의거하여 보충함.
11) 是: 가본에는 '然'으로, 다본에는 '若'으로 되어 있음.
12) 世界: 저본에는 빠져 있으나 가, 다본에 의거하여 보충함.
13) 而避之, 未及避: 저본에는 빠져 있으나 가, 다본에 의거하여 보충함.
14) 其人於馬上 … 逡巡不能對: 저본에는 빠져 있으나 가, 다본에 의거하여 보충함.
15) 十餘人: 가본에는 '數十人'으로 되어 있음.
16) 首諦: 저본에는 빠져 있으나 가, 다본에 의거하여 보충함.

列奏音樂, 絲竹歌舞, 亦皆[17]非人世所聞見, 衆娥之美麗, 眞所謂瑤姬玉女也. 蔣謂蔭官人曰: "東方有四大名山, 各有仙官主之, 吾卽主此山者也. 曩有微過, 暫謫塵間, 在謫之日, 君遇我款厚, 吾不能忘, 君見吾之死屍, 惻然有悼念之情, 吾亦知之. 吾非死也, 乃謫限旣滿, 屍解還仙也. 今知君行過此山, 吾[18]欲報舊恩, 要與一見, 亦君有些少宿緣, 故能得到此耳." 仍與酬讌, 盡歡而罷. 夜使寄宿於一別殿, 窓闥簷欂, 皆以珊瑚·水晶等奇寶爲之, 玲瓏瑩澈, 通明若畫[19], 骨冷神[20]淸, 不能成寐矣. 明日, 又設一宴以餞之, 酒酣, 蔣謂之曰: "此非君久留之地, 今可歸矣. 仙凡路殊, 後會難期, 望君好自珍重." 卽命一侍者, 導其歸路. 蔭官人拜辭, 而出行未久[21], 卽達於大路, 而此非初來入山之路矣. 蔭官人頻挿竹木, 以表記之. 導路者到此, 辭歸. 蔭官人於翌年, 更往訪之, 則[22]重崖疊嶂, 草樹如織, 終不得[23]尋其蹊逕焉. 蔭官人顏貌轉少, 鬚髮不白, 年至九十餘, 無疾而終. 蔭官人嘗言, "追思蔣都令在世之日, 無他異事, 但容狀不少變衰, 着一藍縷垢穢之衣, 無所改易, 十五年如一日. 此可知其非凡人, 而肉眼不省[24]云."

---

17) 亦皆: 나본에는 빠져 있으나 가본에 의거하여 보충함.
18) 吾: 저본에는 빠져 있으나 가, 다본에 의거하여 보충함.
19) 畫: 저본에는 '珠'로 나와 있으나 가, 다본을 따름.
20) 神: 가, 다본에는 '魂'으로 되어 있음.
21) 出行未久: 다본에는 '出門未久行'으로 되어 있음.
22) 則: 저본에는 빠져 있으나 다본에 의거하여 보충함.
23) 不得: 다본에는 '莫能'으로 되어 있음.
24) 省: 가, 다본에는 '識'으로 되어 있음.

2. 關東路[25]遭雨登仙

仁祖朝, 加平郡有一校生, 年少未娶, 粗通文史. 以事往于關東, 騎款段馬, 率[26]一僮奴而行. 行到一山下, 中路遭雨, 半日霑濕, 僮奴[27]忽然死于馬前[28]. 生不勝驚愕[29], 躬自曳屍, 置于路傍山側, 獨自掩泣, 跨馬而行. 行數里, 所騎之馬, 又仆地而死. 艱關行李, 旣喪其僮, 又喪其馬, 前路渺然[30], 雨又[31]不止, 孑孑徒步, 無以自達, 流涕不足, 遂發痛哭. 忽有一老人, 扶杖而來, 厖眉[32]鶴髮, 狀貌甚異. 見某痛哭而行, 問其故, 某對曰: "奴馬俱死, 冒雨徒行[33], 無所依泊之狀." 老人嗟憐良久, 以杖指之, 曰: "彼松竹林外有溪焉, 沿其溪而行, 則上有人居[34], 可以投宿矣." 生隨指望見一里許, 果有松竹蒼鬱成林, 生卽拜謝而往, 未數步回顧, 老人已不見矣. 生甚驚訝, 行到所指處, 長松萬株, 脩竹千竿, 表裡成林, 其外果有大溪, 流下水底, 白石平鋪, 細視之, 自近及遠, 摠是一石, 水色如玉, 若布[35]白練. 遂揭水而上, 無少淺深, 僅踰足焉. 行一里許, 見有彩閣三間, 巋然臨溪, 丹艧照映, 欄檻縹緲. 生曳濕衣, 挾莉杖, 少憩於閣下, 見閣內, 以數尺白石, 安於其中, 淸滑似玉, 其平如砥. 細視之, 無少罅隙, 三間之內, 亦有一石焉. 閣上只有一石几, 几上置

---

[25] 路: 저본에는 '道'로 나와 있으나 나본을 따름.
[26] 率: 저본에는 빠져 있으나 가, 나본에 의거하여 보충함.
[27] 奴: 저본에는 빠져 있으나 가본에 의거하여 보충함.
[28] 前: 가본에는 '下'로 되어 있음.
[29] 不勝驚愕: 가본에는 '驚愕不已'로 되어 있음.
[30] 渺然: 나본에는 '杳然'으로 되어 있음.
[31] 又: 가본에는 '且'로 되어 있음.
[32] 厖眉: 저본에는 '尨肩'으로 나와 있으나 가본에 의거함.
[33] 徒行: 가본에는 '徒步'로 되어 있음.
[34] 人居: 가본에는 '人家'로 되어 있음.
[35] 布: 가본에는 '鋪'로 되어 있음.

周易一卷, 几前又有石爐, 一炷香烟, 裊裊而靑, 餘無所有. 到此, 天和景明, 未嘗有風雨, 境界淸淨, 塵慮自消. 生疑訝間, 忽聞曳履聲, 自閣後而來. 生驚顧視之, 有一老人, 龜形鶴狀, 氣標[36]淸高, 衣六銖靑紗袍, 扶九節綠玉杖, 風度奇偉, 逈出塵表. 生心知其主人翁, 趨前拜之, 老人忻然[37]迎揖, 曰: "吾卽主翁也, 待子久矣." 仍先導而行, 山川景物, 愈入愈奇, 天宇開朗, 風日淸明. 轉眄之頃, 又失老人所在, 須臾, 至一處, 珠宮貝闕, 翼然連雲, 綿亘數里. 生曾以赴擧上京, 見王都宮闕, 及覩此地宮觀之壯麗, 回想王都, 乃一蔀屋焉. 至其門外[38], 又有衣冠者, 前導而去, 經三四殿閣, 至一王殿[39], 引之而上, 見殿上, 有一老人憑几而坐. 生登殿拜謁, 生素是鄕曲微賤, 未嘗見貴人, 惶恐不敢仰視. 老人忻然命坐, 曰: "此非人世, 乃仙府也. 已知爾來, 故迎之耳." 生竊視之, 乃閣後曳履之主翁也. 仍顧左右曰: "此子必飢, 與之食. 但不可遽餐仙饌, 可與人間之食." 俄見, 靑童擎進[40]一盤之饌, 果皆世間所有, 而但備極珍豐矣. 又見, 靑童擎一石器, 進于主翁, 器中所盛者, 其色綠而凝, 雖不知何物, 而疑此是石髓玉醬之類也. 仙翁受其器, 一飮而盡. 生凍餒之餘, 得對珍羞, 飮啜頗飽. 翁命童掇[41]去, 仍謂生曰: "吾有女息, 旣笄矣. 求婚不得, 汝之來此, 自是宿緣, 汝當留作吾女婿也." 生莫知其故, 俯伏不敢對. 翁顧左右曰: "召兒輩來!" 卽有二童子, 自內而出, 侍坐於仙翁之側, 年可十二三, 紅顔白面, 眉骨

---

36) 氣標: 저본에는 '戌削'으로 나와 있으나 나본을 따름.
37) 忻然: 나본에는 '忻然'으로 되어 있음. 서로 통함.
38) 門外: 가, 나본에는 '外門'으로 되어 있음.
39) 王殿: 가, 나본에는 '玉殿'으로 되어 있음.
40) 進: 저본에는 '晉'으로 나와 있으나 가, 나본에 의거함. 서로 통함.
41) 掇: 가본에는 '撤'로 되어 있음.

淸秀, 眞可謂一雙白[42]玉童子也. 仙翁指二童, 而告生曰: "此乃吾兒也." 乃謂二子曰: "吾欲以此生爲婿郞, 郞已在坐, 當[43]以何日成親[44], 汝輩可擇吉日以告." 二童承命, 卽屈指計日, 齊聲以對曰: "再明日[45]最吉." 翁[46]謂生曰: "吉期已卜, 汝姑留賓館以待也." 卽使左右召某人, 俄有一仙官, 自外而至, 趨前聽命. 見其人, 輕袍緩帶, 風神灑然, 頎頎然美丈夫也. 翁敎之曰: "汝引此生, 出就於外[47], 擯接數日, 以須吉期." 其人聽命, 引生而去, 生拜辭隨出. 到門, 見一紅漆轎子, 待于門外, 請生上轎, 八人擧之而去. 行數里, 到一處, 有一殿閣臨溪, 境界淸絶, 一塵不到, 花竹明淨, 臺榭珍瓏. 仙官引生, 處於其中, 以玉函盛衣一襲, 令生沐浴更衣. 生始脫襤縷[48]霑濕之衣, 改換服飾, 其珍奇異麗, 不可名狀, 茵席之華, 肴饌之美, 亦難盡言. 仙官與之相伴, 信宿之後, 及其吉日, 復以玉函盛衣, 自仙官所而至, 命生改浴更衣, 其冠服之盛, 比前益侈. 易服旣訖, 又以朱漆轎擧生, 向仙翁之所, 仙官數十, 前後擁衛而行, 到門下, 轎贊者引生, 登殿就席, 奠鴈行拜, 拜罷, 引生而入, 遙聞珮聲鏘鏘, 香風陣陣. 及其內, 見美娥[49]數十, 分立左右, 容色之美麗, 服飾之瑰琦, 眞所謂瑤姬玉女群也. 生意謂此中一娥, 必是主翁之處女也. 俄見, 引一女娥[50]自內而出, 珠翠琦琇, 照映一殿. 與生對

---

42) 白: 저본에는 빠져 있으나 가, 나본에 의거하여 보충함.
43) 當: 저본에는 빠져 있으나 가, 나본에 의거하여 보충함.
44) 成親: 나본에는 '成配'로 되어 있음.
45) 日: 저본에는 빠져 있으나 가, 나본에 의거하여 보충함.
46) 翁: 가, 나본에는 '仙翁'으로 되어 있음.
47) 外: 저본에는 빠져 있으나 나본에 의거하여 보충함.
48) 襤縷: 가, 나본에는 '藍縷'로 되어 있음. 서로 통함.
49) 美娥: 나본에는 '仙娥'로 되어 있음.
50) 女娥: 가, 나본에는 '少娥'로 되어 있음.

立, 去掩面珠扇, 容華嬌艶, 奪人眼目, 比諸左右仙娥, 不翅鳳凰之
於烏鴉[51]也. 生炫轉熒煌, 不敢仰視. 有贊者, 引生行禮, 其交拜同
牢合卺, 一如人間. 禮畢, 引生就新郎[52]之房, 見繡帳金屛, 錦衾瑤
席, 俱非人世之物. 成親翌日, 其岳母邀生相見, 年可三十許[53]歲,
貌如出水芙蓉, 天然出塵. 仙翁爲生設宴, 內外大會, 杯盤之侈, 絲
竹之盛, 世所未有. 酒半, 見一群素娥, 曳輕裾飄廣袖, 舞於筵前,
仍相和而歌聲, 遏行雲, 名之曰'霓裳羽衣曲'. 日暮盡醉而罷. 生以
蓬戶繩樞之子, 所見孤陋, 有若井底之[54]蛙, 忽遇仙翁, 遽當盛禮,
帳御飮食, 擬於王者, 悅惚[55]疑懼, 如醉如痴, 罔知所措. 至夜, 每
見新婦入來, 而惶恐不敢近, 和衣俯伏於衾枕[56], 以額加於兩拳之
上而宿. 如是者十餘日而後, 恐懼之心稍解, 浸浸然始行夫婦之道
焉. 歲餘, 嬉遊佚樂, 無所比侔[57]. 一日, 其妻謂生曰: "君欲見吾仙
君所遊之地乎?" 生請一見之, 其妻引生向後苑, 見丹崖翠壁, 玉泉
銀瀑, 愈入愈勝[58], 曲曲奇絶, 琪花瑤草, 處處掩映; 珍禽異獸, 往
往翔集. 生一入其中, 樂而忘歸, 周覽旣畢, 又復引生, 登苑後一
峯, 其峯不甚高峻, 逶迤而上, 及其頂, 自成數層高壇. 登壇[59]騁望,
平臨大海, 見三島出沒於波上, 十洲羅列於眼前. 其妻爲生, 指點
而示[60]之, 曰: "此卽蓬萊也方丈也瀛洲也." 玄圃·滄洲·廣桑·閬苑·

---

51) 烏鴉: 나본에는 '烏鵲'으로 되어 있음.
52) 新郎: 나본에는 '新娘'으로 되어 있음.
53) 許: 가본에는 '餘'로 되어 있음.
54) 之: 저본에는 빠져 있으나 가, 나본에 의거하여 보충함.
55) 悅惚: 가, 나본에는 '悄悅'으로 되어 있음.
56) 衾枕: 나본에는 '枕邊'으로 되어 있음.
57) 侔: 저본에는 '眸'로 나와 있으나 가, 나본에 의거함.
58) 勝: 나본에는 '奇'로 되어 있음.
59) 登壇: 저본에는 빠져 있으나 가, 나본에 의거하여 보충함.
60) 示: 저본에는 '視'로 나와 있으나 나, 다본을 따름.

崑丘等仙境, 一一皆在遙望中. 金闕銀臺, 縹緲於天泮; 祥雲瑞靄, 曖曃於空外. 騎鳳者·騎鸞者·控鶴者·乘龍者·駕麟者, 坐雲而騰者, 御風而飛者, 步虛者, 凌波者, 或從上而下, 或從下而上; 或自東而西, 或自南而北, 三三五五, 翱翔往來, 笙簫仙樂之音, 隱隱到耳. 生觀望不盡, 竟日而返. 生留至半年[61], 仙翁一日, 謂生曰: "女息成親已久, 未聞有胎候, 想汝塵骨未換而然." 卽出一玉葫蘆, 傾出數三[62]丸藥, 以贈之, 曰: "服此, 則可以奪胎換骨矣." 生受服之, 自是, 便覺[63]身體輕健, 性情淸虛, 其妻果有孕矣, 遂連生二男子焉. 留居荏苒, 已過三歲. 一日, 生與妻閑坐, 忽爾[64]泫然淚下. 其妻怪問其故, 生答曰: "吾以鄕曲寒生來, 作仙翁之婿, 其樂可謂極矣. 但家有老母, 不見今忽三載, 思戀[65]欲見, 是以泣耳." 其妻答曰: "君欲覲親耶? 欲往則往, 何至於泣耶?" 乃告于仙翁曰: "郞欲省觀其親." 仙翁召生命往. 生意以爲[66], '車馬僕[67]從之盛, 必將驚動閭里矣.' 俄見其妻, 只以一裹衣袱, 付之而已, 他無所贈. 生辭于仙翁及岳母, 仙翁謂之曰: "汝好歸省親, 不久, 吾且召汝矣." 仍命一[68]崑崙奴送行. 生拜辭到門, 門外有瘦馬輶弊鞍, 尺僮執鞚而待者. 視之, 乃生奴馬中路所斃者也. 生大驚, 問其僮曰: "汝何爲在[69]此?" 僮曰: "陪主到中路, 忽有一人引之而來, 吾亦不知其故. 到此

---

(61) 年: 가, 나본에는 '載'로 되어 있음. 서로 통함.
(62) 數三: 저본에는 '三數'로 나와 있으나 나본에 의거함.
(63) 便覺: 저본에는 빠져 있으나 가, 나본에 의거하여 보충함.
(64) 忽爾: 나본에는 '忽慕親庭'으로 되어 있음.
(65) 思戀: 나본에는 '忽念'으로 되어 있음.
(66) 爲: 나본에는 '謂'로 되어 있음.
(67) 僕: 저본에는 '服'으로 나와 있으나 가, 나본을 따름.
(68) 一: 저본에는 빠져 있으나 가본에 의거하여 보충함.
(69) 在: 나본에는 '到'로 되어 있음.

閑住, 今已三年矣." 生不勝驚訝, 遂以衣袱掛鞍, 跨馬啓程, 崑崙奴從後而行. 生初來之時, 行山水間幽絶之境數十里, 始抵仙翁之居, 及此歸時, 出門數步, 已失山水景致, 但見荒烟野草, 一望無際, 回首仙區, 宛若夢境. 生於焉悽感傷心, 不覺流涕悲泣. 仙奴諫曰: "郞君三載登仙, 靈臺尙未淸淨, 七情若忘, 悲何從生?" 生收泣愧謝. 未及一里, 已遠於大路, 仙奴到此, 辭歸曰: "郞君已踏歸路, 請從此辭." 生遂得到家, 見家中, 方[70]邀巫迎神, 鼓聲坎坎. 家人見生至, 莫不大驚, 疑以爲鬼, 良久, 知其人也. 其母問生以不歸之故, 而其母性度素嚴, 生恐怒其誕妄而不信也, 諱不告其實, 托以他故而對. 蓋[71]其家謂生必死, 招魂虛葬, 已行三年之喪, 是日, 適請巫祀神云. 生到家之後, 開見衣袱, 乃四時衣袴, 各一襲也. 生歸家一歲後, 其母愍生之鰥, 爲生取其一鄕士人之女. 生素拙者, 且畏其母之嚴, 不敢辭, 遂娶[72]其妻[73], 而無琴瑟之樂, 遂成反目焉. 生有友一人, 乃竹馬之交, 情逾同胞者也. 生旣歸之後, 其友與生, 同宿夜話, 因[74]叩問其三年不歸之故, 生始告其仙家娶婦之事, 略[75]言其顚末如此. 其友大異之, 見生別無異於前者, 而視生之衣, 非帛非綿, 非錦非繡, 而輕煖異常. 且見生當春, 而以其一春衣經春, 當夏, 則又以一夏衣經夏, 秋冬亦然, 而一不澣濯, 未嘗見塵垢, 亦未嘗一縷破綻, 常若新製. 其友益奇之. 數年後, 生乃乘間, 告其母, 其母亦大以爲奇異. 生歸後復三年, 忽一日, 仙翁之使者到家,

---

70) 方: 저본에는 빠져 있으나 가, 나본에 의거하여 보충함.
71) 蓋: 저본에는 빠져 있으나 가, 나본에 의거하여 보충함.
72) 娶: 저본에는 '取'로 나와 있으나 가, 나본에 의거함. 이하의 경우도 동일함.
73) 妻: 나본에는 '女'로 되어 있음.
74) 因: 나본에는 '仍'으로 되어 있음.
75) 略: 저본에는 빠져 있으나 가, 나본에 의거하여 보충함.

携生二兒子而至, 傳仙翁及仙妻之書, 其辭大意以爲[76], '明年[77]人世大亂, 將作汝所居之地人將魚肉, 故玆送使者. 汝隨此使者, 擧家入來云云.' 生以其書意, 告于其友, 且出二子而示[78]之. 其友見其兒, 竝淸瑩灑落, 如明珠玉樹. 生於是, 告其母請行, 其母亦欣然許之, 遂盡賣田宅, 大會親戚隣里, 飮宴終日以相別, 擧家而去, 此則乙亥歲也. 永絶音耗, 其明年, 丙子大亂, 果作生之村里殆盡死亡焉. 加平之人老少, 皆言此事. 客有親聞於其友, 而傳說[79]於余如此.

評曰: "吾東方山水之勝, 甲於天下, 意其必有神仙居焉. 今因蔣都令之[80]事驗之, 豈不信哉? 蔭官人之逢眞, 蓋云有些二宿緣, 而至若加平校生之娶婦登仙, 眞曠世奇遇, 豈非[81]謫降者歟? 異哉奇[82]哉!"

3. 鄭北窓遠見奴面

北窓先生鄭𥖧, 東方神人也. 生而靈異, 凡書一覽皆誦, 天文·地理, 醫藥·卜筮, 律呂·算數, 方技衆藝, 皆不學自通, 各臻奧妙. 洞曉儒道釋三道宗旨, 其論多有人所不及者[83]. 能通鳥獸之音. 少時, 隨其父朝天, 入中原, 値蠻夷別種三四國入貢. 北窓與之相遇於玉河館, 一聞其語, 俱能作其語, 與其國人對言, 酬酢如饗, 非但中朝[84]及我國人傍觀者大驚, 其國人對言者, 無不大驚. 此語, 詳在[85]

---

76) 爲: 가본에는 '謂'로 되어 있음.
77) 年: 저본에는 빠져 있으나 나본에 의거하여 보충함.
78) 示: 저본에는 '視'로 나와 있으나 가본을 따름.
79) 傳說: 나본에는 '說傳'으로 되어 있음.
80) 之: 저본에는 빠져 있으나 가본에 의거하여 보충함.
81) 非: 저본에는 '其'로 나와 있으나 나본을 따름.
82) 奇: 저본에는 '異'로 나와 있으나 나본을 따름.
83) 者: 나본에는 '處'로 되어 있음.

本集序文. 平生行跡, 極多異事, 而東國無好事者, 故卽今傳於世者, 絶少. 此有一段怪事, 而傳信無疑, 故聊錄于此. 北窓一日, 往見其異居姑母, 姑母賜坐, 從容與言語, 次謂北窓曰: "我爲藏獲收貢, 送一奴於嶺南, 過期不至, 恐遭盜賊水火意外之[86]患, 不勝憂慮云云." 北窓卽曰: "吾爲姑母, 當望見其遠近, 以告矣." 姑母笑曰: "汝其戲耶? 是何言耶?" 北窓卽於坐上, 引嶺南向而望之, 良久, 謂其姑母曰: "奴卽踰鳥嶺, 無憂矣. 但此奴, 方被打於一兩班, 而此是自取, 無足恤者." 姑母笑問其故, 答言[87], "有一士人, 方點心於嶺上路傍, 此奴騎馬, 直過其前不下, 士人發怒, 使其從者[88], 摔下馬, 以藁鞋批其兩頰四五次[89]矣." 姑母疑其戲, 而談時正容, 而言無戲色, 姑母頗訝之. 去後, 仍記其日時於壁上. 後其奴到家, 姑母問踰嶺日時, 考壁上所記, 分毫不爽. 復問: "踰嶺時, 有見惡於兩班事否?" 奴驚怪, 悉陳被打曲折, 與北窓所言, 若合符契焉.

4. 尹世平遙哭妹喪

尹世平者, 武宰相也. 世傳, 嘗朝天道, 遇異人, 傳其術[90], 韜晦不示[91]於人. 常獨處一室, 雖妻子嚴不敢見, 人莫測其所爲, 而只見冬夜, 常挾冷鐵片於兩腋, 良久, 更換其鐵, 妻子見所挾之鐵, 熱如火鍛. 時方士田禹治, 以妖術作拏於京城[92], 潛入人家, 見有美婦

---

84) 中朝: 가, 다본에는 '中國'으로 되어 있음.
85) 在: 다본에는 '載'로 되어 있음.
86) 外之: 저본에는 '之外'로 나와 있으나 이본에 의거하여 바로잡음.
87) 言: 가, 다본에는 '曰'로 되어 있음.
88) 者: 이본에는 '奴'로 되어 있음.
89) 次: 저본에는 빠져 있으나 나본에 의거하여 보충함.
90) 術: 다본에는 '道'로 되어 있음.
91) 示: 저본에는 '視'로 나와 있으나 나, 다본을 따름.

人,則化作本夫以亂之,人不勝其憤.尹世平聞而欲制[93]之,禹治知之,每隱避不見,常謂人曰:"吾不過幻術,彼卽眞仙云."一日,禹治謂其妻曰:"今日尹世平,當到家,此爲[94]殺我者也.吾欲變化而避之,若有來問我者,輒言出去,切勿違語[95]也."卽覆一空甕於庭際,搖身一變,變作小蟲,入伏甕底.日晚,忽有一女人到門,姿容絶世,問田進士在否,家人答以[96]適出未還矣.女人笑曰:"田進士與吾有情,久矣.吾今赴約,幸卽傳告."田妻自內窺之,大怒曰:"此漢有外遇,而不使我知,日間之言,亦是給我也."卽以杵擊甕,破散[97]之,甕底小蟲見焉.其女人,卽化爲大蜂,亂螫之,其小蟲,便出禹治本象而死矣,蜂卽飛空而去.尹世平,又嘗在家[98],一日,忽然慟哭,渾舍驚問其故,答言[99],"吾妹在湖南某邑者,卽纔棄背,是以哭之."仍命家人,速辦初喪諸具,曰:"鄕家窮喪,吾不備送,無以斂也."旣辦具修書,謂侍者曰:"大門外有着蔽陽子者,卽命招入."旣入,果一崑崙奴也.拜伏庭前,尹世平分付曰:"吾妹某家喪出湖南某邑,吾欲寄書,汝卽傳致,今日夕,可得答回報.事甚緊急,若過時,則吾當重治汝矣."其漢答[100]曰:"何敢少緩?當如所命."授以簡封包裹,其漢纔出門,仍忽不見.是日未暮,其漢復到門,呈答書,書[101]云:'喪果出於是日某時,需用俱乏,無以治喪,書

92) 京城: 다본에는 '京中'으로 되어 있음.
93) 制: 가, 다본에는 '除'로 되어 있음.
94) 爲: 나본에는 '將'으로 되어 있음.
95) 違語: 나, 다본에는 '違誤'로 되어 있음.
96) 以: 저본에는 '而'로 나와 있으나 이본에 의거함.
97) 破散: 이본에는 '碎散'으로 되어 있음.
98) 家: 저본에는 빠져 있으나 이본에 의거하여 보충함.
99) 言: 가, 다본에는 '云'으로 되어 있음.
100) 答: 다본에는 '對'로 되어 있음.
101) 書: 저본에는 빠져 있으나 나본에 의거하여 보충함.

及此時, 具送斂具, 有若目覩, 可謂如神云.' 其漢旣呈答書, 拜出門外, 又忽不見. 蓋其喪家去[102]京師, 十餘日程, 而亭午修書, 未暮而回, 其間不過數時云[103].

評曰:"鄭尹兩公之事, 信矣. 非有神術, 曷能視千里如咫尺乎? 昔欒巴噀酒, 以救蜀火; 玉子擧眼, 卽見千里, 以今觀之, 不獨耑異矣. 至於朝天而通萬國之語, 化蜂而螢爲蟲之身, 古亦無聞焉. 孰謂東國無神人哉? 奇乎奇乎[104]!"

5. 俗離山土窟坐化

熙彦者, 明川良民也. 十二歲出家[105], 入七寶山雲住寺, 十三歲落髮, 居雲住寺[106]幾二十年. 性至勤, 手自捆屨, 晝夜不息, 且食且捆, 片刻不休. 三十一歲, 始以所業草屨, 貿細布十五六[107]疋, 三度來販于京中及關西, 得細布一同, 負還至安邊·源[108]山地, 弛擔憩於路上, 忽然棄其所負, 直走皆骨山[109], 便斷穀, 蓋頓悟也. 悟道之後, 與衆混迹, 不爲崖異, 人未知[110]奇也, 皆以爲凡流中斷穀者. 碧岩師覺性, 一見異之, 曰:"天下高僧也!" 與之相友, 由是知名. 其爲道, 以孤高刻苦爲主, 參禪入定之後, 晝夜跏趺兀坐, 不臥不睡, 一衲無冬夏不換, 至死無袴, 只以一幅布掩[111]下. 平生無一語, 僧

---

102) 去: 나본에는 '推'로 되어 있음.
103) 云: 나본에는 '云爾'로 되어 있음.
104) 奇乎: 나본에는 '異哉'로 되어 있음.
105) 家: 저본에는 빠져 있으나 가, 나본에 의거하여 보충함.
106) 寺: 저본에는 빠져 있으나 나본에 의거하여 보충함.
107) 十五六: 저본에는 '五十六'으로 나와 있으나 가, 나본에 의거함.
108) 源: 저본에는 '原'으로 나와 있으나 가, 나본에 의거하여 바로잡음.
109) 皆骨山: 나본에는 '開骨山'으로 되어 있음. 서로 통용됨.
110) 知: 저본에는 '之'로 나와 있으나 가본에 의거함.
111) 掩: 나본에는 '掩'으로 되어 있음.

俗有往訪者, 但合掌曰: "成佛!" 其意, 蓋以勸人學道成佛也. 初不能文, 悟道之後, 覺性叩之, 多知經語云. 光海朝, 設水陸齋於山中, 聞其道高, 製賜錦繡袈裟, 使者置于前, 合眼不視, 良久, 手推而逸去. 嘗至智異山寺, 入定兀坐累十年, 寺僧愍其飢, 以飯進之, 終不食. 僧徒密以釜底燒飯, 少許和水, 置於師傍, 不使知之, 始食之, 夜還其器而去, 必置于飯主之房前, 人以爲他心通云. 晚至俗離山法住寺, 爲土窟而居之, 晝夜兀坐三十餘年而終. 死時亦坐化, 年八十餘. 茶毗之夕, 大風振山云. 余至俗離山寺, 見熙彦[112]·守一·覺性畫像[113], 問: "三師中誰人最高?" 寺僧曰: "彦師最高." 問其事蹟, 有信玄者吉州人也, 與之同鄕, 且居此寺, 見其就化, 故略見[114]其始終如此云爾[115].

6. 金剛路兵使夢感

守一禪師者, 嶺南釋子也. 居於蔚山之某寺, 有道術多異事, 寺僧極敬畏之. 師無徒弟而甚貧, 同寺僧數百, 互供其食. 每當飯時, 輒訪所供食之僧, 而就坐, 有若人相報知者然, 未嘗一錯, 人以此知其他心通焉. 晝多合眼而瞑, 夜登寺後小麓, 靜坐不眠, 夜未深, 寺僧或時時相訪, 作語而歸. 一日夕, 謂諸僧曰: "今夜爾輩, 勿來訪我." 夜半後, 寺有少年闍梨四五人, 同往訪之, 遙望禪師, 與一衲對坐, 而兩人語聲隱隱. 衆爭趨之, 其相對一衲, 卽化大虎, 見闍梨輩, 大吼逐之, 聲振[116]山岳, 衆大驚奔還, 或有僵仆出矢者. 一師

---

112) 熙彦: 저본에는 '彦熙'로 나와 있으나 나본에 의거하여 바로잡음.
113) 像: 저본에는 '象'으로 나와 있으나 다본을 따름.
114) 見: 가본에는 '傳'으로 되어 있음.
115) 云爾: 저본에는 빠져 있으나 나본에 의거하여 보충함.
116) 振: 가본에는 '震'으로 되어 있음.

笑止其虎, 曰: "汝勿如此, 汝勿如此!" 虎便還上禪師坐前, 衆又潛往望之, 對坐者, 非虎也, 乃僧也. 人莫知其[117]故. 又一日, 師將往金剛, 路經某地, 坐路傍石上. 其時, 有一相公, 有臧獲在某邑, 頑不從令, 相公抵[118]書於其道兵使, 使之分付其邑, 多囚[119]其妻子族屬, 解送京中. 兵使使鎭撫一人, 持秘關, 往其邑, 行其事, 如相公之命. 鎭撫者到其邑, 適昏夜[120], 太守已罷衙而宿矣. 邑吏謂鎭撫曰: "吾太守眠已牢矣, 明曉傳關, 猶未晚也." 衆仍共邀鎭撫, 集歌琴會飮, 大醉以酒, 竊視其秘關, 所謂相公之[121]奴, 非吏胥之族黨, 則乃其比隣也. 事遂大漏, 未曉而相公之奴盡逋[122]. 明日, 邑宰始[123]見其關, 使捕之, 家家烏有, 遂報其逃狀, 兵使揣知其漏失, 大怒, 急走一驛卒, 逮還其鎭撫. 其[124]逮來之行, 適及於一禪師所坐石下, 繫馬將點心. 鎭撫見僧念其飢, 先以飯和水, 進一器, 師受喫不讓[125]. 鎭撫長吁[126]一聲, 曰: "我殆其死矣! 彼禪師[127]若是佛, 可以活我矣." 師問其故, 鎭撫細語之, 師嘿然良久, 曰: "君將以何時就見兵使否?" 對以在於今日日中耳, 師曰: "今日不吉, 必現於明日亭午, 可矣." 更問之, 師便不語, 遂各東西而別. 鎭撫如其言, 姑[128]遲其行, 明日亭午始[129]入告. 兵使與偏裨閑坐, 曳入其鎭撫,

---

117) 其: 저본에는 빠져 있으나 가, 나본에 의거하여 보충함.
118) 抵: 저본에는 '底'로 나와 있으나 가, 나본에 의거함.
119) 多囚: 가본에는 '急固'로 되어 있음.
120) 夜: 저본에는 '也'로 나와 있으나 가, 나본에 의거함.
121) 之: 가본에는 '家'로 되어 있음.
122) 相公之奴盡逋: 가본에는 '各自逋逃'로 되어 있음.
123) 始: 저본에는 빠져 있으나 가본의 의거하여 보충함.
124) 其: 저본에는 빠져 있으나 나본에 의거하여 보충함.
125) 讓: 가본에는 '辭'로 되어 있음.
126) 長吁: 나본에는 '大吁'로 되어 있음.
127) 禪師: 저본에는 빠져 있으나 가, 나본에 의거하여 보충함.

怒問罪狀, 將施刑杖, 兵使忽自語自答曰: "杖此漢, 可乎否乎?" 良久不決, 偏裨中[130]親密者, 進[131]曰: "使道於此漢之決罪, 何如是狐疑乎?" 兵使曰: "我有一段怪[132]事, 故[133]如是耳!" 偏裨請問[134]之, 兵使曰: "我夜夢, 我之先考, 與一異僧偕來, 敎我曰: '鎭撫某者, 汝愼勿施杖[135].' 我對曰: '敢不如敎乎!' 仍以[136]覺悟, 曉而又夢, 先考與僧, 復至而敎曰: '念汝或以夢中事爲虛誕, 誤杖此人, 故不免再至耳. 汝愼勿杖之!' 再三丁寧去. 覺來怳然明白, 此吾所以趑趄也." 兵使問於鎭撫曰: "汝作佛事否?" 對以無有, 又問: "汝或舍施僧人否?" 對曰: "平生無舍施之事, 昨日途中, 遇一行脚過僧, 以一器飯齋之耳." 兵使問其狀, 果夢中所見, 與其先考偕來者也. 兵使詳問齋飯時事, 對以相問答之語[137], 兵使大加驚異, 遂釋之云. 師狀貌, 豊碩魁傑, 一見可知其非常人. 堪輿者金應斗, 少時親見之, 爲余言如[138]此.

評曰: "記余丙子重陽, 遊俗離山寺, 有熙彦・守一・覺性三禪影子, 請于寺僧而見之, 彦師奇古孤特, 如層崖老樹, 含霜瘦立, 眞所謂厖眉無住着者也. 性師穎秀端美, 形[139]如出水蓮花, 亭亭不滓,

---

128) 姑: 가. 나본에는 '故'로 되어 있음.
129) 始: 저본에는 '時'로 나와 있으나 가. 나본을 따름.
130) 中: 저본에는 빠져 있으나 나본의 의거하여 보충함.
131) 進: 나본에는 '告'로 되어 있음.
132) 怪: 저본에는 빠져 있으나 가. 나본에 의거하여 보충함.
133) 故: 저본에는 빠져 있으나 가. 나본에 의거하여 보충함.
134) 問: 가. 나본에는 '聞'으로 되어 있음.
135) 杖: 나본에는 '刑'으로 되어 있음.
136) 以: 저본에는 '而'로 나와 있으나 가. 나본에 의거함.
137) 語: 나본에는 '事'로 되어 있음.
138) 如: 저본에는 빠져 있으나 가. 나본에 의거하여 보충함.
139) 形: 저본에는 '刑'으로 나와 있으나 가. 나본에 의거하여 바로잡음.

一師高爽俊邁, 如駿馬脫絆, 快鶻橫秋, 眼光炯炯, 猶射人. 傳神尙如此, 況其眞相乎? 恨不及同蓮社而伴虎溪, 使摩[140]尼珠照渴水也."

7. 閻羅王托求新袍

海西延安府, 有一居士, 忘其名. 一日, 得疾伏枕呻吟, 白晝忽見, 鬼卒數[141]人至前, 曰: "地府追汝!" 卽以鐵鎖繫其[142]項而出, 行數十百里, 俄到一處, 有城巍巍[143]. 鬼卒引之, 入其城門, 又行數里許, 見有大宮殿, 穹崇依空. 到門, 鬼卒抶曳而入, 伏於大庭下, 望見殿上, 有王者坐于卓上, 殿上左右諸官列侍, 吏卒百餘人, 奔走使令於前, 威儀整齊, 號令嚴肅. 居士流汗浹背, 不敢仰視. 頃之, 有一吏立于殿前, 傳其命曰: "汝居何地, 姓名云何, 年紀若干[144], 所[145]業何事? 幷可細陳, 毋有所隱!" 居士戰慄而對曰: "姓某名某, 年今幾歲, 世居黃海道延安府, 而賦性愚魯, 不能他業, 素聞慈悲念佛, 可免地獄之說, 平日只以念佛舍施爲事耳." 吏聞言, 卽入告于殿上. 良久, 吏復傳命, 使進於階下, 而告之曰: "汝非當逮之人, 以同名誤來, 當復出去耳." 居士合手起拜, 自卓上復傳命曰: "予家在京城某坊, 世稱某宅, 今因汝還, 憑寄一言. 予入來[146]于此, 歲月已多, 所着之袍, 幾盡弊綻. 傳告家人, 製一新袍送來, 則幸甚. 汝出世之[147]後, 卽宜往訪細傳, 不可忽也." 居士對曰: "今承親敎, 敢

---

140) 摩: 저본에는 '磨'로 나와 있으나 가, 나본에 의거하여 바로잡음.
141) 數: 가본에는 '數十'으로 되어 있음.
142) 其: 저본에는 빠져 있으나 나본에 의거하여 보충함.
143) 巍巍: 가본에는 '巍然'으로 되어 있음.
144) 若干: 나본에는 '若何'로 되어 있음.
145) 所: 가본에는 '素'로 되어 있음.
146) 來: 저본에는 빠져 있으나 가본에 의거하여 보충함.
147) 之: 저본에는 빠져 있으나 나본에 의거하여 보충함.

不銘傳? 但幽明路殊, 地府之說, 世人皆稱妄誕, 小人雖傳此敎, 如不信聽, 則將若之何? 必須有信[148], 庶可見證矣." 吏復傳命曰: "汝言極是極是! 吾在世之日, 爲堂上時, 所懸玉貫子一片, 微缺一邊者, 幷[149]在於書簏[150]中詩傳第三卷, 而獨吾知之, 家人莫知之也. 汝若傳此爲證, 則必取信矣." 居士曰: "是則然矣, 雖製新袍, 何以送來乎?" 吏復傳命曰: "祭而焚之, 可也." 居士仍卽辭歸, 命二鬼卒出送, 居士問鬼卒曰: "卓上坐者, 爲誰?" 鬼卒曰[151]: "乃閻羅王, 姓朴名遇也." 行到一大江, 鬼卒推擠入江, 大驚而覺, 則死已三日矣. 病愈後, 卽入京城, 訪其家問之, 果是朴遇宅, 而其子二人, 方登第爲名宦矣. 到門求見, 而閽不爲通, 朱門杳杳, 踪跡齟齬, 獨立門墻, 日已斜矣. 忽遇一老僕, 懇乞請見, 則卽入而告之. 頃之, 出而引入見, 二貴人坐於廳事之上, 使之坐於階下, 而問之曰: "汝是何人, 有何所言?" 居士對曰: "某是海西延安居居士也. 於某月某日死, 入地府, 親見先大監, 有如是如是之事, 敢來傳告." 二人聞未及半, 大怒叱之曰: "何物老怪, 敢來吾門, 發此妖誕之說也? 急急曳出!" 居士乃大言曰: "這間別有一段可驗之事, 如不符合, 則曳出尙未晩也." 其坐中一人曰: "有何可驗之事?" 乃告以玉貫子之事, 極其明白, 兩人[152]始加疑訝, 遂出書簏而見之[153], 果於詩傳第三卷, 得玉貫子一片, 不錯一毫. 蓋其家於朴遇喪後, 失而未得者也. 始知其不妄, 擧家號哭, 若初喪焉. 至於婦人盡召見細問之, 其家乃

---

148) 信: 가본에는 '陰記'로 되어 있음.
149) 幷: 가, 나본에는 '藏'으로 되어 있음.
150) 簏: 나본에는 '篭'으로 되어 있음. 서로 통함.
151) 鬼卒曰: 저본에는 빠져 있으나 나본에 의거하여 보충함.
152) 兩人: 가본에는 '二貴人'으로 되어 있음.
153) 之: 저본에는 빠져 있으나 가, 나본에 의거하여 보충함.

製新袍, 擇日行祭於靈座前, 焚之. 祭之三日, 其家子女及居士, 皆夢見朴遇來謝送袍之意, 其家久留居士, 餽遺極厚, 往來不絶焉. 朴遇乃朴相公漸之曾祖也. 立朝淸直[154], 頗[155]見重於世. 曾爲海州牧使時, 與監司相詰, 亦有剛果之事焉. 余在首陽時, 邑人進士崔有瞻, 爲余言.

8. 菩薩佛放觀幽獄

洪乃範, 平壤文官也. 萬曆癸卯登第, 丁丑陞堂上, 至仁廟朝[156] 癸未, 時年八十二. 其子生員僎, 陳疏乞授老職, 都丞旨韓亨吉却之. 甲申春, 昭顯世子, 自瀋中還寓[157]平壤, 僎乃上書, 世子受來進于仁廟, 遂陞嘉善. 一日, 乃範曰: "吾今年必死." 未幾, 果死. 初乃範, 於甲午年間, 得染疾危革[158], 十許日而死, 殮置棺上, 人皆避出, 其妻獨在傍而哭. 尸忽自轉而墜. 其妻驚而氣絶, 家人遙見往救, 乃覺尸動, 解以觀之, 卽生矣. 自言:

夢至一處, 官府甚嚴, 吏卒列坐, 牛頭獸面, 夜叉羅刹之屬[159], 森立庭下, 踊躍而出, 拿致于前. 有黑衣吏, 自堂上傳旨曰: "世有三教, 釋處一焉, 地獄天堂, 乃徵人善惡者也. 汝常詆佛[160], 又不信天堂地獄, 偏執己見, 大言不顧, 合付地獄, 歷萬劫不出." 言訖, 有鬼卒數輩, 手持鋼叉, 捽迫欲去. 乃範大聲曰: "情實曖昧!" 有金面菩薩笑曰: "誤矣! 此人當壽享八十三, 官至同知而死, 何爲而來也?

---

154) 淸直: 가본에는 '淸惠'로, 나본에는 '淸宜'로 되어 있음.
155) 頗: 저본에는 빠져 있으나 가, 나본에 의거하여 보충함.
156) 朝: 저본에는 빠져 있으나 나, 다본에 의거하여 보충함.
157) 寓: 가본에는 '過'로 되어 있음.
158) 危革: 나본에는 '危篤'으로 되어 있음.
159) 屬: 나본에는 '狀'으로 되어 있음.
160) 佛: 저본에는 '儒'로 나와 있으나 가, 나본에 의거하여 바로잡음.

吾所追者, 全州洪某也. 雖然旣已到此, 可令一遭觀覽, 以信於世."
鬼卒承命携去, 首至一獄[161], 榜曰'勘治不睦之獄'. 以磚砌一長槽,
滿堆炭火, 火上焰燁燁然. 呼罪人跪槽邊, 出火中鐵串, 刺其眼, 連
十餘遭, 弔之如懸枯魚. 鬼卒曰: "此輩在世, 不能恭友兄弟, 視如
秦越, 輕滅天倫, 惟重財利, 受此報也." 次曰'勘治造言之獄', 有鐵
柱, 長可數丈許, 柱下有一大石, 呼罪人跪坐[162]柱下, 以尖刀刺其
舌, 以鐵索貫之, 弔於鐵[163]柱上, 去地可尺[164]餘. 又以大石, 懸其
足, 舌出長尺餘, 眼睛皆突出, 痛不可當. 鬼卒曰: "此輩在世, 世巧
弄長舌, 構成虛談, 離人骨肉, 間人朋友, 受此報也." 又次曰'勘治
欺世之獄', 羅卒[165]數十人於地, 夜叉數輩, 狀貌獰惡, 以鐵索牢, 八
九餓鬼, 來[166]抽刀於裸者胸腹間, 割肉置鍋中, 煎之以啖, 餓鬼啖
盡. 又割至餘骨而後已. 少焉, 業風一吹, 肢體如故, 又有鐵蛇銅
犬, 咋[167]人血髓[168], 叫苦之聲動地. 鬼卒曰: "此輩在世, 或身居淸
要, 外爲廉潔, 而陰受苞苴. 或身爲守宰, 浚民膏血, 而[169]善事要
譽; 或身爲墨行, 而口談周孔, 以欺世盜名, 受此報也." 乃相謂曰:
"不須遍歷, 直引去那裡看了罷." 遂東南行數百步, 有一大館, 榜曰
'會眞觀'. 祥雲濃覆, 瑞靄霏微, 有袈裟僧數百人, 或持[170]白玉麈尾,
或執[171]靑蓮花, 或跏趺坐, 或誦金剛·涅槃等經, 皆稱菩薩大師. 鬼

---

161) 獄: 저본에는 빠져 있으나 가, 나본에 의거하여 보충함.
162) 坐: 저본에는 빠져 있으나 가본에 의거하여 보충함.
163) 鐵: 저본에는 빠져 있으나 가본에 의거하여 보충함.
164) 尺: 가본에는 '丈'으로 되어 있음.
165) 卒: 저본에는 빠져 있으나 가본에 의거하여 보충함.
166) 來: 가본에는 '乃'로 되어 있음.
167) 咋: 저본에는 '乍'로 나와 있으나 가, 나본에 의거하여 바로잡음.
168) 髓: 저본에는 '隨'로 나와 있으나 가, 나본에 의거하여 바로잡음.
169) 而: 저본에는 빠져 있으나 가, 나본에 의거하여 보충함.
170) 持: 저본에는 '特'으로 나와 있으나 가, 나본에 의거하여 바로잡음.

卒曰: "此皆在世, 堅守法行, 一心向佛, 故能離了[172]八苦十惱, 得升極樂世界, 所謂天堂者, 是也." 觀畢, 回至府中, 金面菩薩曰: "世之人多不信佛, 又不知有天堂地獄, 今竟如何?" 乃範頓首而謝, 黑衣吏在前, 曰: "今可出送此人." 仍令鬼卒送歸, 忽驚悸而覺, 已經三日矣.

乃範心常自負, 每誇於人. 其後, 享年陞資, 一如菩薩之言. 噫! 乃範之事, 似是釋氏[173]誣民[174]之言, 君子固不當語怪述異, 而宋李舟亦云: "天堂無則已, 有則君子登; 地獄無則已, 有則小人入." 由此觀之, 乃範所云, 雖近於誣世, 而亦可以警世矣. 故余志其語, 以附退之'取其一, 不責其二'之義.

評曰: "世傳, 仁祖朝, 慶尙監司金緻死, 而爲閻羅王. 今聞延安居士之言, 又如此, 然[175]豈金緻代朴遇歟! 閻羅王何其數易耶? 據釋氏之說, 則天堂在於天上, 地獄在於地下, 而洪乃範見地獄去天堂, 只是數百步, 何其近耶? 此兩說, 余總而斷之, 曰'荒唐'."

9. 土亭漁村免海溢

土亭李先生, 嘗以商販, 到東海上, 夜宿濱海一漁村. 又有一行人, 亦來止宿, 其狀有若居士. 與主人鼎坐不寐, 其夜天色淸朗[176], 海波恬靜, 無半點風. 居士仰瞻海天, 良久, 卒然[177]大驚曰: "大變將至![178]" 左右怪問其故, 居士曰: "今不過數時, 將有海溢之變, 此

---

171) 埶: 저본에는 '爇'로 나와 있으나 가, 나본에 의거하여 바로잡음.
172) 了: 나본에는 '于'로 되어 있음.
173) 氏: 저본에는 '世'로 나와 있으나 가, 나본에 의거함.
174) 民: 가, 나본에는 '世'로 되어 있음.
175) 然: 나본에는 '則'으로 되어 있음.
176) 淸朗: 가본에는 '淸明'으로 되어 있음.
177) 卒然: 나본에는 '猝然'으로 되어 있음. 서로 통함.

村將入萬頃波底. 若不隱避, 人其魚乎!" 土亭聞此, 亦仰觀天文, 而終未解, 見主人, 不之信, 無意出避. 居士曰: "主人雖以吾言爲妄, 幸願暫避于後山絶頂, 過數時後, 如不驗, 還入家中, 亦何害也? 猶以吾言爲疑, 則勿移財産, 只主人家人, 盡登高以避, 俾免胥溺也." 土亭雖不解其理, 而異其言, 主人亦勉從之, 携老挈幼[179] 輕裝, 隨居士登家後山. 居士使之必登絶頂, 土亭獨不上絶頂, 坐於山腰, 曰: "亦可以避乎?" 居士曰: "他人則不可, 君則雖暫驚動, 可以避耳." 及鷄鳴時, 海果溢波浪, 駕天而來. 水及於土亭雙趺之下, 濱海諸村盡沒, 黎明而止. 土亭遂拜居士, 願爲弟子[180]而受學, 居士牢拒, 曰: "偶然知此, 他無所識." 終不肯言其所蘊. 土亭問其所居, 在於不遠, 指示而去. 土亭明日往訪, 家已空矣.

10. 樵氓海山脫水災

萬曆三十三年, 宣廟乙巳七月大水, 乃國朝以來大災也. 其前, 關東有村氓, 採樵於山中, 忽見一金甲神將, 騎白馬, 橫雕戈, 跨空而行, 儀表曄然, 望之可知爲[181]天人. 又有一衲子, 錫杖隨其後而來, 形貌亦甚奇異. 神人駐馬與僧[182]相語, 樵氓潛屛於林藪而聽之, 神人怒氣勃然, 以戈指麾四方, 曰: "吾欲從某至某, 崩山陷陸, 幷爲深淵, 使此地所有無復孑遺." 僧從後哀乞曰: "若如此, 則將成人間大禍, 幸爲我霽怒霽怒!" 祈懇良久, 神人復以戈指之, 曰: "然則又[183]從某至某, 崩陷之, 於汝意如何?" 僧又哀乞[184]不已, 神人復

---

178) 至: 가, 나본에는 '生'으로 되어 있음.
179) 挈幼: 저본에는 '幼挈'로 나와 있으나 가, 나본을 따름.
180) 子: 저본에는 '居士'로 나와 있으나 가, 나본에 의거함.
181) 爲: 저본에는 '其'로 나와 있으나 가, 나본을 따름.
182) 僧: 저본에는 빠져 있으나 가본에 의거하여 보충함.

曰:"爲汝太牛減之, 從某至某, 則吾必陷爲淵而後已. 此外決不可又減也." 僧又哀乞, 而神人牢拒不從, 僧乃許之. 言訖, 相與跨空而去. 其所酬酢之語頗多, 而相距稍遠, 不能詳聞, 大略如斯. 樵氓大驚駭, 忙急奔還, 率其妻孥, 遠走避之. 自是日, 大雨成霖, 五臺山崩, 其地果陷爲淵, 數十里諸村盡沒, 而樵氓獨脫焉.

評曰:"甞聞吾東方多有異人, 晦跡漁商之市, 土亭所遇居士, 能以天文, 預知海溢, 其眞異人哉! 恨其不得叩所蘊而傳其術也. 至若乙巳之水, 數百年來, 所無之大災, 神人之見怒, 未知怒何事耶? 樵氓之偶遇而得脫, 亦云異矣."

11. 臨場屋枯骸冥報

俗傳, 麗朝昔設謁聖慶科. 有擧子某者, 從遠方赴擧, 日暮行山野間, 忽聞蔓草葛藟之下有作嚏聲者, 而無人焉. 某怪而訝之, 下馬入於葛藟之下, 傾耳候之, 嚏聲出於葛根之下. 使僕堀視之, 有死人腦骼存焉, 而埃土塞[185]其竅窾, 葛根從其鼻孔而生. 嚏者, 蓋由其魂魄之不堪故也. 某爲之憫惻, 出其腦骨而淨洗之, 厚裹以紙, 埋封於高燥之地, 以淨飯一盂, 奠于其下, 作文弔之而去. 其夕夢, 有一儒生, 白髮皤如, 來拜於某, 而謝之曰:"我有[186]前世之[187]罪, 死於非命, 子孫零替, 骸骨分離, 化爲塵土, 唯腦骨獨存, 委[188]棄於荒野蔓草, 而葛根穿鼻, 精魂[189]未泯, 昏明不堪. 幸遇君子, 仁

---

183) 又: 나본에는 '必'로 되어 있음.
184) 哀乞: 가, 나본에는 '哀懇'으로 되어 있음.
185) 塞: 저본에는 '裏'으로 나와 있으나 나본에 의거함.
186) 有: 가본에는 '由'로 되어 있음.
187) 之: 저본에는 '有'로 나와 있으나 나본에 의거함.
188) 委: 저본에는 '秀'로 나와 있으나 나본에 의거하여 바로잡음.
189) 魂: 가, 나본에는 '魄'으로 되어 있음.

出於天, 憐其無舌, 垂憫不報[190], 埋我淨地, 且享芯芬, 恩重山岳, 惠隆生成. 雖幽靈昧昧[191], 無以報大德, 一性猶存, 敢不思所以自盡乎?" 仍爲某言曰: "今玆之科, 當出五言律, 題曰'夏雲多奇峰', 押峰. 吾爲君子, 預有所述, 君如寫此以進, 則或得嵬捷." 因書贈詩云: '白日到天中, 浮雲自[192]作峰. 僧看疑有寺, 鶴見恨無松. 電影樵童斧[193], 雷聲隱士鍾. 誰云山不動, 飛去夕陽風.' 贈訖, 叩頭謝去. 某覺而異之, 因到京較藝, 則所出題及韻, 與夢符合, 因[194]用鬼作, 果得居魁.

12. 棲山寺老翁陰佑

宣世徽, 嶺南某邑人也. 少時, 讀剪燈新話于山寺, 夜深氣倦, 凭几假寐, 夢一老翁, 鬚眉皓白, 衣冠甚偉[195], 急覺世徽, 曰: "汝勿在此, 速避速避!" 世徽驚起, 雖自怪訝, 而夢甚明白, 卽移他房. 少頃, 巖石崩堆, 摧[196]壓前棲之房, 僧徒多死, 而世徽獨免. 翌夜夢, 老翁又至, 書贈詩二句, 曰: '楚客遠投三峽口, 蜀禽啼到五更時.' 世徽未解其意, 而心異之. 世徽專讀瞿佑文, 妙得其法, 於光海朝, 頗有文名, 附麗權門, 借述場屋, 與李再榮幷稱. 及登第[197], 作宰郡邑, 多有贓汚之迹. 癸亥反正後, 追案前事, 逮繫詔獄, 明日當決囚, 而罪將[198]死. 夜五更, 聞杜鵑啼于獄傍之樹, 世徽忽憶老翁[199]

---

190) 垂憫不報: 가, 나본에는 '特垂矜憫'으로 되어 있음.
191) 雖幽靈昧昧: 나본에는 '雖幽明路殊'로 되어 있음.
192) 自: 가본에는 '多'로 되어 있음.
193) 斧: 가본에는 '釜'로 되어 있음.
194) 因: 가, 나본에는 '仍'으로 되어 있음.
195) 甚偉: 가, 나본에는 '甚奇'로 되어 있음.
196) 摧: 저본에는 빠져 있으나 가, 나본에 의거하여 보충함.
197) 及登第: 저본에는 '登及第'로 나와 있으나 나본을 따름.

所贈詩, 謂幷逮諸囚曰: "吾庶可以生矣." 乃說山寺之夢, 衆皆嗟異. 世徽仍足成下句, 曰: '乃知禍福皆前定, 憶得當年夢裏詩.' 明日, 獻讞減死, 流三水. 三峽之語, 亦符矣.

評曰: "余嘗觀徐四佳『東人詩話』, 記'僧看疑有寺, 鶴見恨無松'一聯, 於錢仲文「湘靈鼓瑟」詩之下, 而評之曰: '雖帶椎髻語, 亦是警句云.' 其意, 蓋亦[200]以爲有神助焉. 然以余觀之, 乃鄉里[201]小兒號喚語耳, 曷嘗是警句? 且中風兩韻不叶, 隱士鍾尤無所據. 或傳, 寺卽利字[202], 隱士鍾卽岳寺鍾[203]云, 不但利與寺語疊, 詩盆不佳, 鄙野可笑, 豈始關文運之初, 其詩止[204]於此耶? 且枯骸之冥報, 報掩骼也, 老翁之陰佑, 報何事耶? 無乃宣有陰德於老翁, 而世莫得以[205]知之耶? 雖然, 楚客蜀禽數語, 比僧看鶴見, 頗勝."

13. 西平鄉族點萬名

西平韓公俊謙, 有一遠族, 居在湖南[206], 爲人傯侗[207], 家甚貧. 時時來見西平, 西平愍其寒飢, 解衣推食, 來輒挽留旬月, 始許其還, 而以其庸, 故不之責也. 一日, 來見韓公, 忽告歸, 時元朝隔數日, 韓公[208]留之, 曰: "汝與[209]其飢[210]度歲時於馬上, 寧在吾家, 飽喫湯

---

198) 將: 가본에는 '當'으로 되어 있음.
199) 老翁: 저본에는 빠져 있으나 가, 나본에 의거하여 보충함.
200) 蓋亦: 나본에는 '亦皆'로 되어 있음.
201) 鄕里: 나본에는 '鄕曲'으로 되어 있음.
202) 字: 저본에는 '子'로 나와 있으나 나본에 의거하여 바로잡음.
203) 鍾: 저본에는 빠져 있으나 가, 나본에 의거하여 보충함.
204) 止: 가본에는 '至'로 되어 있음.
205) 以: 저본에는 '而'로 나와 있으나 나본에 의거함.
206) 湖南: 이본에는 '湖西'로 되어 있음.
207) 傯侗: 가본에는 '聰明'으로 되어 있음.
208) 公: 저본에는 빠져 있으나 가, 나본에 의거하여 보충함.

餅, 高臥迎新, 爲得也." 其人再三要還, 而韓公苦留之, 其人賤, 故不敢辭, 仍留. 歲除之夕, 告于韓公曰: "我有異術, 常領²¹¹⁾數萬鬼, 每於元朝, 點名以閱之, 若不則鬼無拘檢, 多禍于人家者, 此非細事也. 吾之所以要還者, 此耳. 公旣留我, 我將點鬼於公家, 公勿訝焉." 韓公大驚異, 許之. 其人復曰: "此乃大事, 欲於正廳行之." 韓公亦許之. 其夜, 灑掃廳事, 其人南面端坐. 韓公自外窺之, 須臾, 見無數雜鬼²¹²⁾騈闐而入, 奇形怪制, 不可名狀. 羅拜於前, 充滿階庭, 其人出一冊子, 親自按簿點名. 有鬼卒數人, 立於階前, 呼名以閱之, 有若官府閱衙²¹³⁾之狀. 自二更許至五更²¹⁴⁾夜, 始罷, 其數數萬者, 不誣矣. 末梢一鬼, 闕點後至, 又一鬼踰墻而入, 其人命捽入拷問之, 後至者²¹⁵⁾曰: "果緣食道爲難, 近行痘疹於嶺南士人某家, 遠來赴點, 以此後至, 其罪無所逃." 踰墻者曰: "果緣久飢, 略行癘疫於京畿某人家, 知有點簿, 倉黃而來, 恐未及赴, 以致踰墻之罪云." 其人厲聲數之, 曰: "此鬼等違吾²¹⁶⁾禁令, 多行虐病, 其罪已重. 況此乃宰相貴家, 而渠敢踰墻而入, 其罪尤重. 後至者杖百, 踰墻者杖數百, 俱枷鎖, 囚於牢獄." 仍聚衆鬼, 下令無得作禍于人間, 三令而五申之, 仍命罷歸. 衆鬼²¹⁷⁾羅拜以辭, 爭闖門而出, 騈闐之聲, 良久而止. 見其人, 兀坐空廳而已, 悄無所覩, 鷄已鳴, 而天欲

---

209) 與: 저본에는 '知'로 나와 있으나 나. 다본에 의거하여 바로잡음.
210) 飢: 저본에는 빠져 있으나 가. 나본에 의거하여 보충함.
211) 領: 저본에는 '令'으로 나와 있으나 가. 다본을 따름.
212) 雜鬼: 저본에는 빠져 있으나 이본에 의거하여 보충함.
213) 閱衙: 이본에는 '開衙'로 되어 있음.
214) 更: 저본에는 빠져 있으나 가. 다본에 의거하여 보충함.
215) 者: 저본에는 빠져 있으나 이본에 의거하여 보충함.
216) 吾: 저본에는 '言'으로 나와 있으나 가. 나본에 의거하여 바로잡음.
217) 鬼: 나본에는 '鬼卒'로 되어 있음.

曙矣. 韓公悅恍莫測, 仍叩其得術之由, 則答言, "渠少時, 讀書于 山寺. 寺有一老僧, 容貌迂怪, 衰極將死, 衆皆賤辱之, 渠獨愍[218]其 老, 時食以餘食, 頗厚待之. 一日, 夜月明, 老僧紿謂渠曰: '寺後有 一洞壑, 景致絶勝, 盍與吾往觀乎?' 渠信而從之, 及[219]出寺, 踰山 麓到無人之處, 自懷中出一冊子, 付之曰: '我有此術, 年老將死, 欲傳於人, 久矣. 遍遊東國, 未得其人, 今見君, 吾得其人, 請以此 傳之.' 開其冊, 卽鬼符而符籙[220], 制鬼之法亦存. 老僧卽書一符, 焚 之, 數萬之鬼, 頃刻而集[221]. 見之驚悚, 老僧與渠聯坐, 一一點名, 謂鬼等[222]曰: '吾已老矣! 已[223]付爾等於此少年, 從今以往, 役於此 君, 可也.' 渠卽傳受其書[224], 號令衆鬼, 改申約束而散遣之. 與老僧 歸宿寺中, 曉起, 訪其僧, 僧已遁矣. 渠仍行其術, 積累十年, 世無 知者, 今始見知於公云." 西平大異之, 問曰: "我亦可受此術否?" 其 人曰: "公之精力, 足以行之, 而但此術, 是山野窮秀才所行, 公宰 相不可行也." 明日遂辭去, 不復來見. 西平遣人往視之, 萬疊山中, 結一草庵[225], 小如蟹匡, 四無隣居[226], 塊然獨處, 招之終不來. 其 後, 更遣人訪之, 已移室矣, 莫知所終. 西平子孫, 親聞於西平, 而 傳說於人也[227].

---

218) 愍: 다본에는 '憫'으로 되어 있음. 서로 통함.
219) 及: 다본에는 '卽'으로 되어 있음.
220) 鬼符而符籙: 가, 다본에는 '鬼簿而鬼籙'으로 되어 있음.
221) 集: 가본에는 '至'로 되어 있음.
222) 鬼等: 나본에는 '鬼卒'로 되어 있음.
223) 已: 다본에는 '今'으로 되어 있음.
224) 書: 가, 다본에는 '冊'으로 되어 있음.
225) 草庵: 다본에는 '茅庵'으로 되어 있음.
226) 隣居: 나본에는 '人居'로 되어 있음.
227) 也: 나본에는 '如此云爾'로 되어 있음.

14. 任實士人領[228]二卒

孝宗甲午乙未間, 任實有士人某者, 自言, "能役鬼, 而所常領[229]者, 二鬼卒云." 一日, 與人對作象戲, 而約輸者當榜, 對者不勝, 負約不受榜. 某謂, "若不順受, 則後稍益惡矣." 其人終不肯受, 某向空若作呼喚分付之狀, 其人卽自下於庭, 披其臀, 空中有鞭朴[230]之聲, 杖至五六, 其臀箇箇靑腫. 其人不勝痛求哀, 某乃笑而釋之. 又嘗與人, 會坐於任實官廨, 其後園有竹林, 其外村家, 方有賽神者, 鼓聲坎坎. 某忽下走至園, 向竹林怒氣勃然, 高聲呵責, 張目揚臂, 有若驅逐之狀, 良久而還. 人怪而問之, 答云: "有一群雜鬼來, 自賽神之所, 投聚于此竹林, 若不呵禁, 今將依附林藪, 作亂於人家, 故吾怒而逐之耳." 又嘗與一士人, 作伴同行, 忽於路上, 向空叱之曰: "汝何敢攝此無罪之人? 汝若不赦[231], 則吾將罪汝." 辭氣甚怒, 士人問其故, 不爲明告. 夕投一村家, 則稱有疾病, 拒而不納, 使奴呵責逼迫而入. 主人妻女輩, 頻於窓間窺見, 微[232]聞有竊語驚嗟之聲. 昏後, 主人翁具酒饌來謝, 曰: "小人有女, 猝患劇病, 今日死去, 良久始甦曰: '爲一鬼所攝而去, 路逢一人, 呵叱其鬼, 使之捨去, 其鬼甚恐, 卽便捨之, 故得甦云.' 渠於門隙, 窺見尊貌曰: '此卽責鬼人.' 不覺驚異. 未知尊公仙耶佛耶? 此是再生之恩, 故敢以薄饌奉謝." 某笑而受食曰: "汝言妄矣. 吾豈有此耶?" 此後七八年, 病卒云.

評曰: "役鬼之說, 古無聞焉. 至于叔季, 而始有之, 豈不怪哉?

---

228) 領: 가본에는 '率'로 되어 있음.
229) 領: 나본에는 '役'으로 되어 있음.
230) 朴: 나본에는 '扑'으로 되어 있음. 서로 통함.
231) 赦: 나본에는 '舍'로 되어 있음.
232) 微: 저본에는 빠져 있으나 가, 나본에 의거하여 보충함.

西平之族, 所領數萬, 而能嚴束峻治, 俾絶人間之禍, 任實之人, 只帶二卒, 而亦默禁止呵責, 以止妖邪之祟.[233] 此雖燕齊之士, 有惠而無害, 賢於禹治, 遠矣."

15. 一島魚肉臥家中

江華有一武人, 爲本府將官, 爲人凡庸, 別無異事. 一日, 其妻因妬忌[234]恚怒, 而於房內縫衣. 時當深冬, 武人欲解其怒, 而[235]戲謂其妻曰: "吾將造出蝴蝶, 君欲觀乎?" 其妻益怒, 罵其妄言, 不以爲意. 武人卽就其妻縫衣樏器中, 取其[236]衆色錦段綿布, 小小裁餘, 握在手中, 微於口中, 作呪而散擲空中, 蝴蝶紛然滿房, 五色燦爛. 其色各以裁餘本色而成, 翩翩飛舞, 眩轉難測. 其妻不覺驚異, 卽笑而解怒. 良久, 武人展手向空, 蝴蝶卽便飛集, 握而復開, 則皆成裁餘矣. 此事獨其妻見之, 他人莫知之也, 前後未聞有異術焉. 及丁丑, 江都見陷, 人皆呼哭奔走, 武人獨晏然安臥家中, 使其[237]妻孥朝夕炊飯, 自若笑隣里之奔避者, 曰: "虜豈到此村乎?" 果一島盡被焚掠, 人無得脫者, 而武人之村, 獨不及焉.

16. 萬騎蹂躪坐路上

丙丁[238]之亂, 有一京城氓, 隨衆避兵馬[239]而行. 一日, 忽遇虜兵

---

233) 而亦默禁止呵責, 以止妖邪之祟: 저본에는 '而亦禁止妖邪之祟'로 되어 있으나 가본에 의거함.
234) 忌: 저본에는 빠져 있으나 나본에 의거하여 보충함.
235) 而: 저본에는 빠져 있으나 이본에 의거하여 보충함.
236) 其: 이본에는 '出'로 되어 있음.
237) 其: 저본에는 빠져 있으나 나본에 의거하여 보충함.
238) 丙丁: 가본에는 '丙子'로 되어 있음.
239) 馬: 가, 나본에는 빠져 있음.

大陣自後猝至, 鐵騎萬餘, 漫山蔽野而來, 無處可避, 倉卒遑遑, 罔知所措. 望見路上, 松樹下有一士人, 下馬休坐, 其奴一人, 執鞚而立于前, 以數幅白袱, 向路張掛, 有若障蔽路塵之狀. 氓走到士人所坐之[240]樹下, 急呼人, "將死矣, 何以得活?" 士人笑曰: "人豈必盡死乎? 汝何其太遑急也? 姑坐于吾傍, 以觀之, 可也." 氓見士人, 意甚安閑, 了無懼怖之色. 氓亦自念, 無他可生之道, 遂從其言, 坐而見之. 虜騎逢人, 或殺或擄, 無一脫者, 獨到士人所坐, 若不見焉, 絡繹流行, 皆從其前而過, 向夕始斷. 士人與氓, 終日坐虜陣中, 而晏然無事. 氓始知其有異術, 拜問其名稱居住, 士人終不肯言, 騎馬疾驅而去, 馬駿行速, 不得追焉[241]. 氓於後日, 偶遇被擄逃還者, 與之語, 自言, "隨虜陣, 某日過某地." 卽氓與士人坐處也. 氓細問其獨得脫免之故, 則曰: "虜陣到此, 仰望有粉堞嵯峨, 天塹絕險且峻, 有非人力可功, 故只自從其下過去云." 此則士人所張白袱也.

評曰: "世言, '今世無異人, 雜術皆蠱言.' 非也. 丙丁非今世乎! 臥家避亂, 坐路避兵, 非雜術乎? 斯二子者, 內秘不示, 而終能遇亂自衛, 其亦猶賢乎? 已也夫!"

17. 掃雪因窺玉簫仙

成廟朝, 有一名宰, 按節[242]關西. 關西自古, 以佳麗地擅名, 江山樓觀之勝, 綺羅管絃之盛, 甲于八方. 風流豪士, 宦遊才子, 往往有爲一笑而留三年者. 妓籍中有小娥一人, 名紫鸞, 號玉簫仙. 年纔

---

[240] 之: 저본에는 빠져 있으나 나본에 의거하여 보충함.
[241] 焉: 저본에는 '馬'로 나와 있으나 가, 나본에 의거하여 바로잡음.
[242] 按節: 가본에는 '出按'으로 되어 있음.

巫峽, 天賦艷質, 絶世無雙, 歌舞吹彈, 無不精妙. 加以才識穎悟, 能
解詩詞, 第一香名, 已振關西矣. 時按使有一[243]兒郞, 年亦十二[244],
眉眼如畫, 幼通經史, 藻思敏捷, 操筆成章, 世以奇童許之. 按使無
他子女, 只有此兒[245], 而才又拔萃, 鍾愛特立. 按使適値懸弧之日,
與賓僚置酒於秋香堂[246], 大張妓樂, 酒酣歡甚. 乃命兒郞起舞, 呼
首妓, 擇於童妓中一人, 使之對舞, 以爲戲笑之資. 衆妓及營中上
下, 以紫鸞芳姿妙藝, 可敵兒郞. 又其年齒, 適與同庚, 遂使應命,
一雙妙舞, 嫋嫋如弱柳, 翩翩若輕燕[247]. 坐上見者, 莫不贊嘆, 稱其
奇絶. 按使大悅, 招紫鸞, 命坐於床頭, 饋以肴饌, 復以錦綺, 厚加
賞賚, 仍命以紫鸞, 永定兒郞陪妓, 以供進茶磨墨之役. 自是, 恒不
移左右, 與之同遊戲[248]. 及數年之後, 男女年長, 遂相親昵, 兩情俱
惑, 綢繆纏綿, 不翅若鄭生之於李娃也[249], 張郞之於鶯鶯也. 按使
秩滿, 朝廷以其有惠政, 復令仍任, 凡六年而始解. 臨其歸日, 按使
與夫人, 深憂其子與紫鸞有難離之患[250], 欲其棄去也, 則慮其子相
思而致疾也; 欲其率行[251]也, 則其子尙未聘娶, 恐其有妨於名行
也. 取捨兩難, 不能自斷, 乃曰: "此則當問於渠而決之." 召其子,
而謂之曰: "男女[252]之好, 父不得敎之於子, 吾不能禁制焉. 汝與紫
鸞, 情愛旣篤, 似將難離. 汝旣未娶, 今若率畜, 則恐有妨於婚姻.

---

243) 一: 저본에는 빠져 있으나 가본에 의거하여 보충함.
244) 二: 저본에는 '五'로 나와 있으나 가, 나본을 따름.
245) 此兒: 저본에는 '一'로 나와 있으나 가본을 따름.
246) 秋香堂: 가, 나본에는 '秋香亭'으로 되어 있음.
247) 燕: 나본에는 '鸞'으로 되어 있음.
248) 戲: 저본에는 빠져 있으나 가, 나본에 의거하여 보충함.
249) 也: 저본에는 빠져 있으나 가본에 의거하여 보충함.
250) 其子與紫鸞有難離之患: 가본에는 '其子之難離於紫鸞'으로 되어 있음.
251) 率行: 가본에는 '率去'로 되어 있음.
252) 女: 저본에는 '子'로 나와 있으나 가, 나본을 따름.

而但念男子一妾, 世所多有, 汝若眷戀不能忘, 則雖有些少所害, 有不暇[253]顧, 當以汝意決之, 汝今勿隱畢[254]陳也." 生卽對曰: "大人豈以子爲難離一少妓, 而或有相思致傷者耶? 子雖以一時眼界繁華, 有所眄睞, 及今棄歸, 有若弊屣, 豈有眷眷不忘之理哉? 幸大人勿復下慮也." 按使與夫人, 大[255]喜曰: "我兒眞丈夫也!" 及其別也, 鸎娘涕泣嗚咽, 有不忍見, 而生無所[256]眷戀之色, 一營上下僚屬偏裨見者[257], 莫不嘆其俊異. 蓋生與鸎, 處五六年, 未嘗有一日之分, 故未知世間離別境界, 能作快活[258]之語, 而輕其別焉. 按使旣解監司, 以大司憲還朝, 生隨父母, 歸京城, 漸覺有思念鸎妓之情, 而不敢形諸言面.

時有監試之科, 其父命生與朋友數人, 做業於山寺. 一日夜, 諸友皆宿[259], 而生寢不能寐, 獨起徘徊[260]於前庭. 時當寒冬, 雪月皎然, 深山靜夜, 萬籟俱寂. 生望月懷人, 情緒凄悲[261], 思欲一見其面, 不能自抑, 有若喪性發狂者然. 是夜夜半, 遂自寺庭直向平壤, 戴毛巾, 服藍紬衣, 穿革履, 步屧而行. 未及十餘里, 足腫不能行, 到村家, 以革履換着藁鞋, 棄其毛巾, 得弊氈笠破邊者, 蓋其頭. 乞食於行旅, 常多飢餒, 寄宿於逆旅, 徹夜寒凍. 生以富貴家子弟, 生長於膏粱綺紈之中, 未嘗出門庭數步, 猝然作千里徒步, 蹣跚匍

---

253) 暇: 나본에는 '可'로 되어 있음.
254) 畢: 저본에는 '必'로 나와 있으나 가, 나본을 따름.
255) 大: 저본에는 빠져 있으나 가본에 의거하여 보충함.
256) 無所: 나본에는 '少無'로 되어 있음.
257) 一營上下僚屬偏裨見者: 가본에는 '一營上下'로 되어 있음.
258) 快活: 가, 나본에는 '快闊'로 되어 있음.
259) 宿: 가본에는 '寢'으로 되어 있음.
260) 徘徊: 가본에는 '彷徨'으로 되어 있음.
261) 凄悲: 가본에는 '悽然'으로 되어 있음.

匍, 行不得前, 加以飢凍, 兼極[262]辛苦萬狀, 衣破懸鶉, 面貌瘦黑, 殆若鬼形. 間關寸進月餘, 始得抵平壤, 直到妓家, 鸞則不在, 而獨其母在耳. 見生不能識, 生前自陳敍曰: "吾卽前使道兒郞[263]也. 以不能忘汝女之故, 千里徒步而來, 汝女未知何往而不在耶?" 妓母聞之, 而不悅曰: "吾女爲新使道之子所寵愛, 晝夜同處於山亭, 不許暫出, 未得歸家, 今已數月矣. 郞君雖遠來, 相見無路, 誠可恨也." 漠然無迎接之意. 生自念, '爲鸞而來, 鸞旣不可得見, 其母之厭薄又如此, 無處寄托, 進退維谷.' 政爾躊躇之際, 忽然記得其父在營之時, 本府下吏某者, 曾犯重罪, 將至於死境[264], 而情不[265]可恕, 生獨慜憐[266], 於定省之暇, 周旋救解, 其父從生言而活之. 生念, '吾於此吏, 有再生之恩, 吾若往見, 渠豈不[267]有數日之款乎?' 遂自妓家, 轉訪吏家而投之, 則吏亦初不知識, 生言其名而告之, 故吏大驚迎拜, 灑掃正堂而處之, 豊其飯饌而進之. 住數日, 生與吏, 謀見鸞之策, 吏良久, 曰: "從容相接, 誠無其路矣. 若欲[268]一者願[269]見其面, 則小吏願獻一策, 郞君果能肯從否乎?" 生叩問之, 吏曰: "今玆雪後, 營中掃雪之役, 例以城內坊民分差, 而小吏適當此任. 今者, 郞君若雜於役夫之中, 擁箒掃雪於山亭, 則鸞妓方在亭上, 庶可見其面. 不然, 更無他道矣." 生從其計, 早朝與衆役夫, 入山亭, 携箒掃雪於前庭. 巡使之子, 方開窓倚門[270]坐, 鸞妓[271]在房,

---

262) 極: 가, 나본에는 '劇'으로 되어 있음.
263) 兒郞: 가본에는 '阿郞'으로 되어 있음.
264) 境: 저본에는 빠져 있으나 가본에 의거하여 보충함.
265) 不: 가, 나본에는 '有'로 되어 있음.
266) 慜憐: 나본에는 '同憐'으로 되어 있음.
267) 不: 저본에는 빠져 있으나 가, 나본에 의거하여 보충함.
268) 欲: 나본에는 '圖'로 되어 있음.
269) 願: 가, 나본에는 '遠'으로 되어 있음.

不得見矣. 他役夫皆丁壯, 掃雪甚健, 生獨用箒齟齬, 不及於他人, 巡使之子, 見而笑之, 仍呼鸞妓, 使觀之. 鸞自房中, 應命而出, 立于前軒. 生捲其氈笠, 前過而仰見之[272], 鸞熟視良久, 卽還入房中, 而閉其門, 從此不復出矣. 生遂憮然怊悵, 而歸于吏舍. 鸞素明慧, 一見知其爲生也, 默坐而垂淚, 巡使之子, 怪而問之, 鸞初靳而不言, 再三苦問之, 始乃曰: "妓[273]賤人也, 郎君誤加寵愛, 夜共錦衾, 晝同綺饌, 不許妓暫時還[274]家, 今已數月矣. 於妓榮幸極矣, 妓豈復有一毫怨尤之心哉? 第妓家貧母老[275], 每當父亡之日, 小妓在家, 乞貸營辦, 備得數器之祭以過[276], 而今旣牢鎖此中, 明日適是父忌. 老母獨在, 想[277]應闕奠一器飯, 故忽然念此, 自爾悲泣, 夫豈有他故哉?" 巡使之子, 惑愛[278]已久, 聞鸞之言, 信而不疑, 惻然傷之, 曰: "誠[279]若此, 何不早言?" 卽盛具祭需與鸞, 使之行祭於家中而來. 鸞顚倒還家, 謂其母曰: "吾知前使道之子某郞君來矣, 意謂必在吾家, 今不在焉[280], 未知何往?" 其母曰: "某郞君, 果爲見汝徒步而來, 某日到家, 而汝旣在營, 無由相會, 吾以此語之, 卽自去耳. 吾不知其何往也." 鸞呼泣而責其[281]母, 曰: "此非人理所可忍

---

270) 門: 저본에는 빠져 있으나 나본에 의거하여 보충함.
271) 妓: 가본에는 '則'으로 되어 있음.
272) 之: 저본에는 빠져 있으나 가, 나본에 의거하여 보충함.
273) 妓: 저본에는 '奴'로 나와 있으나 나본을 따름. 이하의 경우도 동일함.
274) 還: 나본에는 '出'로 되어 있음.
275) 母老: 저본에는 '老母'로 나와 있으나 나본에 의거함.
276) 備得數器之祭以過: 나본에는 '數器而過祭矣'로 되어 있음.
277) 想: 저본에는 '相'으로 나와 있으나 가, 나본을 따름.
278) 惑愛: 저본에는 '蠱惑'으로 나와 있으나 나본을 따름.
279) 誠: 저본에는 '審'으로 나와 있으나 가본을 따름.
280) 焉: 가본에는 '此'로 되어 있음.
281) 其: 저본에는 빠져 있으나 가, 나본에 의거하여 보충함.

爲, 而母何以忍爲之耶? 吾與此郞君, 年旣同庚而十二歲, 當壽宴獻舞之日[282], 一營上下, 擧吾而爲對舞[283], 雖曰'由人', 而實是天作之配. 此吾之不可背者一也. 自是以來, 未嘗一日離其左右, 以至於長成, 仍而有私焉, 則相愛之情, 相得之樂, 求之古今, 絶無比矣[284]. 郞雖有忘於妾, 妾抵死而難忘焉, 此吾之不可背者二也. 前使道以吾謂爲愛子之婦, 不以賤微而有間焉, 撫恤之深, 賜賚之厚, 恩德如天, 世所罕有. 此吾之不可背者三也. 箕城地當孔道, 縉紳貴流, 往來如織, 吾見人多矣, 器稟之英秀, 才華之敏贍, 未有如此郞君[285]者. 吾素有絲蘿托從之意, 此吾之不可背者四也. 郞雖棄[286]吾, 吾不可負, 而吾無狀, 不能以死自守, 爲威勢所脅制, 今復獻媚於新人郞君, 何有於無行之一賤物, 而不遠千里徒步而來? 此吾之不可背者五也. 非徒此也. 郞君是何等貴人, 而爲一賤娼, 顚倒[287]狼狽而至, 則在我之道, 何忍恝視? 吾雖不在, 母氏獨不思前日眷恤之情贈遺之恩, 而不進一器飯以留之耶? 此非人理所忍爲, 而吾母忍爲之, 吾亦[288]安得不自痛耶?" 呼泣良久, 仍靜而思之曰: "此城中, 郞君無可住之處, 必在某吏之家." 卽起走往吏家, 郞果在矣. 相携涕泣而已, 更不能交一語. 仍要還其家, 盛備酒肴以進. 逮夜, 鸞謂生曰: "明日則復難相見, 將若之何?" 兩人遂密議, 定爲逃計. 鸞出其衣笥錦繡衣裳, 盡去其綿, 又出若干金珠釵佩等輕寶, 裹以二袱. 夜深, 乘其母睡熟, 兩相負戴, 潛逃以去. 轉入陽德·孟

---

282) 日: 가본에는 '際'로 되어 있음.
283) 舞: 저본에는 빠져 있으나 가본에 의거하여 보충함.
284) 比矣: 가, 나본에는 '倫比'로 되어 있음.
285) 君: 저본에는 빠져 있으나 나본에 의거하여 보충함.
286) 棄: 나본에는 '負'로 되어 있음.
287) 倒: 저본에는 '頓'으로 나와 있으나 가, 나본을 따름.
288) 亦: 저본에는 빠져 있으나 나본에 의거하여 보충함.

山深峽之中, 寄托於村氓之家. 初爲其傭賃, 生不能鄙事, 鸞工於織紅針繕, 以糊其口, 稍久, 仍結數間茅舍於村中以居. 鸞勤於女工, 晝夜不懈, 且時賣所賚衣裳釵佩, 以供喫着, 能使不致乏絶. 鸞又能善處隣里, 俱得其歡心, 四隣[289]之人, 見其[290]新寓貧窮, 莫不憐而賙救, 遂得安巢焉. 生之諸友, 初與共棲山寺者, 朝起不見生, 衆大駭, 卽與僧徒[291], 窮搜四山, 終不得. 遂報于其家, 其家震驚, 多發奴僕, 遍覓於近寺數十里累日, 竟絶聲響[292]. 皆言, "若非爲妖狐所迷而死[293], 則必爲猛虎所噬食." 乃發喪, 招魂而[294]虛葬焉. 巡使之子, 旣失鸞, 使庶尹囚其母及族屬, 以求之, 閱月不得, 而乃止. 鸞與生, 已得奠居, 乃謂生曰: "君以宰相家獨子, 惑於一娼妓, 棄父母, 逃竄於窮裔山谷之間, 其存其沒, 家莫聞知, 不孝大矣. 行檢掃地, 今不可終老於此, 又不可抗顔歸家, 君將何以自處乎?" 生泫然曰: "吾亦憂之, 罔知所以爲計[295]耳." 鸞曰: "只有一策, 粗足蓋覆舊累, 濯磨新效, 上可以復事乎親, 下可以自立於世, 君能行之否?" 生問: "何策?" 鸞曰: "唯有擢科, 揚名一路耳. 不待盡言, 而君可以喩矣." 生大喜曰: "娘之爲我計, 可謂至矣, 顧安所得書而讀之乎?" 鸞曰: "君勿憂! 妾當爲君圖之." 自是, 鸞言于四隣, 不計價購書, 而窮山僻村, 久未得書[296]. 一日, 忽有行商過去者, 持一卷書以賣, 村人爲其塗壁欲買, 鸞得之以示生, 乃東方近代表箋科製, 而

[289] 四隣: 가본에는 '四里'로 되어 있음.
[290] 其: 저본에는 빠져 있으나 가본에 의거하여 보충함.
[291] 僧徒: 가, 나본에는 '山僧'으로 되어 있음.
[292] 聲響: 가, 나본에는 '影響'으로 되어 있음.
[293] 死: 저본에는 '不死'로 나와 있으나 가, 나본에 의거함.
[294] 而: 저본에는 빠져 있으나 가본에 의거하여 보충함.
[295] 所以爲計: 나본에는 '所爲'로 되어 있음.
[296] 久未得書: 가본에는 '久而未得'으로 되어 있음.

細書成文, 冊大如斗, 殆數千首. 生見之喜, 曰: "此一卷, 足矣!"
鸎卽買取付生. 生自得此書, 誦讀不輟, 夜則明一燈, 生讀書于左,
鸎繰絲于右, 分光做業. 生或少懈, 則鸎輒怒誚, 責以勉之. 如是者
三年, 生文才素高, 詞華驟長, 騈儷藻思, 輪囷滿腹, 下筆成章, 瞻
麗絶倫, 科第可以摘髭矣. 適聞國有謁聖大科, 鸎遂具糧辦裝, 令
生赴擧, 生徒步上京, 入泮宮試場, 御駕親臨, 出表題矣. 生一揮而
就思若湧泉, 卽自手寫, 呈納而出. 及出榜之際, 上命坼封於御座
前, 生爲第一矣. 時生之父, 以吏判, 方入侍榻前, 上招謂之曰[297]:
"今此壯元者, 似是卿之子, 而但其父職, 以大司憲書之, 是何故
也?" 仍命以試紙示之, 生父見之, 離席[298]涕泣, 而對曰: "此乃臣之
子也. 三年前, 與友讀書于山寺, 一日夜, 忽然失之, 終莫能得. 意
其[299]必死於猛獸[300], 故虛葬於寺後[301], 今已闋服矣. 臣無他子女,
只有此一兒, 而才品頗俊秀, 意外見失, 悼傷之情, 至今如一[302]. 今
見試紙, 果是渠之手筆也. 當失去之時, 臣職叨都憲, 故相應以此
書之, 而實未知渠三年往[303]在何處, 今赴此試也." 上聞而異之, 卽
命召生引見, 生於放榜之前, 以儒生巾服入對. 是日[304]侍臣觀者,
莫不灑然變色者. 上親問其自山寺緣何故[305]出去, 三年留住何處[306]
等, 因生離席頓首, 曰: "臣無狀, 棄親逃竄, 得罪人倫, 願伏重罪."

---

297) 謂之曰: 가본에는 '問曰'로 되어 있음.
298) 席: 저본에는 '床'으로 나와 있으나 가, 나본을 따름.
299) 其: 저본에는 '此'로 나와 있으나 가, 나본을 따름.
300) 猛獸: 나본에는 '猛虎'로 되어 있음.
301) 於寺後: 저본에는 '持服'으로 나와 있으나 나본을 따름.
302) 如一: 저본에는 '如一日'로 나와 있으나 나본에 의거함.
303) 往: 저본에는 빠져 있으나 가, 나본에 의거하여 보충함.
304) 曰: 가본에는 '時'로 되어 있음.
305) 故: 저본에는 빠져 있으나 가본에 의거하여 보충함.
306) 留住何處: 가본에는 '住在何地'로 되어 있음.

上曰:"君父之前, 不可有隱. 雖有過失, 吾不罪汝, 汝其悉陳也."
生卽以前後事跡, 備細陳達, 左右諸臣聞者, 莫不傾耳聳聽者, 上
深加歎異, 下敎于生之父曰:"卿之子, 今旣悔過勤業, 策名立朝,
男子少年, 暫爲女色307)所迷, 不足深尤, 盡赦前罪, 更責後效. 至於
紫鸞, 能與之逃匿山中, 其事已奇, 而又能設策補過, 買書勸勉, 其
志可嘉, 不可以官妓而賤之. 其令此子, 勿更娶妻, 陞鸞爲正室, 所
生之子, 竝通淸顯, 勿有所拘, 可也." 仍賜唱榜. 生之父於御前, 得
其子, 頭戴桂花, 馬上張樂歸家, 闔門皆驚悲喜交極焉. 生之父母,
因上命具轎308)輿, 迎紫鸞而歸, 盛設宴會, 配爲正室. 其後, 生官至
宰列, 夫妻偕老, 有子二人, 亦皆登科顯榮. 生家迎鸞於孟山之日,
生以壯元, 故直出六品, 拜兵曹佐郎, 鸞以佐郎室內, 乘轎上京. 至
今孟山之人, 名其所居之村, 爲佐郞村云309).

18. 簪桂重逢一朶紅

一松沈相公, 顔貌玉雪, 標格淸秀, 八歲能屬文, 藻思310)雋異, 自
在童孺, 人皆目之以仙童. 妙年登科, 歷311)揚淸顯, 遂入閣拜相, 年
至耆耋, 世稱名相焉. 年七十餘, 在相位. 一日, 赴備局坐衙, 臨罷,
謂諸宰曰:"吾之赴衙, 止於今日矣. 願諸公各自珍重." 諸宰俱312)
曰:"相公康寧無疾, 何以有此言耶?" 公笑曰:"死生有命, 吾豈不
自知大限定數不可違也? 亦復何恨313)? 但願諸公努力, 輔佐以報

---

307) 女色: 나본에는 '女兒'로 되어 있음.
308) 轎: 저본에는 '輪輿'로 나와 있으나 가, 나본을 따름.
309) 云: 나본에는 '云爾'로 되어 있음.
310) 思: 저본에는 빠져 있으나 가, 나본에 의거하여 보충함.
311) 歷: 저본에는 '麼'로 나와 있으나 가, 나본에 의거함.
312) 俱: 가본에는 '皆'로 되어 있음.
313) 恨: 저본에는 '限'으로 나와 있으나 나본에 의거하여 바로잡음.

聖恩而已." 相與勉勵而去, 衆咸訝焉. 公歸家, 翌日卽感微蟣[314]. 有兵曹佐郎一人, 卽公之郞屬, 而素所親愛者, 往候之. 公迎見於臥內, 甚從頌, 謂兵郞曰: "我今死矣, 君當[315]遠到, 善自保重." 兵郞見公微有淚痕, 仍謂[316]曰: "相公氣甚康和, 雖有微蟣, 此不足慮, 而今以歸化爲敎, 且見公暫有淚痕, 竊[317]所未曉, 敢以爲問." 公笑曰: "吾於他人, 不曾言之, 君今有問, 何必隱之? 吾當細言之. 老夫少年時事, 君其勿笑也."

吾年十五時, 貌正[318]姣美. 京城某坊, 適有大家設聞喜宴者, 盛設倡優妓樂, 吾與十數兒輩[319], 往觀焉. 見綺羅叢中, 有一少娥, 年可二八, 容貌姿質, 出類拔萃[320], 望之殆若天仙焉. 問于傍人, 則曰: "此乃一朵紅云." 觀止罷歸, 心竊有慕念, 不能忘. 此後十餘日, 自師傅家學書, 挾冊步歸, 於大路上, 忽遇一美娥, 明粧麗服, 騎駿馬雕鞍而來, 到余前, 卽[321]下馬握余手, 曰: "君非沈喜壽氏乎?" 余驚視之, 乃一朵紅也. 余答曰: "吾果是也, 汝[322]何以知吾耶?" 時余方年幼未冠, 街路多觀者, 心甚羞愧, 紅得吾, 喜動顏色, 顧謂[323]執鞭者曰: "吾今適有事故, 明當赴會, 汝姑持馬還去, 報以吾言, 可也." 卽携吾, 入坐于路傍人家, 謂吾曰: "君於某日, 往觀某家慶宴乎?" 余曰: "然." 紅曰: "吾於是日, 望見君顏, 殆若天仙焉[324]. 問于

---

314) 蟣: 가, 나본에는 '恙'으로 되어 있음. 서로 통함.
315) 當: 나본에는 '旣'로 되어 있음.
316) 謂: 가본에는 '請'으로, 나본에는 '問'으로 되어 있음.
317) 竊: 가본에는 '切'로 되어 있음.
318) 正: 가본에는 '甚'으로 되어 있음.
319) 兒輩: 가, 나본에는 '兒童'으로 되어 있음.
320) 拔萃: 가본에는 '拔群'으로 되어 있음.
321) 卽: 저본에는 빠져 있으나 가, 나본에 의거하여 보충함.
322) 汝: 저본에는 빠져 있으나 가, 나본에 의거하여 보충함.
323) 謂: 저본에는 '爲'로 나와 있으나 가, 나본을 따름.

傍人, 人有識君者曰: '此乃沈家兒郎, 其名喜壽, 才名蓋世云.' 吾自是願一見之, 而終[325]無其路, 思念日深, 今適逢君, 實是天幸." 余笑答曰: "我心亦如之." 紅曰: "此非可語之地, 吾有姨母之家, 在某坊, 到此可得從容." 仍卽與吾步到其家, 家[326]甚僻靜蕭灑, 其姨母愛紅, 亦至極, 無異己女焉. 自是, 兩情沈惑, 晝夜掩門不出. 紅蓋未曾經人, 初與吾相逢也. 如是者十餘日, 紅忽語我曰: "此非長久之道, 當與君暫相分離, 以圖後會." 吾問之, 則曰: "妾之終身事君, 意已決矣. 但君上有父母, 而未娶正室, 卽今豈許君之先畜一妾乎? 妾觀君器度才品, 必當早登科第, 位躋卿相. 妾從今日, 辭君而去, 當爲君潔身全節, 以待君之登科[327], 遊街三日之內, 復與君相會, 以此爲金石之約. 君於擢第之前, 勿復念妾, 且[328]勿以妾之失身[329]從他爲慮. 妾自有藏身之道矣. 君之登第之日, 是妾重逢之秋耳." 仍握手相分[330], 飄然而去, 少無惜別悽黯之色. 問其所之, 終不言. 余惘然如有所失, 悵悵而歸. 父母失余, 擧家憂遑者累日矣[331]. 及余還家, 父母驚喜, 問其何往, 余諱不直告, 以他事對之. 爲[332]紅思戀之情, 初不能忘, 至於寢食俱廢, 久而後稍能自定. 遂乃專精致力於科業, 晝夜孜孜不輟, 蓋爲遇紅計也. 數年後, 父母命委禽聘妻[333], 雖不敢辭, 而終無琴瑟之樂. 余本文才早成, 而又

---

324) 焉: 가, 나본에는 '然'으로 되어 있음.
325) 終: 저본에는 빠져 있으나 나본에 의거하여 보충함.
326) 家: 가본에는 '而'로 되어 있음.
327) 登科: 가, 나본에는 '登第'로 되어 있음.
328) 且: 저본에는 빠져 있으나 가, 나본에 의거하여 보충함.
329) 失身: 가본에는 '失信'으로 되어 있음.
330) 相分: 가본에는 '相別'로 되어 있음.
331) 矣: 저본에는 빠져 있으나 나본에 의거하여 보충함.
332) 爲: 저본에는 빠져 있으나 가, 나본에 의거하여 보충함.
333) 命委禽聘妻: 가본에는 '復命委禽聘娶'로 되어 있음.

復勤業十倍於人, 果於別紅五年登第. 少年科甲, 孰不自喜, 而余別有喜於人者, 得遂紅重逢之約也. 遊街初日, 意其得相遇而不得, 第二日亦不得遇, 至於第三日, 遊街已盡, 終絶影響. 余心甚缺然, 科第之榮, 亦無興況. 日將夕, 大人命曰: "吾少時舊友某, 在彰義洞, 汝於三日內, 不可不往拜." 余不得已往焉, 及其歸也, 日已含山矣. 路經一高門, 自其內有呼新來[334]者, 乃老宰相某公之第也. 曾所昧之, 而此是長老之人, 故余卽下馬, 趍進, 使之進退數次, 卽命上坐. 與之敍話, 頗有[335]慇懃, 仍出酒饌以待之. 某公把杯言曰: "君欲見故人乎?" 余莫知其所爲[336], 逡巡對曰: "有何故人耶?" 某公笑曰: "君之故人, 方在吾家矣." 仍[337]命侍婢, 使之出來, 卽紅也. 余見之, 且驚且喜, 問曰: "汝何以在此?" 紅笑曰: "此是君遊街三日之內, 則妾豈不識[338]別時之約乎?" 某公曰: "此姬乃是天下名姝也[339]. 其志操可嘉, 事迹甚奇, 吾將[340]爲君盡言之. 吾年垂八十, 夫妻偕老, 素無子女矣. 一日, 此姬忽然來見, 曰: '願寄身門下, 執役左右, 以備婢僕之末.' 余怪問其由, 則曰: '奴非避主逃亡者, 請勿慮[341]焉.' 余辭而拒之, 而渠抵死固請, 仍留不去. 余試從之, 以觀其所爲, 卽以侍婢自處, 晝進茶飯, 夜鋪枕席, 灑掃應對, 盡其誠勤. 余夫妻, 俱是老病之人, 而不離左右, 扶救調護, 搔背叩膝, 極能得其道, 使之安便. 又能工於裁縫, 自請製衣, 必及寒暖之節. 余夫妻

---

334) 新來: 가본에는 '新來之聲'으로 되어 있음.
335) 有: 저본에는 빠져 있으나 가본에 의거하여 보충함.
336) 所爲: 저본에는 '所謂'로 나와 있으나 가본에 의거함.
337) 仍: 가본에는 '因'으로 되어 있음.
338) 識: 가, 나본에는 '踐'으로 되어 있음.
339) 也: 저본에는 빠져 있으나 나본에 의거하여 보충함.
340) 將: 저본에는 빠져 있으나 가, 나본에 의거하여 보충함.
341) 慮: 나본에는 '疑'로 되어 있음.

俱加憐愛³⁴²⁾, 而夫人尤愛之, 有若親女, 晝居於內, 夜宿於側. 余從容問其出處行止, 則曰: '本以良家女子³⁴³⁾, 父母早沒, 幼穉無依, 爲一里嫗所得養, 以爲娼. 年少未及筓³⁴⁴⁾爲人所汚, 幸遇一郎君, 已成百年之盟, 而第此郎年幼未娶, 期以登第後, 重相會合. 妾在娼母之家, 則此身不得自由, 恐無以全節, 玆敢來托高門, 以爲數年藏蹤之計, 待郎³⁴⁵⁾君擢第, 卽當辭去耳.' 余問: '郎君爲誰?' 姬³⁴⁶⁾以君姓名爲對. 余衰老垂死, 念絶近色, 而渠自稱吾侍妾, 能自完保, 今已四五年矣. 每當及第榜出, 未見君名姓, 姬³⁴⁷⁾輒曰: '郎於數年來³⁴⁸⁾, 自當登第, 今雖見屈, 未足恨也.' 亦未嘗見其傷離怨恨之色. 及君擢科³⁴⁹⁾, 余見榜眼, 卽語之, 則姬亦無驚喜之色, 曰: '吾知之久矣, 豈是異事?' 且曰: '吾與郎相別時, 期以遊街三日內重逢, 不可違也.' 卽登樓望見³⁵⁰⁾, 而洞巷深僻, 二日不見來過. 今日又復登眺, 曰: '今日必當過去³⁵¹⁾矣.' 君果行過吾門, 姬卽奔告於吾, 以請呼入矣. 余於古今傳奇³⁵²⁾, 多見名姝情感, 遇合異事, 而未見若此之絶奇者. 天感至誠, 以成宿約. 今日之會, 不可孤負, 老父當爲姬與吾君, 成就一段好事耳³⁵³⁾. 君可勿歸, 留宿一宵也." 余遇見

---

342) 憐愛: 나본에는 '親愛'로 되어 있음.
343) 女子: 저본에는 빠져 있으나 나본에 의거하여 보충함.
344) 筓: 저본에는 빠져 있으나 가본에 의거하여 보충함.
345) 郎: 저본에는 빠져 있으나 가, 나본에 의거하여 보충함.
346) 姬: 저본에는 빠져 있으나 가, 나본에 의거하여 보충함.
347) 姬: 저본에는 빠져 있으나 가, 나본에 의거하여 보충함.
348) 來: 가, 나본에는 '內'로 되어 있음.
349) 擢科: 나본에는 '擢第'로 되어 있음.
350) 望見: 가본에는 '臨望'으로 되어 있음.
351) 去: 가, 나본에는 '此'로 되어 있음.
352) 傳奇: 나본에는 '傳記'로 되어 있음.
353) 耳: 저본에는 빠져 있으나 나본에 의거하여 보충함.

紅, 已驚喜, 聞此言, 心切感歎, 而故暫托辭曰:"此雖吾少日所眄, 而旣爲大監之侍姬, 則今豈敢[354]更相近耶?"某公笑曰:"吾老矣! 不得近色已久, 渠稱以侍寢者, 欲斷侄兒輩覘覰之路耳. 渠爲君[355] 守節, 凜若秋霜[356], 誰能奪其志乎? 君勿更疑也."卽命還送吾所[357] 騎馬倡夫驕從, 仍自凭人, 傳語於其[358]家大人, 報以挽留子郎一宿 之意. 分付侍婢, 淨掃一房, 張設彩屛・花席・衾褥等物, 極其華美, 焚香明燭, 有若婚家新郎之房, 使余與紅會宿焉. 翌朝, 余辭謝某 公而歸, 始以遇紅始末, 告于父母. 父母命卽率來, 仍畜于家中. 其 行檢才藝, 俱出等倫, 事上接下, 孝敬慈惠, 盡誠盡禮, 莫不感悅愛 慕. 女工諸事, 旣盡精妙, 而至於琴碁等技, 亦皆超絶, 人不可及. 余寵之專房, 渠每以正室無子爲憂, 多勤吾入宿內室, 不致疎絶 焉. 余出宰錦山, 紅亦從行, 在衙數歲. 紅平日每辭當夕, 曰:"頻近 姬妾[359], 乃男子必傷之道也."勸吾獨宿者, 數矣. 忽[360]於一日, 自 請侍寢, 余問其故, 則曰:"妾死期將迫, 在人間無多, 願盡餘懽, 俾 無遺憾耳."余怪而不之[361]信, 曰:"汝何以預知死期乎?"紅笑曰: "妾自能知之[362]矣."居五六日, 果感微疾, 不至苦痛, 數日而歿. 臨 絶, 謂余曰:"死生有命, 夭壽一也. 且妾[363]生得托身於君子, 恩寵 極矣, 歿復何恨? 但望埋骨於大監後日塋壟之側, 俾歸侍地下[364],

---

354) 敢: 저본에는 빠져 있으나 나본에 의거하여 보충함.
355) 君: 가, 나본에는 '郎'으로 되어 있음.
356) 秋霜: 저본에는 '霜雪'로 나와 있으나 가본을 따름.
357) 所: 저본에는 빠져 있으나 가본에 의거하여 보충함.
358) 其: 저본에는 빠져 있으나 나본에 의거하여 보충함.
359) 姬妾: 가본에는 '女色'으로 되어 있음.
360) 忽: 저본에는 '勿'로 나와 있으나 가, 다본에 의거하여 바로잡음.
361) 之: 저본에는 빠져 있으나 가, 나본에 의거하여 보충함.
362) 之: 저본에는 빠져 있으나 가, 나본에 의거하여 보충함.
363) 妾: 저본에는 빠져 있으나 나본에 의거하여 보충함.

志願[365]畢矣." 言訖, 奄然而盡, 面貌如生. 余大加傷悼, 手自斂殯. 法無亡妾歸葬之例, 而假托他故, 受由於監司, 躬領喪車, 歸葬於高陽先壟之內, 蓋從其臨絶之語也. 余行到錦江, 有詩曰: '一朶名花載柳車, 香魂何處去躊躇. 錦江秋雨銘[366]旌濕, 知是佳人別淚[367]餘.' 情見于詞. 自其死後, 家有大小吉凶, 必先夢見豫告, 無一差謬者. 今已累年[368]矣. 數日前, 又夢來告曰: "大監大限已盡, 棄[369]世不遠, 妾迎拜有日, 今方灑掃以待耳." 余於是日, 赴備局之坐, 告別於諸宰者, 此也. 去夜又夢來見, 謂余將以明日歸化. 其問答之語, 頗有悽憾者, 夢中相泣, 及朝起, 猶有餘痕在身, 吾豈嘗怛化而傷泣耶? 以君情同一家, 而適此相問, 故爲君悉陳之[370], 幸勿煩及他人也.

相公果於其[371]翌日捐館.

評曰: "婦人志節操槪, 不以貴賤而有間, 不以娼妓而獨異. 玉簫仙雖不免一番毁污, 末節瓌奇, 可取有類汧國夫人. 一朶紅終始完潔, 料事如神, 殆過於寇萊公之蒨桃. 兩姬之事, 有足多者, 故今俱備錄焉."

19. 高城鄕叟病化魚

頃年, 有一名宰, 作倅高城日, 有一[372]品官來謁, 適値飯時, 倅以

---

364) 仰歸侍地下: 가, 나본에는 '仰得歸侍於地下'로 되어 있음.
365) 志願: 가본에는 '至願'으로 되어 있음.
366) 銘: 나본에는 '丹'으로 되어 있음.
367) 別淚: 가본에는 '泣別'로 되어 있음.
368) 累年: 가, 나본에는 '累十年'으로 되어 있음.
369) 棄: 저본에는 '矣'로 나와 있으나 가, 나본에 의거하여 바로잡음.
370) 之: 저본에는 빠져 있으나 가, 나본에 의거하여 보충함.
371) 其: 저본에는 빠져 있으나 가, 나본에 의거하여 보충함.

飯中洪魚湯³⁷³⁾一器, 饋之. 其品官見魚, 顰蹙而辭曰:"今日適食素,
雖蒙下饋, 而不敢喫云." 頗有慽容, 而已³⁷⁴⁾泫然泣下. 倅怪而³⁷⁵⁾叩
問再三, 品官不敢隱, 卽細陳之, 曰:"小民有罔極情事, 而世所未
有, 未嘗向人言矣³⁷⁶⁾. 今適³⁷⁷⁾城主下問, 何敢有隱? 民之父享壽甚
高, 將近百歲, 一日得熱疾, 渾身如火, 奄奄危惙³⁷⁸⁾, 子孫環泣, 以
爲大期將至. 數日後, 病父謂子等曰:'吾病甚熱, 不堪其鬱, 吾欲
出³⁷⁹⁾坐於家前大川之邊, 臨觀水流, 庶得蘇快. 爾等勿阻我意, 舁
吾速出臨水.'諸子竟³⁸⁰⁾陳其不可, 而病父嗔怒不止, 曰:'汝不從吾
言, 則是與弑父同.'諸子不得已, 扶舁出坐川上. 病父見水流, 大
喜曰:'對此清流, 病熱似蘇矣.'坐須臾, 復謂諸子曰:'吾欲獨坐觀
水, 惡人在傍, 汝等姑往³⁸¹⁾林間, 待呼以來也.'衆又苦諫, 而惱怒不
從, 恐其病中恚怒致傷, 又未免從其命, 少避于他所. 俄而望³⁸²⁾之,
病父³⁸³⁾不在坐矣. 驚³⁸⁴⁾往赴之, 病人解衣入水, 渾身已變洪魚, 而
方在半化未化之境. 衆大驚怪³⁸⁵⁾, 不敢近, 數食頃而視之, 已盡化

---

372) 一: 저본에는 빠져 있으나 가, 나, 다본에 의거하여 보충함.
373) 飯中洪魚湯: 가, 다본에는 '盤中鮇魚湯'으로 되어 있음.
374) 已: 저본에는 빠져 있으나 나, 다본에 의거하여 보충함.
375) 而: 나, 다본에는 '之'로 되어 있음.
376) 言矣: 다본에는 '說道'로 되어 있음.
377) 適: 가, 나본에는 '蒙'으로, 다본에는 '承'으로 되어 있음.
378) 惙: 저본과 이본에 모두 '綴'로 나와 있으나 의미상 바로잡음.
379) 出: 저본에는 빠져 있으나 가, 나, 다본에 의거하여 보충함.
380) 竟: 가본에는 '竝'으로, 다본에는 '競'으로 되어 있음.
381) 姑往: 다본에는 '退在'로 되어 있음.
382) 望: 나본에는 '見'으로 되어 있음.
383) 病父: 저본에는 빠져 있으나 다본에 의거하여 보충함.
384) 驚: 저본에는 빠져 있으나 나본에 의거하여 보충함. 가, 다본에는 '共'으로 되어 있음.
385) 驚怪: 다본에는 '驚恐'으로 되어 있음.

矣. 大洪魚潑剌遊泳於川中, 洋洋焉甚樂, 顧見諸子, 似有依依不忍捨之色. 良久, 順流而下, 衆皆隨之, 入于大海中, 更不見矣. 其川邊變化之所, 只有毛髮爪牙, 褪而存焉. 諸子遂發喪, 葬其毛髮爪牙. 自此一門, 皆不食洪魚, 至於諸子, 每見烹炙洪魚, 心有所驚疑不安, 自不覺垂涕云."

20. 昇平族人老作猪

昇平金相公, 有一族人, 居在遠鄕[386], 而年將近百矣. 一日, 其子到相公家, 求見相公, 命之引[387]入, 問其來意, 其子曰: "所欲言者甚密,[388] 而適値客撓, 當乘夕仰達." 夕後, 客散從容, 屛左右問之, 則曰: "其父春秋雖高, 素無疾病, 一日, 謂諸子曰: '吾欲晝眠, 汝等闔門[389]出外, 愼勿輕入, 待吾呼人, 始開門也.' 諸子從之, 日晚, 悄然無呼聲, 衆始疑訝, 竊窺之, 其父已化爲一大猪矣. 衆大驚, 開門視之, 猪聲狼藉, 衝突欲出, 卽還掩門. 親戚聚議, 或以爲當留養家中, 或以爲當行襄葬,[390] 鄕曲無識理之人, 玆敢奔告于相公, 幸深思變禮以敎也." 昇平聞而驚駭, 沈[391]思良久, 曰: "此是萬古所無之變, 吾亦不得恰當底道理, 而吾之臆見, 則雖化異物, 未死之前, 決不可襄葬. 旣是非人, 留養家中, 亦有所不可, 況每欲出走云! 山林乃其窟宅也, 异放於大山中人跡罕到之處, 似乎合理." 其子聞而是之, 遂從昇平所敎, 异放深山, 仍發喪葬其衣冠, 以其化猪日, 爲

---

386) 遠鄕: 가본에는 '遠方'으로 되어 있음.
387) 引: 저본에는 빠져 있으나 나본에 의거하여 보충함.
388) 密: 저본에는 '蜜'로 나와 있으나 가, 나본에 의거함.
389) 闔門: 가, 나본에는 '闔戶'로 되어 있음.
390) 襄葬: 나본에는 '襄禮'로 되어 있음.
391) 沈: 저본에는 '深'으로 되어 있으나 이본을 따름.

諱曰云[392].

評曰: "曾見傳奇, 有薛主簿化鯉, 李生化虎之說, 而疑其誕也. 今仍高城叟昇平族之事, 而窮思之, 萬物莫不有變化矣. 雀爲蛤而雉化蜃, 鼠爲駕而蛙爲蟹, 人亦物之一也, 寧獨無變化哉? 雖然非常理也, 請歸之於變異焉."

21. 御史巾幗登筵上

昔有名官, 以巡按御史到全州. 自恃其名位, 驕傲無比,[393] 命却房妓, 常自獨宿. 監司與府尹,[394] 密議欲欺而[395]困之, 乃選於衆妓中, 得才色超絶者, 淡粧素服, 扮作村婦之樣. 使之頻數往來, 隱見[396]於御史所住, 而預納通引陪童, 以餌之. 御史果見而悅之, 問於通引曰: "彼何人耶?[397]" 對曰: "此則小人之妹也. 爲見小人, 往來於此, 而村女不識官家事體, 不能隱避於使道俯臨之處, 不勝惶恐." 御史曰: "不避何害? 渠何以素服耶?" 對曰: "喪夫未関服矣." 御史自是[398]不能抑情, 一日夜, 潛謂童曰: "吾欲一見汝妹, 汝可能招來否?" 童佯若驚懼, 曰: "使道威嚴如天, 吾妹賤人, 何敢來現乎[399]?" 御史以溫言誘之, 曰: "吾見汝妹,[400] 容貌[401]不泛, 吾實欲率畜, 渠若有改嫁之意, 則爲吾之妾, 豈不佳乎? 汝須以此意, 言于

---

392) 云: 나본에는 '云爾'로 되어 있음.
393) 比: 저본에는 '化'로 나와 있으나 가, 나, 다본에 의거하여 바로잡음.
394) 府尹: 나본에는 '判官'으로 되어 있음.
395) 而: 나본에는 '以'로 되어 있음.
396) 見: 가, 나본에는 '現'으로 되어 있음.
397) 耶: 저본에는 '斯'로 나와 있으나 가, 나본에 의거함.
398) 自是: 저본에는 빠져 있으나 나본에 의거하여 보충함.
399) 乎: 저본에는 빠져 있으나 다본에 의거하여 보충함.
400) 吾見汝妹: 저본에는 빠져 있으나 가, 나, 다본에 의거하여 보충함.
401) 容貌: 가, 나, 다본에는 '容態'로 되어 있음.

汝妹, 密爲邀⁴⁰²⁾來." 童僞⁴⁰³⁾稱不敢當, 御史再三勸誘而後, 始許之, 翌日深夜, 潛引納焉. 妓是妖物, 盡其狐媚以蠱之, 御史遂大傾惑, 逐日暮入曉出, 以率畜歸京, 丁寧盟約. 一日夜, 妓謂御史曰: "公自謂情重, 徒虛語耳." 御史曰: "何謂其然也?" 妓曰: "妾家去⁴⁰⁴⁾官府咫尺, 而公無意一訪, 情重者固若是乎?" 御史曰: "非不欲一訪, 其如耳目何?" 妓曰: "若乘夜微服潛往, 誰有⁴⁰⁵⁾知之者?" 御史從其言, 遂與妓步屧, 潛到其家, 解衣就寢. 通引已⁴⁰⁶⁾密報於監司, 監司卽與都事府尹⁴⁰⁷⁾設宴于別堂. 是夜月色如畫, 大張妓樂⁴⁰⁸⁾, 仍設倡優雜戲於庭, 許令士民縱觀, 開門勿禁, 閭里果⁴⁰⁹⁾赴. 妓謂御史曰: "盍往觀乎?" 御史曰: "汝則可往, 吾則不可.⁴¹⁰⁾" 妓曰: "吾獨往, 極無味, 不如不往, 願與公同往⁴¹¹⁾." 御史從其言⁴¹²⁾, 將與同往, 推索巾服⁴¹³⁾不得, 蓋妓於臨臥已藏去矣. 妓曰: "此有吾母頭弄達伊⁴¹⁴⁾及黑色長衣, 公若衣着而行, 則其在變服⁴¹⁵⁾藏蹤之道, 豈不妙乎?" 御史亦從之, 扮作老婦之狀, 與妓偕往, 握⁴¹⁶⁾入衆人叢中, 潛隱於

---

402) 邀: 가, 나, 다본에는 '要'로 되어 있음.
403) 僞: 다본에는 '詐'로 되어 있음.
404) 去: 나, 다본에는 '距'로 되어 있음.
405) 有: 나본에는 '能'으로 되어 있음.
406) 已: 저본에는 빠져 있으나 가, 다본에 의거하여 보충함.
407) 都事府尹: 나본에는 '判官都事'로 되어 있음.
408) 妓樂: 가, 나, 다본에는 '聲樂'으로 되어 있음.
409) 果: 가, 나, 다본에는 '畢'로 되어 있음.
410) 不可: 나본에는 '不可往'으로 되어 있음.
411) 往: 가, 나, 다본에는 '之'로 되어 있음.
412) 言: 다본에는 '願'으로 되어 있음.
413) 推索巾服: 가, 나, 다본에는 '起索衣巾'으로 되어 있음.
414) 達伊: 나본에는 '達耳'로 되어 있음. 이하의 경우도 동일함.
415) 服: 저본에는 '色'으로 나와 있으나 가, 나, 다본을 따름.
416) 握: 가본에는 '抴'로 되어 있음.

庭畔竹林之中, 以觀之. 當其入門也, 官人已暗伺之, 密報於監司, 監司卽下令曰: "觀光者太多, 從此閉門嚴禁, 旣入者勿出, 未入者勿納." 仍謂都事府尹等[417]曰: "今夜之[418]宴, 不請御史, 殊失事體." 座中皆曰: "然!" 遂送伴要請, 伴人去卽回報, 曰: "御史道不在家[419], 窮搜一舘, 終[420]未得矣." 監司佯[421]驚, 曰: "是何言也?" 卽命遍[422]索諸官舍, 終不得[423], 府尹言于監司曰: "御史無乃微行入于觀光叢中耶?" 座中皆曰: "豈有此理?" 府尹復曰: "事未可知." 監司仍命閽者, 開門半扉, 流出庭中之人, 使軍官監其門. 良久, 庭空無人, 監司又命, 更搜諸竹林, 衆承命而趁, 齊聲呼曰: "此有二人隱伏矣!" 引出而視之, 又懼呼曰: "一人服女人長衣, 戴頭弄達伊, 而髥子甚多, 是何人耶?" 監司命[424]引而進之, 照炬[425]諦視之, 衆皆曰: "此人貌似御史." 監司佯驚, 曰: "豈有御史作此貌樣之理乎[426]?" 命推引登進, 坐于宴席之上, 於燭下脫去其所戴, 則果是[427]御史也. 一宴坐客及諸[428]妓女·樂工, 滿庭吏卒, 觀者莫不掩口絶倒. 監司謂御史曰: "何以作此樣耶[429]?" 御史沮喪, 垂頭不言, 監司令御史, 仍其所服着不改[430], 據于上座, 呼御史所愛村婦, 侍坐其

---

417) 等: 저본에는 빠져 있으나 가, 다본에 의거하여 보충함.
418) 之: 저본에는 빠져 있으나 가, 다본에 의거하여 보충함.
419) 家: 저본에는 빠져 있으나 가본에 의거하여 보충함.
420) 終: 저본에는 빠져 있으나 다본에 의거하여 보충함.
421) 佯: 가본에는 '陽'으로 되어 있음. 서로 통함. 이하의 경우도 동일함.
422) 遍: 저본에는 '偏'으로 나와 있으나 가, 나본에 의거함.
423) 終不得: 다본에는 '竟無消息'으로 되어 있음.
424) 命: 저본에는 빠져 있으나 가, 나, 다본에 의거하여 보충함.
425) 照炬: 저본에는 '明燭'으로 나와 있으나 나본을 따름.
426) 之理乎: 저본에는 빠져 있으나 다본에 의거하여 보충함.
427) 是: 저본에는 빠져 있으나 다본에 의거하여 보충함.
428) 諸: 저본에는 빠져 있으나 나본에 의거하여 보충함.
429) 耶: 저본에는 빠져 있으나 가본에 의거하여 보충함.

側, 乃一妓女[431]也. 於是, 進饌張樂, 終夜玩弄戲笑而罷. 明日, 御史不告而去, 遂從此見棄焉.

22. 提督裸裎出櫃中

頃年, 有一文官[432], 爲慶州提督官. 每到本府, 見妓女, 則必以烟茶竹, 叩擊其頭, 曰: "邪氣!" 或曰: "妖氣!" 且曰: "人豈可近此物耶?" 衆妓齊憤, 府尹亦憎之, 乃下令於群妓曰: "有能以奇計瞞此提督者, 將加重賞." 有一年少妓, 應命[433]而出. 時提督處於鄉校齋[434]室, 獨與通引小童居焉. 妓乃扮作村婦之樣, 進往鄉校, 倚門扉呼小童, 或隱半面, 或露全身, 以示之. 小童出應則去, 或一日一至, 或再至, 如是者[435]數日. 提督問于童曰: "彼女何人, 每來呼汝?" 小[436]童對曰: "此乃小人之妹也. 其夫以行商出去, 一年不還, 家中[437]無人, 故每呼小人[438], 要令替守其家耳." 一日向夕, 童以退食不在, 提督獨處空齋, 妓又往, 倚扉呼童. 提督遂招其女而進之, 女佯若羞澀, 逡巡而進, 立於前, 提督曰: "小童適不在, 吾欲飮烟茶, 汝可取火來否?" 女取火而進, 提督曰: "汝亦上座, 可吸一竹." 女曰: "小人何敢如是?" 提督曰: "適無人見, 庸何傷乎?" 女遂黽勉上座, 强飮一竹, 提督遂以情告之, 曰: "吾見美女多矣, 未嘗見如

---

430) 改: 저본에는 '更'으로 나와 있으나 이본을 따름.
431) 女: 저본에는 빠져 있으나 가본에 의거하여 보충함.
432) 文官: 나본에는 '名官'으로 되어 있음.
433) 命: 저본에는 '募'로 나와 있으나 나본을 따름. 다본에는 '分'으로 되어 있음.
434) 齋: 저본에는 '齎'로 나와 있으나 이본에 의거함. 이하의 경우도 동일함.
435) 者: 저본에는 빠져 있으나 나, 다본에 의거하여 보충함.
436) 小: 저본에는 빠져 있으나 가, 다본에 의거하여 보충함.
437) 家中: 가, 다본에는 '家內'로 되어 있음.
438) 人: 저본에는 '童'으로 나와 있으나 가, 나, 다본에 의거함.

汝者. 一自見汝之後, 吾寢食俱忘, 汝未可乘夜潛來耶? 吾獨宿空齋, 人誰知者[439]?" 女佯驚曰: "官是貴人, 妾卽下賤, 容貌醜陋, 官豈向賤女生此意乎[440]? 無乃戲之耶?" 提督曰: "吾以實情告汝, 豈可戲也?" 仍發矢言, 女曰: "官意誠然, 則妾實感激, 敢不從命?" 提督喜曰: "吾之遇汝, 可謂奇矣." 女曰: "第有一事, 妾嘗聞鄕校齋室, 乃至敬之地也. 挾女而宿, 法禮[441]所禁, 此言然否?" 提督拊髀, 曰: "汝雖村婦,[442] 何其穎悟耶? 汝言誠是矣, 將何以爲計?" 女曰: "官果向意於妾, 則妾當爲獻一策. 妾家在校門之外數步, 而妾獨居無人, 官於深夜潛來相訪, 可得穩會. 妾於後夕, 使小娚陪童送一氈笠於官[443], 着此而來, 則人必不知矣." 提督大喜曰: "汝之爲我畫計, 一何奇妙? 吾將從汝言, 幸[444]勿爽約." 與之再三丁寧而送之. 妓遂於校門外空一茅舍而居焉. 來夕[445], 使童送一氈笠, 提督依約夜往, 女迎入明燭[446], 略備酒肴而進之. 酬酢的數三[447]盃, 相與諧謔, 提督解衣覆衾先臥, 使女解衣, 故爲遷延, 未及臥. 忽[448]聞柴門外有吃哼呼喚[449]之聲, 女側耳聽之, 大驚曰: "此乃妾之[450]前夫官奴鐵虎之聲也! 妾不幸, 曾以此漢爲夫, 乃天地間一惡種[451]也. 殺人放

---

439) 者: 다본에는 '之'로 되어 있음.
440) 乎: 저본에는 빠져 있으나 다본에 의거하여 보충함.
441) 法禮: 가, 나본에는 '禮法'으로 되어 있음.
442) 婦: 저본에는 '女'로 나와 있으나 이본을 따름.
443) 於官: 가본에는 '裘衣'로 되어 있음.
444) 幸: 나본에는 '汝'로 되어 있음.
445) 來夕: 가, 나, 다본에는 '乘夕'으로 되어 있음.
446) 燭: 가본에는 '燈'으로 되어 있음.
447) 數三: 저본에는 빠져 있으나 나본에 의거하여 보충함.
448) 忽: 저본에는 빠져 있으나 다본에 의거하여 보충함.
449) 呼喚: 가본에는 '呼叫'로, 다본에는 '叫呼'로 되어 있음.
450) 之: 저본에는 빠져 있으나 다본에 의거하여 보충함.
451) 種: 저본에는 빠져 있으나 다본에 의거하여 보충함.

火, 不知其幾. 三年前, 僅得離却, 改得[452]他夫, 與之相絶, 不意[453] 今者, 又何故來耶? 聞其聲, 大[454]醉矣. 官必逢大變, 將若之何?" 女卽出應曰: "汝是何人深夜呼喚耶?" 門外大聲吼怒, 曰: "汝豈不 知吾聲耶? 何不開門?" 女曰: "汝是鐵虎耶? 吾與汝相絶已久, 今 以何故來此?" 復聞門外吼怒, 曰: "汝棄吾改夫, 吾心常痛之, 今欲 與汝有所言, 故來耳." 仍排門而入, 女卽慌忙走入, 曰: "官不可不 避, 而數間茅室[455], 無處可隱, 房中有一[456]空櫃子, 官可暫[457]入此 中, 以避之." 手開其蓋而促之, 提督乃赤身入于櫃中, 女卽合其蓋, 以鎖鎖之. 其漢倚醉入來, 與女一場大鬨, 女則曰: "三年旣棄之後, 何事復來相詰耶[458]?" 男則曰: "汝旣背我改夫, 前日吾所給衣裳器 皿, 吾當盡索之." 女卽以衣裳, 盡[459]爲擲還, 曰: "還汝舊物!" 其漢 指櫃子, 曰: "此亦吾物, 今當取去." 女曰: "此豈汝物耶? 吾以常木 二疋買之矣." 其漢曰: "其木一疋, 乃吾所給, 今不可仍留." 女曰: "汝雖棄吾, 豈爲常木一疋還奪此櫃乎? 吾決不可還給矣[460]." 兩人 以此爭鬨, 其漢曰: "汝不還我櫃, 當訟于官." 俄而天明, 其漢卽負 其櫃, 而趍于官門, 女隨之, 同入訟庭, 府尹已坐衙矣. 男女爭櫃陳 辨, 則府尹斷之曰: "買櫃之價, 男女各費一疋, 則法當平分其半!" 卽命以大鉅, 鉅破其半以分之. 羅[461]卒應命, 進鉅于櫃上, 兩人引

---

452) 得: 나본에는 '適'으로 되어 있음.
453) 不意: 저본에는 빠져 있으나 나본에 의거하여 보충함.
454) 大: 저본에는 빠져 있으나 다본에 의거하여 보충함.
455) 茅室: 가, 나, 다본에는 '茅屋'으로 되어 있음.
456) 一: 저본에는 빠져 있으나 가본에 의거하여 보충함.
457) 暫: 다본에는 '潛'으로 되어 있음.
458) 耶: 저본에는 빠져 있으나 나본에 의거하여 보충함.
459) 盡: 저본에는 '卽'으로 나와 있으나 가, 나, 다본을 따름.
460) 矣: 저본에는 빠져 있으나 가본에 의거하여 보충함.
461) 羅: 나본에는 '邏'로 나와 있으나 서로 통함.

之, 鉅聲纔發, 聞櫃中大聲疾呼曰: "活人活人!" 府尹佯驚, 曰: "櫃中何以有人聲? 速開之!" 羅卒掊鎖開櫃, 有人赤身而出, 立于庭中, 一府上下, 莫不駭慘掩口. 衆視之, 曰: "此乃提督官也, 何爲而在櫃中也?" 府尹命引而上之, 提督以兩手, 掩其陽莖, 歷階而[462]陞, 蹲于席上, 垂頭喪氣. 府尹大笑, 良久, 命給衣服[463], 妓輩故以女人長衣進之, 提督只着長衣, 露頂跣足, 走還鄕校, 卽日逸而遁去. 至今慶州府, 以櫃提督, 爲傳笑之資.

評曰: "古今男子, 爲娼妓所欺誤身者, 多矣. 御史尊官也, 巾幗登筵; 提督文官[464]也, 赤身出櫃, 傳笑一時, 爲世棄人, 苟非介狄, 何以至此? 凡遇妖冶者, 盍以此爲鑑, 勿爲其所誤哉?"

23. 沈進士行怪辭花

洛下有沈進士者, 忘其名. 性行怪[465]僻, 自謂高潔, 而人皆目笑之. 以事抵湖南, 夕至一村舍, 望見其東, 有高門臨水, 槐柳掩映, 問之, 卽村舍之主家, 而富甲南中云. 俄有, 一蒼頭來, 傳其主之命, 曰: "奴居荒陋, 豈堪止宿? 願枉[466]高駕, 以光[467]蓬蓽." 沈生[468]卽依言, 投進入門, 數重過三四堂宇, 無非壯麗. 抵一高軒, 朱欄曲檻, 縹緲於萬竿脩竹之內, 軒下有一大沼, 荷花方盛開,[469] 淸香滿院, 石泉淙淙, 自竹間縈紆注沼. 沼[470]內養以紅鯉銀鯽, 時時跳躍

---

462) 而: 저본에는 빠져 있으나 가, 나, 다본에 의거하여 보충함.
463) 服: 저본에는 빠져 있으나 다본에 의거하여 보충함.
464) 官: 저본에는 '臣'으로 나와 있으나 나본을 따름.
465) 怪: 나본에는 '迂'로 되어 있음.
466) 枉: 나본에는 '駐'로 되어 있음.
467) 光: 가본에는 '榮'으로 되어 있음.
468) 沈生: 저본에는 빠져 있으나 가, 나본에 의거하여 보충함.
469) 開: 저본에는 빠져 있으나 가, 나본에 의거하여 보충함.

綠萍之中. 沼心有島, 島上植一鳳尾草, 枝幹四布, 密葉蔽日, 宛如張蓋. 庭隅對植[471]金冬柏二碧梧桐二, 軒前又樹一怪石, 狀甚奇秀. 登軒見壁上, 多貼書畵, 皆是名筆. 其堂室之宏敞, 竹石之淸絶, 茵席之華麗, 目未所睹, 如入仙境. 主人翁見生, 欣然迎接, 曰: "四海之內, 皆兄弟也. 古人云: '傾蓋若舊.' 何必舊相識也?" 仍略問姓名·居止·門戶·宗族後, 顧命左右進酒, 卽見侍婢明粧麗服者數人, 擧案而進, 水陸之珍, 食前方丈, 以綠玉盃, 酌紫霞酒而相勸. 又有粉白黛綠, 曳錦裙抱樂器而登筵者, 多至四五雙, 箇箇明艶, 淸歌乍動, 絲竹幷奏. 酒至數巡, 主人翁把杯而[472]言曰: "吾與君, 素非親厚, 而所以奉邀者, 我有切急情事, 誠欲奉托於君, 此亦於君不薄, 君能聽之否?" 沈生謝曰: "吾與公, 曾無雅分, 邂逅相遇,[473] 款曲至此, 未知公欲托者何事, 而吾力所及, 敢不奉而周旋乎?" 主翁[474]乃言曰: "老人家道[475]雖足, 而五福難全, 妻妾俱無子女, 晚得賤妾始生一女, 今及破瓜之歲, 老人甚鍾愛, 而其母卽京城士人某之婢也. 吾請以千金, 贖其母女, 而其主執拗不許. 今聞, 欲以吾女爲其侍婢, 使令於前, 其差將至. 吾切憤惋, 而誠無辭可拒也. 吾保此女, 只有一道, 若有士夫卜爲側室, 則其主[476]雖怪妄, 亦安敢下手玆者? 事機已急,[477] 而吾女雖賤産, 才容果不凡庸, 吾誠不忍以窈窕之質, 委與鄕曲之闒茸. 今見君, 京城華族少年[478]才子, 若以

---

470) 沼: 저본에는 빠져 있으나 나본에 의거하여 보충함.
471) 植: 저본에는 빠져 있으나 나본에 의거하여 보충함. 가본에는 '樹'로 되어 있음.
472) 而: 저본에는 빠져 있으나 나본에 의거하여 보충함.
473) 相遇: 저본에는 빠져 있으나 나본에 의거하여 보충함.
474) 主翁: 가본에는 '公'으로 되어 있음.
475) 道: 저본에는 빠져 있으나 가본에 의거하여 보충함.
476) 主: 가본에는 '意'로 되어 있음.
477) 已急: 나본에는 '將至'로 되어 있음.

賤女奉事君子, 吾死無所恨, 未知君可肯諾否?" 沈生聞言, 陡[479]然 變色, 良久, 乃曰: "今聞公言, 可謂佳矣. 若使求妾者當之, 實是難 得之會, 而但在我, 則平生不欲卜妾, 故不敢從命." 主翁曰: "君意 可知, 必以我有醜陋之女, 欲紓目前之患[480], 强勸相取者,[481] 故不 輕許也. 吾女不醜, 何惜出見?" 卽命左右[482], 召其女出見, 先有一 陣暗香, 隨風襲人. 須臾, 二丫鬟前導, 一少娥隨後, 其服飾瓌奇, 不可名狀. 顏貌之美, 姿質之秀, 綽約如出水之芙蓉,[483] 照耀如升 霞之皦日, 雖越溪浣紗之姬, 宋玉東隣之女, 無以過也. 主翁曰: "賤媳不至甚陋, 於君意何如?" 生曰: "我曾聞世間有一色, 而未嘗 見也, 今見貴女, 始知天下有眞一色也. 傾國傾城之稱, 信不虛矣, 吾不覺神驚而魄[484]動也!" 主翁曰: "然則君其許我否?" 生曰: "貴女 誠美矣, 但鄙意主人已知之, 今不敢更言." 主翁曰: "君之所蘊, 吾 能忖度[485], 想君賢閤琴瑟諧和, 又畜一妾, 則慮或家道不靜也. 抑 無乃閤內[486]妬忌異常故耶?" 生曰: "吾妻貌陋而性拙, 無此慮矣." 主翁曰: "然則又有一事, 想君契[487]活淸貧, 無以畜妾, 用是爲患 耶? 家舍奴婢, 衣食資用, 吾亦足以供之, 雖日費百金, 可也. 此則 君勿慮焉. 若以率置京家爲難, 則姑置鄙家, 君於南中往來[488]時,

---

478) 少年: 가본에는 '年少'로 되어 있음.
479) 陡: 저본에는 '灑'로 나와 있으나 가, 나본을 따름.
480) 患: 가본에는 '急'으로, 나본에는 '愁'로 되어 있음.
481) 者: 저본에는 빠져 있으나 나본에 의거하여 보충함.
482) 左右: 나본에는 '侍婢'로 되어 있음.
483) 蓉: 저본에는 '蘂'로 나와 있으나 나본을 따름.
484) 魄: 나본에는 '魂'으로 되어 있음.
485) 忖度: 가본에는 '度之'로 되어 있음.
486) 閤內: 저본에는 빠져 있으나 나본에 의거하여 보충함. 가본에는 '賢內'로 되어 있음.
487) 契: 가, 나본에는 '計'로 되어 있음.
488) 南中往來: 가, 나본에는 '往來南中'으로 되어 있음.

或來見, 亦何不可之有? 吾今年老, 只有此女, 姑留吾側[489], 亦吾願也. 挐[490]歸留置, 亦望一任君意, 未可快[491]決否?" 生曰: "今聞公言, 事事皆佳, 但吾意旣已錯誤, 雖蒙勤敎, 不得奉承." 主翁曰: "吾只有此一塊肉, 將盡傳家業於此女, 吾家前膏腴之野, 盡吾田土, 而不下累百石; 籬底[492]櫛比之村, 盡吾藏獲, 而幾至數百家, 在他邑者, 不與焉. 庫儲之穀, 方累千石, 金帛財貨, 不可勝計. 若得此女, 則此財莫非其財, 豈不亦美兼乎?" 生曰: "公言使人流涎, 而不能從, 吾亦自恨." 主翁慨然曰: "君執迷如此? 然則將使吾女, 侍寢一夜, 只名沈某之妾, 此後, 君雖更不一顧, 此亦渠之命也, 吾無所恨, 君亦不從否?" 生曰: "吾不從矣." 主翁曰: "人非木石, 皆有好色之心, 而君於客裡, 逢此美姝, 主人唯恐其不眄, 可謂天借[493]其便, 而[494]終不回意, 此豈人情哉?" 生曰: "此誠非人情, 而不得從命, 是何心哉! 吾亦不自知也." 主翁曰: "然則君無乃向學守道, 絶意聲色者耶?" 生曰: "吾無此耳." 主翁曰: "然則有何主見, 有何意味?" 生曰: "別無主見, 別無意味." 主翁勃然, 怒形于面, 廣聲呼其蒼頭, 健奴數人, 應聲而出, 命摔生之髮, 曳出門外, 曰: "吾以這廝爲人也, 故與之言, 曾禽獸之不若, 良可痛哉!" 仍命傳言前村, 曰: "吾家奴僕, 勿許這廝托宿也!" 生見[495]曳而出, 未喫夕飯, 冒夜跋涉, 遇村欲投, 輒以主命拒之. 夜色如漆, 天又大雨, 人馬飢瘦, 到處[496]顚仆, 向曉, 始得一蝸室而投焉. 此說傳播於洛下, 人皆竊

---

489) 吾側: 가본에는 '吾家'로 되어 있음.
490) 挐: 저본에는 '絜'로 나와 있으나 가, 나본에 의거하여 바로잡음.
491) 快: 저본에는 '夬'로 나와 있으나 이본에 의거함.
492) 籬底: 가본에는 '籬下'로 되어 있음.
493) 天借: 나본에는 '天與'로 되어 있음.
494) 而: 저본에는 빠져 있으나 가본에 의거하여 보충함.
495) 見: 저본에는 '扶'로 나와 있으나 가, 나본을 따름.

笑[497], 目[498]以怪物, 不容於世, 遂汨沒鄉村, 不能自振.[499]

24. 金秀才謀拙折玉

昔有井邑縣宰, 姓金, 有一[500]子, 年少而性拙. 自井邑歸京城, 中途投宿一村舍, 卽校生之家也. 其客室隔壁, 燈火照窓, 生潛以唾涎染指, 穴窓而窺焉, 見一少娥坐于空房, 憑[501]燈縫衣, 姿容絶世, 悅若天仙, 此卽主人之室女也. 生一見振蕩, 不能自制, 遂開窓突入, 强欲奸之, 女抵死牢拒, 半夜相詰. 女謂生曰: "吾雖寒賤, 粗知禮節, 今欲以非禮相犯, 吾有死而已, 終不相從. 然君旣與吾相詰, 肌膚相接, 實與交合無異, 吾不可以他適. 吾是校生之女, 爲士夫之妾亦宜, 君何不請于吾父, 求吾作妾乎? 吾父可以許之, 設或不許, 吾自有從中周旋之道. 吾父母旣許之後, 君[502]以禮娶之, 則吾當終身事之, 君何不爲[503]此, 而行此悖妄之[504]計耶?" 生答曰: "汝言是矣. 然先聽吾言而後, 請于汝父, 不亦[505]可乎?" 女曰: "吾父母許之前, 鑽穴隙相從, 吾不忍爲也. 君不以禮娶吾, 而强欲劫之, 則吾將以頸血, 濺于君前." 生見其意[506]難回, 乃謂曰: "吾當以明日請于汝父矣." 遂出宿于外, 達曙不眠, 朝見其父, 欲請一言, 而面頸

---

496) 到處: 저본에는 빠져 있으나 가, 나본에 의거하여 보충함.
497) 人皆竊笑: 가본에는 '人人切笑'로 되어 있음.
498) 目: 저본에는 '曰'로 나와 있으나 가, 나본에 의거함.
499) 不能自振: 저본에는 빠져 있으나 나본에 의거하여 보충함.
500) 一: 저본에는 빠져 있으나 나본에 의거하여 보충함.
501) 憑: 나본에는 '渥'으로 되어 있음.
502) 君: 저본에는 빠져 있으나 가, 나본에 의거하여 보충함.
503) 爲: 저본에는 '出'로 나와 있으나 나본을 따름.
504) 之: 저본에는 빠져 있으나 가본에 의거하여 보충함.
505) 不亦: 나본에는 '亦不'로 되어 있음.
506) 意: 저본에는 빠져 있으나 가, 나본에 의거하여 보충함.

先赤, 竟不得發言[507]. 遂引[508]登途, 抵京城, 生自是, 意忽忽欲狂. 居數日, 復自京城向井邑, 抵校生之家, 日尙早而留宿焉. 夜又潛入其室女之房, 欲犯之, 女依舊牢拒不從, 曰: "君何不請於吾父, 而又作此[509]非禮之擧耶?" 生曰: "前者欲言, 而倉卒羞澁, 未克發口. 明日則定欲請之, 汝何不先從吾言乎?" 女復正色[510]拒之, 相詰半夜, 生復出外, 明朝見其父, 又復羞赧, 不敢發口[511], 而行到井邑. 數日托故, 請於其父, 又作洛行, 抵校生之家. 夜又[512]潛入女所, 女謂生曰: "吾父不知吾有此遭遇, 今已定婚於一人, 君若不及今言之, 則吾將自裁, 以明吾志耳." 生驚曰: "然! 然則明日, 吾必言之矣[513]." 仍良久, 曰: "汝未可言于汝父乎?" 女喟然曰: "君旣不敢發求妾之一言, 則其能敢生[514]强劫之計者, 何也? 君以男子, 亦不敢言, 妾以女子, 何忍向父發此言耶? 噫! 吾其死矣夫." 生以必然[515]之意, 丁寧相約而出. 明朝見其父, 則又復羞赧, 竟不敢言, 而行到京城. 數日, 又向井邑, 抵校生家, 夜見其女, 則女又拒之, 曰: "事已急矣, 吾將死矣! 失今不圖, 無可及矣." 生於明日, 又不敢言, 而行到井邑. 數日, 復欲啓行而[516]向京, 其父怒而呵之曰: "此子不在縣衙, 不在京家, 千里長程, 常欲在途, 無乃狂易失性耶?" 禁止其行, 挽之[517]使留住十餘日, 生寢食俱廢, 言語恍惚, 出門入門, 行

507) 言: 가본에는 '口'로 되어 있음.
508) 引: 저본에는 '囙'으로 나와 있으나 나본을 따름.
509) 此: 저본에는 빠져 있으나 가, 나본에 의거하여 보충함.
510) 正色: 가, 나본에는 '正言'으로 되어 있음.
511) 口: 가, 나본에는 '言'으로 되어 있음.
512) 又: 저본에는 빠져 있으나 나본에 의거하여 보충함.
513) 矣: 저본에는 '耳'로 나와 있으나 가, 나본을 따름.
514) 生: 나본에는 '此'로 되어 있음.
515) 必然: 가, 나본에는 '必言'으로 되어 있음.
516) 行而: 나본에는 '程'으로 되어 있음.

意如水, 不能自抑. 其父見其狀, 知不可禁止, 遂使上洛, 生復到校
生家, 見校生, 服喪而出. 生[518]驚問其故, 校生慘憾曰:"吾有一女,
年方及笄, 婚[519]有日矣, 渠忽自頸而死, 悲悼何言?"生聞言, 扶携
校生, 不覺失聲痛哭, 校生怪, 問:"吾女之死, 君何哭爲?"生大慟,
良久收淚, 敍其事終始, 校生怒曰:"然則殺吾女者, 君也! 君若發
一言, 則吾女不死矣. 與其言之於旣死之後, 曷若言之於未死之前
耶? 君是吾仇讐, 不可不雪吾憤." 將奮臂毆之, 生狼狽而出, 上馬
急走, 僅得免焉.

評曰:"余嘗與三四友人談, 及沈金兩生之事, 而論其優劣, 衆皆
以沈爲優, 座中一友, 獨以攘臂大言曰:'金雖慵懦, 猶知好色, 人
之常情, 至於沈生, 則[520]物之怪者, 殆非人也, 其優其劣語豈同乎?'
衆大笑, 遂成哄堂."

25. 成進士悍妻杖脚

光海時, 有成進士夏昌[521]者, 以簪纓盛族, 年少有才名, 而性素
懦拙. 娶妻亦盛族, 才色絶人, 且善治家, 供夫之衣服飮食, 極其華
美, 而但其性情悍暴, 其夫少不愜意, 輒加詬罵, 繼以毆打. 生大畏
之, 莫敢抗衡, 遂爲妻所制, 在其掌握中, 立云則立, 坐云則坐, 一
動一靜, 不得自由. 家中大小奴僕[522], 皆用妻之號令, 只知其有內,
而不知其有外, 威權盡歸, 有若武后之於唐高宗. 生唯恐其見忤,

---

517) 之: 저본에는 빠져 있으나 나본에 의거하여 보충함.
518) 生: 저본에는 빠져 있으나 나본에 의거하여 보충함.
519) 婚: 나본에는 '定婚'으로 되어 있음.
520) 則: 저본에는 빠져 있으나 나본에 의거하여 보충함.
521) 夏昌: 가본에는 '夏吉'로 되어 있음.
522) 奴僕: 가본에는 '婢僕'으로 되어 있음. 이하의 경우도 동일함.

惴惴常愼523), 而毫末失意, 卽逢大變, 盡裂衣冠, 痛加訽打, 囚諸樓上, 以門隙傳食, 或至數日見囚, 怒解始獲赦出. 如此者甚數, 生極憤恨, 而無如之何. 生一日, 潛逃隱匿於城中一親族之家, 喘息稍定. 翌日, 聞門外有喧呼之聲, 其妻乘轎追來矣. 生驚惶罔措, 妻入其家, 使奴僕打破其醬甕, 毁散其器皿, 曰: "這漢逃至汝家, 則何不卽來奔告於我?" 其家婉辭懇乞而後, 始止. 遂率生而還, 以其罪重, 故特令杖脚三十, 如官府訊杖之法, 仍囚諸樓上, 累日而後乃赦. 自是, 親戚之家524), 無敢容接者. 生一日, 忽思, '湖南遠邑有奴婢, 我若逃隱於此, 則庶保無事.' 遂以匹馬脫身而逃, 千里作行累日, 始抵奴居. 衆奴迎入供奉, 生如離虎口, 寢食稍安. 居數日, 聞門外有喧嘩之聲, 問之, 則其妻乘駕轎到矣. 生大驚懼, 而無處可避, 妻到卽525)盡捉奴入, 加以重刑, 曰: "這漢逃來526), 則汝曹何不急送一人飛報于余乎?" 因命生免冠以罪人, 載于後馬, 到京家, 大加刑訊, 囚于樓上, 數月527)而後得赦. 生之親戚朋友, 爲生議, 皆曰: "國法離異之外, 無他法. 此則不受法之人, 非離異可却, 殺之之外, 無他道, 殺則不可." 成曰: "無策!" 憂嘆528)而散. 居數年, 其妻忽病死, 生之儕友, 咸喜曰: "成某今可保活矣!" 遂聚會造賀, 生旣喪其妻, 未免成服, 及衆友聚見, 謂其來弔, 對之發哭. 其中一友, 以手批生之頰, 厲聲叱之曰: "吾輩529)爲賀汝而來, 何曾弔汝乎? 是何哭爲530)?" 生一笑而止.

---

523) 常愼: 가본에는 '謹愼'으로 되어 있음.
524) 家: 가본에는 '間'으로 되어 있음.
525) 到卽: 저본에는 빠져 있으나 가본에 의거하여 보충함.
526) 逃來: 가본에는 '逃來汝家'로 되어 있음.
527) 數月: 가본에는 '閱月'로 되어 있음.
528) 嘆: 가본에는 '嗟'로 되어 있음.
529) 輩: 저본에는 빠져 있으나 가본에 의거하여 보충함.

26. 禹兵使妬婦割髥

禹尚中者, 公州武人也. 勇力絶人, 登武科. 仁祖朝[531]初, 從宦[532]在京, 甲子适變, 扈駕至鷺[533]梁津, 渡頭只有一船, 距岸數丈. 衛士急呼, 而柁工睨視, 終不棹船而來. 尚中解衣入水, 泝游泳, 超上其船, 斬柁工, 揭竿拏船而來, 上壯之, 立拜宣傳官. 自是, 累擢至[534]閫帥. 其爲全羅水使也, 領道內戰船數百, 赴統營習操, 載妓張樂而行. 其奴有自水營還其家者, 禹妻問其夫作何狀, 奴言載妓張樂之說. 其妻怒曰: "這漢別吾未久, 作此擧措, 不一痛繩, 無以懲後." 卽以纏帒裹粮, 肩荷, 足着芒鞋, 步屧獨出, 日行數百里, 追及於海邊. 禹之戰船, 尚未達統營矣, 遙呼曰: "彼船急速艤岸!" 尚中聞其聲, 驚曰: "此乃吾夫人之聲也. 大變將至[535]!" 忙擾失措, 卽命艤其船, 夫人超躍[536]而上, 據于上坐. 船中[537]將卒, 皆奔避. 尚中跪于前, 夫人命之曰: "吾嘗戒君如何, 而今乃敢[538]載妓張樂耶?" 尚中謝曰: "罪死不赦, 唯夫人命." 夫人使之披臀, 自執杖杖之三十, 流血淋漓. 夫人又曰: "只杖臀不足以懲艾[539]." 又仍持其夫之髥, 以刀盡割之, 卽超躍下船, 依前步歸. 禹素稱美鬚髥, 其長至腹, 從此遂作無髥者. 禹至[540]統營, 時李相國浣爲統制[541]使, 見尚中, 驚問曰:

---

530) 是何哭爲: 가본에는 '汝之哭是何耶'로 되어 있음.
531) 朝: 저본에는 빠져 있으나 가본에 의거하여 보충함.
532) 從宦: 가본에는 '從仕'로 되어 있음.
533) 鷺: 저본에는 '露'로 나와 있으나 의미상 바로잡음.
534) 至: 저본에는 빠져 있으나 가본에 의거하여 보충함.
535) 至: 가본에는 '生'으로 되어 있음.
536) 超躍: 가본에는 '一躍'으로 되어 있음.
537) 船中: 가본에는 '船上'으로 되어 있음.
538) 敢: 저본에는 빠져 있으나 가본에 의거하여 보충함.
539) 艾: 저본에는 빠져 있으나 가본에 의거하여 보충함.
540) 至: 가본에는 '到'로 되어 있음.

"令公髥子素美, 何以忽禿?" 禹對曰: "使道垂問, 何敢有隱? 從今無面目行世矣." 遂擧其實, 而蓋其妻勇力, 加於禹數倍矣. 統使怒曰: "爲將者, 不能制其妻, 安能[542]制敵?" 卽啓聞罷黜.

評曰: "諺稱, '難化者婦人.' 昔以唐太宗之威, 不能制房玄齡夫人之妬, 今以成生之拙, 何能制其悍妻乎? 恨不擧其罪而正法焉[543]. 第以禹令之勇壯, 不能制其妻, 至於受杖割髥, 何哉? 恨不以禹妻爲女將軍禦敵也."

27. 答頑孫數其妄錯

安東之金, 東方大姓, 麗朝太師宣平, 卽其鼻祖也. 世傳, 墓在安東, 而後代旣遠, 因失其所. 淸陰乃其後裔也, 尋常痛恨, 必欲得之. 及謫居安東, 公擬遂宿願, 至誠搜覓, 深山古壟, 閱歷殆遍, 仆碑短碣[544], 磨洗無遺, 詢訪耆舊, 禱祝神祇, 竟未能得. 一日, 本府品官某者, 告于公曰: "某面某山, 有一古墓, 其封甚大, 其體甚古. 俗傳前朝宰相之墓, 意者, 此或太師之墓耶? 公何不開其誌石而見之?" 公以爲然, 卽具奠撰文, 告以爲求先墓, 將開誌石之意, 遍開墓前可以埋誌之處, 終未有得, 公卽命還掩而歸. 是夜, 其品官夢, 渠被逮至一處, 見有一人, 高臨倚卓之上, 儀貌雄偉, 似是高官貴人, 威嚴不敢仰視. 命[545]左右曳入品官, 親自數之, 曰: "我迺[546]汝之先祖, 子孫雖存, 而香火已斷, 此則年代緜遠, 不足責也. 今汝生

---

541) 制: 저본에는 빠져 있으나 가본에 의거하여 보충함.
542) 安能: 가본에는 '何以'로 되어 있음.
543) 焉: 저본에는 빠져 있으나 가본에 의거하여 보충함.
544) 短碣: 가본에는 '斷碣'로 되어 있음.
545) 命: 저본에는 빠져 있으나 가본에 의거하여 보충함.
546) 迺: 가본에는 '乃'로 되어 있음. 서로 통함.

於斯長於斯, 而不知吾墓之在斯, 不肯已極, 而汝又無狀, 以汝之先墓, 指爲他人先墓, 至使金相公, 親自求誌墓前, 開土浪藉. 汝之不孝之罪, 實無所逃, 如汝頑孫, 置之何用?" 卽命杖臀, 且杖且責之, 曰: "我之誌石, 豈在墓前乎? 汝豈不聞誌之埋於墓後某地耶?" 杖至五十, 痛不可忍, 卽命曳出. 旣覺, 夢中事了然明甚, 杖痛仍苦劇, 絶而復蘇. 經月始差, 往拜其墓, 爲文以告, 穿得誌石, 與夢中所聞符合, 而讀其誌, 果其先祖也. 其品官往告于淸陰公, 如右云. 品官之先祖, 稱淸陰爲相公, 其後, 竟踐台位, 神道其眞先知哉!

28. 招後裔教以眞的

嶺南有一士人, 篤好經書, 修飾行義. 其先祖之墓, 傳在某邑, 而失其所, 已至累代, 而不能得矣. 士人竭誠求覓, 積年不懈, 遍境周探, 逢人輒問, 忽遇八十老人, 自言少知其墓, 引士人而指示之, 曰: "此卽是也! 舊有碣表, 村氓耕其塋域, 惡有子孫之來[547]禁斷而屛棄矣." 士人自念, '老人之言雖如是, 旣無表驗, 不可遽[548]信.' 遂祭告其墓, 以求誌石, 遍掘前後左右[549], 竟未有得, 還掩其土而歸. 是夜夢, 其先祖使人招之, 進往拜謁, 儀表魁偉, 居處整肅, 謂士人曰: "我卽爾之先祖也. 汝求吾墓, 誠意勤摯, 可謂孝矣. 日間求誌之墓, 果吾所藏, 而吾誌在於墓左四十步, 求諸近地, 何可得也? 余嘉汝孝誠, 招而敎之耳." 士人悚聽而覺, 言猶在耳. 心甚驚異, 更祭其墓, 從其敎得誌, 若合符節, 讀之果先祖也.

評曰: "人死而有神, 則固也. 其神能千百年不散, 與子孫相接,

---

[547] 來: 저본에는 빠져 있으나 가본에 의거하여 보충함.
[548] 遽: 가본에는 '據'로 되어 있음.
[549] 左右: 저본에는 빠져 있으나 가본에 의거하여 보충함.

至於笞罰敎訓, 宛同生人者, 豈不異哉? 品官之祖[550], 數其不孝; 士人之祖, 嘉其能孝, 爲人子孫者, 可不盡心於追遠乎? 且兩人之得祖墓, 皆以誌也. 誌之不可闕, 如是夫!"

29. 生日臨要救飢腸

朴乃顯之父, 卽宰相, 而與月沙同時. 棄世之後, 乃顯之兄, 爲關西邑宰. 一日, 晝坐東軒, 忽一吏趁入告曰: "大監來臨矣!" 仍卽開大門, 復呼客舍漢, 急鋪步障及茵席. 邑宰亦自然心動恍惚, 顚倒下階而迎見, 其父整[551]冠帶, 自大門入來, 儼然陞坐于軒上. 邑宰拜謁鞠跽, 而心神惝怳, 不辨其生死, 仰問曰: "大人從何所下臨耶?" 其父曰: "吾以公事出去, 適覺飢乏, 今日異於他日, 汝輩必爲我設饌, 故聊此過訪矣." 邑宰卽命速辦[552]茶啖, 盛備以進, 見其父, 啗食如常. 邑宰復命進酒, 連進三四盃, 又見其傾盃盡飮. 惟獨邑宰與趁入之一吏見之, 他侍衛吏卒, 皆莫之見, 而鋪席進饌, 惟邑宰之命及一吏之言是從, 亦莫不奔走畏謹. 其一吏伏于階下, 指揮凡事, 通引小童奉盃而進, 置于盤上, 邑宰則見其飮, 而通引還取其盃, 酒則不減矣. 飮啜良久, 其父謂曰: "吾已醉飽, 可撤盤床." 邑宰顧命通引撤去, 通引見其飯饌, 諸器皆盈, 亦無所減矣. 其父告別而去, 其一吏, 又先趁出呼曰: "大監出矣, 速進鞍馬於門外!" 邑宰下階而送之, 才[553]出大門, 卽無所覩. 邑中上下, 莫不驚訝, 相顧罔測其故. 邑宰初似醉迷朦朧, 及其送別之後, 始得醒悟, 乃知

---

550) 祖: 저본에는 '罪'로 나와 있으나 가본에 의거함.
551) 整: 저본에는 '正'으로 나와 있으나 나본을 따름.
552) 辦: 저본에는 '辨'으로 나와 있으나 나본에 의거함.
553) 才: 나본에는 '纔'로 되어 있음. 통자임.

其父非生人, 而是日卽其父晬日也. 其家素以生辰茶禮, 爲世俗非禮之祭, 而不曾行矣. 邑宰於是日, 大加怵惕, 卽辦備行禮. 自是, 仍定規必行云爾.[554]

30. 忌辰會羞攝弊衣

藥峯徐公之忌, 其家盛饌行祭. 及其出主之後, 見藥峯整冠帶, 儼然坐于椅[555]上, 招其長子, 長子趨進, 跪于椅下, 藥峯語之曰: "某令公來在於外, 汝可以吾言請入!" 卽依命出外,[556] 時曉月方明, 見某公果立于月下. 拜于其前, 傳父命而引之, 某公隨而入, 同陞于椅上. 初見月下之立, 朦朧不明, 有若影然, 及其入也, 橫過燭光之下, 儀狀甚顯矣. 藥峯又召其子, 命之曰: "某令公又來于外, 汝可以吾言復請入!" 子又出拜傳命, 引入陞坐, 與初恰同. 藥峯又召子, 命之曰: "某令公又來于外, 汝可以吾言復請入!" 子又出拜見, 向前二公, 則皆烏帽·錦袍·金帶, 而三至之公, 獨破巾弊衣. 子傳父命請入, 某令公踧踖不安, 曰: "忌祀乃人家大禮, 而吾衣冠弊褻, 不敢入參, 幸以此回復也." 子以此復命, 則藥峯言曰: "吾與令公, 情同一家, 何論衣冠新舊? 勿爲疎外之言, 幸卽入臨." 子復傳此命, 其令公猶躊躇不入, 子又强請, 乃始[557]黽勉而進, 亦入陞坐[558]. 其家倉卒, 未及加設他饌, 只各進酒三盃. 罷祭後, 燭影下見, 三令公次第而去, 皆有醉容, 藥峯隨出, 亦醉矣. 三令公皆是宰相, 而藥峯之平生親友, 故藥峯諸子, 無不慣識其面貌. 當其來會, 見之, 宛

---

554) 爾: 저본에는 빠져 있으나 나본에 의거하여 보충함.
555) 椅: 저본에는 '倚'로 나와 있으나 나본을 따름.
556) 外: 저본에는 빠져 있으나 나본에 의거하여 보충함.
557) 乃始: 저본에는 '於是'로 나와 있으나 나본을 따름.
558) 坐: 나본에는 '堂'으로 되어 있음.

與生時不異矣. 藥峯之子, 與三至令公之子, 俱登第同朝, 而以世交相親. 藥峯之子, 一日, 從頌問曰: "先尊丈襲斂, 用何衣冠耶?" 其子慘然噓唏曰: "先人初喪之事, 尙忍言哉? 吾家素淸貧, 而先人適遠謫北關, 仍値壬辰[559]倭亂, 而捐館於此際, 千里絶塞, 旣無親舊賙穡之救. 且當干戈搶攘之時, 衣冠斂具辦備路斷, 家中只有常時所着弊毛巾及垢弊道袍,[560] 不得已以此爲襲矣." 藥峯子以忌祀來會, 細說一遍, 其子聞之悲慟, 遂製冠服, 祭於墓所而焚之. 其翌日, 夢見其父, 以得新冠服, 致意喜悅云.

評曰: "祭祀之義, 至矣. 聖人制禮, 夫豈徒然, 而或者以爲, '人死無神, 所謂祭者, 非爲來享之也, 特不忍忘[561]其親之意也.' 何其昧於神理至此哉? 生日求食, 固也; 而白晝來過, 怪矣. 忌日臨享, 必也; 而親友咸集, 異矣. 至若攝弊衣冠, 與祭羞縮, 尤是異中之異者, 可見送終之禮, 生者無憾後, 而死者得安. 可不愼哉! 可不愼哉!"

31. 出饌對喫活小兒

有一京城士人, 以事到嶺南, 歸路, 暮投一村舍. 主人以兒痘方劇, 拒而不納, 乃止宿於其店家. 夜夢, 有斑白老人來見, 曰: "我來客於此家, 已多日矣." 生言, "其主人拒門[562]不納, 使人狼狽." 老人曰: "主人無狀, 待我亦不以誠, 吾方欲殺其兒矣." 生問: "不誠者何事?" 老人曰: "渠家有生雉·牛肉·乾柿等饌, 而藏匿終不餉吾, 吾是以惡之." 生知其爲痘神, 卽謂之曰: "此誠[563]可惡, 而至於殺兒,

---

559) 壬辰: 저본에는 빠져 있으나 나본에 의거하여 보충함.
560) 袍: 저본에는 '服'으로 나와 있으나 나본을 따름.
561) 忘: 저본에는 '死'로 나와 있으나 나본에 의거함.
562) 門: 가본에는 '而'로 되어 있음.
563) 誠: 나본에는 '實'로 되어 있음.

不$^{564)}$亦過耶? 我意抑恐其偶然遺忘, 不能供進, 吾於明日告諭, 使之出餉, 吾與君對喫, 此不亦客中一好事耶? 其兒則特恕而原之, 如何?"老人曰: "吾意已定, 君言不可從."生又固請, 老人始許之而去. 及曉, 生呼主人, 問其兒痘狀, 主人曰: "命在頃刻!"生曰: "吾能救活汝兒, 汝能從吾言否?"主人曰: "惟君所命."生曰: "汝家有生雉否?"曰: "然."又問: "有牛肉否?"曰: "然."又問: "有乾柿否?"曰: "然."主人氣色, 甚驚訝, 以爲神異. 生曰: "汝兒之病, 所以危篤者, 以有此等饌也. 汝卽以烹牛炙雉造饌, 且出乾柿, 排作二床然後$^{565)}$, 告吾也."主人卽慌忙治辦, 又加蒸餠, 分排二床極精而告之. 生乃入命主人, 設席$^{566)}$于堂中, 以一床進于主壁虛位, 以一床自置于前, 擧筯請喫, 仍自噉食. 俄聞, 病兒忽言曰: "何不噉我以生雉·牛肉·乾柿?"主人欲擧虛位前床而給之, 重如萬鈞,$^{567)}$ 不得移動毫髮. 衆$^{568)}$大恐懼, 卽以他餘饌與之, 兒能噉食如常矣. 生連擧十餘觥, 輒獻酌于虛位, 如相$^{569)}$酬酢. 良久, 生旣醉飽, 言曰: "請撤床!"卽$^{570)}$見虛位前, 筯落于床下, 錚然有聲. 自是, 兒病頓蘇而安, 主人驚喜感激, 且神之, 夫妻俱出拜謝, 請生小留, 生不得已仍留宿焉. 夜夢, 老人又至, 謂生曰: "吾旣從君之請矣, 君亦可從吾請乎?"生曰$^{571)}$: "願聞之."老人曰: "吾本嶺南某邑人也. 死作痘神, 今方行痘於此地, 吾死之再朞迫近, 諸子等將行大祥之祭, 而吾事務

---

564) 不: 저본에는 '無'로 나와 있으나 가본을 따름.
565) 然後: 나본에는 '極精而'로 되어 있음.
566) 席: 나본에는 '床'으로 되어 있음.
567) 鈞: 가, 나본에는 '斤'으로 되어 있음.
568) 衆: 나본에는 '主人'으로 되어 있음.
569) 相: 나본에는 '常'으로 되어 있음.
570) 卽: 저본에는 '耶'로 나와 있으나 나본에 의거하여 바로잡음.
571) 曰: 저본에는 빠져 있으나 가본에 의거하여 보충함.

侘傺, 難以還家. 吾家在於路傍, 君行今當過去, 幸一訪吾家, 報以吾言, '使勿設祭, 更於數日後, 擇日設祭, 則吾當往享也.' 吾子三人, 其名卽某某等也, 渠等雖祭之, 吾旣不往, 則與不祭同. 君若傳此意, 則幸甚." 生曰: "歸路歷告, 甚不難, 但君諸子, 若或不信, 則將奈何?" 老人曰: "然! 吾昔買一田, 吾平生所坐後壁有柱, 柱後[572] 有小穴, 以田文券, 納于穴中. 其後塗壁, 忘柱穴之有藏券, 以紙塗其上者, 有年矣. 吾旣死後, 諸子求其券而不得, 田之本主, 探知其失券, 將有起訟, 復奪之計, 諸子方以此爲患. 君若往傳此言, 使之覓券於柱穴而得之, 則自當爲證而信之矣." 生諾之, 老人再三申囑而去. 生行到其家, 問[573]之, 果如老人所言. 仍寄宿于其奴僕[574]之舍, 要見其子, 則答以明日是大祥, 故不得見客云. 生又言, "必欲於祭前見之." 其子始要入相問.[575] 生細陳夢中其父所言, 諸子初甚驚訝, 以爲妄誕. 生乃言其形貌, 又言三子之名, 稍以爲信, 而猶不去疑. 生復言柱穴藏券之事, 諸子卽去塗紙而見之, 果有之矣. 始知其不妄, 相與號哭, 延生厚待, 而宗族會議, 以爲, '再朞諱日, 雖已明知其神不降享, 而禮不可廢.' 遂行其祭, 而更於數月後, 擇日行大祭, 如生所言云.

32. 操文祭告救一村

京城士人金生, 名某者, 有一親友, 死已多年. 生以事往嶺南, 忽遇其死友於鳥嶺路上, 騎駿馬多僕從, 而領率小兒數百餘人而行.

---

572) 後: 저본에는 빠져 있으나 나본에 의거하여 보충함.
573) 問: 저본에는 '聞'으로 나와 있으나 가, 나본에 의거함.
574) 僕: 저본에는 '婢'로 나와 있으나 가본을 따름.
575) 問: 저본에는 '聞'으로 나와 있으나 가, 나본에 의거함.

與士人相勞告[576]如平生, 生問: "君已死矣, 何以復行於人世耶?" 其友答曰: "吾於死後, 爲痘神, 行痘於世間, 纔行於畿甸, 將復行於嶺南. 故今玆踰嶺, 而所領小兒, 皆畿甸痘化者也." 生謂, "君素愷悌仁人, 死後心性, 亦豈異也? 旣爲痘神, 則理當仁恕, 多所全濟, 而今所化者, 何其多耶? 非所望於君也." 其友愍然曰: "此[577]係時運, 及渠之命道, 非吾所自專也." 生曰: "雖如此, 君若留神濟人, 不濫其殺, 則民之受賜大矣." 答曰: "君言如此, 敢不服膺?" 仍告別而去, 行數步, 仍忽不見. 生亦過嶺, 幹事而歸, 到安東地, 投一村舍, 痘患方大熾, 不許人寄接. 艱辛[578]懇乞, 僅得托宿, 其主[579]家兒子之痘, 亦方苦劇濱死, 生[580]問之, 則一村之兒, 死已强半矣. 生謂主人曰: "吾當活汝兒, 汝能從吾言乎?[581]" 主人曰: "惟尊命!" 生使辦數器之饌三盃之酒, 立綴祭文, 其大意以爲, '君旣許我, 以不濫殺濟民命, 而今何食言相負耶? 此村之兒, 死已過半, 焉在乎君之仁恕耶? 冀君之爲我, 回意寬活, 以踐前約也.' 卽以酒饌, 祭于神位, 讀其文而焚之. 須臾, 垂死之兒, 頓然回蘇矣. 生祭畢旣寢,[582] 其友[583]見于夢, 曰: "此村之人, 多罪不可赦, 故吾欲盡殺其兒. 君至誠祈救, 吾旣與君有約, 不可負, 故勉强從之矣." 生多致謝意而覺, 其一村將死者, 一夜之間, 莫不回甦. 主人以生之事, 言于其隣, 一時相告語,[584] 競來拜謝, 以爲神人, 苦挽請留, 爭進酒肴. 生

---

576) 勞告: 나본에는 '酬酢'으로 되어 있음.
577) 此: 저본에는 '時'로 나와 있으나 가, 나본에 의거함.
578) 艱辛: 가본에는 '艱難'으로 되어 있음.
579) 主: 저본에는 빠져 있으나 나본에 의거하여 보충함.
580) 生: 저본에는 빠져 있으나 가본에 의거하여 보충함.
581) 乎: 나본에는 '否'로 되어 있음.
582) 旣寢: 가, 나본에는 '就枕'으로 되어 있음.
583) 其友: 저본에는 '夢其友'로 나와 있으나 가본을 따름.

不得拒留數日, 乃得抽別.

評曰: "痘疫非古也, 自周末秦初始有之, 戰鬪殺伐, 戾氣漫空, 此疾之所以作也. 至於有神主之云者, 閭巷從巫之說, 遇痘之家, 必設位而祈之, 莫能明其有無. 今以兩生所遇見之, 痘之有神也, 明矣. 此二說, 皆信而不妄, 故記之."

33. 愼學士邀赴講書【此則澤[585)]堂所記, 而題曰'崔生遇鬼錄'】

原州耘谷, 有崔生文潑者, 本世家子, 兄弟皆能文, 習科業. 今年七月, 與其兄弟[586)]及友二人, 寓讀于書院. 一日黎明, 生出溺于外, 其友踵而出見, 鞋尙在戶下, 而生沒去處, 出外門, 則見生袂衣脫置墻外. 大怪之, 遂招其兄弟, 從院後山麓搜覓, 約一馬場許, 則草露已落, 見有葛蔓截斷, 未久, 似有行跡. 從之又過數步, 則生見在松樹下被縛, 就視之[587)], 則以兩手[588)]繞樹背綁, 腰亦帖樹束縛, 皆用葛蔓, 卽向之所截也. 生瞪目噱口, 不能言, 其兄用俗方, 掬溲溺洗其目, 生卽發聲曰: "大哥來乎?" 仍不復言. 時已日昇, 卽舁歸家, 昏昏不省事, 投以藥物, 夜分始言語. 翌朝[589)], 霍然如酒醒, 父兄詰之, 生方述其由云.

生始爲便溺出戶, 則有一少年, 面貌端麗, 就揖曰: "願與交!" 問其名, 則曰: "我是愼海翊也." 生認是愼壯元學士, 而不悟已死故也. 愼曰: "適與諸人, 會于近處, 君可偕我打話也." 仍命僕進小輿,

---

584) 語: 나본에는 빠져 있음.
585) 澤: 저본에는 '擇'으로 나와 있으나 가본에 의거하여 바로잡음.
586) 兄弟: 저본에는 '弟兄'으로 나와 있으나 가본을 따름.
587) 之: 저본에는 빠져 있으나 가본에 의거하여 보충함.
588) 手: 가본에는 '爿'로 되어 있음.
589) 翌朝: 저본에는 '翌日'로 나와 있으나 나본을 따름.

愼亦自乘一小輿, 攝生竝駕而行, 擔夫徒衆甚盛. 愼促行, 曰: "須趁日未出去也!" 生忽自念, 語愼曰: "吾此行, 不可不告父母也." 愼曰: "行忙矣, 此可以書報也." 生曰: "顧安得伻人?" 愼曰: "我自有便." 遂以筆札與之, 生臨書悯然不得語, 語愼曰: "我覺今日, 精神茫昧, 念文字不得." 愼曰: "我爲汝口號, 汝筆之." 仍口號一絶句, 書諸紙, 愼取而繫以小石, 向空擲之, 似指生家路去矣. 愼又促行, 良久, 至所期處, 堂宇宏麗, 若宮省然. 有大官人坐[590]堂, 黃冠赤袍, 儀容甚偉. 愼趨謁其前, 生亦隨而納拜. 官人熟視, 曰: "可考講矣!" 出一冊子授生, 開卷其書, 有大文小大註, 若今刊行全本綱目. 官人手摘一大文, 曰: "讀此!" 生視之, 乃 '黃芽石生' 四字也. 生讀已, 官人曰: "釋其義." 生曰: "不曉!" 不能釋, 官人曰: "何以云不曉也?" 生審視大小註, 皆無釋義, 終不得釋. 官人大怒叱, 吏卒提出縛之, 愼色沮不敢救, 至中門漫謝曰: "爲我來, 遭此窘, 我甚慚矣. 然卽當見釋, 無憂也." 此後, 冥然不省云.

其所口號絶句, 書諸紙者, 實書在生之衣袵, 字畫楷正, 墨痕鮮濃, 生之筆也. 八月某日, 余與[591]崔方伯伯眼, 遇生之父基鏚於鬱岩寺, 爲余道其詳如此. 基鏚信士不妄言, 其二友所傳說亦同. 生之父, 又謂余曰: "此兒受氣似薄, 頗以讀書致瘦悴, 又性喜逐朋友, 或遊衍忘返, 其以此致祟歟!" 余聞愼之生也, 頗異其死, 或不在凡境耶? 此兒所遇者, 仙耶鬼耶[592]? 不可知也. 余謂, '凡人氣血[593]之虛, 性情之偏固有, 或爲鬼祟所中者矣.' 然皆附於人之體, 或托於

---

590) 坐: 저본에는 '在'로 나와 있으나 가본을 따름.
591) 與: 저본에는 '於'로 나와 있으나 가본에 의거함.
592) 鬼耶: 저본에는 빠져 있으나 가본에 의거하여 보충함.
593) 氣血: 저본에는 '氣血氣血'로 나와 있으나 가본에 의거함.

口, 以道言語; 眩諸目, 以幻形色, 此乃神奸[594]物怪, 不得其正者. 正孔子之所不語, 韓子所謂'動於人, 不足爲禍福'者. 今生所遇, 雖皆幻境, 至於取葛而縛其身, 給筆而書其詩, 俱有陽迹可據, 然則鬼亦有手乎?[595] 有服用乎? 是可怪矣! 愼君明信君子, 雖不幸早夭, 任運乘化, 祀魂墓魄, 寧不[596]作鬼, 人間有許變幻耶? 余嘗聞, 點鬼者[597]好欺人, 或托祖先, 以欺其子孫, 以要飮食者, 往往有焉. 愼君名士, 所謂點鬼者, 托其姓名, 以中生之慕愛耶? 姑書之, 以俟博辯者擇焉. 其詩曰: '颮輪一片自天來, 霞佩朝元幾日廻. 仙風倘拂靑鸞翼, 更向人間沃興回.' 澤[598]堂所記止此.

李司藝克城, 原州人也. 余趨庭於關西堂營, 李君時宰中和【縣名】, 屢會相熟, 爲余言崔生文潑事頗詳. 曰: 與崔兄弟及親友數人, 寓讀於耘谷書院, 一日, 見壁上有題, 曰:'珠洞銀溪鎖一關, 洞天[599]無際鳥遲還.' 乃崔筆也. 素知崔不能詩, 忽有此題, 訝其詩語異常, 叩問之, 崔曰:"此雖吾作, 而吾亦不自知其何意也." 衆皆異之, 間數日朝起, 而文潑不在, 及群集頰面, 始覺之, 搜一院不得. 其兄弟及諸友與院僕, 四散搜覓[600], 從院後行, 得袷衣, 卽崔所着也. 衣衽有題'颮輪一片自天來'之詩兩句, 見其筆則崔跡, 而墨色非黑非靑, 世所未有, 題痕猶潔[601], 字畫甚明. 擧其袷衣, 則以一片石, 入于後幅之內, 而其縫宛然, 無一綻開處. 又踰後麓到山中, 見

---

594) 奸: 저본에는 '愍'으로 나와 있으나 가본을 따름.
595) 然則鬼亦有手乎: 가본에는 '然鬼果有乎'로 되어 있음.
596) 不: 가본에는 '復'로 되어 있음.
597) 者: 저본에는 빠져 있으나 가본에 의거하여 보충함.
598) 澤: 저본에는 '擇'으로 나와 있으나 가본에 의거하여 바로잡음.
599) 天: 저본에는 '人'으로 나와 있으나 가본에 의거함.
600) 搜覓: 저본에는 '覓搜'로 나와 있으나 가본을 따름.
601) 潔: 가본에는 '濕'으로 되어 있음.

崔負一松樹而立, 以葛背縛兩手於松外, 又以葛帖身於松而束之.
見其傍, 有葛蔓數根, 分明以刀新[602]截. 崔瞪目不能言, 衆解其葛
綁, 負到院舍救療, 猶不明了, 昇還家, 灌藥治之, 過夜始蘇, 如醉
得醒, 乃言曰: "吾初以便溺出外, 見一少年立于月下, 風標灑然,
怳爾神仙中人. 揖余曰: '願與子交.' 余問其名, 則曰: '愼海翊也.'
余夙慕仰愼, 而不悟其已死, 故得遇甚悅. 愼與作數語而去, 曰:
'吾當復來矣.' 自是, 神思清虛, 塵慮都消, 珠洞一絶, 不思而得, 詠
出於口, 仍題壁間. 過數日夜[603], 愼又至, 曰: '吾欲與君, 共遊一
處, 君可從否?' 余曰: '何所?' 愼曰: '吾果非人, 乃仙也. 有仙娥在
彼, 吾爲君作媒, 君從吾言, 則可以娶矣.' 吾問:[604] '仙娥何許人?'
曰: '此則李起渤之妹, 名曰玉英. 天姿絶艶, 仙亦罕有, 一娶此娥,
便可登仙, 豈不美乎?' 余以父母在上, 不得輕許, 辭焉, 愼再三强
之, 且曰: '登仙之後, 往來定省, 亦何不可?' 余始諾之, 愼顧命從
者, 進小輿, 使余乘之, 愼亦乘小輿竝行, 從者頗衆. 行未幾, 余曰:
'恨不以行意先報家也.' 愼曰: '以書通報, 可矣.' 余曰: '顧安得伻
人?' 愼曰: '第作書, 吾當傳報.' 卽以筆札授余, 余茫然不能書一
語, 愼曰: '吾爲君口號, 君可書之.' 卽呼一絶, 余卽筆之, 愼持其
書, 向風擲之, 飛空而去. 愼促行甚急, 曰: '須趁日未出也!' 俄至一
處, 堂宇宏傑, 有若宮府, 一人中坐主壁, 五六人分坐左右, 容儀淸
肅, 衣冠奇偉, 侍衛甚盛, 非世所有. 愼先趨入拜謁, 若有所告, 卽
出使余進謁, 余納拜於前, 主坐人言, '可講書!' 左右以一冊授余,
卽讀之, 主坐人曰: '釋其義.' 余茫然不知其何義, 終不能對, 主坐

---

[602] 新: 가본에는 '斲'으로 되어 있음.
[603] 夜: 저본에는 '過'로 나와 있으나 가본에 의거함.
[604] 問: 저본에는 '聞'으로 나와 있으나 가본에 의거하여 바로잡음.

人大怒叱, 使捽下縛之, 吏卒捉出門外, 縛于松樹. 愼恐懼不敢救, 出謝曰: '君因我遭此, 我甚慚焉. 然卽當見釋, 毋憂也.' 余仍冥然不省云." 此後, 生在家, 愼於月夜頻來相訪, 極多異事, 而不能傳述. 生家以爲妖邪, 雜試術家諸方, 竝無效. 五六年後, 其來漸稀, 終得自止云.【余[605]以李君言記, 此得澤堂所記大抵相同, 而李言略有所加. 今以澤堂爲主, 而竝錄余記, 以備參省】

34. 孟道人携遊和詩

成琓者, 善醫者[606]成後龍之子也. 多讀書, 少能詩, 凡製述, 無不應口而對, 倚馬而成. 雖長篇大作, 使人秉筆, 口呼如流, 一揮而就, 至自比於東坡. 或傳爲詩魔所附, 而其詩蝸蚓相雜, 人不知貴焉. 曾遇孟道人, 事甚可異也. 有自記頗詳, 其記曰:

庚戌三月初七日夕, 余往近隣, 爲主人所過飮爛醉, 乘昏仍往下里所親家, 過司圃署後虛落, 忽逢黑衣老人, 自路右出, 欣然握余左手, 曰: "吾與君, 有所[607]遊處." 余疑其非人, 逡巡而却, 强爲提挈, 力大不能脫. 老人以手摩目, 且三度回旋, 咫尺難辨, 倏忽之間, 身已出西城外松株間, 更携手上鞍峴東麓. 老人又以手拭目, 目始暫明, 仰以觀之, 則露頂白髮, 頎然長身, 眼目甚獰, 身着有文黑衣, 而腰不着帶. 俯而[608]察之, 則足着黃履, 形如竹簟, 足長幾尺. 因與之周游[609]山腰萬松間, 少無停息. 八日曉頭, 提上東邊石峯上, 呼韻催詩, 余卽押其韻以吟, 曰: '徙倚西峯上上頭, 高天大

---

(605) 余: 저본에는 '却'으로 나와 있으나 가본에 의거함.
(606) 善醫者: 가본에는 '前參奉'으로 되어 있음.
(607) 所: 가본에는 '此'로 되어 있음.
(608) 而: 저본에는 '以'로 나와 있으나 가본에 의거함.
(609) 游: 저본에는 '旋'으로 나와 있으나 가본을 따름.

地稟雙眸. 俯臨渤海平看鏡, 回指穹鰲小[610]似鰍. 匹練中分三市路, 浮雲低度五城樓. 鄭公當日成功處, 幸陪仙翁辦壯遊.' 老人聽罷, 稱之曰: "雖使丹老見之, 當爲奪魄." 仍和其韻, 口誦曰: '印來印去檢人頭, 見爾淸標刮兩眸. 氣似靑天驅玉馬, 文如蒼海抽金鰍. 牢躅盡置蒼岩宅, 緩步霄登紫葛樓. 無日無風將歷覽, 定逢烏瑟道淸流.' 我再三默誦, 老人吟畢, 卽挈下石峯, 藏置岩間, 因忽不見. 乘其所無, 欲爲脫出, 則有同纏縛, 不能起動, 兩眼昏耗, 不能明視. 雖欲呼人, 聲在喉間, 亦難遠聞, 終日昏倒.[611] 至初昏, 老人復來, 挈出石間, 曰: "更有遊處!" 由鞍峴東北[612]麓, 經淨土寺後白蓮山, 仍過荒野, 登羅菴後崗. 又到昌敬陵松間, 皆行山脊,[613] 不入溪壑, 由是, 不聞鷄犬聲. 夜半月色, 隱映於松陰, 老人曰: "此景可作聯句." 卽呼奇字, 余應曰: '木老流霞濕, 山深月色奇.' 老人稱歎不已, 曰: "末句難續矣!" 九日曉, 又置於昌敬陵兩株松間, 如前纏縛樣, 不得脫出. 初昏又來, 携手向津寬寺西麓, 達夜徘徊亂塚間, 時或顧望, 有若遠去之色. 十日曉, 東方未白, 忽聞樵童擊錚聲, 自遠漸近, 老人驚起解手, 因忽不見. 余乃恍惚顚仆, 幸以得甦, 開目視之, 則日已巳矣. 起而更仆者累次, 僅踰一麓, 則乃津寬洞口也. 余匍匐前進, 望見寺僧, 急呼救我, 則爲飢火所惱, 倒臥松間, 但撓笠子而已. 幸賴山僧見而憐之, 負入山房, 而驚魂未定, 目中如見黑衣人在傍. 故余呼僧, 逐鬼者再三, 諸僧前日所親者, 撫摩手足, 盡誠救護, 良久, 始卜人形. 余告諸僧曰: "飮我漿水." 諸僧卽備二椀,

---

610) 小: 저본에는 '少'로 나와 있으나 가본에 의거함.
611) 倒: 저본에는 '到'로 나와 있으나 가본에 의거하여 바로잡음.
612) 東北: 가본에는 '西北'으로 되어 있음.
613) 脊: 저본에는 '胲'으로 나와 있으나 가본에 의거함.

斟于口中, 繼煮白粥, 喫一小鍾, 則精神小醒. 時僧人修學在傍, 頗解文字者, 余顧謂曰:"爲我急通于家, 必以我爲死矣." 言其晝藏夜行之狀, 修學卽寫大略, 命一童行告于家, 家間始知余爲鬼所拗[614] 至此也. 午間, 精神更爲昏憒, 老僕自重興寺, 尋問來到, 驚叫屢度, 久而乃辨. 家親聞報, 徒步踰嶺, 卽投淸蘇數丸, 則精神倍勝於午間, 始覺腰脚之痠痛. 翌朝, 舍弟亦自東郊追及[615], 又服淸心丸·朱砂等藥, 則三夜登陟勤勞之餘, 痛處雖苦, 心源幸得淸晏, 能記酬唱兩律又一聯, 命舍弟寫出. 厥後十一夜十三夜, 復有作怪見形, 忍痛強起, 手自以劍逐之, 因忽不見. 十四日爲調治, 昇疾還家, 則十五日別無作孼, 十六日夜, 復有紫衣童子, 見夢曰:"我本黑衣神, 向以老醜之形見[616]君, 君惡我, 我今以少時之貌來見, 君勿訝焉. 我有未盡之懷, 君欲聽否?" 余忽爾驚覺, 一場夢事. 意謂太虛之人, 多[617]寐煩惱, 不至深慮. 二十日夜, 有一靑袍美丈夫, 復見於夢, 曰:"子之辟我, 甚矣! 何以滿壁符呪有同逐邪者耶? 向夜, 黑衣神紫衣童, 皆吾變象, 非本形也. 我是寃魂, 不是邪魅, 欲借君舌, 以傳情事於世間, 君勿相負." 余答曰:"所欲言者, 何事? 當爲公傳於世, 願聞事之顚末." 靑袍者, 汯然泣下, 曰:"我本新羅敬順王朝學士, 家在金鰲山西麓, 平生性好梅鶴, 種梅養鶴, 或朝退之暇[618], 詠梅花, 看鶴舞, 自號梅鶴道人. 身雖許國, 一念每在邱壑, 第以虛名久繫名韁, 不得長往爲恨. 一日, 王設宴於後園, 命諸學士賦春詩, 諸學士詩先成, 王皆不厭, 最後我得句以進, 曰:'碧桃

---

614) 所拗: 가본에는 '所拘'로 되어 있음.
615) 及: 가본에는 '至'로 되어 있음.
616) 見: 가본에는 '現'으로 되어 있음.
617) 多: 가본에는 '夢'으로 되어 있음.
618) 暇: 저본에는 빠져 있으나 가본에 의거하여 보충함.

花上雨霏霏, 水滿龍池柳浴翠. 萋萋芳草西園路, 冪地寒烟濕不起.' 王嗟賞良久, 諸學士相顧失色. 後四日, 復設宴於彩雲樓, 王有寵姬, 名曰'翠妃', 乃東海龍女也. 明艶傾一國, 王甚寵愛. 是日, 爲妃大張聲樂, 命諸臣賦詩, 我操筆立成, 其詞曰: '瓊瑤爲骨玉爲肌, 月態星眸絶世姿. 戲向前階拾春色, 好風吹動瑞香枝.' 其後, 日本僧義能, 以使來到, 接於芬黃寺. 義能欲得學士詩, 以貢其國, 王命我賦詩, 曰: '中藏日域海無邊, 一姓相承五寶傳. 萬國山川難竝處, 扶桑枝上掛靑天.' 義能大加稱賞, 以黑錦四匹, 獻于王, 世所未有也. 王問之, 義能答云: '此錦出東海神山, 絲則扶桑蠶之所吐也, 色則玄眞水之所染也.' 王以兩匹給翠妃, 兩匹賜我, 以償詩債, 我作爲道服, 每着於逍遙林壑, 時以表君恩, 故人或稱, 曰'黑衣學士'. 後遊鮑石亭, 與諸學士賦詩, 王特借玉笛, 以侈其遊. 我得小絶, 云: '鮑石亭前月, 淸波漾彩船. 一聲白玉籧[619], 吹罷老龍眠.' 以是, 王眷遇日隆, 爲宗正卿金璘所讒, 謫之於絶影島四年, 我之哀寃, 何異於靈均之被讒椒蘭乎? 忠以見棄, 每吟懷沙之賦. 及王太祖膺命, 將有統合之象, 王欲割地以緩兵, 敕我以充使价, 竣事還朝, 路過漢山, 客死於此. 時當六月, 千里不能運柩, 一行之人, 姑爲權窆於仁王山東麓. 厥後, 子孫因癘疫盡死, 國且旋亡, 未有返葬者, 遂作他鄕未歸之魂. 時與北司公閭丘恭及北副公蔡禧相友善, 皆神人中能文者, 居在北山後. 向者, 與君訪此兩人, 半道忽聞樵徒錚聲, 驚散, 故未成初計, 可謂遺恨." 余問曰: "所謂金璘者[620], 誰也?" 答云: "璘卽庾信之後, 豈意名臣之門有此細人也?" 余復問曰: "所謂閭丘恭者, 何人也?" 答曰: "卽烏瑟山人也. 蔡禧

---

[619] 籧: 가본에는 '笛'으로 되어 있음.
[620] 者: 저본에는 빠져 있으나 가본에 의거하여 보충함.

卽丹老也." 余聞此, 始覺前者之所稱烏瑟丹老, 非虛語也. 仍問曰: "學士姓名, 誰也?" 答曰: "我姓孟名蓍, 字國瑞, 君尙不能記憶乎? 我是丙午冬夢中, 告庚桑所産者也. 子其細考." 又曰: "我之事迹, 不見於史冊, 尙抱遺恨於泉壤, 子能勿忘, 以傳於世, 幸甚. 我本非害君者, 今來復見, 爲傳此事耳." 再三握手, 涕泣不已. 余唯唯數聲, 傍人謂夢魘, 急呼, 因忽驚覺. 問夜如何, 其則東方向曙云. 余錯愕難狀, 怪而且奇, 卽命舍弟取來篋裡『南華經』, 考諸'庚桑楚'篇, 則冊頭果有丙午十月記夢, 其記曰: "余嘗讀庚桑楚篇, 但知老氏之役, 不知何地之産也. 是月旬八, 有一魁岸戌削神仙中人, 見夢曰: '惟子不識我, 當告之. 所謂庚桑楚之産, 離親戚, 棄父母, 獨居孤村云云.' 余乃再拜聽瑩, 而其人自稱孟道士, 復以竹杖擊股, 余忽驚起, 眞一場華胥也. 吁! 亦奇哉云." 開卷, 不覺毛髮竦然, 始知神人之前告也. 噫! 世之相後[621]七百餘年, 而過去之騷人墨客何限, 湮鬱之懷, 不傳於前人, 而獨傳於後我, 何哉? 幽明相感, 不無其理, 抑或待時而言歟[622]! 向者三夜之遊, 終無一言半辭, 敎以我, 及至今夜, 何乃吐盡情素, 若如平昔相厚者也? 丙午之夜, 稱孟道士, 今稱梅鶴道人孟蓍云, 則何其前後相符之神耶? 閔蔡二神, 則不知自何來處於北山耶? 翠妃之事, 有同闕井龍女, 而彼則現於史冊[623], 此獨沒於後世, 何耶? 學士宗正之稱, 羅代果有此等官耶? 金璘者, 果是庚信幾代孫乎? 倘有是事, 何異王文正之於倫, 韓忠獻之於侂冑乎? 大可戒也! 至於敬順王在位八年, 降于高麗, 昭載東史, 而其時割地緩兵, 國之大事, 臨危專對之才, 有如孟公, 而竣

---

(621) 後: 저본에는 '洇'로 나와 있으나 가본을 따름.
(622) 歟: 저본에는 '與'로 나와 있으나 가본을 따름. 서로 통함. 이하의 경우도 동일함.
(623) 史冊: 가본에는 '靑史'로 되어 있음.

事未還, 中途殞亡, 則應有史筆留在, 而不少槪見, 何哉? 由此觀之, 前史不足徵歟! 嗚呼! 怪力亂神, 先聖所戒, 而寃氣凝結, 托夢傳說, 異常之事, 亦多有之. 干[624]寶之『搜神記』, 牛僧孺之『幽怪錄』, 蓋亦出於這箇事耶! 今者, 孟公所言, 若此丁寧, 幽明之間, 不負顧托, 偃枕倩草, 以傳諸人, 博雅君子, 幸勿嗤點!

評曰:"愼公果是神也, 而崔生果可仙也, 則自應度引登眞, 便有成就, 胡乃誘娶仙娥終歸虛妄耶? 黠鬼假托, 幻弄欺人, 澤翁之見, 明矣. 孟老之挈[625]遍林巒, 晝藏夜見, 事迹分明耶? 鬼也狐也? 其詩'蒼岩宅'·'紫葛樓'云者, 以岩爲宅, 以葛爲樓, 非狐而何焉? 烏瑟丹老, 亦皆同類, 定是千年老狐, 幻化通神者? 羅朝學士之稱, 願得傳世之說, 尤異, 無乃誠有其人, 而假名托形以作此耶? 此竝是妖魔之大者, 世所不逢, 而崔成獨逢之. 噫! 亦怪矣哉!"

35. 士人家老嫗作魔

竹前坊有一士人家, 士人出外, 而其妻獨居. 一日, 有老嫗過門來丐[626], 狀若尼嫗, 年雖高, 而貌不甚衰. 士人妻招問:"能作女工否?" 曰:"能!" 又問:"若留在以助工役, 則吾當饋朝夕, 使不行乞, 亦能否乎?" 曰:"幸甚, 敢不從命?" 士人妻喜而留之, 使作彈綿引絲, 無不敏速.[627] 一日之役, 能兼七八人之功, 綽然有裕. 士人妻大喜, 豊饌以饋, 過六七日, 厚意稍怠, 漸不如初, 嫗有怒色. 一日, 勃然曰:"吾不可獨留, 當率吾夫翁而來!" 卽起出門, 俄而, 與一老

---

[624] 干: 저본에는 '于'로 나와 있으나 가본에 의거하여 바로잡음.
[625] 挈: 저본에는 '絜'로 나와 있으나 가본에 의거하여 바로잡음.
[626] 丐: 가본에는 '乞'로 되어 있음.
[627] 無不敏速: 저본에는 '捲絲諸功'으로 나와 있으나 나본을 따름.

翁偕至, 儀形如俗所謂居士者. 旣入門, 卽使空其壁上龕室, 而翁
媼俟上入處其中, 便隱形, 而但聞聲責令供饋極其豊盛, 若少違忤,
則家中小者輒病死. 自下達上, 親戚聞而[628]往見, 則入者亦皆卽病
死, 人莫敢窺. 才過旬日, 婢僕盡死, 士人妻獨存, 隣里望見其家, 有
烟氣而知其生. 後五六日烟絶,[629] 始知[630]其死, 而終無敢入者云爾.[631]

36. 一門宴頑童爲痼

一宦族家有慶, 設大宴, 一門皆會, 內外親戚甚盛, 內廳簾外, 忽
有鬔頭頑童植立, 其狀甚獰, 年如十五六者. 主客互以他童僕從
者[632]爲意, 不之問也. 坐中一女客, 以其內近, 使女奴[633]叱其童, 使
之出去, 其童不少動. 女奴[634]問: "汝是誰家從者, 敢立于內廳至近
地, 而自內卽命出去, 則汝何敢不出去?" 其童默然無一語[635], 衆怪
之, 始相傳問[636]: "此是誰家從者?" 主客竝云: "不知!" 復使人問,
其童依舊默然, 女客咸怒, 使麾而去之, 數人初挽之, 如蜉蝣撼石
者然[637]. 衆益怒, 言于外廳, 使之挽出, 外廳諸客聞之, 使健奴數人
拏出, 則毫髮不可動. 爭問: "汝是何狀之童, 而終無一言?" 衆益駭
且怒[638], 使壯丁數十人, 以大索環而挽之, 如動泰山, 一髮不變, 非

---

(628) 而: 가본에는 '至'로 되어 있음.
(629) 絶: 저본에는 '氣'로 나와 있으나 가, 나본에 의거함.
(630) 知: 저본에는 '止'로 나와 있으나 나본에 의거하여 바로잡음.
(631) 云爾: 저본에는 빠져 있으나 나본에 의거하여 보충함.
(632) 者: 저본에는 빠져 있으나 가본에 의거하여 보충함.
(633) 女奴: 나본에는 '其婢子'로 되어 있음.
(634) 女奴: 나본에는 '婢子'로 되어 있음.
(635) 默然無一語: 가본에는 '默默然'으로 되어 있음.
(636) 問: 저본에는 '聞'으로 나와 있으나 가본에 의거함.
(637) 然: 저본에는 빠져 있으나 가, 나본에 의거하여 보충함.
(638) 駭且怒: 가본에는 '怒且駭'로 되어 있음.

人力所可移者. 一客以爲, '彼亦人耳, 豈有不動之理?' 復使武士[639] 多力者五六人, 共打之以大挺, 盡力下擊, 勢如壓卵, 聲如霹靂, 依舊不動一髮, 不瞬一目. 衆始大驚懼, 知其非人也, 共下庭, 跪拜于其前, 攢手祈祝, 哀懇備至. 良久, 童忽莞爾一哂[640]而出, 才出門, 卽無所睹. 衆益駭懼震悚, 卽罷宴散歸. 自翌日, 主人及參宴諸家[641], 毒癘熾發, 其叱辱者, 勸之挽者, 勸之打者, 武士奴僕下手者, 未及數日先死, 其頭盡裂, 與宴之人皆死, 無一得活者. 俗諺, 稱其童之號, 曰'頭抑神', 未知何所據也.

評曰:"利之爲禍, 尙矣. 士人妻若非貪女工絲毫之利, 豈至於載鬼一車, 自取覆滅哉? 經曰: '自作孼, 不可逭也.' 士人妻有焉. 家之將亡, 必有災殃, 故一家之會, 大癘入門, 不解敬而遠之, 及反詬而挽之擊之, 以益其怒, 雖欲免得乎? 雖然人神雜糅[642], 非盛[643]世事也, 顧安得南正重以屬[644]之哉!"

37. 李秀才借宅見怪

京城有士人李廠者, 嘗爲人言.

渠貧無第舍, 每以借宅僑寄爲事, 如未得家窘急, 則宅雖有[645]凶稱, 而或未免入焉. 一日, 借宅未得, 聞墨寺洞南山下深僻之曲有一宅, 世傳其凶, 空廢久矣. 廠家將入居, 而欲先嘗試其凶否, 其兄麻廈及廠, 會親戚朋友五六人, 進往灑掃而宿焉. 其宅有樓一間,

---

639) 武士: 저본에는 '武人'으로 나와 있으나 가, 나본을 따름.
640) 一哂: 가, 나본에는 '一笑'로 되어 있음.
641) 諸家: 저본에는 '人家'로 나와 있으나 가본을 따름.
642) 糅: 저본에는 '揉'로 나와 있으나 가, 나본에 의거함.
643) 盛: 저본에는 '聖'으로 나와 있으나 가, 나본을 따름.
644) 屬: 나본에는 '勵'로 되어 있음.
645) 有: 저본에는 빠져 있으나 가본에 의거하여 보충함.

封閉甚固, 於門隙窺之, 中有一交椅, 上安一神主空櫝. 又有一無
絃古琴及弊屣一隻, 又有剝落古細削木數箇,[646] 更無餘[647]物, 而塵
埃堆積, 不知其幾年. 是夜, 廠等略設酒肴, 會坐擲從政圖, 以爲消
夜之計. 夜深, 忽聞琴聲起於樓上, 復有衆人喧譁[648]歡樂之聲, 而
諸音[649]不甚明了, 細聽莫能解, 似是宴會之狀, 聲甚狼藉. 廠等相
議, 一人拔劍, 穿樓窓而揮之, 自樓內, 亦以劍穿窓, 向外揮之, 其
刃碧如也. 人恐而止, 樓上彈琴歡樂之聲, 徹曉而止. 廠等明發散
歸,[650] 遂不敢入. 南部部洞, 復有一凶宅,[651] 廠之家, 又因勢迫謀入
焉. 兄弟更聚朋友,[652] 先往會宿, 入其宅, 見有赤黑二鬼[653]狗, 對臥
於廳事上兩隅, 其目皆赤, 狀如瘦, 叱之不動, 驅之不起, 見人不吠
不噬. 夜深, 二狗自廳事下庭, 向空作聲, 而其聲[654]甚凶, 奔走踊
躍, 忽有朝衣朝冠一丈夫, 自家後而來, 兩狗歡迎, 或先或後. 其丈
夫上廳事, 踞邊而坐, 復有五六雜鬼, 自廳事板底而出, 拜謁于前.
其丈夫率五六雜鬼及二怪狗, 環視其宅數周, 或上坐廳事, 或下步
庭際, 良久而去, 五六鬼還入廳事板底, 二狗復上廳事, 對臥于兩
隅. 房中會宿者, 俱目睹. 明日, 衆於廳事上, 因板隙窺之, 其底有
破箕及禿箒數三, 又往家後見之, 復有一禿箒, 在於煙堗之內,[655]
命其僕從, 取出盡燒之. 其二狗, 終日不離臥所, 亦無飮食之事. 衆

---

646) 箇: 저본에는 '介'로 나와 있으나 나본을 따름.
647) 餘: 나본에는 '一'로 되어 있음.
648) 喧譁: 저본에는 '諠譁'로 나와 있으나 가본을 따름.
649) 諸音: 저본에는 빠져 있으나 가본에 의거하여 보충함.
650) 歸: 나본에는 '去'로 되어 있음.
651) 宅: 나본에는 '舍'로 되어 있음.
652) 朋友: 가본에는 '親友'로 되어 있음.
653) 鬼: 저본에는 빠져 있으나 나본에 의거하여 보충함.
654) 聲: 저본에는 '形'으로 나와 있으나 가본을 따름.
655) 內: 저본에는 '中'으로 나와 있으나 가본을 따름.

謀殺之, 而見其凶獰, 不敢也. 是夜, 復靜而伺^(656))之, 夜深, 二狗依舊下庭, 向空作聲, 其朝衣朝冠者, 復自後而至, 五六鬼卒^(657))出迎, 環視其宅, 良久而散, 各還其處, 與昨毫髮不爽. 衆大驚怪, 明日遂棄而走.

客有聞厰言者, 更徵于其兄麻廈, 皆云: "信然!" 又有人傳, 一士人無家, 借入墨寺洞凶宅, 謂樓上物作祟, 開其封, 毁其窓, 取出神主空櫝·無絃古^(658))琴·弊屣·古削木等, 燒之於庭, 火未及^(659))燃, 一婢忽仆於地, 九竅流血而死. 士人大驚, 遽滅其火, 還置樓上, 遂棄其宅. 後復有一人無家者, 往入焉, 夜有靑裙女鬼, 自樓而下, 作怪於房室, 其人復棄之. 自是, 更無入者. 復有傳, 南小門洞奴人刘柴者十餘輩, 作伴曉出, 路穿墨寺洞凶宅後園, 見一白頭嫗^(660)), 坐哭于松樹間. 衆知是妖鬼, 一奴人以鎌遽前擊之, 其嫗走入宅內, 身長纔盈尺, 而其大過常人焉.

38. 崔僉使僑舍逢魔

余於丙申, 遭厄就理, 時^(661))武士崔元緖, 以所江僉使^(662)), 亦坐事就理. 囹圄之中, 頻與會話消遣. 一日, 談及鬼魅^(663))之說, 崔弁自言, 曾於少年時, 親逢鬼魔, 殆死僅生, 誠是異事矣. 余欲詳聞^(664)),

---

656) 伺: 가본에는 '俟'로 되어 있음.
657) 卒: 저본에는 빠져 있으나 가본에 의거하여 보충함.
658) 古: 저본에는 빠져 있으나 가본에 의거하여 보충함.
659) 未及: 저본에는 빠져 있으나 가, 나본에 의거하여 보충함.
660) 嫗: 저본에는 '嫗'으로 나와 있으나 가본을 따름.
661) 時: 저본에는 빠져 있으나 가본에 의거하여 보충함.
662) 所江僉使: 나본에는 '前僉使'로 되어 있음.
663) 鬼魅: 가본에는 '鬼魔'로 되어 있음.
664) 聞: 저본에는 '問'으로 나와 있으나 가, 나본을 따름.

崔乃細陳曰:

我於京中, 本無家舍, 適聞部洞有一空宅, 借而寓焉. 父率眷屬, 入處內舍, 我則獨居于舍廊. 一日夜深, 欲睡未睡, 忽有一女人開戶而入, 立于燈前, 諦視之, 乃士夫家婢, 而曾與數次相逢, 悅其姿容, 欲一交歡, 而未得其便, 每留心未忘者也. 乘夜自至, 出於意外, 不勝驚喜, 呼使近前, 默然不應. 我乃自起, 張手欲執, 則女卽引身, 後步而退, 使手不及於己, 我雖急追[665], 而女之後步甚捷急, 終莫能及. 到戶, 女以後足推排而出, 我隨後踵出, 則仍忽不見, 四方尋覓, 茫無去處. 我意謂, '是女隱避善藏.' 不少致疑. 及翌日夜, 女復至, 立于燈前, 悅然依舊. 我又起欲挽執, 女卽後步引退, 出戶不見, 尋覓不得, 與昨恰同. 心切歎訝, 而終不可覺[666]其爲鬼. 過數日, 又夜深獨臥, 忽聞房上班子[667]內有聲伐德伐德, 有若振席翻紙之響[668], 而甚爲轟厲. 俄而, 自班子下垂[669]一帳, 其色靑艷, 橫遮房之中間, 仍卽炭火滿房, 赤[670]熖大熾, 熱氣蒸灼. 只臥席之外, 一房皆火, 無路避出, 恐將被[671]燒, 震悚危懍, 殆欲死矣. 曉鷄初號, 班子上伐德之聲, 始止, 靑帳收還, 滿房炭火, 一時自滅, 有若掃去, 毫髮無痕焉. 翌日夜, 又獨臥房中, 未及解衣就寢[672]忽有牪壯一漢, 開戶[673]而入, 頭着戰笠[674], 身衣靑色戰服, 狀若官府軍牢[675]突

---

(665) 追: 저본에는 '進'으로 나와 있으나 가, 나본을 따름.
(666) 不可覺: 저본에는 '不覺'으로 나와 있으나 가본에 의거함.
(667) 班子: 나본에는 '板子'로 되어 있음.
(668) 響: 가본에는 '音'으로 되어 있음.
(669) 垂: 저본에는 '毛'로 나와 있으나 가, 나본에 의거하여 바로잡음.
(670) 赤: 저본에는 '大'로 나와 있으나 가, 나본에 의거함.
(671) 被: 저본에는 '避'로 나와 있으나 가, 나본에 의거함.
(672) 寢: 나본에는 '枕'으로 되어 있음.
(673) 戶: 가본에는 '窓'으로 되어 있음.
(674) 戰笠: 가본에는 '氈笠'으로 되어 있음.

前執我, 將欲曳出, 我時少壯有膽, 不欲被曳, 仍與扶執相鬪, 而膂力懸絶, 莫能抵敵. 卽被曳出庭前, 執着高擧, 周回數次, 擲之于庭邊[676]層階之上, 我卽昏倒委地, 不能起動. 其漢立守于前, 其家有園, 園上築垣, 復有[677]垣內園上有十餘漢聚立, 皆着氈笠戰服, 軍牢之狀, 恰是一樣. 衆漢遙立, 齊聲禁止曰: "勿爲勿爲!" 其一漢應答曰: "何關何關!" 禁止勿爲之[678]聲不絶, 而何關之應亦同. 衆漢曰: "此乃當爲武職高品者也, 勿爲勿爲!" 其一漢答曰: "雖然, 何關何關!" 卽以兩手執崔, 向空擲之, 入于天牛, 飄向南方而去, 歷京畿湖西, 墜落于湖南一邊. 任[679]空飄去之際, 俯視所過之三道諸邑, 歷歷皆認. 復[680]自湖南, 向[681]空擲之, 騰入天牛, 向北飄落于家中初臥階上. 復聞園上十餘漢止之, 曰: "勿爲勿爲!" 其一漢答曰: "何關何關!" 一如初頭. 又復擧崔擲空, 飄落于湖南, 又自湖南擲空, 還落于階上, 兩次恰同. 始見園上聚會中一漢, 來執守崔之漢而去, 同會園中[682]相與一場喧笑而散, 不復見焉. 崔倒臥階上, 昏昏不省, 翌朝, 其父出見驚愕, 扶入救療, 乃得蘇醒, 遂棄其宅, 移避他洞. 追聞, 其宅素稱凶家云.

評曰: "家宅之以爲凶, 得其條段亦多, 而有鬼魅, 卽其一也. 如使正人君子處焉, 鬼必見其敬而自遠, 家宅豈有凶不凶哉? 李生只得見怪, 而不被其害; 崔弁初見其怪, 而終被侵困, 無乃李則暫居,

---

675) 牢: 저본에는 '卒'로 나와 있으나 가, 나본을 따름.
676) 邊: 저본에는 '前'으로 나와 있으나 가, 나본을 따름.
677) 有: 저본에는 '見'으로 나와 있으나 나본을 따름.
678) 之: 저본에는 빠져 있으나 가, 나본에 의거하여 보충함.
679) 任: 가, 나본에는 '在'로 되어 있음.
680) 復: 가본에는 '又'로 되어 있음.
681) 向: 가, 나본에는 '仰'으로 되어 있음.
682) 中: 가, 나본에는 '上'으로 되어 있음.

而崔則久居之致耶? 吾聞, 人不但畏鬼, 鬼亦畏人, 恨不得鬼畏之
人, 而當崔李之所遇, 反見畏懼屈伏之狀, 惜哉!"

39. 故相第蛇魂作禍

衿川有河相公演家舊基, 河公乃國朝昇平時名相也. 有別墅在衿
川, 相公平日多在於此, 室宇頗大, 非小第也. 相公亡後, 子孫世居
焉. 邑人傳說, 河相後孫之時, 內屋樓上置大甕, 儲麥末. 一日, 其
家婢欲出末用之, 揭甕蓋視之, 則有大蛇盤屈滿甕, 未見麥末. 婢
大驚倒地, 奔告其主, 其主使奴負甕下庭, 破甕[683]出蛇, 則其長大
特甚, 狀貌亦別, 曾所不見. 使數三[684]壯奴, 各持大杖, 猛打而斃
之, 積柴而焚之. 穢氣如霧, 紛紛滿室, 氣之所及, 人輒卽死, 一家
上下無老少, 是日皆死, 他人若入其家, 亦必死, 故無敢入者. 非
久, 其宅中自然火發, 盡爲燒燼, 祇留空墟. 至今傳稱凶基, 基人不
敢[685]居焉.

40. 武人家蟒妖化子

昔年, 一武人居在京城東邊水口門內, 有勇力壯士也. 所謂水口
門者, 城底開五竇, 使城中廣通橋大川, 從竇流出, 而列樹小鐵柱
於竇中, 以防人獸之出入者也. 一日, 武人見一巨蟒, 自城外向水
口而來, 以頭旣入鐵柱之間, 而緣其身大, 未卽穿入, 方在掛罥之
中. 武人乃以大箭鏃, 射中其頭額, 穿破卽死, 曳出, 杖打成泥而棄
之. 非久, 其妻懷孕, 生一男子, 自幼稚見其父, 則怒目疾視, 啼[686]

---

(683) 甕: 가본에는 '之'로 되어 있음.
(684) 數三: 가본에는 '三'으로 되어 있음.
(685) 敢: 저본에는 빠져 있으나 가본에 의거하여 보충함.

號不樂. 長及數歲, 日以益甚, 武人心切疑怪, 亦不愛而憎之. 一日, 房中無人, 獨有是兒, 武人臥欲晝寢, 以手[687]覆面, 而潛察之, 兒張目怒睍, 憤氣勃勃, 意其已睡, 手持刀子, 稍進近傍, 將欲刺之. 武人奮起[688]奪刀, 卽以大杖盡力[689]猛打而殺之, 骨肉破碎, 殆至成泥然後, 委棄而出去. 其母猶獨悲啼, 以衾覆尸, 將擬收斂, 良久見之[690], 衾自動搖, 訝而開視, 屍體已化爲蟒, 而半化半未化. 母大驚走出, 不敢更近. 武人夕歸, 聞妻驚怛[691]之言, 手自開衾視之, 已盡化蟒, 而額上鏃痕, 分明顯存. 乃卽開釋, 告諭曰: '我與汝, 素無仇怨, 而我偶然射汝殺之, 是則我之過也. 然汝欲復讐, 爲我之子, 此誠莫大之變怪, 我遭此變怪, 汝之報怨, 亦已足矣. 汝又以子, 而欲弑父, 我安得不復殺汝耶? 汝又欲害我, 我將復殺汝, 若此不止, 則其仇怨無有已時. 汝旣已報怨, 而今復化得本身, 從此抛却前事, 彼此相忘, 不亦可乎?' 縷縷告諭, 反覆陳說, 蟒俯首靜伏, 有若聽聞之狀. 武人開門而告曰: "任汝所之!" 蟒卽出門下庭, 向水口門而去, 從鐵柱間而出, 更不知所往焉.

評曰: "人於天地間, 爲物最靈, 蛇蟒雖毒蟲, 乃物之微者也. 蛇蟒被殺, 其精魂能作禍變, 以報仇怨, 未聞人被冤殺, 精魂能有報復者, 以最靈之物, 而反不如微蟲者, 何也? 余觀此世, 無罪而被殺於人者, 多矣. 其魂靈寂然, 無一報應, 今因故相第武人家蛇蟒二事, 竊有所感. 恨不得與達識君子, 講討人物幽明之理也. 噫!"

---

(686) 啼: 저본에는 '呼'로 나와 있으나 가본을 따름.
(687) 手: 가본에는 '袖'로 되어 있음.
(688) 奮起: 저본에는 '奮氣'로 나와 있으나 가본을 따름.
(689) 盡力: 저본에는 빠져 있으나 가본에 의거하여 보충함.
(690) 之: 저본에는 빠져 있으나 가본에 의거하여 보충함.
(691) 驚怛: 가본에는 '驚惶'으로 되어 있음.

天倪錄　103

41. 鄭公使權生傳書

鄭公元奭, 卽守夢先生之胤也. 以明賢之子, 早年登科, 若循常行己, 則登颺淸顯, 超至宰列, 何所不可, 而爲人卓詭不羈, 傲視同列, 無一合意者. 遂作玩世脫俗之人, 仕止[692]守宰, 乃棄官, 歸隱於楊根迷源, 閑居終老, 以□歲□月[693]別世. 其獨子已先亡, 惟一孫年幼, 鄭氏無近族, 只有甥姪兪枋·李蘐·李某[694]三人, 在京聞訃, 卽皆馳進迷源, 治喪成殯而歸. 喪側無人, 獨鄕族權璞, 留行朝夕之祭. 其十二月初三日夜, 璞夢, 鄭公徘徊吟咏於軒上及庭前, 宛如平日, 似有悲傷之意. 呼璞秉筆, 口號作一書, 使之累回讀誦[695], 毋致遺忘, 使傳於甥姪輩, 其書曰: '年雖滿, 氣力不老, 將享百歲, 意且延年, 計表凶變, 事出急遽, 始覺世上人事一箇[696]難恃也. 鶴叫庭月, 其誰可聞; 松靑雪嶺, 其誰盤桓, 龍溪一洞, 已成千古. 且前頭罔極, 兒孫迷弱, 奴無知事者, 山莫重焉, 而尙不一定; 窆莫大焉, 而孰使周辦? 寂寂山中, 情實可憐.' 願璞輸[697]將此意, 使聞於吾姪. 璞夢覺, 怳然明白, 卽寫出其書, 走伻通報于兪·李諸君, 兪·李諸君, 共持其書, 來拜我先君而示之, 以爲, '權璞僅得識字, 不能作一行之文, 此書明是我叔之書也.' 相與大驚異, 不勝愴然感涕, 蓋鄭公之於我先君爲內從兄, 而親愛不泛故也. 兪·李三君, 皆進迷源, 喪次卜山涓吉, 以行葬禮焉.

---

(692) 止: 나본에는 '至'로 되어 있음.
(693) □歲□月: 나본에는 '歲月'로 되어 있음.
(694) 某: 저본에는 빠져 있으나 나본에 의거하여 보충함.
(695) 誦: 저본에는 '話'로 나와 있으나 나본을 따름.
(696) 箇: 저본에는 '介'로 나와 있으나 나본을 따름.
(697) 輸: 나본에는 '須'로 되어 있음.

42. 元令見許相請簡

許相積, 寄其弟原州牧使秩, 書曰:

達夜不得交睫者, 已久,[698] 而[699] 今曉忽夢, 下人傳言, "元參議來, 在門外." 邀入寒暄之後, 問其來由, 則曰: "自原州往先山, 隨喪柩[700], 又來原州, 而有切迫欲言之事云." 吾曰: "所欲言者, 何事?" 元令曰: "墓幕有未備者, 役軍亦且不足, 願得下書於原牧." 吾答曰: "何不直言於原牧而來請吾乎?" 元令曰: "舍弟輩, 本與原牧分疎, 生則曾爲海伯時, 相得甚歡, 非不欲直言, 而大監[701] 病重神昏, 不能記憶耶? 生非今世人, 若見原牧, 則寧無驚動之患乎? 大監則雖在病中, 必不以爲駭, 且與先親同事年久, 亦必動念周旋, 玆敢來告." 吾始覺其捐世已久, 執其手而垂涕, 則曰: "一生一死, 理之常也, 何用悲傷?" 吾問: "遷葬者, 何故?" 元令答曰: "我死於意外之故, 弟輩不勝驚怪, 擧此大事, 而曾葬之地, 本來不吉, 先靈亦所不安處也. 今此移葬, 豈非幸耶?" 吾問[702]: "人之死生, 稟於有生之初, 豈係於山之吉凶?" 元令曰: "大監本不信術家[703]之說, 有此言也. 我雖非壽命, 至於促死, 則山之害也, 凡人不可不愼擇也." 吾問: "禮葬役軍甚優, 緣何有不足之患也[704]?" 元令曰: "遠邑飢餒之民, 不忍督役, 且多有未到故也. 大監曾董[705]國役之時, 大監畢役, 而他掌未及, 故令郞廳成公, 替構三處之屋, 至於五[706]間, 原牧

---

698) 已久: 가본에는 '久矣'로 되어 있음.
699) 而: 저본에는 빠져 있으나 나본에 의거하여 보충함.
700) 柩: 저본에는 '摳'로 나와 있으나 나본에 의거하여 바로잡음.
701) 大監: 저본에는 빠져 있으나 나본에 의거하여 보충함.
702) 問: 저본과 이본에 모두 '聞'으로 되어 있으나 의미상 바로잡음.
703) 術家: 나본에는 '地家'로 되어 있음.
704) 也: 저본에는 빠져 있으나 나본에 의거하여 보충함.
705) 董: 나본에는 '督'으로 되어 있음.

亦[707]存此心, 則他邑之役, 亦宜代行也." 吾曰: "今將付書於令行乎, 抑自此直通乎?" 元令曰: "我雖得書, 不敢見原牧也. 如前所言, 何由傳致? 自此, 直通則幸也." 吾問[708]: "何以素服?" 元令曰: "遷葬有服, 禮也." 吾曰: "令之仲季, 則宜有服, 令公則旣與生人不同, 恐不當持服." 元令曰: "我亦非不知此禮, 而[709]今旣遷動, 先靈雖在九地之下, 心有所怵惕, 故不得不變常耳." 言畢, 逡巡欲起退, 吾[710]更執其手, 曰: "少留! 吸烟茶何如?" 元令曰: "吾力不能擧竹." 吾戲謂曰: "令雖文[711]士, 豈不能擧一竹? 此所謂不能擧一羽者也." 元令曰: "人之魂魄, 只能吸氣, 不能作事. 執竹吸烟, 亦是作事之類, 此所以不能也." 吾曰: "若如令言, 則人之魂神, 能侵擾作變者, 何也?" 元令曰: "此則乃[712]鬼之所爲, 非人之神靈也." 吾曰: "冥府果有之乎?" 元令曰: "無異於人間." 吾曰: "令亦有職乎?" 元令曰: "在世無職者, 到彼而得職者有之, 在世官卑, 而到彼得高官者, 亦有之. 至於在世有職者, 無不得其職, 我何獨不然?" 吾曰: "然則大監之尊貴, 亦如在世之日乎?" 元令曰: "無異矣!" 吾欲詳問人鬼之理, 則元令笑曰: "大監日後當自知, 何用問爲?" 吾欲問壽限長短之際, 忽然驚覺. 其所着, 則布衣布帶黑布笠也, 面貌聲音, 森然在耳目. 吾之夢兆, 本來不虛, 而此則歷歷若此, 倘所謂神者, 果有耶無耶? 覺來, 不勝驚訝, 亦不勝悵然. 治葬凡事, 必無未盡之弊, 而猶且如此者, 何也? 此非泛然之夢, 故玆以詳通夢中問答說話, 君

706) 五: 저본에는 '六十五'로 나와 있으나 나본에 의거함.
707) 亦: 나본에는 '若'으로 되어 있음.
708) 問: 저본과 이본에 모두 '聞'으로 되어 있으나 의미상 바로잡음.
709) 而: 저본에는 빠져 있으나 나본에 의거하여 보충함.
710) 吾: 저본에는 빠져 있으나 나본에 의거하여 보충함.
711) 文: 저본에는 '大'로 나와 있으나 나본을 따름.
712) 乃: 저본에는 빠져 있으나 나본에 의거하여 보충함.

須探知未備之事, 一一施行, 毋負元令來言之意, 如何? 元令旣曰: "自原州往先山, 隨喪而來云." 元令葬在何地耶? 若葬於原州, 則尤奇矣. 其葬山回示後便, 如何?

此書甚異, 故人有謄[713]傳者. 元令卽元萬石, 元相斗杓之長子[714], 登第官在參議, 其弟卽萬里·萬春也. 元相初葬於某[715]年, 遷葬於原州, 時萬石死, 已久矣. 其葬已在原州云.

評曰: "鄭公元令之事, 信矣, 非妄也. 人之死也, 其精魂[716]皆歸冥[717], 漠渺不復聞見. 此理之常, 而獨能托人之夢, 作書請簡, 宛如在世者, 非常理也. 何其異哉? 禮以窆葬爲重, 在生人固然, 而今見神道之重且大, 亦復如此. 嗚呼! 可不愼哉?"

43. 毁裂影幀終見報

權石洲兒時, 嘗遊白岳山, 山頂有一神宇, 卽俗所謂貞女夫人廟也. 安影幀于其中, 祈禱者屬路, 石洲奮然曰: "何物女子, 乃爾怪誕? 天地鬼神, 昭布森列, 豈容汝女鬼行胸臆, 作威福於淸明之[718]世乎?" 仍毁裂其形幀而還. 是夕得夢, 有一婦人, 白衣靑裙[719], 含怒而前, 曰: "妾卽天帝女也. 嫁帝[720]前國士, 賜號貞夫人. 麗運旣去, 天佑李氏, 移鼎漢陽, 帝命國士, 降于木覓, 以鎭東土. 妾思念不已, 帝怜其意, 許降白岳, 與木覓對峙. 妾居此土, 垂三百年, 畢

---

713) 謄: 저본에는 '騰'으로 나와 있으나 나본에 의거하여 바로잡음.
714) 長子: 저본에는 '子長'으로 나와 있으나 나본에 의거하여 바로잡음.
715) 某: 저본에는 공백으로 되어 있으나 나본에 의거하여 보충함.
716) 精魂: 가, 나본에는 '精魄'으로 되어 있음.
717) 冥: 저본에는 '溟'으로 나와 있으나 나본에 의거함.
718) 之: 저본에는 빠져 있으나 가본에 의거하여 보충함.
719) 靑裙: 가본에는 '靑裳'으로 되어 있음.
720) 帝: 가본에는 '天帝'로 되어 있음.

竟爲汝童子所凌暴. 吾將上訴于帝, 後數十年, 當還君其危哉!" 其後, 石洲竟坐[721]詩禍, 被逮拷掠, 遂配北塞. 夕次城東旅舍, 又見一[722]婦人立於枕邊, 卽疇昔所夢也. 附石洲耳語曰: "君其知我否? 我卽貞女夫人也. 今日吾得一[723]報之矣." 是夕遂逝. 此說, 吾兒時, 嘗聞諸隣翁, 翁固非妄言者. 嗚呼異哉!

44. 議黜院享卽被禍

西岳書院, 在慶州府西[724]西岳山下, 配享[725]新羅弘儒侯薛聰·開國公金公庾信·文昌侯崔致遠. 天啓中, 府儒會議請額, 有一書生, 失其姓名, 倡言於院中曰: "東方久無經學, 賴弘儒侯以方言訓解九經, 東人始知有聖經, 是實東方經學之祖. 文昌侯以文章, 大鳴於中國, 後世東國之爲文詞者, 莫不以文昌爲師, 是則大有功於斯文者也. 自前朝, 從祠文廟崇報之典, 其來尙矣. 今只以二賢, 祀諸鄕社, 固無異議, 至於金庾信, 則乃羅代武將也. 雖有功烈之可觀, 而固無與於吾儒, 不可與二賢竝祀於書院, 明矣. 今先黜祀然後, 方可上聞." 群議未定. 是夕, 書生假寐於齋舍, 忽有呵殿聲, 自遠而近至, 則見有一將軍, 披甲帶劒, 自院門而入, 據坐堂上. 戈鋋旌纛之屬, 森列於庭之左右, 儀衛[726]甚嚴. 少頃, 自堂上若有傳語聲, 應者殆[727]近萬人, 有二武士, 持杖遽至齋舍, 捽書生髮, 曳置庭中. 將軍數之, 曰: "汝生長此土, 素聞開國公爲何如人也, 汝稱業儒, 所

---

721) 坐: 저본에는 '生'으로 나와 있으나 가본에 의거함.
722) 見 一: 저본에는 빠져 있으나 가본에 의거하여 보충함.
723) 一: 가본에는 '而'로 되어 있음.
724) 西: 저본에는 빠져 있으나 라본에 의거하여 보충함.
725) 配享: 저본에는 '祀'로 나와 있으나 라본에 의거함.
726) 衛: 저본에는 '形'으로 나와 있으나 라본을 따름.
727) 殆: 저본에는 빠져 있으나 라본에 의거하여 보충함.

貴乎儒者, 非忠孝二事乎? 吾結髮許國, 憤敵人侵軼, 宗國將危, 親冒矢石, 犯死者數, 卒乃削平二寇, 轉弱爲强. 雖以[728]唐天子之威, 不敢加兵於我, 而吾不以爲功, 如其忠也. 吾家世有大勳勞於本朝, 吾祗奉先訓, 終始不替, 克貽父母全名, 大顯於世, 如其孝也. 汝乃目吾以武將, 凡用兵, 孔子所不免, 吾豈樂此而爲之? 蓋不如是, 則無以救君親之難, 此易所謂'利用侵伐'者也. 凡吾所成就, 一一皆自忠孝中來, 其有補於世敎, 豈操毫弄墨掇拾陳言者比哉? 韓公不言乎? '古有鄕先生, 可祭於社!' 吾固此鄕之先生也, 今日書院, 卽古之鄕社也. 享吾於書院者, 實一鄕之公議, 而雖以退溪之大儒, 終無異議, 汝何爲者, 乃敢作爲狂言, 侮辱神靈, 略無顧忌, 無道甚焉. 可以斬汝, 以懲後世愚儒, 汝其無悔!"[729] 書生惶懼俯伏, 不敢出一辭, 將軍顧謂左右曰: "此人罪在不赦, 可卽屠戮, 而但享祀在近, 不可於齋所施刑戮, 可於明日日中, 卽其家行刑." 言訖夢覺, 惶汗浹背, 若無所措. 是夜因感疾[730], 夜昇[731]還于家, 果於其日日中, 嘔血數斗而死云. 余嘗客遊東都, 路過書院下, 秣馬于院門外, 有一院僕, 能說院之故事如此, 余固異之. 一日, 偶閱羅史, '惠恭王十五年, 忽有疾風起, 自庚信墓至羅祖味鄒王墓, 塵霧晦冥, 不辨人物, 聞其中若有哭泣悲歎之聲. 王聞之恐懼, 遣大臣就其墓, 致祭謝過.' 金公之靈異, 史冊已著, 始知其說, 蓋原於此.

評曰: "右白岳西岳兩段語, 卽余同庚親友金文伯所傳也. 文伯見余有記異之錄, 自草玆兩段所聞, 使入於錄中, 一字一語, 皆從其

---

728) 以: 저본에는 빠져 있으나 라본에 의거하여 보충함.
729) 可以斬汝 … 汝其無悔: 저본에는 '吾將斬汝, 使世之愚儒若汝等輩, 有所懲畏其無悔'로 나와 있으나 라본을 따름.
730) 疾: 저본에는 빠져 있으나 라본에 의거하여 보충함.
731) 昇: 저본에는 '舁'로 나와 있으나 라본에 의거하여 바로잡음.

草, 無所增減焉. 文伯且曰: '昔狄公奏毀吳楚淫祠七千百所, 所存惟泰伯伍員廟而已. 如使鬼神靈異, 能作禍福, 若隣翁言, 則貞女一神, 何獨靈於石洲, 而千七百諸神, 皆不靈於狄公耶? 是未可知也. 且柳州羅池廟, 李儀以慢侮卽死, 則西岳之廟, 妄議黜享者, 烏得免神誅? 李儀事或譏其誕, 而今以西岳書生見之, 亦不可盡歸之虛誕. 神道多異, 誠可畏也.' 相與一笑而罷. 又載文伯滑稽之譚, 以代余評語."

45. 士人逢湖南死師

京城有[732]一士人, 往來受學於湖南之人. 別其師,[733] 才數月, 復負笈而往, 行[734]到一逆旅, 其師忽來于士人所住[735]處, 士人迎拜, 上坐其師, 歡若平生. 書贈一詩[736], 曰: '無人洞裡[737]無人跡, 板屋堅封擁厚[738]衾. 咫尺家鄉千里遠, 滿山明月送淸陰.' 仍飄然而去. 時當白晝, 士人訝其詩語異常, 促駕而行, 至其家, 師死已窆矣.

46. 武倅見安家亡父

黃潤士人朴晦章, 卽尤庵門人, 爲師訟寃, 謫配碧潼郡. 庚申改紀後, 蒙赦而歸, 與余善, 爲余言在碧潼時. 與主倅相親, 主倅武人,[739] 余忘其名. 一日, 對坐閑話, 下吏入報, 謫人安命老, 將到配

---

732) 有: 저본에는 빠져 있으나 가, 나본에 의거하여 보충함.
733) 別其師: 가본에는 '別來'로 되어 있음.
734) 行: 나본에는 '來'로 되어 있음.
735) 住: 저본에는 '在'로 나와 있으나 가본을 따름.
736) 詩: 저본에는 '書'로 나와 있으나 가, 나본에 의거함.
737) 裡: 가본에는 '里'로 되어 있음.
738) 厚: 저본에는 '原'으로 나와 있으나 가, 나본에 의거함.
739) 武人: 저본에는 '某人某也'로 나와 있으나 나본을 따름.

于此矣. 主倅言, "此人家極有怪事, 人世所無." 朴生曰: "何事?" 主倅曰: "吾與安家, 比隣而居, 非獨命老相親, 亦識其父, 而其父棄世, 已久矣.[740] 與命老恒相[741]往來, 一日, 往見[742]命老對語, 命老適以事入內, 吾獨坐其外房[743]. 忽聞自外有曳大分土之聲, 到房外, 以手開窓入其面, 曰: '吾兒在此耶?' 周視房中, 無命老, 卽還閉其窓, 復曳分土, 入內而去. 吾視其面, 卽命老之父也. 吾便覺毛骨竦然, 自念, '無乃心神有傷而怳惚耶? 何以白晝見鬼如此?' 殆莫能自定. 須臾, 命老出來, 見余神色驚慌, 笑曰: '君無乃見吾家大人耶?' 曰: '然. 是何故耶?' 命老曰: '君勿驚怪, 此乃吾家尋常事也. 大人於別世後, 頻頻下臨, 或有逐日至焉, 或逐月至焉. 其來[744]數不定, 而不以夜, 常以晝, 言語動作, 宛同平日. 家間上下, 不以爲異, 而他人驟見, 則宜以爲訝云云.'" 朴生謂曰: "此語何其近誕耶?" 主倅正色曰: "吾[745]以何故, 向安家空然[746]做此妄語對人說道耶? 吾非誕者, 君何疑焉?" 朴生見主倅甚忠實, 此是信傳, 非妄矣.

評曰: "人死之神夜見, 固不可, 況晝見乎! 湖南師之一來逆旅, 亦可怪, 況安家父之日至其家乎? 噫! 世降俗末, 人道多亂, 神道亦無亂乎? 此非理之常也, 古所未聞, 請歸之於變亂焉."

47. 背負妖狐惜見放

李禬, 宰相之子也, 登第官位亦顯. 其父爲平安監司, 禬少年時,

---

740) 而其父棄世, 已久矣: 가본에는 '而其父死後'로 되어 있음.
741) 相: 가본에는 '爲'로, 나본에는 '常'으로 되어 있음.
742) 往見: 가본에는 '與'로 되어 있음.
743) 外房: 저본에는 '房外'로 나와 있으나 나본을 따름.
744) 來: 저본에는 '疎'로 나와 있으나 나본을 따름.
745) 吾: 저본에는 '君'으로 나와 있으나 가, 나본에 의거함.
746) 空然: 가, 나본에는 '公然'으로 되어 있음.

待在營衙. 監司無正室, 只有一妾在內. 時值出巡, 營中皆空. 營衙後園墻外有亭舍, 號稱山亭, 開一小門, 以通衙內. 禧率一通引小童, 獨處于山亭, 讀書做業. 一日, 讀至夜深, 小童適出未還, 忽有開門而入者, 視之, 乃一少娥, 而衣服鮮明, 姿容姸妙, 詳其面目, 曾所不見,[747] 妓生中無此人矣. 便卽生疑, 默視[748]其所爲, 娥入坐于房中一隅而無言. 試問其何許人, 則微笑不對, 呼使近前, 卽起來坐膝前. 乃握其手, 撫其背, 陽[749]示愛憐之意[750], 娥亦喜而笑. 心中明知其妖邪, 非魔則狐,[751] 而無可制之道. 良久, 執捉其身, 置諸背上, 堅負走出, 從後園門, 入于[752]衙中廳上, 急呼庶母及婢[753]名. 時夜已深, 人皆熟寢, 未卽應對而出. 背上之娥, 以口噬禧項後甚猛, 始知其爲狐, 而項痛難忍, 不得不少緩其手, 狐卽脫下于地, 仍[754]忽不見. 禧每恨其無人出接, 以致放手見失焉.

48. 手執怪狸恨開握

金濟州壽翼, 家在倉洞. 少時, 冬夜讀書, 因肚飢, 求餐於其內子, 內子曰: "家無可食之餐, 只有栗子七八箇, 吾將煨進, 可小療飢否?" 金公曰: "此正佳耳[755]." 是時, 婢僕盡宿於外, 無可使喚者, 其內子親往于竈, 撥火以煨, 金公忍飢讀書, 以待其來. 俄而, 其內

---

747) 曾所不見: 다본에는 '曾未所見'으로 되어 있음.
748) 視: 가, 나, 다본에는 '觀'으로 되어 있음.
749) 陽: 가본에는 '佯'으로 되어 있음. 서로 통함.
750) 意: 다본에는 '狀'으로 되어 있음.
751) 非魔則狐: 나본에는 '作魔爲狐'로 되어 있음.
752) 于: 저본에는 빠져 있으나 나본에 의거하여 보충함.
753) 婢: 다본에는 '奴'로 되어 있음.
754) 仍: 가본에는 '因'으로 되어 있음.
755) 佳耳: 가본에는 '可矣'로 되어 있음.

子以樏器盛煨栗, 開門入來, 金公受而喫之, 其內子坐于案頭. 金公才得喫罷, 又有開門入來之人, 金公擡頭見之, 又有一內子, 以樏器盛煨栗[756]而來. 於燈下看時, 兩內子恰相似, 毫髮不差, 兩內子相驚, 曰: "變出, 變出! 是甚魔事, 是甚魔事!" 金公又受其煨栗, 一邊喫, 一邊把兩妻之手, 右手握初來內子之手, 左手握後來內子之手, 使不得拔出而待朝. 鷄聲旣促[757], 東方漸明[758], 右手[759]所握之妻, 忽曰: "何必苦相[760]把握耶? 速放我手!" 振搖不已, 金公堅握不放, 須臾, 忽然倒地, 變出本像, 卽一大狸也. 金公大驚, 不覺開其所握, 便失所在. 金公恨不得[761]縛執, 懊悔不已.

評曰: "狐之幻作女形, 迷人惑衆, 『廣記』及小說[762]諸家, 多有之. 李君之逢, 不足深怪, 至於狸之變幻, 反[763]甚於狐, 曾所未聞. 金公之遇, 豈非大異哉? 狐狸之能爲此者, 以何術也? 究其理, 而莫可得. 或傳, 狐有符書, 執此而逞妖, 其然乎? 豈其[764]然乎!"

49. 廣寒樓靈巫惑倅

宋公象仁, 性甚剛正, 平生嫉惡巫覡, 假托神鬼, 欺誣[765]民間, 稱以禱祝, 長作淫祀, 費人財力, 不知其幾, 而實則皆虛妄[766]也. 每

---

756) 煨栗: 나본에는 '栗子'로 되어 있음.
757) 促: 가본에는 '催'로 되어 있음.
758) 明: 저본에는 '高'로 나와 있으나 나본을 따름.
759) 右手: 나본에는 '左手'로 되어 있음.
760) 苦相: 나본에는 '若是'로 되어 있음.
761) 得: 저본에는 빠져 있으나 가본에 의거하여 보충함.
762) 小說: 나본에는 '小記'로 되어 있음.
763) 反: 가본에는 '還'으로 되어 있음.
764) 其: 가본에는 '眞'으로 되어 있음.
765) 誣: 저본에는 '巫'로 나와 있으나 나, 다본에 의거함.
766) 妄: 저본에는 '罔'으로 나와 있으나 가본에 의거함.

曰: "安得盡除此輩, 使世間更無巫也?" 及爲南原府使, 下令曰: "吾邑中, 若有以巫爲名者現露, 則卽當杖殺, 不遺一人." 遍告境內, 咸使聞知, 巫覡等聞令震懼, 一時奔避, 盡移于他邑. 宋公意謂, '吾邑更無一箇巫矣.' 一日, 登廣寒樓望見, 有一美人[767] 騎馬戴缶而去, 明是巫女行色[768]. 卽發使令, 捉致官庭[769], 問曰: "汝是巫女乎?" 對曰: "然." 更問[770]: "汝不聞官家下令乎?" 曰: "已聞矣!" 復問: "汝不畏死乎? 何以在吾境內乎?" 巫拜告曰: "小人有辨白之言, 願加照察焉[771]. 巫有眞假之別[772], 假巫則雖殺之, 可也, 眞巫豈可殺之乎[773]? 官家下令嚴禁者, 皆爲假巫, 非眞巫也. 小人是眞巫, 知官家不殺, 故安居不徙耳." 公曰: "安知汝果是眞巫乎?" 巫曰: "願得[774]試之! 如不驗則請死." 公問: "汝能致鬼神乎?" 曰: "能!" 時公有平生親友, 死未久矣. 公曰: "吾鄕[775]有死友, 卽京中某官某也. 汝能致其神[776]乎?" 曰: "不難, 當爲公致之. 然必有數器饌一杯[777] 酒, 乃可致也." 公以爲殺人事重, 且從其言, 以驗其眞假而處之, 卽命備給酒饌[778]. 巫又[779]曰: "願得公之一衣以請神, 非此神不降矣." 公命與舊着衣一領, 巫設一席於庭中, 以一盤陳其酒肴, 身被

---

767) 美人: 가, 다본에는 '美女'로, 나본에는 '女人'으로 되어 있음.
768) 色: 저본에는 '也'로 나와 있으나 이본에 의거함.
769) 官庭: 나, 다본에는 '前庭'으로 되어 있음.
770) 更問: 다본에는 '又問曰'로 되어 있음.
771) 焉: 저본에는 빠져 있으나 나본에 의거하여 보충함.
772) 之別: 저본에는 빠져 있으나 나본에 의거하여 보충함.
773) 乎: 저본에는 빠져 있으나 나, 다본에 의거하여 보충함.
774) 得: 나본에는 '爲'로, 다본에는 '一'로 되어 있음.
775) 鄕: 저본에는 빠져 있으나 나본에 의거하여 보충함.
776) 神: 가, 다본에는 '鬼神'으로 되어 있음.
777) 一杯: 가, 다본에는 '一壺'로 되어 있음.
778) 酒饌: 저본에는 빠져 있으나 나본에 의거하여 보충함.
779) 又: 저본에는 빠져 있으나 나, 다본에 의거하여 보충함.

所與之衣, 向空振鈴, 多作怪語, 以請神來. 俄而, 巫言曰:"吾來矣, 吾來矣[780]!" 向空先語其幽明訣別之悲, 仍敍說一生交懽之情, 自騎竹遊戲之事[781], 聯榻做業之工[782], 至科場赴擧, 仕宦登朝, 莫不共其行止, 同其出處, 心肝相照, 膠漆不離之狀, 歷歷開陳, 皆是實跡[783], 毫髮不差. 而其中, 又有公與是友知之, 而他人莫知之事, 亦能吐出. 公聞之, 不覺淚灑[784]交流, 悲不自勝, 曰:"吾友精魂[785], 果來矣! 無可疑者." 仍命更進[786]佳肴美酒, 以享之. 良久, 告辭相別而去. 公歎曰:"吾每以巫覡盡歸姦僞, 乃今始知巫有眞矣[787]." 厚賜[788]其巫以賞之, 還收禁巫之令. 自是, 言議[789]不復深斥巫[790]矣.

50. 龍山江神祀感子

昔有一名宰, 以承旨, 曉將赴闕, 具衣冠欲出[791], 因其太早, 還復倚枕, 假寐夢. 已騎馬, 率導從向闕, 行至笆子前橋, 見其慈親, 徒步獨行而來. 宰心驚, 卽下馬迎拜, 曰:"母親何不乘轎而徒步獨行乎?" 母曰:"吾是棄世[792]之人, 與在世時不同, 所以徒步而行矣." 宰曰:"今將何往而過此?" 母曰:"龍山江上居吾[793]家奴某者家, 方設

---

780) 吾來矣: 저본에는 빠져 있으나 가, 다본에 의거하여 보충함.
781) 之事: 저본에는 빠져 있으나 나본에 의거하여 보충함.
782) 之工: 저본에는 빠져 있으나 나본에 의거하여 보충함.
783) 跡: 저본에는 '蹟'으로 나와 있으나 나본을 따름. 가본에는 '狀'으로 되어 있음.
784) 淚灑: 가, 다본에는 '涕泗'로 되어 있음.
785) 精魂: 가본에는 '精神魂魄'으로, 나, 다본에는 '精魄'으로 되어 있음.
786) 更進: 저본에는 빠져 있으나 가, 다본에 의거하여 보충함.
787) 巫有眞矣: 나본에는 '有眞巫矣'로 되어 있음.
788) 厚賜: 다본에는 '仍厚賞'으로 되어 있음.
789) 言議: 나본에는 '言議之間'으로 되어 있음.
790) 巫: 다본에는 '巫覡'으로 되어 있음.
791) 出: 나본에는 '赴'로 되어 있음.
792) 棄世: 저본에는 '去時'로 나와 있으나 나본을 따름. 가본에는 '去世'로 되어 있음.

神祀, 吾爲餐此而往矣." 宰曰: "吾家有忌辰祀及四時時享, 且有朔望節日等茶禮, 母親何至於往餐奴家之神祀乎?" 母曰: "雖有祭祀, 神道不以爲重, 獨以巫人神祀爲重, 若非神祀, 魂靈安得一飽乎?" 仍曰: "行忙不得久留." 告別飄然而去, 倏爾[794]不見. 宰卽夢覺, 怳爾明白, 乃招一奴令, 曰: "汝往龍山江奴某家, 分付趂今夕來現, 而汝須速去[795]急還, 必還[796]吾未赴闕之前也." 坐而待之, 須臾, 奴果急還, 東方未明. 時當極寒, 奴先入竈間, 呼寒照火, 其伴奴在竈, 問曰: "汝能得喫酒杯乎?" 奴曰: "其家方大張神祀, 而巫女言, '吾家上典大夫人神, 降于其身.' 聞吾之至, 卽曰: '此乃[797]吾家使喚之奴也!' 招使傳[798]命以大杯饋酒, 亦賜饌一器[799], 仍敎曰: '吾於來路, 逢見吾子於笆子前橋道上矣.'" 宰在房中, 得聞奴輩[800]私相傳說之語, 不覺失聲痛哭, 招奴詳問, 心以爲其慈親之往饗神祀, 眞的無疑, 乃招巫女, 盛設[801]神祀, 以饗其親, 仍於四時, 每行神祀焉[802]. 或傳, 此乃崔有[803]源事, 崔公以孝聞於世, 李泳挽崔公詩, 曰: '屈原懷石過於忠, 以孝終身亦不中. 雖曰不中人莫及[804], 思君顧我我顔紅.' 無乃崔公死於孝耶!

---

793) 吾: 저본에는 빠져 있으나 나본에 의거하여 보충함.
794) 爾: 저본에는 '已'로 나와 있으나 가본을 따름.
795) 去: 저본에는 빠져 있으나 가본에 의거하여 보충함.
796) 還: 저본에는 '趁'로 나와 있으나 가본을 따름.
797) 此乃: 저본에는 빠져 있으나 가, 나본에 의거하여 보충함.
798) 傳: 저본에는 '前'으로 나와 있으나 나본을 따름.
799) 饌一器: 가본에는 '一器饌'으로 되어 있음.
800) 輩: 저본에는 빠져 있으나 나본에 의거하여 보충함.
801) 設: 저본에는 '說'로 나와 있으나 나본에 의거하여 바로잡음.
802) 焉: 가본에는 '云'으로 되어 있음.
803) 有: 저본에는 빠져 있으나 나본에 의거하여 보충함.
804) 及: 저본에는 '敢'으로 나와 있으나 나본을 따름.

評曰:"上古有巫, 咸載[805]在經籍, 巫之作, 其來尙矣. 然末世多僞, 假名欺世, 百技皆然, 而巫特甚焉. 其中眞者, 乃千百之一, 而宋公忽能遇眞, 豈不異哉? 神祀之法, 陳設酒饌, 以請神來, 則神之來享, 理亦宜然, 而第崔公之夢, 遇其親, 其親之降言神祀, 世所罕有, 亦可異也! 噫! 孝子之心, 旣遇此境, 則因行神祀, 恐不可已也[806]. 崔公之事, 人豈有非之者哉?"

51. 泰仁路鏑射獰僧

忠淸監營, 審藥金震慶,[807] 爲余言. 崇禎庚辰年間, 行到泰仁縣[808]大角橋川邊, 見士子一行, 率奴四五人, 被打重傷, 枕藉於川邊. 怪而問之, 答道,"吾輩中火於路傍, 有一僧過去, 偃蹇不拜, 一奴怒叱之, 其僧以其柱杖, 亂打其奴, 四五人不敢[809]抵當, 皆被打傷, 便不能起. 仍叱其士人曰:'汝奴公然[810]辱吾[811], 而汝不知[812]禁, 當被吾杖.' 仍打數次[813], 卽委頓不起云."望見其僧, 才行數里許矣. 俄有一武人[814], 年如四十許, 容貌瘦弱, 似無勇力. 騎瘦馬一兒奴, 背負一笠帽, 家上揷弓子及矢四五[815]介, 行到川邊, 問奴主傷臥之故, 對之如右, 武人卽奮然曰:"此僧恃其勇力, 屢傷人物, 吾

---

805) 載: 저본에는 빠져 있으나 나본에 의거하여 보충함.
806) 也: 저본에는 빠져 있으나 나본에 의거하여 보충함.
807) 金震慶: 가본에는 '全慶震'으로, 다본에는 '金慶震'으로 되어 있음.
808) 縣: 저본에는 빠져 있으나 다본에 의거하여 보충함.
809) 不敢: 다본에는 '不能'으로 되어 있음.
810) 公然: 다본에는 '空然'으로 되어 있음.
811) 吾: 저본에는 '人'으로 나와 있으나 다본을 따름.
812) 不知: 다본에는 '不能'으로 되어 있음.
813) 次: 저본에는 '人'으로 나와 있으나 다본을 따름.
814) 武人: 저본에는 '美少'로 나와 있으나 다본에 의거함.
815) 四五: 가, 다본에는 '三四'로 되어 있음.

每欲除之, 而未得相逢. 今幸巧[816)]遇, 可以雪憤矣." 仍下馬, 更結馬帶持弓, 拔出一矢, 木鏑其大如拳, 走馬追去. 行及其僧背後, 僧回顧[817)]之際, 卽彎弓發矢, 中其胸, 沒其鏑. 下馬拔刀, 穿僧兩掌心, 以繩貫之, 繫于馬後, 回及士人臥處, 授之, 曰: "君可甘心, 吾則去矣." 士人拜謝, 問其姓名居住, 答曰: "家在高敞." 不言姓名而去. 見其僧, 形貌壯碩無比, 而破胸貫掌, 不能言. 士人與奴, 扶傷而起, 以鎌彎而支解之.

52. 鷺[818)]梁津鐙打勢奴

黃釧遠伯言.

弱冠時, 自江外歸京, 到鷺梁岸上, 有一士人, 下馬而立, 以手招之, 曰: "盍來觀此?" 遠伯卽促馬而進, 見一駕轎下在地上, 牛已破碎, 聞其中婦人悲泣, 又有十三四[819)]歲童子, 立于[820)]轎後而泣, 奴馬則不在矣. 士人言, "此婦人之行到此, 有福昌君宮奴十餘人, 騎馬獵[821)]轎而過, 轎子執鞚之奴呵之, 宮奴仍此發怒[822)], 十餘人共下馬, 先曳下轎子, 辱之曰: '吾輩當奸此女.' 打碎[823)]其轎子, 仍毆打其奴及馬, 風靡而走, 不知去向. 十餘人, 皆卽上馬而去云." 士人仍以手指示, 曰: "前去此輩,[824)] 是也." 遠伯聞而駭惋, 亦未如之何.

---

816) 巧: 저본에는 '相'으로 나와 있으나 다본을 따름.
817) 回顧: 가본에는 '回頭'로 되어 있음.
818) 鷺: 저본과 이본 모두 '露'로 나와 있으나 의미상 바로잡음. 이하의 경우도 동일함.
819) 三四: 가, 다본에는 '二三'으로 되어 있음.
820) 于: 저본에는 빠져 있으나 다본에 의거하여 보충함.
821) 獵: 다본에는 '掠'으로 되어 있음. 서로 통함.
822) 怒: 저본에는 '奴'로 나와 있으나 다본에 의거하여 바로잡음.
823) 打碎: 가, 다본에는 '打破'로 되어 있음.
824) 前去此輩: 저본에는 '此去前輩'로 나와 있으나 다본을 따름.

俄有, 一武人追到, 年可三十餘, 不甚壯健, 見破[825]轎母子呼泣, 聞知其事狀, 奮然曰: "吾當爲之雪憤!" 卽下馬, 更結其馬之腹帶, 解下其一邊鐙子, 以鐙皮纏于手腕, 而藏鐙袖中, 以帶子代結爲鐙子. 顧謂轎後童子曰: "汝行今不可復進, 須招呼奴馬, 還歸京城, 可也." 便上馬躞蹀而行, 追及宮奴, 自後以鐙子擊其肩, 翻然墮地, 次第擊十二肩, 無不應手而墮, 有若秋風落葉. 旣墮之[826]後, 不能復動[827], 狀同僵屍. 武人仍下馬, 數之曰: "汝以奴隷, 恃其[828]豪勢, 凌辱士族婦人, 毆打奴馬, 使不得行, 汝罪不已重乎! 此十二[829]漢, 豈皆宮奴? 宮奴不過數人, 而餘則他奴附從同惡者也. 宮奴首倡者, 自首明告, 則吾當活之, 否則盡殺之." 其漢齊聲言曰: "宮奴果是四人, 而首倡作惡, 皆出官奴云." 武人曰: "其罪雖重, 殺則大過, 止於不殺而已." 卽又以鐙子, 擊四奴腰臀[830]之間, 各二次, 曰: "汝輩雖不死[831], 終成病人, 可以懲勵[832]矣." 仍從容懸鐙上馬, 躞蹀而去. 其四漢則殆死, 餘亦終不能起. 婦人之行, 收呼奴馬,[833] 還向京城. 其武人未得姓名, 可恨云.

評曰: "嗚呼! 世之被辱於暴惡者, 何限, 而孤弱殘瘦, 徒自憤恨[834]涕泣而已, 無以報雪, 可勝痛哉! 今玆兩武士, 以行路之人, 乃能毆打士之獰僧, 快打[835]辱婦之勢奴, 眞所謂路遇不平[836], 爲之忘

---

825) 破: 가, 다본에는 '碎'로 되어 있음.
826) 之: 가본에는 '地'로 되어 있음.
827) 復動: 가본에는 '復對'로 되어 있음.
828) 恃其: 다본에는 '敢恃'로 되어 있음.
829) 十二: 저본에는 '二十'으로 나와 있으나 가, 다본에 의거함.
830) 臀: 저본에는 '臂'로 나와 있으나 가, 다본을 따름.
831) 死: 저본에는 '殺'로 나와 있으나 가, 다본을 따름.
832) 勵: 저본에는 '礪'로 나와 있으나 다본을 따름.
833) 收呼奴馬: 저본에는 '奴收呼'로 나와 있으나 다본에 의거함.
834) 恨: 저본에는 '限'으로 나와 있으나 가본에 의거하여 바로잡음.

身報仇者也. 戰國義俠之風, 今世亦有之, 令人聳嘆."

53. 潦澤裡得萬金寶

昔有一象官[837], 從朝天使赴燕. 時當炎夏, 潦雨才收, 過高平盤山之野, 處處雨水, 留潴成潭. 行過[838]一潭, 淸淺可愛, 象官思欲滌暑, 解衣下浴. 旣入水, 見水面有孔竅, 穿成一穴. 視其中, 有一骨在潭底, 執其骨而出, 則水面卽無孔穴, 復置骨潭底, 則孔穴依舊. 遂出其骨, 諦視之, 骨內有一珠, 形團而色靑, 甚可奇愛. 除珠沉骨, 則水無孔穴; 除骨沉珠, 則孔穴復生, 卽以其珠, 藏[839]于佩囊而行. 旣到燕京, 乃訪寶貝之肆, 試欲賣之, 適値外國賣寶之商, 一時齊集. 珊瑚·瑪瑙·琉璃·珠玉, 奇珍異寶, 雲委山積, 不知其數. 肆中規制, 以貨寶多少, 爲坐次高下, 象官不少問議, 卽自上坐于第一椅. 諸商以次皆坐, 先使象官, 出其寶貨, 卽以囊中之珠, 出置于前. 其中南蠻國一商人, 見之大驚, 曰: "旣有此寶, 坐于首席, 理固當矣. 奇乎奇乎!" 諸商競相把玩, 仍問: "珠價幾何[840]?" 象官曰: "此乃無價之寶, 吾不欲言, 君輩試定價言之." 南蠻商與同伴諸商, 出外相議, 還言曰: "白金二千兩, 可乎?" 象官冷笑曰: "何大少也? 大不可也.[841]" 復出議, 還言曰[842]: "三千兩, 可乎?" 又答以不可, 漸

---

835) 快打: 저본에는 빠져 있으나 가본에 의거하여 보충함.
836) 不平: 가본에는 '不幸'으로 되어 있음.
837) 象官: 나본에는 '京官'으로 되어 있음. 이하의 경우도 동일함.
838) 過: 가본에는 '遇'로 되어 있음.
839) 藏: 저본에는 '沉'으로 나와 있으나 가, 나본에 의거함.
840) 幾何: 가본에는 '幾許'로 되어 있음.
841) 大不可也: 저본에는 '不可不可'로 나와 있으나 나본을 따름. 가본에는 '大不可大不可'로 되어 있음.
842) 曰: 저본에는 빠져 있으나 나본에 의거하여 보충함.

次[843]加數, 至四千五千六千之後, 蠻商乃言曰: "買此珠者, 是吾一人, 而價難獨辦, 多貸諸商之貨, 白金四千則具備, 而其餘二千, 則以寶貝定價充數, 力已竭矣. 君若不許, 則買賣將不成, 奈何?" 象官沈思良久, 乃示屈意強從之意, 蠻商大喜, 卽出白金四千兩, 雜寶定價二千兩, 仍成賣買文字, 各把一張, 復設酒饌, 會飮燕樂. 象官始曰: "吾知此寶[844]之爲寶, 而實不知其名, 且不知用於何處, 而其價一至於此耶?" 蠻商曰: "此名[845]卽定[846]痛珠, 人有疾病, 痛處以珠壓照, 則其痛卽止, 更不復發, 豈非天下之至寶乎? 此在於千年老龍之[847]骨內, 故絶難得矣. 南蠻國王, 今方下命渴求, 如[848]能得獻者, 賜以萬金, 拜爵一品, 吾今買此而歸, 萬金之賜, 一品之爵, 富貴極矣. 可不自幸自喜乎?" 滿坐皆賀[849]歡聲如雷. 象官持白金衆寶而歸國, 以衆寶賣于東萊倭館, 如珊瑚樹・瑪瑙・琉璃等寶品皆奇絶, 世所罕有. 價比[850]蠻商所定, 不翅倍蓰. 象官終計珠直, 亦至萬金焉.

54. 海島中拾二斛珠

昔有水路朝天, 使臣船到海中, 逢一島, 風自島起[851], 吹船周回, 波濤亂湧, 船不得行, 恐將覆沒. 柁工言, "船中必有水神欲得之物,

---

843) 次: 저본에는 '此'로 나와 있으나 가, 나본에 의거함.
844) 寶: 나본에는 '珠'로 되어 있음.
845) 名: 나본에는 '寶'로 되어 있음.
846) 定: 저본에는 '是'로 나와 있으나 나본에 의거하여 바로잡음.
847) 之: 저본에는 빠져 있으나 나본에 의거하여 보충함.
848) 如: 저본에는 '有'로 나와 있으나 나본을 따름.
849) 賀: 저본에는 빠져 있으나 나본에 의거하여 보충함.
850) 比: 저본에는 '以'로 나와 있으나 가본을 따름.
851) 起: 저본에는 '發'로 나와 있으나 가본을 따름.

投則可免, 否則必危." 使臣使投諸物以試之, 風猶依舊, 柁工又言,
"此必有欲得之人而然!" 使臣復使所率象官·褊裨中, 試下一人于
島中, 以觀之, 至數十人無驗, 則還入于船, 至一象官纔下島, 風勢
卽止, 波浪恬然. 使臣及一行諸人, 皆曰:"此雖矜憐, 無可奈何?"
乃多贈粮米, 且與粥器[852]·刀斧等物, 盡出渠所持衣服行裝, 以付
之. 相與訣別, 多有流涕者, 使行遂發船而去. 島本空島, 旣無人
居[853], 亦無雜獸, 竹樹[854]茂盛. 象官[855]乃斫取樹枝, 依岸[856]造一架
家, 刈竹[857]蓋屋, 以處焉. 夜臥聞有聲, 颼颼自海中, 向島而來, 隱
身而窺之, 卽一巨蟒, 其大如屋, 其長幾數十丈, 上島高頂而去. 良
久, 又復自島還入海中, 其聲颼颼甚壯, 每夜必來, 無日不然. 且其
往返之路, 恰是一處, 不少移易. 象官乃取篁竹, 削成尖利巨釘數
百介, 堅挿于其路中上下, 密密相比, 以[858]待之. 是夜, 颼颼之聲又
作, 見巨蟒自海中[859]從前路而來, 旣上島只數十丈而止, 不復遠去,
仍伏而不動. 明日往視之, 蟒盡力行過竹釘之上, 胸腹皆被破裂而
死矣. 居數日, 爲炎陽所爆[860], 蟒肉盡腐, 臭滿一島, 卽以木片造
器, 盛腐肉, 盡棄海中. 見其下, 有大小明珠, 不知其數, 多至二斛.
乃刈蘆竹[861]爲兩空石, 以盛之, 又取海邊石子圓白可愛者, 覆置珠
上以掩藏之. 累月後, 使臣船行回到此島, 見象官無恙留存, 衆皆

---

852) 粥器: 가, 나, 다본에는 '鼎器'로 되어 있음.
853) 居: 저본에는 빠져 있으나 다본에 의거하여 보충함.
854) 竹樹: 저본에는 '行樹木'으로 나와 있으나 나, 다본에 의거함.
855) 象官: 나본에는 '官人'으로 되어 있음. 이하의 경우도 동일함.
856) 岸: 나본에는 '崖'로 되어 있음.
857) 竹: 가, 나, 다본에는 '草'로 되어 있음.
858) 以: 저본에는 빠져 있으나 나본에 의거하여 보충함.
859) 中: 저본에는 빠져 있으나 다본에 의거하여 보충함.
860) 爆: 다본에는 '曝'으로 되어 있음. 서로 통함.
861) 蘆竹: 가, 나, 다본에는 '蘆草'로 되어 있음.

驚喜, 招呼迎入海中來船$^{862)}$. 象官以其二石$^{863)}$移載, 衆問: "是何物?" 象官曰$^{864)}$: "吾絶愛海邊細石, 手自拾聚者也. 吾行橐只此, 願勿棄許載." 衆旣以不死而生爲喜, 莫不肯諾而許之, 無人知其爲珠也. 象官乃得載還于家, 出其珠, 或賣于中國, 或賣于倭館, 多是至寶, 獲價無算, 遂爲國中之$^{865)}$巨富焉.

評曰: "或得一珠而富, 或得兩斛珠而富, 兩斛之珠富, 固也, 一珠之$^{866)}$富, 豈不異哉? 海島之留, 明是神助; 潦澤之浴, 亦$^{867)}$必神助. 富者五福居二, 欲得其福$^{868)}$者, 積善行仁, 自獲神助, 可也, 百計求富, 都$^{869)}$是妄耳. 凡我庶類, 宜鑑于玆."

55. 關北$^{870)}$倅劒擊臭眚

昔年, 咸鏡北邊一邑, 有臭眚之怪. 邑倅到官十餘日, 輒死, 連至五六人, 人皆厭避, 除命雖下, 百計圖免, 無肯赴者. 一武人, 從宦勢孤, 遂除是邑. 素有膽勇膂力絶人, 自意, '縱遇$^{871)}$鬼魔, 人豈有盡死之理? 吾試往觀之.' 乃卽辭朝赴任, 旣到官, 獨處東軒, 只以一長劒, 隨身不離. 自初日$^{872)}$, 便聞腥腐之臭, 隨風微發, 逐日漸加, 至五六日後, 有若霧氣, 浮聚而至, 臭從霧氣中來. 霧氣日增, 臭不

---

862) 海中來船: 가, 나, 다본에는 '船中'으로 되어 있음.
863) 石: 나본에는 '斛'으로 되어 있음. 서로 통함.
864) 曰: 저본에는 '對以'로 나와 있으나 다본을 따름.
865) 之: 저본에는 빠져 있으나 가, 나, 다본에 의거하여 보충함.
866) 之: 저본에는 빠져 있으나 나본에 의거하여 보충함.
867) 亦: 나본에는 '又'로 되어 있음.
868) 福: 가본에는 '富'로 되어 있음.
869) 都: 나본에는 '徒'로 되어 있음.
870) 關北: 다본에는 '北關'으로 되어 있음.
871) 遇: 다본에는 '有'로 되어 있음.
872) 日: 저본에는 '更'으로 나와 있으나 다본을 따름.

忍堪$^{873)}$. 過旬後, 例有$^{874)}$邑倅當死之日, 官屬通引及唱等, 幷皆出走, 無一侍者. 武倅自初, 置酒缸於坐側, 日日所醉, 以自耐遣, 及是日, 益復泥醉而坐. 至夜, 有一物來, 入$^{875)}$於東軒大門之內$^{876)}$. 霧氣凝聚而成形, 其大幾四五把, 其長殆數丈. 未見有軀體·頭面·手足之狀, 只見其上, 邊有兩眼, 炯炯甚明. 倅乃奮起下庭, 突前大吼, 以劒盡力擊之, 其聲轟如霆打, 霧氣卽時消散, 無一點餘氛, 臭亦隨而快收. 倅乃擲劒于地, 醉倒而不起. 明朝, 官屬等, 謂其倅已死, 將欲收屍$^{877)}$而來, 見其倒臥門內, 皆$^{878)}$曰: "前日邑倅之喪, 皆在軒上, 今何以在于庭下? 此亦怪事也." 數人進前, 扶執欲收, 則倅乃起坐, 張目叱之, 擧皆大驚, 退伏震慄. 臭眚之患, 自是永絶焉.

56. 別害鎭拳逐三鬼

武人李萬枝, 嶺南人也. 爲人精悍强猛, 膽氣絶倫, 眼睛靑碧. 常自言, "平生無畏懼之心." 一日在家, 暴雨如注, 雷電大作, 大塊如盆, 流入家中, 遍行房室·軒廳·竈庭·行廊, 出入周流, 至於數三巡, 燁燁之光, 轟轟之聲, 震動天地. 萬枝危坐臥軒$^{879)}$, 毫無所懼, 自念, '吾無死罪, 豈被震擊?' 俄而$^{880)}$, 庭前大槐樹, 爲霆打紛碎, 雨收雷止. 起見家中, 妻與子女, 皆窒塞氣絶, 僅得救活, 其歲, 妻子女皆病沒. 仍卽上京, 從宦爲五衛將, 得除北道別害僉使, 率妾赴鎭,

---

873) 忍堪: 저본에는 '堪忍'으로 나와 있으나 다본을 따름.
874) 有: 다본에는 '是'로 되어 있음.
875) 入: 저본에는 '立'으로 나와 있으나 다본을 따름.
876) 內: 저본에는 '外'로 나와 있으나 가, 다본을 따름.
877) 收屍: 가, 다본에는 '收斂'으로 되어 있음.
878) 門內皆: 다본에는 '庭內咸'으로 되어 있음.
879) 臥軒: 가본에는 '外庭'으로 되어 있음.
880) 而: 저본에는 '以'로 나와 있으나 가본에 의거함.

則前僉使累度死亡, 蓋因鬼魔也. 仍廢官舍, 而出住閭家, 已三四
等矣. 萬枝獨自恃精神氣魄, 使之脩掃廢舍入焉. 而到任之日, 使
妾處于內, 萬枝獨處東軒廳上, 明灯而坐. 二更許, 有一物自房而
出, 有若木塊, 覆以黑袱[881]者, 然不能見其面目, 對坐于前. 又有二
物, 相繼出來, 其狀一樣, 三鬼列坐, 與萬枝相對, 漸漸移坐逼近.
萬枝亦漸漸退坐, 至於後壁, 更無退坐之地, 萬枝語之曰: "汝輩何
樣鬼物, 而敢於佩符尊官到任之日, 如是出現耶? 汝若有情願, 則
吾當爲汝成之, 汝須直言也." 中坐一鬼, 有聲曰: "腹飢!" 萬枝曰:
"吾已聞汝所願, 當盛設以饋, 須速退去!" 卽誦呪言, 彈指作聲, 三
鬼似有畏懼之形[882]. 萬枝以手拳擊其首坐者, 其鬼傾身避之, 不能
中, 只擊廳, 萬枝手拳破傷. 三鬼齊[883]曰: "逐客, 當去矣!" 遂起下
軒, 仍忽不見. 明日, 招巫椎牛, 大設神祀, 三晝夜乃罷. 自此, 更
無鬼魅作祟之患矣.

評曰: "凡人之遇鬼而死者, 非獨鬼惡, 人之畏鬼太過耳. 關北之
邑, 別害之鎭, 官死已多, 鬼誠惡矣, 或能劍擊而滅之, 或能拳打而
逐之, 苟有畏心, 曷若是乎? 膽勇絶人, 俱不易得, 而北倅尤壯矣."

57. 送使[884]宰臣定廟基

宣廟朝壬辰倭亂, 天朝大發兵東來[885], 討平之. 天將言于宣廟,
以爲[886], '討倭勝捷, 多賴關王神助之力, 得[887]成大功, 東國不可無

---

881) 黑袱: 가본에는 '黑衣'로 되어 있음.
882) 畏懼之形: 가본에는 '畏色'으로 되어 있음.
883) 齊: 가본에는 '齊聲'으로 되어 있음.
884) 使: 저본에는 '使於'로 나와 있으나 다본에 의거하여 바로잡음.
885) 來: 저본에는 '萊'로 나와 있으나 다본에 의거하여 바로잡음.
886) 以爲: 가본에는 '曰'로 되어 있음.
887) 得: 다본에는 '竟'으로 되어 있음.

天倪錄 125

追報之典, 請立廟而祀之.' 宣廟從之, 漢陽城外, 遂建東南關王二廟, 以祀焉. 當其建廟也, 南廟未能定基, 或遠或近, 群議不同[888], 莫能有定. 時白沙李相公, 方主廟議, 一日在家, 有一武士, 到門請見, 邀入見之, 儀形壯偉, 有異常人. 請屏左右, 對語從頌而辭去. 相公一親客, 適在坐, 屏避于外, 武士去後復入, 則相公頗有嗟異之色. 親客訝而問之, 相公不語, 良久乃曰: "誠有一異事! 俄者來見武士, 卽關王使者也. 以城南廟基未定之故, 親送其幕下一將士于[889]余, 指敎一處, 使之牢定, 毋少移易. 余答曰[890]: '敬奉盛敎, 不勝惶感[891], 謹當奉行, 何敢有改?' 使者曰: '此非一時暫祀之所[892], 乃歷世奉祀之廟, 而妥[893]靈失地, 則神意不安, 故親敎如是耳.' 再三丁寧申囑而去, 豈不異哉?" 客聞之, 亦甚驚悚, 仍復[894]戒客切勿傳說. 相公遂[895]力主一依神敎之地, 建立廟宇, 卽今南關王廟, 是也哉!

58. 見夢士人除妖賊

有一士人, 渡漢江, 於船上忽然假寐, 夢見一人, 蠶眉鳳眼, 面如重棗, 身長八尺, 綠袍長鬚, 威風凜然. 橫大劍, 騎赤馬[896]而來, 謂士人曰: "我卽漢壽亭侯關雲長也, 有緊急事, 來見汝矣." 仍使士人

---

888) 不同: 가, 다본에는 '不一'로 되어 있음.
889) 于: 저본에는 빠져 있으나 다본에 의거하여 보충함.
890) 曰: 저본에는 '以'로 나와 있으나 가본에 의거함.
891) 惶感: 다본에는 '悚感'으로 되어 있음.
892) 之所: 저본에는 빠져 있으나 가본에 의거하여 보충함.
893) 妥: 다본에는 '安'으로 되어 있음. 서로 통함.
894) 復: 가본에는 '又'로 되어 있음.
895) 遂: 저본에는 '隨'로 나와 있으나 가, 다본을 따름.
896) 赤馬: 다본에는 '赤兎'로 되어 있음. 뜻은 서로 통함.

平開其手掌, 以墨筆着花押, 謂曰: "汝渡江, 勿入京, 少留津頭以待, 則當有細繩三丁裹籠, 滿載七䭾, 渡江向京者. 汝招集其人, 示以手掌花押, 其人當有所自處然後, 留積其籠, 愼勿開見, 卽告于朝家, 趣速焚之. 此乃大事, 幸勿[897]違誤也." 士人蘧然而悟, 寒慄遍身, 驚汗浹[898]背, 卽視其手, 花押宛然在掌, 墨痕淋漓未乾. 心甚怪訝, 一依夢中所敎, 佇待津頭. 少頃, 果有三丁裹籠七䭾, 自南北渡, 一衣冠人, 隨其後. 旣渡, 士人呼謂䭾籠人曰: "有一可言之事, 請暫聚于一處." 其人等, 亦相驚訝, 卽自來聚, 士人展[899]手示之, 曰: "此是何物? 請共觀之." 花押才觸目, 其衣冠者, 先自左手脫持[900]其冠, 急走投江, 其從者八九人, 亦相繼急急投江, 一瞬竝死. 士人呼津丁, 謂之曰: "此籠中之物, 乃禍崇也. 吾將入告朝廷處之, 汝等固守以待." 且戒以勿開, 卽馳入城, 告于兵曹, 細陳變狀, 兵曹卽送一郎監, 載而至, 從士人言, 積柴焚之. 火熾籠坼, 皆是[901]木偶兵馬, 其長寸許者, 撐滿十四籠矣. 士人及兵官[902]見者, 莫不心驚而舌吐. 良久, 盡爲灰燼, 始知妖術之士, 將以幻法, 作挐於都城, 載運木偶兵馬. 而時朝廷, 初建關王東南二廟, 而[903]行享祀, 故關王之神, 爲邦家陰佑也.

評曰: "關王之忠義, 武將之中, 千古一人, 其精魄, 至今猶在. 遠隨天[904]兵, 掃平東國之亂, 助順討逆, 亦從忠義中來耳. 且復送使

---

897) 幸勿: 가본에는 '毋小'로, 다본에는 '毋少'로 되어 있음.
898) 浹: 저본에는 '洽'으로 나와 있으나 다본을 따름.
899) 展: 저본에는 '屛'으로 나와 있으나 다본을 따름.
900) 持: 다본에는 '捧'으로 되어 있음.
901) 皆是: 저본에는 빠져 있으나 다본에 의거하여 보충함.
902) 兵官: 다본에는 '兵郞'으로 되어 있음.
903) 而: 저본에는 빠져 있으나 다본에 의거하여 보충함.
904) 天: 저본에는 '千'으로 나와 있으나 가본에 의거하여 바로잡음.

定基, 見夢除妖, 何其神異若是? 曾見⁹⁰⁵⁾宋朝來討宮中鬼祟之說, 而疑其誕也, 今以這兩事觀之, 信不虛矣. 天將神助之言, 自當有據, 我朝之廟, 享不廢也, 宜哉!"

59. 刀代珠扇爲正室

韓明澮, 乃世祖朝一等功臣也. 寵眷極隆, 朝臣無出其右. 韓自恃勳勢, 擅作威福, 擧世風靡, 雖廟堂臺閣⁹⁰⁶⁾, 無敢爲一言於上者⁹⁰⁷⁾. 其出爲關西伯也, 恣行不法, 少失其意, 輒行⁹⁰⁸⁾刑戮, 殺人如麻, 一道震慄, 若逢豺虎. 一日, 聞宣川座首有處女, 姿容絶代⁹⁰⁹⁾, 招致座首于巡營, 面敎曰: "聞汝有女甚佳, 吾欲娶⁹¹⁰⁾以爲妾, 將於巡到之日, 親到汝家娶之, 須預知而待之." 座首惶悚對曰: "賤女醜陋, 所謂⁹¹¹⁾甚佳之說, 傳者誤耳. 然尊命旣下, 敢不依敎奉行乎⁹¹²⁾?" 仍辭退⁹¹³⁾還家, 愁色滿顔, 心甚不樂. 其室女問曰: "巡使之招, 因何事也, 父親之面帶愁色, 以⁹¹⁴⁾何故也? 願得知之⁹¹⁵⁾." 其父恐眙女憂, 初不肯言, 其⁹¹⁶⁾女固問之, 乃曰: "吾因汝逢此患難矣⁹¹⁷⁾." 始陳監司娶妾之說, 曰⁹¹⁸⁾: "吾若不從, 則必見殺, 故不得不

---

905) 見: 저본에는 '聞'으로 나와 있으나 가본에 의거함.
906) 臺閣: 나본에는 '閣臣'으로 되어 있음.
907) 者: 저본에는 '也'로 나와 있으나 이본을 따름.
908) 行: 다본에는 '施'로 되어 있음.
909) 絶代: 나본에는 '絶世'로 되어 있음.
910) 娶: 다본에는 '取'로 되어 있음. 이하의 경우도 동일함.
911) 所謂: 저본에는 빠져 있으나 다본에 의거하여 보충함.
912) 乎: 저본에는 빠져 있으나 다본에 의거하여 보충함.
913) 辭退: 다본에는 '拜辭'로 되어 있음.
914) 以: 다본에는 '又'로 되어 있음.
915) 知之: 다본에는 '聞之'로 되어 있음.
916) 其: 저본에는 빠져 있으나 다본에 의거하여 보충함.
917) 矣: 저본에는 빠져 있으나 다본에 의거하여 보충함.

從, 而以士夫之女, 爲人之妾, 豈不冤痛乎?" 女聞而笑曰: "大人何
其不思之甚也? 大丈夫豈可以一女子, 易其身命乎? 此[919])不過棄
一女子耳, 棄一女, 而安保爲一女而就死? 事之輕重, 昭然明白,
願大人置此女於度外, 勿復一毫介意, 盡去愁恨, 晏然平心, 如何
如何? 女子之遭此, 莫非命也, 祗當順受自安, 少無怨恨[920])之懷耳.
女意如此, 大人亦從女意而處之, 千萬伏望." 父喟然歎曰: "今聞汝
言, 我心少[921])自釋耳." 自是, 擧家皆愁嘆, 而女獨恬然無變動之色,
言笑自若, 處身如常. 匪久, 監司巡到宣川, 招座首分付, 使以明
日, 粧飾其女而待之. 座首歸家, 將治婚具. 女子言于父曰: "此雖
妾婚, 請交拜席同牢床, 一依妻婚之制[922])而設之也." 其父從之. 翌
日, 監司到其家, 以驄笠平服, 入內廳, 見其女出迎而立于前, 以兩
手執霜刃刀子, 代眞珠扇遮面, 而恣容則果是絶代[923]). 監司驚問其
執刀之由, 女使首母, 傳言對曰: "小女雖鄕曲[924])寒微, 猶不失兩班
之稱, 使道雖宰相尊重, 今乃以娶妾爲名, 不亦冤乎? 使道若以正
室, 依禮娶之, 則當終身事之, 若欲以妾娶之, 則卽將自刎而死. 所
以執刀者, 此也. 女之死生, 在於使道之一言, 願聞下敎而決之."
監司素不遵禮, 而恣[925])行非法者, 旣[926])見其姿容, 大悅傾惑, 遂答
曰: "女意如此, 吾當以正室娶之." 女曰: "若然則幸望出外, 具婚

---

918) 曰: 저본에는 '言'으로 나와 있으나 다본을 따름.
919) 此: 저본에는 '比'로 나와 있으나 나, 다본에 의거하여 바로잡음.
920) 怨恨: 가본에는 '恐恨'으로, 나, 다본에는 '愁恨'으로 되어 있음.
921) 少: 저본에는 '小'로 나와 있으나 이본에 의거함.
922) 制: 나본에는 '儀'로 되어 있음.
923) 絶代: 가본에는 '絶代佳人'으로, 다본에는 '絶色'으로 되어 있음.
924) 曲: 저본에는 빠져 있으나 나본에 의거하여 보충함.
925) 恣: 저본에는 '自'로 나와 있으나 이본을 따름.
926) 旣: 다본에는 '及'으로 되어 있음.

書・納采・奠雁等儀制[927], 整冠帶入內, 行交拜同牢之禮, 如何?" 監司卽從之, 一依其言, 備行婚禮而娶之, 非但容色之秀美, 其姿品之賢淑, 世所罕有. 率歸其家, 絕加愛重, 初旣有妻及姬妾, 而皆被疎外, 只與此女, 晝夜同處焉. 見夫之所行, 有[928]非義不正者, 則女必婉辭而諫止[929]. 夫皆從之, 人亦以此多之, 稱爲哲夫矣. 女以正室夫人自居, 而初妻以妾處之, 一家諸族, 亦皆不服其爲正室也[930]. 世廟微行, 數臨韓第, 韓輒進酒饌, 使其妻出拜奉杯以獻, 卽此女也. 世廟每以嫂呼之, 一日, 世廟又幸臨, 進酒歡樂, 女下庭伏地[931]. 上訝問: "嫂何故如此?" 女卽細陳其夫[932]强娶之狀, 仍泣訴曰: "臣雖外方寒族, 名亦兩班, 臣夫旣具婚禮, 娶爲正室, 則不當歸之於妾, 而第國無有妻娶妻之法, 故人皆名之以妾, 豈不至寃乎? 伏乞聖朝[933], 俯燭而處決焉." 累拜陳懇, 上聞之, 笑曰: "此乃當然之事, 嫂何至於伏地泣訴乎? 予當決斷以許[934]矣, 須[935]速上來!" 卽以御筆親題文字, 許令爲正室, 其子孫皆許淸宦重爵, 勿有所拘, 仍着御押踏御寶以賜之. 從是遂爲正室, 與初妻一體竝封夫人, 人莫敢議. 其子亦登第, 直通淸顯, 無少礙焉.

---

927) 儀制: 나본에는 '儀禮'로, 다본에는 '儀節'로 되어 있음.
928) 有: 저본에는 빠져 있으나 나본에 의거하여 보충함.
929) 止: 저본에는 '之'로 나와 있으나 나, 다본에 의거함.
930) 也: 저본에는 빠져 있으나 나본에 의거하여 보충함.
931) 地: 저본에는 '之'로 나와 있으나 이본에 의거함.
932) 夫: 저본에는 빠져 있으나 나, 다본에 의거하여 보충함.
933) 聖朝: 가, 나, 다본에는 '聖明'으로 되어 있음.
934) 許: 저본에는 '訴'로 나와 있으나 나, 다본에 의거함.
935) 須: 저본에는 '卽'으로 나와 있으나 가본을 따름.

60. 腋挾腐肉得完節

燕山晚年, 荒亂益甚, 怪悖之擧, 前古所無. 使宦侍禁隷, 訪問朝臣之妻, 有美色者, 勿論宰相顯官[936]之家, 皆命招延, 見若入眼, 則卽與之交接, 雖或拒辭, 而威力强劫, 必汚乃已, 無得脫者. 至有下敎曰: "抱腰甘唱, 願留宮中者, 老宰相朴純義之妻也." 政院知悉, 聽聞所及, 莫不駭然. 由是, 人心尤復離散, 乃有中廟反正之擧焉. 伊時, 有一少年名士之妻, 姿容絶代, 一日, 亦被召命, 諸家婦女, 若見被召, 則無不驚惶泣涕, 如就死地. 而獨此名士妻, 聞召泰然自安, 少無驚動之色, 依他例粧服, 詣闕入謁. 燕山呼使近前, 則穢惡之臭爛漫, 擁鼻慘不忍嗅[937], 燕山以扇掩鼻, 唾地曰: "陋哉! 此女果不可近也." 卽命退出, 毋使少留, 遂得完節而歸. 蓋此婦已[938]慮有召, 預思應變之策, 以牛肉二片, 極加腐爛而留儲, 詣闕之時, 兩腋各挾一片, 使惡臭播聞, 人不忍近故也. 其族親及一世之人, 莫不歎服其設策之妙焉.

評曰: "賢哉! 二婦其處地也. 倘使古之烈女貞婦[939]當之, 一死之外, 無他道焉, 而乃自臨機應變, 能出奇計, 刀代扇而名位保, 腋挾肉而志節完, 雖良平之智, 無[940]以加此. 恨不使劉更生聞之, 入於烈女傳也夫!"

61. 獨守空齋擢上第

世宗朝, 泮宮居齋生進諸儒. 一日, 遇淸明佳節, 花柳方盛, 乃相

---

936) 顯官: 가본에는 '名士'로 되어 있음.
937) 嗅: 가, 나본에는 '聞'으로 되어 있음.
938) 已: 저본에는 '之'로 나와 있으나 나본을 따름.
939) 貞婦: 나본에는 '節婦'로 되어 있음.
940) 無: 나본에는 '何'로 되어 있음.

率出遊於館[941]北遠外川邊, 辦持酒肴, 懽會終夕, 遂致齋室盡空. 有一鄕儒, 人品踈拙, 爲衆所不取, 意謂, '聖廟守直, 不可無一[942]人.' 獨自留齋, 而不赴川遊. 世廟是日[943] 適命送內隷一人, 暫[944]往泮宮, 察見儒生幾人守齋. 卽回告, '儒生盡出遠外川邊遊樂, 獨留一鄕儒守齋矣.' 上卽賜命召, 以巾服入對, 上俯問: "花柳[945]時遊會川上, 衆所同樂, 爾何以獨不赴也?" 對曰: "臣亦非不知樂事, 而聖廟不可闕直, 故不得不獨留耳." 上[946]爲之嘉獎, 仍敎曰: "汝能作詩乎?" 對曰: "粗解綴句矣." 上曰: "予有一句曰: '雨後山如泣[947].' 汝能作對句乎?" 卽對曰: '風前草似酣.' 上大加稱賞, 仍命特賜及第, 卽賜[948]紅牌及戴花, 依謁聖科例, 以幞頭‧靑袍‧鞍馬‧天童, 備給, 使率倡夫, 且[949]賜樂工, 幷令促俱, 使之先往于泮儒川邊所會, 誇示之. 泮儒諸人, 遙聞倡夫嘯聲及馬前樂響, 共相疑怪, 忽見新來, 頭戴御賜花, 前率一雙天童而至, 乃守齋鄕儒也. 問知其卽日召對, 特賜及第, 莫不大驚[950], 顚倒相與散走歸齋. 蓋守僕‧泮隷‧齋直等[951], 亦沒數盡赴於川會, 只有齋直中[952]稚劣數童而[953]留齋, 雖見齋儒有[954]召命, 而不解奔告於諸儒, 故以致覩其戴花來到川上而

---

941) 館: 다본에는 '泮'으로 되어 있음.
942) 一: 저본에는 빠져 있으나 다본에 의거하여 보충함.
943) 世廟是日: 가본에는 '是日世廟'로 되어 있음.
944) 暫: 가, 다본에는 '潛'으로 되어 있음.
945) 柳: 저본에는 빠져 있으나 가본에 의거하여 보충함.
946) 上: 저본에는 '上曰'로 나와 있으나 가, 다본을 따름.
947) 泣: 다본에는 '沐'으로 되어 있음.
948) 賜: 다본에는 '頒'으로 되어 있음.
949) 且: 저본에는 '卽'으로 나와 있으나 다본에 의거함.
950) 驚: 가본에는 '驚悚'으로 되어 있음.
951) 等: 저본에는 '童'으로 나와 있으나 다본에 의거함.
952) 中: 저본에는 빠져 있으나 다본에 의거하여 보충함.
953) 而: 저본에는 빠져 있으나 다본에 의거하여 보충함.

後, 知之也.[955] 儒旣擢第, 多蒙恩眷, 遂至顯達焉.

62. 妄入內苑陞顯官

世宗朝, 嶺南人禹某, 忘其名, 以明經登第, 分館僅參成均學諭. 例陞典出六品, 而鄕曲寒蹤[956], 世無知者, 雖累年居洛, 終不得遷轉調用, 旅寓多艱, 將謝世永歸故鄕. 獨有承旨一人, 素所相親[957], 乃往見告別, 且言, "吾從宦多年[958], 猶未見政院, 當令公入直之日, 可得一見乎?" 承旨曰: "晝則同僚齊會, 諸官紛集, 不可無端入來, 吾當於明日直宿, 君若乘夕而入, 則可以從容周覽. 無省記而留宿禁省[959], 雖云犯法, 一宿何害?" 仍命一使令, 以明日夕, 引率入[960] 院. 禹依其言入院, 則承旨適有故, 不入直, 而闕門已閉, 不得出去, 回遑罔措. 承旨所帶該房書吏, 見而愍之, 爲之周旋, 使得止宿於院中一隅空處. 入夜月明, 宮吏皆睡, 禹不得着睡, 起而徘徊, 周覽庭宇. 時經霖雨, 宮牆有頹壞處, 未及修築, 此乃景福宮也. 禹不知牆內是禁中, 步踰壞牆[961]而入, 轉向深處, 園林茂盛, 景致絶佳. 禹乃心語曰: "此是誰家後園, 而若是其廣闊奇勝也?" 俄見, 一人戴紗[962]巾扶藜杖, 一少年陪後, 閑步而來. 蓋上偶然乘月, 獨率一宦侍, 逍遙於後園[963], 與禹相値, 而禹全不知上之下臨也. 上見禹,

---

954) 有: 다본에는 '赴'로 되어 있음.
955) 故以致覡其戴花來到川上而後, 知之也: 저본에는 빠져 있으나 다본에 의거하여 보충함.
956) 寒蹤: 가본에는 '寒儒之蹤'으로 되어 있음.
957) 親: 라본에는 '知'로 되어 있음.
958) 從宦多年: 가본에는 '多年從宦'으로 되어 있음.
959) 禁省: 가본에는 '禁中'으로 되어 있음.
960) 入: 가본에는 '入來'로 되어 있음.
961) 墻: 가본에는 '垣'으로 되어 있음. 이하의 경우도 동일함.
962) 紗: 저본에는 '沙'로 나와 있으나 라본에 의거하여 바로잡음.

問曰: "君是何人而來入于此?" 禹對曰: "吾乃某官某也." 仍陳與承旨某相約入來, 値其不入直, 又逢門閉, 進退路窮, 寄宿廳隅, 月明無寐, 出步院外, 見有壞墻, 偶爾踰來此, 是誰家耶? 上曰: "吾乃此家主人也." 卽邀與對坐于一盤石之上, 從容談話, 上聞知其明經登第, 仍問: "官位何其卑也?" 禹對曰: "遠邑窮儒, 家勢衰替, 入洛從宦, 不曾趨附權門, 宰相名士無一知者, 人誰薦拔[964]? 所以坎坷者, 此也. 今將謝世歸鄕終老爲計耳." 上又問: "旣以明經爲業, 則能解『周易』否?" 對曰: "雖不能明其深奧, 大義卽粗能通知耳." 上命侍者, 取『周易』以來, 蓋上於是時, 方讀『周易』故也. 於是[965], 月下開卷, 拈問其曾所疑晦處, 則逐段辨釋, 洞然甚明. 上大悅而大奇之, 相與講論, 夜深始罷. 上乃曰: "君有[966]如此才識, 而棄不收用, 豈非可惜?" 爲之嗟歎不已, 禹曰: "自此家出去還寓, 則亦可幸也." 上曰: "夜已過半, 巡禁可畏, 且還政院, 待曙出去, 宜矣." 禹從上言[967]告辭, 復自壞垣而歸院, 趁門開而出還. 其翌日, 以特旨除禹弘文修撰, 臺啓卽發論其猥越, 不合淸顯, 請遞改, 卽賜允從. 其翌日, 復除校理, 臺啓又駁之, 亦卽允從, 其翌日, 復特除應敎, 臺啓又發, 而卽允又如前. 其翌日, 復特除副提學, 臺諫[968]乃相議言, "不知上意之所在, 若此不已, 則將至於太學士吏判,[969] 亦不足矣, 姑且勿論而待之." 遂停啓. 後日筵席, 大臣諸宰, 玉堂兩司幷入侍, 臺臣奏言, "禹某之人品地閥[970], 俱不合淸顯, 而特除玉堂, 累加超

---

963) 後園: 가본에는 '後苑'으로 되어 있음.
964) 拔: 저본에는 '板'으로 나와 있으나 라본에 의거하여 바로잡음.
965) 是: 저본에는 빠져 있으나 라본에 의거하여 보충함.
966) 有: 저본에는 '其'로 나와 있으나 가본을 따름.
967) 言: 가본에는 '敎'로 되어 있음.
968) 臺諫: 가본에는 '臺官'으로 되어 있음.
969) 吏判: 라본에는 '大冢宰'로 되어 있음.

擢, 物議皆駭, 臺啓峻⁹⁷¹⁾發有請, 輒允, 而又每陞除. 竊未知聖明何取於斯人, 而至於是耶?" 上不答, 顧命內侍, 取『周易』以來, 御手親自開卷, 拈出疑晦難解處, 使諸臣開釋以告, 自大臣至臺侍, 無一人能解者, 逐段下問四五處而皆然. 上曰: "予方喜易讀之, 此乃聖經中第一, 能明其義者, 非等閑才識也. 卿等諸人, 皆不知易, 而禹某⁹⁷²⁾獨能洞知, 豈不可嘉⁹⁷³⁾乎? 此人經術, 正合玉堂, 有何不可? 予將益加擢用, 勿復憚論, 可也." 諸臣皆悚聽, 不敢抗言而退. 禹遂長在玉堂, 入侍經筵, 常講『周易』. 其後累加恩擢, 如銀臺之長, 國子之長, 兩司長官, 兩銓⁹⁷⁴⁾亞席, 淸顯之職, 靡不踐歷, 終至八座之列焉.

評曰: "人之抱才未達者何限, 而能被卿相之知猶難, 況復君上之際遇乎! 泮儒館官之得逢世廟, 天也非人也. 獨守空齋, 例規也, 而命召嘉獎, 妄入內苑, 重罪也; 而俯邀穩接, 恩異矣. 詩句一語之對, 便知其文才, 而卽賜及第, 周易奧義之解, 深嘆其經學, 而累擢顯官, 非世廟明哲之明, 何以至此? 此誠千古所罕聞者. 世皆以兩人遭逢爲奇, 而吾獨以聖朝之鑑識爲異, 其至治仁德, 至今傳頌以東方之堯舜, 固也, 於戱盛哉!"

---

970) 人品門閥: 가본에는 '門地人品'으로 되어 있음.
971) 峻: 저본에는 '駿'으로 나와 있으나 가본을 따름.
972) 某: 저본에는 빠져 있으나 라본에 의거하여 보충함.
973) 嘉: 저본에는 '佳'로 나와 있으나 라본을 따름.
974) 兩銓: 저본에는 '吏兵部'로 나와 있으나 라본을 따름. 서로 통함.

매옹한록
梅翁閑錄

저본 및 이본 현황

저본: 천리대본
가본: 버클리대본(强懶代筆)
나본: 장서각본(야승본)
다본: 장서각본
라본: 장서각본(寒皐觀外史)

上冊

上-1.

仁宗大王, 東方之堯舜也. 況其時諸臣, 有花潭·退溪·晦齋諸賢, 吾東方人物之盛, 無過於明·宣之際! 仁宗若享國長久, 則明·宣間人才, 皆可以有明良之遇, 三代之治, 何難? 天旣挺生聖人, 人才之蔚興, 又如此, 其意若可以有爲, 而仁宗旣登極, 而旋陟諸賢, 或遭時不造, 竄死於遐荒; 或抹摋未遇, 終枯於巖穴. 天時若啓而未啓, 至道似凝而不凝, 此千古志士之至恨也.

上-2.

仁宗新卽祚, 備禮致花潭, 花潭造朝, 引對而出, 曰: "堯舜之君, 東方無祿, 可恨." 因汯然流涕. 仁宗嗣服之初, 群賢彙征, 請復已卯諸賢官爵, 上終不允兪. 及疾革, 下敎曰: "云云【當考『國朝寶鑑』謄書】. 今予疾已, 不可爲其復光祖爵." 病中歎曰: "吾必欲以徐敬德爲左義政, 今焉已矣!" 以此兩語, 可知其爲堯舜之君, 而登一世於唐虞之上, 千載之下, 可使人流涕.

上-3.

河西金公麟厚, 少有盛[1]名. 孝陵[2]在東宮, 艶聞其名, 令春坊官邀入. 關中河西親友, 有直春坊者, 移書力邀, 河西入見其友, 留與語苦挽. 至日暮, 宮門閉, 其友曰: "事已至此, 宿我直廬而去, 何妨[3]?" 河西誚其友, 無可奈何. 是夜月白, 東宮綸巾儒服, 使人持酒

---

[1] 盛: 나본에는 '聲'으로 되어 있음.
[2] 孝陵: 다본에는 '仁宗'으로 되어 있음.

壺而至, 直把河西手, 曰: "吾亦願交章甫友耳." 因坐語, 至夜分.
自此, 河西托交於春宮. 其後釋褐, 出入胄筵, 受知益[4]深. 孝陵[5]昇
遐後, 河西自玉果縣監, 棄官歸, 遂不出. 每遇孝陵忌辰, 入深山
中, 痛哭終日而歸.

上-4.

趙按廉狷, 初名胤文, 高麗門下侍中德裕之子, 我朝開國元勳[6]
文忠公浚之弟也. 自以世受麗朝厚恩, 見我太祖威權日盛, 慨然有
與國俱亡之意, 而伯氏文忠公, 乃有順天歸德之意, 公常據義切
諫, 不少顧藉. 革命之時, 文忠公黜, 公爲嶺南按廉使, 數年不召.
太祖登極, 公卽棄官歸家, 改名以狷字. 蓋以國亡不死, 有類於犬,
故[7]取犬邊爲名. 且寓犬馬戀舊主之意, 對人言詬罵開國功臣, 使
之聞之. 文忠公懼其不免於禍, 白太祖, 勒載公名於勳籍, 拜戶曹
典書, 亦不應命. 太祖親臨其第, 欲喩起之, 公以衾韜面, 臥而不
起, 厲聲答曰: "尙記與我同事麗朝時否?" 太祖知其不可屈, 悵然
而還[8]. 命築室以給, 亦不入處, 隱于白雲山中以終. 遺命子孫, 限
三代廢科宦, 銘旌勿書我朝官爵. 及卒, 太宗[9]震悼, 率百僚擧哀,
停朝市三日, 贈諡平簡. 公諸子, 以分義爲懼, 不遵治命, 墓前表
石, 刻以我朝官啣. 竪旣訖, 碑忽自折落, 只餘趙公之墓四字, 見者
以爲精忠所感. 公嘗[10]過[11]殷山地, 有詩曰: '首陽亦周地, 薇蕨累清

---

3) 妨: 다본에는 '如'로 되어 있음.
4) 益: 가본에는 '已'로 되어 있음.
5) 孝陵: 나본에는 '孝廟'로, 다본에는 '仁廟'로 되어 있음. 이하의 경우도 동일함.
6) 元勳: 가, 나, 다본에는 '功臣'으로 되어 있음.
7) 故: 저본에는 빠져 있으나 나, 다본에 의거하여 보충함.
8) 還: 다본에는 '歸'로 되어 있음.
9) 太宗: 나, 다본에는 '太祖'로 되어 있음.

風. 知有此山在, 應先箕子東.' 亦有感而發也.

上-5.

孟公希度及其子思誠, 仕於麗朝, 麗亡, 退居溫陽. 我太祖卽位, 下敎曰: "卿之父子, 不欲事我家, 則當以鈇鉞從事." 希度不得已, 父子相與痛哭, 送其子思誠, 臣事我朝, 而自全其節. 思誠拜相, 名重當世, 世稱, '希度爲忠臣, 思誠爲孝子.' 溫陽人立祠, 祀希度, 而思誠不得入. 若律之以義理, 則父子痛哭同死, 宜矣, 而父旣不能死, 而送其子以活其命, 以全其節, 則爲其子者, 不忍同死, 亦係愛父之至情, 自失其身, 而活父命, 全父節, 亦不至全無意義. 若權其輕重, 未知其果如何也.

上-6.

鄭虛菴希良, 精於推步, 先識甲子之禍, 持母服, 居豊德江上. 夜至江邊, 解巾屨, 置諸水濱[12], 遂不知所往. 此事, 詳於牛溪所記, 當時以爲溺死. 挹翠軒作輓詩, 曰: '云云.' 又有詩曰: '云云.' 而自註曰: "是年, 鄭淳夫自沈江而死, 擧世悲之." 其後, 南秋江孝溫, 見驛樓所題, '風雨驚前日, 文明負此時. 孤節遊宇宙, 嫌鬧幷休詩' 之語, 知其爲虛菴, 而廣搜無踪. 退溪少時, 讀易於山寺, 深夜僧徒皆[13]宿, 獨有一老僧, 每擧頭潛聽退溪讀書聲. 公[14]潛認爲異僧, 呼起與之語, 因論易理, 其僧談論[15]如破竹, 公大異之, 疑其爲虛菴.

---

10) 嘗: 저본에는 '常'으로 나와 있으나 가, 나, 다본에 의거함. 서로 통함.
11) 過: 다본에는 '寓'로 되어 있음.
12) 濱: 나본에는 '邊'으로 되어 있음.
13) 皆: 나, 다본에는 '昏'으로 되어 있음.
14) 公: 나, 다본에는 '先生'으로 되어 있음.

仍¹⁶⁾語及虛菴事, 僧曰: "彼旣避世沈江, 必其死矣, 世亦以爲已死乎!" 公答曰: "擧世皆疑其不死." 僧憮然有不豫色. 俄然, 稱便旋出戶, 久不返, 尋之窅無蹤迹. 其所著『準元數¹⁷⁾』, 論人命如神, 後人亂之, 今則只中過去事, 不契方來云.

上-7.

牛溪與栗谷, 往復論學. 嘗累日沈思, 論辨理氣之說, 使其門人往拜栗谷, 因戒之曰: "君往見叔獻, 勝讀十年書." 門人往栗谷, 使閽者通之. 是時, 朝已晏而良久, 栗谷不着網巾, 加絲笠於頭上, 垂錦貝纓子, 而不結着襪, 而不繫袴, 自內曳大鞋出來. 其人進拜, 但點頭曰: "君是浩源門人耶云云." 其人常見牛溪, 昧爽起盥洗, 正冠帶, 着行纏, 客至則拜揖敬待. 及見栗谷, 其疎散簡忽, 與牛溪相反, 心以爲駭. 納其書, 栗谷披着, 卽伸紙修復, 略不沈思, 操紙筆, 立草數千言, 曾不起草, 又不加點. 其人曾見, 牛溪作是書, 數日呻哦, 累次易稿, 其精勤如此, 而所以答之者, 全不經意, 俄頃之間, 一筆揮灑, 亦心駭之. 還拜牛溪, 進其復札, 牛溪噴噴嘆服, 自以爲不可及. 門人具道拜栗谷之狀, 因陳其可疑, 牛溪笑曰: "叔獻天資, 明睿卓絕, 此等細節, 何可責之於叔獻耶?"

上-8.

李璠, 栗谷之兄也. 居坡州, 適入城, 見栗谷, 時上賜送豹皮長褥, 卽外方進獻之物, 俗名阿多介, 長廣華美. 卽殿上進御之物, 上

---

15) 談論: 가, 다본에는 '談辯'으로 되어 있음.
16) 仍: 나본에는 '因'으로 되어 있음.
17) 準元數: 가본에는 '浚元篇'으로, 다본에는 '浚元數'로 되어 있음.

眷注栗谷, 而賜之者也. 璠翌日辭還坡州, 旣去復來, 栗谷問曰: "何更還耶?" 答曰: "行幾里, 復思見君, 更往耳." 栗谷因曰: "昨日, 恩賜豹皮褥, 當奉于兄, 而君賜不敢不服而送之, 欲待數日後輸送耳. 今已鋪而經夜, 玆敢相餉耳." 璠因持而去.

上-9.

宋應漑·朴謹元諸人, 謀陷栗谷, 齋會金參判[18]宇顒家, 論議方張, 從者呼曰: "兵曹判書老爺來!" 是時, 栗谷方爲大司馬, 諸人皆竄入室中, 金接見於廳事. 栗谷至, 從容敍話, 仍曰: "令公近日[19]有所著詩否?" 金[20]遂誦其近作一篇, 有'簾外落花撩亂飛'之句, 栗谷諷誦良久, 曰: "此詩無乃或有風波乎?" 金曰: "然. 今方論劾公風波作矣." 栗谷曰: "啓草已出乎?" 金曰: "然." 栗谷曰: "可出示否?" 金從窓隙, 呼索其啓草以示, 栗谷展讀一通, 隨其條列, 以手指之, 曰: "此事事實如此, 不知者之如是爲言, 亦不足怪. 此事全無苗脈, 傳者之過也. 此事實狀如此, 諸君誤認矣." 覽訖, 捲[21]入窓裡, 辭氣泰然, 了無幾微現於色. 談論如故, 坐語良久, 起曰: "臺啓將發, 則吾當自此出城, 將作闊別, 惟望保重." 出門, 命前導[22]落後, 旣去, 諸人爲之色沮, 無不嗟嘆. 宣廟朝[23]黨論, 雖曰'深鋦, 觀此等氣像, 亦可見昭代之遺風餘韻, 其時運國勢之猶有餘地, 可知. 其後, 雖值龍蛇之變, 宜乎其能造中興之業也!

---

[18] 參判: 나본에는 '東岡'으로 되어 있음.
[19] 日: 저본에는 빠져 있으나 가본에 의거하여 보충함.
[20] 金: 나, 다본에는 '東岡'으로 되어 있음. 이하의 경우도 동일함.
[21] 捲: 저본에는 '卷'으로 나와 있으나 나, 다본을 따름.
[22] 導: 나본에는 '駕'로 되어 있음.
[23] 宣廟朝: 나, 다본에는 '其時雖有'로 되어 있음.

上-10.

象村申公欽, 宋[24]應漑之甥姪. 象村育于外家, 應漑[25]愛之如子, 及其論劾栗谷, 公退袖出啓草, 使象村[26]讀之. 象村覽之, 而驚曰: "曷爲此哉?" 申公家本西人, 而應漑初謂, '旣養其家, 當隨作南論.' 及聞此言怒, 卽以所着靴尖, 踢其胸, 象村之平生胸腹痛, 由此云.

上-11.

李相國鐸, 成廟名臣. 始生, 覆以衾久無聲, 其母夫人開視之, 一小龍頭角嶄然, 軀體蜿蜒, 昏昏深睡. 遂掩[27]衾禂, 寂而俟之, 俄而, 覺而有啼聲, 開視之, 卽兒也. 蓋方其爲龍也, 若驟加驚怪, 播傳衆口, 喧撓[28]而變動之, 則幾乎不免於死矣. 長而登第, 以成均學諭, 告暇歸鄕, 渡漢江, 行十餘里, 秣馬於川邊沙際. 月山大君沐浴呈辭, 南遊而歸, 亦下馬, 同坐於川邊, 進午飯以銀器. 李公手持銀器, 周看而還置盤中, 大君曰: "君欲取其器乎? 當以奉贈." 李公笑曰: "我平生未嘗見所謂銀器者, 故取視之爾." 乃遽曰: "取何其待士大夫薄也?" 因別去. 大君卽成廟之兄, 是日, 上行幸濟川亭而迎之, 上握手迎謂曰: "原隰[29]之役, 得無勞乎? 久違顔範, 鬱陶甚矣." 因曰: "人才國之元氣, 吾兄旣廣遊岐路閭井, 請留意訪求, 頗記別時之言乎?" 大君曰: "旣奉聖敎[30], 何敢歇後? 隨處留心, 搜訪久矣. 周遊遐裔, 未有所遇, 俄者, 路傍遇一朝紳, 其人自奇士." 因以

---

24) 宋: 나. 다본에는 '宋大諫'으로 되어 있음.
25) 應漑: 나. 다본에는 '宋'으로 되어 있음. 이하의 경우도 동일함.
26) 象村: 나. 다본에는 '申'으로 되어 있음. 이하의 경우도 동일함.
27) 掩: 나. 다본에는 '覆'으로 되어 있음.
28) 撓: 나. 다본에는 '擾'로 되어 있음.
29) 隰: 가. 나. 다본에는 '濕'으로 되어 있음. 서로 통함.
30) 聖敎: 다본에는 '下敎'로 되어 있음.

問答仰告, 上樂聞之, 卽命內廐馬追之, 與之語大悅, 卽除弘文修撰, 不次超遷, 卒至拜相. 可見聖人所作爲, 度越常規, 出尋常萬萬也.

上-12.

姜承旨緒, 宣廟朝名臣, 以異人名, 深於易理. 嘗居八角亭, 夜則登山頂, 觀天象, 壬辰前, 前知倭亂, 常爲國憂嘆. 又曰: "家族當因冕卿得免." 冕卿卽其從弟紳表德[31]. 壬辰之亂, 關東伯難其人, 姜紳適以名官, 居憂原州, 遂起復爲江原監司, 姜氏一門, 皆避亂關東得免云. 壬辰以前, 諸姜布列滿朝, 嘗晝講退, 其從孫姜弘立言, "今日晝講, 吾一門亦足以爲之." 公歎曰: "我家因這漢滅亡云." 嘗出有人抱小兒, 立道傍, 公命抱來, 問誰家兒, 答云: "申都事兒耳." 置膝歎, 曰: "大器! 宜善護之." 兒卽象村申文貞公. 申公後登第, 爲校書正字, 因公事, 往見姜公, 姜公無他言, 但以家族爲託, 曰: "願君全活我家, 毋忘老夫之言!" 申公驚駭辭謝, 姜公又申申不已, 曰: "後當知之, 毋負老夫言[32]." 其後, 姜弘立降虜, 癸亥後, 諸姜將有湛宗之禍, 申公以冢宰當國, 始思其言, 無策可救. 是時, 梧里李公爲首相, 申公欲與相議, 亟往見之, 梧里面有憂色, 閉戶[33]若有所思. 申公曰: "公曾知姜承旨乎?" 梧里驚問曰: "何問也?" 申公俱言, 受知受託之狀[34], 梧里嘖嘖嘆曰: "姜公神人也! 我於舊時, 亦受此託. 公俱言, '日後, 吾宗將被戮, 君須思吾言, 但君力綿, 須與其時當國一宰臣, 同力濟活云云.' 今諸姜之禍至此, 公之言若目見, 今

---

31) 表德: 나, 다본에는 '也'로 되어 있음.
32) 言: 저본에는 '意'로 나와 있으나 나, 다본에 의거함.
33) 閉戶: 다본에는 '閉門'으로 되어 있음.
34) 狀: 나, 다본에는 '事'로 되어 있음.

曰吾無術可救, 方夙夜憂念, 聞公言, 姜公所謂'其時宰臣[35]', 即指公[36]也." 於是, 兩公竭力, 梧里周旋於東人, 象村緩頰於西人, 姜氏之禍稍緩, 姜公之後得免云.

上-13.

姜承旨, 嘗在他人家座上, 完平李公, 忽自外入來. 姜公不覺下階, 揖陞座定, 熟視不言, 但稱曰: "怪物! 怪物[37]!" 累言不已, 畢竟曰: "名相, 我國患難, 難處之境, 無不備經云云." 仍不交一言而起去[38].

上-14.

姜公以俳諧自晦, 嘗爲代言, 與諸僚飮於銀臺, 酒盡, 曰: "酒盡, 我當[39]自有覓處." 仍起着朝服, 入差備門外, 呼司謁, 啓曰: "承旨姜緖, 與諸僚飮酒, 酒盡, 乞得內醞." 仍還出, 曰: "酒今至矣!" 宣廟命供具宣醞, 諸人更飮, 盡歡而罷[40]. 是日, 公當入直, 而忽然命駕將出, 諸僚問: "令公爲直次, 曷爲將出?" 公曰: "我則彈章至矣, 臺官[41]論罷, 上一啓卽允, 銓曹稟政使之." 明日, 開政, 傳曰: "承旨姜緖, 罰已行矣, 敍用仍更除姜公云." 盛代氣象, 可以想見.

上-15.

姜公嘗被酒, 以朝衣臥於路上, 市童群聚嘲之, 曰: "令公玉圈將

---

35) 宰臣: 다본에는 '宰相'으로 되어 있음.
36) 公: 나본에는 '某'로, 다본에는 '余'로 되어 있음.
37) 怪物: 저본에는 빠져 있으나 가, 다본에 의거하여 보충함.
38) 去: 저본에는 '云'으로 나와 있으나 가, 다본을 따름.
39) 當: 저본에는 빠져 있으나 다본에 의거하여 보충함.
40) 罷: 나본에는 '還'으로 되어 있음.
41) 臺官: 가본에는 '臺臣'으로, 다본에는 '臺諫'으로 되어 있음.

破." 公答云: "當以金代之." 其頡頑玩世如此.

上-16.

宣廟朝, 東皐李公當國, 進用諸宰, 欲試李公陽元·李公晬光兩人優劣. 嘗赴人慶筵, 先與娼約, 酒瀾, 執一娼手, 曰: "汝可爲我薦枕乎?" 娼如公所敎, 指座上兩公, 曰: "賤妾若蒙老爺眷顧則生子, 當如此兩老爺, 豈不榮甚?" 蓋兩公皆宗室賤妾子孫故也. 李公陽元, 顔色泰然若不聞, 芝峯不覺勃然變色. 東皐以此, 定其量之大小. 其後, 李公陽元, 終入相云.

上-17.

仁祖[42]初, 完平李公當國,[43] 淸陰金文正公,[44] 方秩亞卿, 適候完平. 是時, 公將卜相, 從容問曰: "輿望屬誰?" 淸陰對曰: "老爺曷爲問此? 賤生之卑微, 何敢與論此事?" 李公[45]曰: "君所答之如此, 初豈不知吾所以問之者? 刮[46]去皮毛, 誠心相與耳." 淸陰曰: "相望不敢與論, 但以賤生所曾經歷者, 言之. 曾以小价赴燕, 芝峯李尙書爲上价, 海昌君尹公[47]爲副价, 賤生欲自砥礪, 言於上价曰: '自古赴燕者, 歸槖多不能淸淨, 今行, 上下宜約不持一燕物.' 李公慨然許之. 又以此言於副价尹公, 公別無開納之色, 但曰: '君言如此, 則我豈不從?' 及入燕館, 副使公雜引書冊, 錦緞[48]珍玩. 每一往見,

---

[42] 仁祖: 다본에는 '仁廟'로 되어 있음.
[43] 完平李公當國: 가본에는 '完平李公【元翼君號】'으로 되어 있음.
[44] 淸陰金文正公: 가본에는 '淸陰【金公別號】金文正公尙憲'으로 되어 있음.
[45] 李公: 나, 다본에는 '完平'으로 되어 있음.
[46] 刮: 저본에는 '括'로 나와 있으나 나, 다본에 의거함.
[47] 尹公: 가본에는 이어서 '昉號稚川'이라는 내용이 주석으로 첨부되어 있음.
[48] 緞: 저본에는 '段'으로 나와 있으나 가, 나, 다본을 따름. 서로 통함.

書冊服玩, 雜然羅列於前榻上, 又掛一貂裘, 問曰: '此誰物?' 尹公答曰: '我平生無裘, 一寒如此, 故買此, 欲作歸日寒具耳.' 其後, 出燕時, 從人以'上价及書狀, 裝橐甚重, 馬疲[49]不堪云.' 仍採問: '與副价輜重何如?' 皆言, '副价寢具外, 元無一物.' 蓋上使及賤生, 買書冊以來, 尹公並與書冊而不取. 燕舘時, 書畫服玩[50], 皆備留舘, 時覽閱而已, 發行時, 盡還其本主. 到義州聞之, 所着貂裘, 亦給褊裨云. 伊時, 見於兩公者如此云云." 其後, 稚川尹公, 果首膺金甌之卜.

上-18.
壬辰之亂, 李公廷馣, 以馳入延安城. 是時, 淸江李公之胤子, 爲延安[51]府使, 新遭母喪而歸, 官府空虛. 李公入城留屯, 爲倭所圍, 李公嘗倚枕乍睡, 淸江忽至, 急呼曰: "茂卿, 賊登南城矣!" 公驚覺, 急發軍防之, 賊果從南山而上矣. 仍又矢盡, 忽有一老嫗, 以柳筒貯矢來獻, 遂力戰大捷, 老嫗亦不知其[52]何人也. 淸江之歿, 已數十年, 能有精魄如此, 古之偉人, 其神凝有不隨死而亡者矣.

上-19.
金慕齋安國, 文鑑如神. 其弟思齋正國, 欲試之, 赴燕時, 刪定唐詩一帙[53], 間入已作, 付之劂剞. 北京刊書之規, 用土板, 其功甚易, 故卽刊印來. 及歸送示, 慕齋覽畢, 歷指思齋所作諸篇, 曰: "此則

---

49) 疲: 나, 다본에는 '瘦'로 되어 있음.
50) 服玩: 나, 다본에는 '衣服'으로 되어 있음.
51) 延安: 라본에는 '延城'으로 되어 있음.
52) 其: 저본에는 빠져 있으나 가, 나, 다본에 의거하여 보충함.
53) 帙: 가, 나, 다본에는 '秩'로 되어 있음. 서로 통용됨.

非唐人作, 如令公輩, 亦足以作之." 慕齋之舊友能文者, 久屈場屋, 金公兄弟, 共愍之. 其人雖能文, 策問中間, 承接措辭, 非其所長. 慕齋以文衡, 當主試, 思齋靜夜聯枕時, 從容問: "今科策問, 當出何樣題目?" 慕齋略言之, 思齋爲之, 自草其承接措辭數行, 以給其人, 其人製策時, 以思齋措辭[54], 間入之. 試券已入, 慕齋擊節稱善, 將置[55]高選, 讀至思齋所著措辭, 忽然瞠目熟視, 良久曰: "此文不可選!" 以朱筆畫數行, 折[56]置席下. 及發榜歸家, 思齋迎謂曰: "某友今又見屈, 可恨." 慕齋從寢具中[57], 手抽其券擲之, 正色大責曰: "君以國之名官, 曷爲作事如是? 我亦不能愼密, 殊可瞿然, 所可恨者, 終使老友[58]緣君而見屈, 皆君之過也." 視其券, 只是思齋所草者[59]數行, 畫而抹之而已, 人莫不服其神.

上-20.

朴參判民獻爲北伯, 林白湖悌, 送于東門外. 坐間, 盧蘇齋思愼[60] 以領相, 枉駕爲別, 林公出避, 朴告于蘇齋曰: "林子順持贐章來別, 遇公避匿矣." 蘇齋曰: "聞其名久, 欲相見耳." 遂要之, 林入坐, 蘇齋索詩見之, 默無一言, 以便面吹送之. 俄而, 朴曰: "朴君實亦送別章!" 蘇齋索之, 其詩有曰: '郵館[61]夢回淸獻鶴, 塞垣風落晏嬰裘.' 槩其時, 朴有籩簋之誚, 出補北伯, 用事精切, 句法恬雅. 蘇齋

---

54) 措辭: 다본에는 '所作'으로 되어 있음.
55) 置: 나본에는 '懸'으로 되어 있음.
56) 折: 나본에는 '拓'으로 되어 있음.
57) 寢具中: 다본에는 '其袖中'으로 되어 있음.
58) 老友: 나본에는 '老儒'로 되어 있음.
59) 所草者: 가본에는 '所草'로, 다본에는 '所作'으로 되어 있음.
60) 思愼: 저본에는 빠져 있으나 가본에 의거하여 보충함. 의미상 '守愼'이 되어야 함.
61) 郵館: 나본에는 '郵亭'으로 되어 있음.

諷詠良久, 極加嗟賞, 累稱曰: "君實君實!" 林本以習氣名於世, 思
以一毫挫於人, 若撻于市, 而是日大有愧色. 君實卽朴枝華字, 恬靜
寡慾, 精於詩律, 居永平白鷺洲, 遭壬辰之亂, 歎曰: "吾年老, 何以
避亂? 寧自裁而不死賊手." 削水邊木, 自書杜詩'白鷗元水宿, 何事
有餘哀'一律, 遂自投白鷺洲而死. 朴平日喜丹學, 人疑其爲水仙云.

上-21.

金領相[62]貴榮, 判書某之孫, 判書之子,[63] 自少蒙騃不省, 只有知
覺而已. 判書退居鄉里中, 平民有女, 判書一日, 招其民, 語之曰:
"我子昏迷, 不可與縉紳家爲婚, 聞汝有女, 與我結親[64], 則何如?"
民曰: "謹當歸與妻相議而告之." 其民歸語其妻, 妻曰: "是何言也?
某相公宅郎君, 有知覺土偶人, 何可爲[65]也?" 其女在傍, 從容言於
其母曰: "我家鄉曲[66]村氓, 相公家何如, 而乃以平常之子, 與民結
婚耶? 棄一女, 而家世因爲簪纓族, 則何如?" 其民以其妻及其女之
言, 告之, 遂與成禮, 而判書之子, 不知人道, 其姆敎而生子, 卽貴
榮, 能文早貴, 歷颺華貫. 其母之兄弟族黨, 尙在軍籍, 有以上番軍
至京者, 主於金公家. 金公朝退, 見軍裝器械, 置於座上, 召從者
曰: "此物曷爲置此? 藏之隱處[67], 毋令賓客見也." 母夫人聞之, 命
拿入金公, 數之曰: "汝家固是公卿家, 我家卑賤, 群從弟侄, 皆在
軍役. 以其至親故, 入京來住[68]於吾家, 宜盡心善遇, 使無間然, 何

---

[62] 領相: 나, 다본에는 '東園'으로 되어 있음.
[63] 判書之子: 나, 다본에는 '其父'로 되어 있음.
[64] 親: 다본에는 '婚'으로 되어 있음.
[65] 爲: 가본에는 '與爲婚'으로 되어 있음.
[66] 鄉曲: 다본에는 '鄉谷'으로 되어 있음.
[67] 隱處: 다본에는 '深處'로 되어 있음.
[68] 住: 저본에는 '主'로 나와 있으나 나, 다본에 의거함.

可示以厭色, 不安其心?" 金公悚然自沮.

上-22.

壬辰後, 唐將無時請見, 宣廟適晝寢, 起而出見, 唐將大不豫, 曰: "國王當此臥薪嘗膽之日, 面有晝寢之痕, 何以能克復?" 宣廟曰: "此事不可只憑舌人解之, 侍從臣僚中, 有能漢語者乎?" 是時, 月沙李公, 入直春坊, 諸臣告, "司書李廷龜在直, 頗能漢語." 宣廟召使辨解, 月沙漢語, 亦不能周達, 而特以文章辭令, 足以華國. 故反覆論釋, 盛言主上正以酬應兵機, 達宵不交睫, 以致倚枕假寐之意, 唐將終至喜悅. 月沙自此, 受知於宣廟, 超遷[69]至崇品, 遭時致位, 亦係於天數云.

上-23.

梧里李公, 自少善漢語. 李公少沈滯下僚, 嘗爲書狀官, 朝京途間, 越大川. 時三使臣之轎行, 中人皆擔而渡, 譯舌輩亦皆脫足擔昇[70], 而倚完平之位卑, 渠輩自以漢語問答, 云: "如此輩, 吾屬亦自親擔可苦云云." 完平若不聞. 及至燕京, 與禮官問答, 不用譯舌, 以華語酬酢, 曉達無滯礙, 譯胥輩, 始大驚跋踏, 而李公終不問. 公善華語, 每遇識華語者, 則輒以華語問答. 昔聞諸外王考如此, 而今見東平都尉『遣閑錄』, 與此少異.

上-24.

梧里李公, 退老黔川[71]. 一日, 與鄕老共登山麓, 有行人騎馬而過

---

69) 遷: 다본에는 '薦'으로 되어 있음.
70) 昇: 다본에는 '輿'로 되어 있음.

者, 他人下馬, 一人獨不下. 從者禁之而不聽, 鄉人請拿治之, 公曰: "愼勿犯也! 下賤遇士大夫數人, 輒畏而下馬, 今此累人[72]齊會禁而不下, 此人必將遇事, 而未得其機括者, 切勿相犯也." 俄而, 其人跨馬越壑, 墜落折項, 同行者驚遑[73], 終致斃. 先輩之善料事, 忍小忿如此.

上-25.
完平[74]性勤, 旣閑居老, 不能親[75]書卷, 無以自遣. 適有村人過者, 公曰: "汝有蒲席可造[76]者乎? 宜幷機與繩, 送置我前, 我當織之." 其人唯唯, 如戒置於前. 數日, 公親織訖, 召其人, 給之曰: "取汝席去." 其人惶懼[77], 謝曰: "相公織席, 小人安敢取乎?" 公笑曰: "我爲遣閑爲此, 豈取汝席乎?" 終給之. 其老不自逸如此, 可爲後生怠惰者戒!

上-26.
月沙李相廷龜, 爲卞應泰誣, 奉使朝京. 是時, 我國受誣罔極, 中朝人操切東使甚急, 晝以糾察, 夜不給燈火. 月沙旣受便宜之命, 將採取物論, 隨意[78]繕寫奏文, 而無所措其手足, 抑塞不知[79]所出.

---

71) 黔川: 나, 다본에는 '衿川'으로 되어 있음.
72) 累人: 가본에는 '衆人'으로 되어 있음.
73) 驚遑: 나, 다본에는 '驚惶'으로 되어 있음.
74) 完平: 다본에는 '梧里'로 되어 있음.
75) 親: 나본에는 '看'으로 되어 있음.
76) 造: 나본에는 '助'로 되어 있음.
77) 惶懼: 다본에는 '惶恐'으로 되어 있음.
78) 意: 저본에는 '宜'로 나와 있으나 나본을 따름.
79) 不知: 가본에는 '計無'로 되어 있음.

有一寫字官, 夜入舍館, 白公曰: "公若呼之, 則第當試寫." 公答曰: "漆夜無燈, 汝何以寫之?" 其人曰: "第呼之!" 公始呼, 寫一通, 寫畢, 公曰: "汝之眼力, 誠奇矣, 奈我不得見何?" 其人遂俛首, 着眼於紙上, 曰: "公試從吾顱後看之." 公俯其背, 自其顱視之, 字皆瞭然. 蓋其人目光, 能照物生明云. 蓋宣廟朝[80]人才, 東方極盛之會, 此人亦可謂應時而出也.

上-27.

月沙李公, 奉使燕京. 嘗夜坐, 忽聞廚間有誦書聲, 問爲誰, 從者曰: "執燃竈之役者也." 公召問之, 卽遠方擧人, 會試到京, 見落而無以歸, 執是役, 受其傭以自給者. 公曰: "汝若擧人, 則可製程文否?" 因手草策題以給, 其人卽草數千言以進, 公覽[81], 曰: "汝之文, 誠大肆矣. 但科場文字, 必緊切, 可售於主司[82]之目, 汝文雖汗漫宏肆, 稍欠切實, 吾當敎之." 遂一依我國科製規矩, 卽草一通, 以示其人, 笑曰: "此文以文章典則論之, 雖無足觀, 決摘科第, 實爲妙法." 其後, 鎖院出榜, 其人果占魁選, 卽入翰苑, 來見公謝, 曰: "吾一遵公文程式, 致此, 皆公之賜也." 公遂往謝. 中朝策士, 卽賜第宅蒼頭, 故已是儼然官府樣子. 時日之間, 以廝[83]役致卿宰, 其貴賤之相懸如此, 使事由禮部, 其人多有力云.

---

80) 朝: 저본에는 빠져 있으나 가본에 의거하여 보충함.
81) 覽: 다본에는 '見之'로 되어 있음.
82) 司: 나본에는 '試'로 되어 있음.
83) 廝: 나본에는 '厮'로 되어 있음.

上-28.

　鄭順朋, 釀成乙巳士禍. 柳相[84]仁淑家婢, 有籍沒爲順朋婢者, 常時務盡忠款. 及順朋死後, 以詛說[85]發覺, 死人之脚, 納于順朋枕中. 其女自服曰: "順朋殺我相公, 不共戴天之讐, 吾恨不手刃, 故乃爲此計耳. 自初欲爲此事, 而靑坡書房主在時, 洞曉如神明, 故不敢生意, 今已沒, 得售吾計耳." 靑坡, 卽指北窓也. 北窓能爲他心通之術, 每於其父順朋, 凶謀密議[86]時, 輒入深山中痛哭, 其女之言, 所以如此.

上-29.

　北窓鄭公磏, 順朋之子也. 世稱東方異人, 天資純粹, 風骨秀朗[87], 宛若天人, 神淸無慾, 能達六通之術. 少時, 讀書山寺, 山下百里內事, 盡知之. 隨使臣赴燕京, 遇諸國使, 輒爲其國之語, 酬酢無礙, 琉球國使臣, 見公下拜, 曰: "公神人也! 我在本國時筮命, 某年[88]某月某日入中國, 當遇異人." 仍出諸囊中而示之, 果是日也. 順朋每與凶人謀議, 公輒入深山中痛哭, 年至四十餘卒. 旣屬纊, 家人發喪而哭, 忽然起坐, 曰: "吾有忘事." 命取筆硯, 書自輓詩, 曰: '一生讀罷[89]萬卷書, 一日飮盡千鍾酒. 高談伏羲以上事, 俗說從來不掛[90]口. 顔回三十稱亞聖, 先生之壽何其久.' 寫畢, 投筆而逝.

---

84) 柳相: 가본에는 '柳判書'로 되어 있음.
85) 詛說: 나본에는 '咀呪'로, 다본에는 '詛呪'로 되어 있음. 서로 통함.
86) 議: 다본에는 '計'로 되어 있음.
87) 秀朗: 다본에는 '秀明'으로 되어 있음.
88) 某年: 저본에는 빠져 있으나 나본에 의거하여 보충함.
89) 罷: 이본에는 '破'로 되어 있음.
90) 掛: 나본에는 '開'로 되어 있음.

上-30.

　宣廟末年, 命仁廟御諱, 從人從宗, 已有深意, 多聚諸宮王孫, 或畫或書. 仁廟兒時畫馬, 宣廟以其畫, 給白沙李公. 白沙北遷時, 門生[91]部曲, 追送於道傍者, 甚多, 獨携金昇平璡, 宿於逆旅, 以其畫付之, 曰: "此是[92]先王所賜, 而莫知其意, 君第審此畫所寫之人." 昇平亦茫然, 莫知其所以, 歸而帖諸壁上. 仁廟潛邸時, 一日, 適出遇驟雨, 入道傍一舍門外, 以避之. 俄而, 丫鬟自內來, 告曰: "雖不知何客, 雨旣甚, 不可久立, 願暫坐外舍." 仁廟辭[93]以無主, 丫鬟累以內意爲請, 仁廟不得已, 卸馬入外舍, 壁上有畫馬. 諦視之, 卽兒時所寫, 心怪之. 俄而主人至, 卽昇平, 而初不相識, 仁廟具道其避雨之故, 仍問曰: "彼畫何爲帖壁?" 昇平答曰: "白沙曾付我此畫, 不知其何人作, 故帖壁, 或冀其求之耳." 仁廟曰: "此吾兒時所寫耳." 俄而, 自內大供具以進, 昇平心怪之. 送後, 問於夫人曰: "過去宗臣, 偶然避雨, 設盛饌以待之, 何也?" 夫人曰: "夜夢, 大駕入吾門, 威儀甚盛, 覺而異之. 午有婢傳言, '有一官人, 避雨入門立馬.' 吾於門隙窺之, 顏貌宛如, 夢中所見, 故驚而盛待之耳." 昇平自此, 往來親密, 終擧興王之事. 白沙公間氣事, 或有[94]如神者, 靖社勳臣延平・延陽・平城・昇平・完城諸人, 皆出門下, 其亦異哉!

上-31.

　天生創業中興之主, 又必生聖后, 以贊陰化. 仁祖大王, 誕膺駿

---

91) 門生: 나본에는 '門下'로 되어 있음.
92) 是: 다본에는 '畫'로 되어 있음.
93) 辭: 다본에는 '謝'로 되어 있음.
94) 或有: 가본에는 '多'로 되어 있음.

命, 丕闡中興之業, 仁烈王后, 亦有聖德, 以輔內治. 仁廟[95]反正後, 光海朝宮人, 有念舊而垂泣者, 有一宮人訐[96]訴, 后[97]下敎曰: "此人思舊君而垂泣, 可謂忠矣." 仍召而語之曰: "汝能不忘舊[98]君, 必將移其所事而事我. 今以汝爲保母尙宮, 汝其保我子女." 因撻其言者, 其人感泣[99], 自此, 舊宮人皆釋然自安, 此事詳於東平尉『遣閑錄』. 仁穆大妃昇遐後, 內藏中, 有大妃手寫天朝奏文一通, 中有驚怕之語, 仁廟覽之而驚, 不知所處, 后仰問曰: "此事, 殿下將何以區處?" 仁廟曰: "后意何如?" 后曰: "願勿煩耳目而賜我, 我當善處." 仁廟擧而授諸后, 后命取火焚之. 此等擧措[100], 非聖德能之乎? 猗歟盛哉!

上-32.

癸亥反正前日夕, 昇平與諸人, 齊會於壽進坊完南李公厚源第, 將出城, 約會於弘濟院, 以是夜擧義. 完南之姪李迥[101], 將出宮村, 收拾其家奴僕以來, 宮村卽完南郊庄也. 昇平語之曰: "李而攽居宮村, 汝須携來!" 而攽卽故副提學惟弘子, 惟弘[102]以非罪被逮於昏朝, 竄死遐荒, 而攽少受學於昇平, 故昇平欲携與同事也. 李迥去路, 遇而攽於箭橋, 携上山阿無人處, 具以告, 仍曰: "金同知方在壽眞第, 君須直往!" 而攽謝曰: "先生愛我, 與共大事, 我旣有至痛,

---

95) 仁廟: 저본에는 빠져 있으나 나, 다본에 의거하여 보충함.
96) 訐: 다본에는 '奸'으로 되어 있음.
97) 后: 나본에는 '仁烈后'로, 다본에는 '仁烈王后'로 되어 있음.
98) 舊: 나, 다본에는 '其'로 되어 있음.
99) 感泣: 나, 다본에는 '感德'으로 되어 있음.
100) 擧措: 가본에는 '事'로 되어 있음.
101) 迥: 저본에는 '廻'로 나와 있으나 가본에 의거함. 이하의 경우도 동일함.
102) 惟弘: 저본에는 빠져 있으나 가본에 의거하여 보충함.

安敢不入?"因馳入壽眞第, 入中門, 遇滄江趙公涑, 而敩又稱謝,
曰:"君輩謀擧大事, 不以我爲庸碌, 亦使同[103]預其謀, 感謝. 雖然
吾有叔父, 欲往告何如?"趙公, '迂儒宜峻辭嚴斥[104].' 携入牢縶, 而
但答曰: "此重事, 何可輕易往告? 須深量爲之." 仍別去. 而敩入見
昇平稱謝, 但請[105]暫往來其家, 而直往其叔父惟誠家, 告之. 惟誠
卽文科承旨, 聞之大驚, 拉而敩, 直走金藎國家, 著變書上變. 如是
之際, 日已曛黑, 金吾郞直到壽眞第, 諸人盡往弘濟院, 只有李厚
培·李迵, 拿入鞫廳. 金自點·沈器遠, 先是自別謀合, 而[106]附於仁
廟者也. 遂大供具齋賄賂, 厚遺光海後宮金姓人, 撤夜大宴於後
苑, 但稱, '成之爲逆乎? 遂之爲逆乎?' 成之·遂之, 卽沈·金兩人之
字, 平日締結宮禁, 習知其字故也. 光海沈醉, 不下鞫廳密匣, 故逮
捕不及出. 是夜, 義兵從彰義門入, 反正於昌德宮, 厚培·迵得不
死. 仁祖登極, 下敎曰: "李惟誠, 忠於其君者, 勿問. 李而敩, 忘其
父之死於非罪, 又背其師, 而納之罟獲罪, 不可赦." 命誅之.

上-33.

凡符讖兆朕, 或有自古流傳而符於後世者, 如帝王受命, 固是天
命之前定, 此豈人力所可容哉? 國都之西, 有所謂'仁王山'者, 山之
北城門, 曰'彰義門', 門之外, 有弘濟院, 院之西十餘里, 有延曙驛.
山門院驛設名, 不知其創於何代, 而門則太祖定鼎時所命, 皆自古
膽傳於人口者. 光海朝, 仁王山下有王氣之說, 故光海爲搆離宮,

---

103) 使同: 저본에는 빠져 있으나 가본에 의거하여 보충함.
104) 斥: 저본에는 '升'으로 나와 있으나 가본에 의거함.
105) 但請: 저본에는 빠져 있으나 가본에 의거하여 보충함.
106) 而: 저본에는 빠져 있으나 가본에 의거하여 보충함.

卽今之慶德宮, 而殊不知仁祖大王[107]已誕[108]於其下. 彰義·弘濟, 亦符於癸亥之義擧, 至於延曙驛, 尤[109]有奇者. 癸亥李完豊曙, 爲長湍府使, 參擧義謀[110], 仁廟所倚仗, 只是長湍軍. 仁廟與諸勳臣, 夜會弘濟院, 完豊將兵約會, 夜深不至, 仁廟憂之, 與諸臣前進, 至延曙驛, 遇李曙將兵來, 仍[111]與同至弘濟院, 由彰義門入. 驛之命名, 不知何代何人所名, 而豈知千百代[112]後有所謂'李曙'者, 亦豈知聖祖延李曙於此地而名之哉? 此誠天人相合, 不期然而然者. 抑吾聞之古語, 曰: "至人上知千歲, 下知千歲." 或者, 古有至人, 先知而設名耶? 皆不可知也.

上-34.

仁廟義旅, 不過長湍軍若干, 雖是應天順人, 豈能當輦下親兵? 是時, 李興立爲訓鍊大將, 勳臣因緣, 通於興立, 請爲內應, 興立曰: "吾當整軍赴難, 觀其成敗, 義兵若敗, 則當從而攻之." 是夜, 興立聚軍, 至闕下, 見義兵已入, 打錚退軍, 陣於把子橋, 故義兵如入無人之境. 其後, 興立仍帶訓將, 甲子适變, 又用此術, 平亂後伏誅. 爲人臣而不忠於所事, 坐觀成敗, 固是天理之所當誅者, 況歷觀前史與近事, 凡人之用意謀計, 左右反覆, 必擇利害, 巧占便利者, 無不受禍! 此殆造物之所甚憎者歟!

---

107) 仁祖大王: 가본에는 '仁廟'로 되어 있음.
108) 誕: 가본에는 '誕降'으로, 나본에는 '誕生'으로 되어 있음.
109) 尤: 나본에는 '又'로 되어 있음.
110) 義謀: 다본에는 '謀議'로 되어 있음.
111) 仍: 다본에는 '乃'로 되어 있음.
112) 代: 나본에는 '載之'로, 다본에는 '載'로 되어 있음.

上-35.
尹參判知敬, 光海時, 以司書入直春坊, 遇癸亥之變. 急訪世子, 不知在處, 被執於義兵, 尹公曰: "易姓而宗社亡, 則吾當死." 有人曰: "綾陽君已卽位, 宜急肅拜." 尹公曰: "雖然吾不親見, 則不可拜." 仁廟聞之, 爲啓帳殿, 露天顔而示之, 尹公遂拜. 蒼黃之際, 如此亦難矣. 尹公以此, 名重當世.

上-36.
滄江趙公涑之父, 被禍於光海朝, 滄江之兄溭, 碎頭[113]而死. 滄江則是日, 卽喫飯後, 參擧義謀. 及至反正後, 將錄勳, 滄江力辭以爲, '若錄勳, 則非臣入參之本意.' 終不受. 以此有重名, 人比之於伍尙·伍員兄弟.

上-37.
鶴谷洪公瑞鳳, 與白沙尹公[114]石交也. 白沙季子, 棄庵尹注書澄之, 柳希奮[115]之女婿也. 一日, 鶴谷就白沙坐定, 棄庵公來白曰: "婦翁送馬召之, 請往見." 公許之. 俄而, 棄庵反面, 白沙曰: "汝之聘君, 召汝語何事?" 對曰: "當從容仰白." 白沙起出戶外問之, 棄庵曰: "婦翁云: '洪某謀逆之說大播, 汝翁何爲晝夜親密云云.'" 鶴谷踵其後, 問曰: "汝父子相說之言, 吾豈不聞, 所談者何事?" 白沙曰: "聘君言如此云云." 鶴谷還入戶, 頹然僵臥, 曰: "這奴渠, 何能殺我乎?" 略不爲動. 蓋其規模, 不如夫子所謂'亂邦不居'·'危行言

---
113) 頭: 저본에는 '首'로 나와 있으나 나, 다, 라본을 따름.
114) 尹公: 가본에는 이어서 '暄'이라는 내용이 주석으로 첨부되어 있음.
115) 柳希奮: 가본에는 '柳孝立'으로 되어 있음.

遜'底氣像也.

上-38.
洪海峯命元, 癸亥後, 與鶴谷洪公, 同宿於安山村舍. 鶴谷曰: "反正前, 吾嘗言於公, 公自不省." 海峯曰: "曷嘗言之?" 答曰: "吾於某年, 與公宿於安山時, 豈不誦吾所作曰'少日風波畏, 風波亦已多. 今宵睡足處, 夢唱定風波'乎?" 海峯曰: "以此何以知之?"

上-39.
洪鶴谷母夫人, 柳夢寅妹也, 能文有識鑑, 性悍妬. 鶴谷大人, 嘗對其親友, 說其悍妬難堪之意, 友人曰: "如此者, 何可以爲妻而自苦乎? 何不出之?" 答曰: "吾豈不知其可出? 方有娠, 或冀其生子隱忍耳." 友人曰: "如此之人, 雖生子, 何用?" 夫人從牖間竊聽之, 使人以杖汚糞, 從客所坐牖邊穴紙, 而批其頰[116]. 生子卽鶴谷, 自少親自課讀, 以成文章. 李完南厚源, 少時往拜鶴谷, 以科表三篇·科詩三首, 請考之, 鶴谷曰: "留之, 當考送." 數日後, 皆書卑等以送. 其後, 完南往見, 其詩·表一句, 書諸壁間[117], 問曰: "何爲寫此句?" 鶴谷答曰: "非爲其文之佳, 慈親覽之曰: '此兩句氣像, 似當遠到云[118].' 故書之耳."

上-40.
柳夫人有神鑑. 鶴谷之胤監司命一, 少赴監試會闈而出, 鶴相見

---
116) 頰: 나본에는 '顔'으로 되어 있음.
117) 壁間: 나. 다본에는 '壁上'으로 되어 있음.
118) 云: 저본에는 빠져 있으나 나. 다본에 의거하여 보충함.

其作, 以爲必不中. 夫人曰: "是當作壯元!" 趣家人釀酒, 爲應榜具,
榜出, 果魁進士. 此外, 一見後生文字, 輒斷其窮達夭壽如蓍龜, 不
可悉記云. 一夕, 鶴相侍坐, 遙聽馬嘶聲, 夫人曰: "此名馬也." 命
牽來, 乃款段瘦欲死者, 命養飼之, 果成絶足云. 柳夫人不但如此,
更多閫範, 至今以淑德稱, 不當以悍妬論者. 以杖汚糞, 乃監司後
夫人具氏事也. 具夫人, 性烈有英氣, 監司於醮夕, 以所服着夸毗,
曰: "駿笠何如也, 紅帶何如也?" 夫人應聽, 曰: "笠則黃草笠也, 圈
則玳瑁圈也, 帶則細條帶也." 監司語塞云. 監司一日, 新着藍段圓
領, 趨朝歸路, 歷見妾家而還, 夫人知之, 及其脫袍直取袍沈之油
盆云.

上-41.

水竹鄭公[119]諱昌衍, 卽光海廢中宮之內舅. 光海初年, 爲左議政
當國, 以姻戚之臣, 國家凡事, 光海皆以御札密問, 專用其言. 光海
初年, 政理之淸明, 以此也. 家奴有往南方者, 歸告曰: "南方人多
傳, 國政鄭政丞[120]爲之云." 水竹驚曰: "如是而吾豈生全? 雖然, 吾
之上答御札之書, 雖落於鍾樓街上[121], 吾無所愧." 其後, 廢母之議
起, 光海又以御札下問, 水竹縷縷[122]力諫. 自此, 御札論政遂絶, 免
相投閑已久. 癸亥反正之夜, 聞變, 將往赴闕下, 其長子判書公侍
坐, 水竹曰: "汝試量之, 是誰所爲?" 判書公對曰: "不知何人, 金瑬
似必參入." 公曰: "何以知之?" 對曰: "曾見其言語, 有向國悖慢者,

---

119) 鄭公: 나. 다본에는 '鄭相'으로 되어 있음.
120) 政丞: 저본에는 '丞相'으로 나와 있으나 이본을 따름.
121) 鍾樓街上: 이본에는 '鍾街'로 되어 있음.
122) 縷縷: 가본에는 '屢屢'로 되어 있음.

故[123])疑之耳." 鄭公家, 以昏朝外戚, 實難免禍, 而仁廟久在潛邸, 習知鄭公之賢, 故命勿罪, 官爵如舊. 水竹情跡[124], 難於在京, 退居水原庄舍, 勳臣尙多疑者, 頻送機察. 一日, 有一僧人, 來到鄭公家, 與奴僕語, 或稱追思舊君, 多發危言, 公聞之, 使奴縛送于官. 是時, 李完豊曙, 爲水原府使, 笑而釋之, 似是其所送也. 公畏約還住京城, 蓋非仁廟聖德, 難乎免矣. 是以, 陽坡於仁廟忌辰, 雖家間小兒輩, 皆令食素, 曰: "若非仁廟聖德, 汝輩[125]初何以生乎?"

上-42.

仁朝朝, 貞明公主婚後, 永安都尉, 卽月沙外孫. 公主將往現, 而月沙第在東村, 爲其路捷, 公主從集春門, 歷夫子廟, 穿過泮宮. 泮儒驚駭, 多出齋僚, 盡捉公主從人宮女, 繫之責, 曰: "集春門, 只爲主上謁聖廟而設, 故常時閉而不開, 且無夾[126])門, 公主雖貴, 不可出. 且公主之行, 穿過泮宮, 古無其例, 豈可爲也?" 公主以新婦往觀, 故多設禁臠, 掖隷擔挈酒饌, 連亘而出. 儒生輩, 又發泮隷, 盡爲捉致, 縛其掖隷, 奪其酒食, 諸儒會坐明倫堂, 共喫之. 公主大怒, 將以粉板書啓, 月沙聞之, 請於公主曰: "公主初出集春門, 果爲未安, 儒生所執, 不爲無據. 今若怒而相較, 則儒生輩, 必將侵攻老夫, 將不敢晏然家居, 願爲老夫而止之." 公主遂止, 歸拜[127])仁廟, 泣訴之, 仁廟下敎曰: "姑氏止之是矣. 雖書啓彼多士輩, 將何以處之?" 猗歟盛哉! 其繫治宮屬, 責其不敢穿過儒宮, 容或可也. 至於

---

123) 故: 저본에는 빠져 있으나 가, 나본에 의거하여 보충함.
124) 情跡: 나, 다본에는 '蹟跡'으로 되어 있음.
125) 汝輩: 나본에는 '汝等'으로 되어 있음.
126) 夾: 저본에는 '挾'으로 나와 있으나 나본을 따름.
127) 拜: 나본에는 '謁'로, 다본에는 '現'으로 되어 있음.

攘奪餽饌, 齊會哺啜, 自是, 兒輩[128]佻達者事, 夫豈有識君子所可
爲者? 而雖以王者之威, 只容假借, 無可如何. 祖宗朝, 闡興儒化,
扶植士氣如此, 而其流之弊, 恃其衆多, 作爲聲勢, 干預朝論, 隨時
俯仰. 朝廷傾奪之際, 輒奮起跳踉, 突入驅出, 互相效嚬, 不知羞
恥, 故亦無以見重於君上. 近來, 累被嚴敎, 因復靦面, 此其士子不
足責, 亦係造士之化, 不及祖宗而然也. 頃年, 親臨春塘臺試士時,
有一轎子, 突過儒生如海之中, 宮女輩隨其後, 問之, 卽幼少翁主,
入來觀光云. 士子輩, 莫敢誰何. 其視當時泮儒何如也. 此固士氣
之消沮, 使士氣至此, 職由於敎化之漸弛, 世道之日下也. 士大夫
風習之無復餘地, 全由於肅廟朝五十年之間, 屢換朝廷局面, 惟以
爵祿拑制臣隣, 必欲摠攬權綱, 愛憎黜陟, 只循聖意所發故. 勿論
朝臣士子, 惟利是趨, 恬不知恥, 至於此極, 惜哉!

上-43.

柳於于夢寅, 光海朝, 官至亞卿, 與爾瞻角立, 不預廢母之論者
也. 癸亥反正後, 不至被罪, 其後, 辭連於柳孝立之獄被逮, 而未尋
其在處, 久而後就拿. 獄官問曰: "往何處?" 柳曰: "往西山." 是時,
梧里・象村・淸陰諸公按獄, 遂與相謂曰: "彼罪人誠高自標致, 雖
然, 武王伐紂, 若立微子, 則伯夷・叔齊, 亦當往西山耶?" 遂按問獄
情. 柳之爰辭, 不答訊問之語, 但自稱曾著「老寡婦詞」一篇, 只書
其詩以進, 云: '七十老寡婦, 端居守閨閫. 傍人勸之[129]嫁, 善男顔
如槿. 慣誦女史詩, 粗知任姒訓. 白首作春容, 寧不愧脂粉.' 遂以
此爲就服, 按法誅之. 曾見其文稿中, 送其子從仕于朝, 與書曰:

---

128) 兒輩: 이본에는 '兒童'으로 되어 있음.
129) 之: 가, 다본에는 '我'로 되어 있음.

"舊君失德, 自絶于天. 新王聖明, 汝無不仕之義. 我則官高年至, 今何可¹³⁰⁾改頭換面云云." 其詩之意, 似不過如此, 則其死豈不寃哉? 雖然, 本以文人疎闊, 未知其自脫於柳獄之計, 反泛言其本志, 而不知其至於死耶? 抑知其不可免, 而欲高其自處耶? 未可知也. 其甥侄鶴谷洪公瑞鳳, 以靖社元勳, 力足以周旋, 而不能救, 世以此短鶴谷. 柳平日, 輕視鶴谷之文, 或以此疑之, 而在人情, 必無此理, 且鶴谷忠厚, 寧有是哉?¹³¹⁾

上-44.

柳孝立之獄, 孝立援其從弟斗立, 及面質, 斗立曰: "兄乎! 我何嘗知此哉?" 孝立罵曰: "汝獨生何爲耶?" 斗立遂自服而死. 孝立之意, 隱然自比於六臣之死, 而援其弟而同死, 儘可笑也. 其父子兄弟, 戚連¹³²⁾宮禁, 濁亂朝廷, 又不能救其主滅絶人倫之罪, 反有射天之計, 而冀其或伸於百歲之後, 多見其不知量. 況攬其無罪之弟而殺之, 尤可惡也. 斗立有子, 名光善, 有詩才, 嘗賦詩曰:'恨不藏身萬衲中, 百年江海¹³³⁾暮途窮. 無端徙倚東樓柱, 月落泉鳴曉洞空.'

上-45.

平城府院君申公, 諱景禛, 於余爲外高祖. 少登武科, 以前宣傳官, 適行渡¹³⁴⁾碧瀾, 渡遇大風, 浪湧如山. 船攲如箕, 舟中人震盪莫

---

130) 可: 나, 다본에는 '心'으로 되어 있음.
131) 寧有是哉: 다본에는 이어서 '正宗甲寅春, 因其傍孫柳上言, 收議大臣, 判府事朴宗岳, 以可申議, 金憙以不當申獻, 自上特命伸雪, 復畀參提學職.'이라는 내용이 첨부되어 있음.
132) 連: 나본에는 '聯'으로 되어 있음.
133) 江海: 나본에는 '江溪'로, 다본에는 '江漢'으로 되어 있음.
134) 渡: 가본에는 '到'로 되어 있음.

措, 適有盲人在其中, 高聲曰:"吾輩將盡死, 或有貴人同舟, 則可賴以活, 未知舟中或有士大夫乎?" 傍人曰:"有一士夫同登!" 盲人請觀生年月日, 平城語之, 盲人推數[135]大驚, 高聲呼曰:"舟中有貴人, 吾輩當賴此盡活, 勿慮也!" 因曰:"此命當爲大提學·府院君·領議政." 平城聞之, 大笑曰:"我乃前宣傳官, 何能爲大提學? 汝之推數可笑[136]." 盲人曰:"相公武人, 則大提學之說, 誠過矣. 吾聞, 上相幷兼文職, 此命必爲領相大提學, 何足道哉? 果能善涉." 公令盲人編年, 其後多中. 公智慮器量, 得之天稟, 雖不解文字, 入相之後, 凡事大交隣文字, 雖谿谷·澤堂所著述, 備局郞持來示之, 則輒令解釋其文字. 以言語告之, 則其語意未安處, 隨其句語, '某語未安改之如此, 某句恐或生梗, 以某樣語意改之.' 雖谿·澤[137], 輒隨其所評而點竄, 不敢違. 及其末年, 終拜領相. 海西多盲人能善推命, 亦其地理似然也.

上-46.
谿谷張公嘗言, "少時, 學於白沙李公, 每侍坐若遇事, 則白沙輒呼從者, 曰:'迎申同知來!' 平城至, 則擧其事而議之, 吾輩門下諸人在坐者雖多, 不問也. 及聞, 平城言辭拙訥, 所論平常, 無甚神奇, 白沙輒稱善不已, 一如其言而處之, 吾心[138]常不服. 及其年老, 識進之後思之, 其時, 申公所言, 無不中窾, 誠非吾輩所及."

---

135) 數: 저본에는 '之'로 나와 있으나 다본을 따름.
136) 笑: 저본에는 '知'로 나와 있으나 나, 다본을 따름.
137) 谿澤: 나, 다본에는 '谿谷澤堂'으로 되어 있음.
138) 心: 나본에는 '尋'으로 되어 있음.

上-47.

　李大燁妻, 平城申公之妹也. 癸亥反正時, 申公主其謀, 大夫人愛其女泄之, 大燁妻聞而[139]大驚, 將往告其夫家, 事將不測. 平城縷縷論釋事理, 曰: "事成, 則吾之力庶活汝夫, 汝若告於夫家, 而[140]吾母子以逆死, 則汝夫必不以逆家女爲妻. 汝旣殺吾母子, 汝亦見黜, 則何如?" 大燁妻曰: "然則當與成約而止." 申公不得已白仁廟, 仁廟下敎曰: "若然則吾當活之." 反正後, 仁廟特命勿誅, 而大燁以爾瞻之子, 其罪滔天, 衆論朋興, 恐終不免, 其家以毒藥, 置果中而殺之云.

上-48.

　癸亥反正後, 人心撓動, 未易安定. 梧里李相國, 光海朝竄謫, 放還鄕居, 仁廟禮聘以首相入朝, 人心始乃安帖. 光海之失德, 已是得罪倫紀, 而仁廟以宣廟王孫, 入承大統, 國人宜無異辭, 而猶且難定如此革代之際, 豈不危哉? 完平以中興元老, 德望之隆, 洽于民心, 雖平日去就, 亦足以關係於社稷之安危. 況當危疑之際, 必待碩德耆耈, 賓服於上下者, 造朝然後, 擧國臣民, 始知宗社之重, 位號之正, 翕然以定. 昔明宗賓天, 適會華使入境, 聞國哀, 大驚以爲, '國王新喪, 未有儲嗣, 恐有內亂.' 欲直從疆場還歸, 問於譯胥曰: "汝國大臣爲誰?" 對曰: "李浚慶, 素有德望." 華使曰: "然則可保無憂!" 遂入來. 大臣之關國家輕重, 爲如何哉?

---

139) 而: 가, 다본에는 '之'로 되어 있음.
140) 而: 저본에는 빠져 있으나 다본에 의거하여 보충함.

上-49.

朝家擧措, 必得當得體, 可以壓服人心. 光海朝, 群奸秉國[141], 私意橫流, 凡大小科, 皆出私情, 賄賂公行, 價之多少, 至有定規, 國言喧藉. 許筠至賣題'唐朝群臣謝賜楡柳火', 預出題彰露, 入場士子, 皆知其當出此題, 多士入場時, 皆呼, "火出火出!" 明經科預出七書所講章句, 故權石洲詩曰: '七大文通從自願, 暗中行事鬼神知.' 其淆雜可知. 雖然, 光海末年, 累年諸科皆不唱名. 反正後, 時議崢嶸, 宜盡數罷科[142], 而只以勢家子弟, 有入參其中者, 遂並累年諸榜, 更爲課試, 謂之覆試. 事極苟且, 壞損國體, 無復餘地. 嘗聞諸外王父, 廢朝昏亂, 仁廟改玉, 中外拭目, 想望太平, 覆試一事出, 而人心大失望, 自此, 莫可收拾. 蔡湖洲, 卽覆試壯元, 外王父嘗問湖洲曰: "是時, 或有能不赴者乎?" 湖洲答曰: "我亦赴, 孰能有不赴者乎?"

上-50.

丙子, 淸虜渡鴨綠, 三日直至京城. 都元帥金自點, 屯兵於兎山客舍, 虜欲絶後顧之憂, 爲捕元帥, 分兵而來. 自點斥候搪報, 疎迕未備, 虜兵直至門前而不能覺, 坐間忽有人傳言, "虜至墻外矣!" 自點急起, 走上衙後山. 陽坡鄭公, 以都元帥從事官, 急麾兵放砲不止, 虜遂住兵, 門外接戰. 陽坡急擇善放者列立, 連放砲手三人作隊, 一人藏藥以進, 善放者一人, 受而放之. 又一人受其砲藏藥, 續進爲發, 發相繼之法, 砲聲大震, 虜不敢逼, 矢至如雨, 而我兵皆依窓柱軒楹而立, 故矢皆虛落. 陽坡坐室中督戰, 有一善放卒, 頻頻

---

141) 秉國: 가본에는 '秉政'으로 되어 있음.
142) 科: 가본에는 '榜'으로 되어 있음.

露身於柱邊, 陽坡厲聲云: "彼卒何不隱身, 頻出柱外?" 言未已, 其卒中箭而倒. 卒若中, 則又易以他卒, 半餉相持, 虜兵死者甚多, 虜遂退軍, 列營圍之. 陽坡始收兵, 尋元帥去處, 上山未半, 有一裘中矢在地, 審之, 卽李公浣之裘. 公驚惋不已, 曰: "李浣其死矣!" 令卒持而上去, 至自點所, 李公方據地而痛, 自點曰: "計將安出?" 陽坡曰: "進向三角山之外, 有甚他道乎?" 李公曰: "公試觀之, 他人之論, 亦如此矣." 蓋李公方主勤王之論, 而自點難之故, 爲是言也. 自點答曰: "此則豈不堂堂正論, 而強弱懸絶, 若兵出平地相遇, 則徒糜滅耳, 不如夤緣山谷而進前也. 然急爲解圍脫出之計可進, 將奈何?" 李公浣, 請召別將某議之. 俄而, 別將某自外至, 自點問計, 別將亦不知所出, 李公浣曰: "意或令公之覺悟, 又何不悟?" 因誦兵書中數句語, 曰: "兵法豈不曰'如此如此'乎?" 別將悟曰: "然則我當死矣, 主將豈不脫出乎?" 李公又曰: "令公又不悟矣. 若眞爲之, 則令公誠死矣; 若佯爲之, 則令公曷爲死哉?" 別將又悟, 曰: "然. 君言是矣!" 槩[143]機事不密, 則易露於敵人, 故問答如此也. 遂定潰圍下山之計, 遲至日黑, 下視虜兵, 隊隊環聚, 炊飯而食. 遂從一面, 振旗鳴鼓, 若將引兵向下者然, 虜兵繞山分營者, 皆會於我兵向下之處, 以爲迎戰之計. 我軍遂爲疑兵, 益張旗幟及燈籠, 佯若赴戰, 元帥諸軍, 一邊從他方逃去, 赴戰之卒, 亦立幟懸燈, 漸退潰散. 是時, 天色向夜, 我軍從山谷遁去, 虜遂無奈何不追, 元帥諸軍, 從山峽, 轉至楊州薇原, 下城講和後, 始還. 其後, 自點按律之啓, 稱'不用直向京城之議'. 陽坡常曰: "我無泄此言之理, 李浣必不出口外, 不知此言從何發也." 外王父聞當時之事於陽坡, 而傳之,

---

143) 槩: 가본에는 '蓋'로 되어 있음. 서로 통용됨.

兵書句語, 初未傳, 別將李姓, 外王父傳之, 而年久忘其名.

上-51.

丙子虜變, 南漢被圍時, 一日夜深後, 虜作蒭人, 緣燈於南城女墻, 蓋欲試守卒之睡覺, 將進兵陷城也. 是時, 守城旣久, 兵疲守弛, 分堞之卒皆睡, 獨有一卒不眠, 巡城急呼, 曰: "內摘奸, 內摘奸!" 於是, 守堞卒皆覺下視之, 虜以蒭人先之, 踵而攀堞者如雲, 我軍急下矢石而退之. 蓋於蒭人登城之時, 若一呼賊至, 衆必驚擾, 事將不測矣. 其人能於倉卒急遽之際, 慮及於此, 爲此方便, 其應變之智, 足以爲將, 而糜於卒伍, 且終不自言其功, 故姓名亦不傳, 無乃智士之韜晦藏身者歟! 外王父常言此事, 曰: "我國終不知其卒之爲何人, 不敢[144]擧而用之, 安能防慮患乎?"

上-52.

丙子虜變, 仁廟始入南漢, 慮廟社之分張, 將出城, 轉向江都. 朝議旣定, 大駕遂發, 從南門出行, 未數里, 上所騎馬, 忽立而不前, 驚戰汗出如漿, 上大異之, 遂驚悟還入城. 虜果進軍圍城, 若非此馬, 禍將不測, 王者必有神祐, 豈非天哉? 仁廟遂養其馬於內廐, 終其身.

上-53.

丙子講和後, 淸汗慮我國之背約, 欲擧一國剃髮, 其將僥退力諫, 曰: "朝鮮素重禮義, 今若剃髮[145], 則必生變亂, 如或負約, 借我數

---

144) 敢: 가본에는 '能'으로 되어 있음.
145) 髮: 가본에는 '頭'로 되어 있음.

千兵, 卽當剿之." 遂得免. 若非僥退, 我國以文物禮義之邦, 一朝將爲削髮左衽之俗, 其有功於我國之民者, 大矣.

上-54.

浦渚趙相國翼, 丙子以禮曹判書, 奉廟社主, 先入江都. 公之父, 方在龍山, 旣發行, 公性至孝, 先送廟社主, 從間道, 至龍山, 訪[146] 父所在. 因[147]値虜騎充斥, 不得入江都, 乘舟至南陽, 自稱舟師大將, 指揮海邊諸邑, 聚軍住海島. 尹公棨, 方爲南陽府使, 公令爲運糧差員, 輸致軍餉, 尹公不敢違, 出往遇賊, 不屈而死之. 趙公素性忠厚眞實, 且有學問, 雖其臨亂誤事, 人不以小眚掩大德[148]. 而孝廟在江都, 以此爲憾, 故其後, 章甫有俎豆之請, 孝廟入內, 語諸駙馬曰: "汝輩死後, 亦當爲書院, 趙某之所得, 汝輩豈不能得乎?" 蓋輕侮之也. 嗚呼! 人之所貴乎學問者, 貴在擇善而固執之也. 君父一體, 隨所在而盡分而已, 臨亂奉廟社, 此人臣之何等大節, 而其可以尋父之故, 而棄而之他哉? 趙公蓋篤於純孝, 欲其兩全, 而倉卒之間, 未免誤着. 雖其遭時不幸, 事不從心, 而亦坐於擇理不精, 執之不固也. 惜哉!

上-55.

士君子, 晩節最難. 稚川尹公昉, 梧陰尹文靖公之長子, 宣廟朝, 梧陰爲平安監司[149], 稚川[150]新登第, 爲承文正字. 上令掖隷, 送金

---

146) 訪: 라본에는 '省'으로 되어 있음.
147) 因: 이본에는 '仍'으로 되어 있음. 이하의 경우도 유사하므로 반영하지 않음.
148) 大德: 이본에는 '之'로 되어 있음.
149) 監司: 이본에는 '伯'으로 되어 있음.
150) 稚川: 이본에는 '其子昉'으로 되어 있음.

帶于稚川, 下敎曰: "傳于爾父!" 稚川遂以金帶, 納于政院, 上䟽曰: "恩賜不由政院, 臣不敢私受相傳." 其正直不苟如此. 光海朝, 稚川與李判書光庭, 同受暇, 往浴溫泉, 忽聞朝廷有廢母之議. 李驚憤躁動, 咄咄不已, 曰: "豈料生而見此倫常之變? 生丁不辰, 奈何奈何?" 達夜不寐, 稚川但答曰: "誠然." 更無一辭, 夜寢如常, 李蹴之, 曰: "旣聞此擧, 睡何能着?" 稚川又答曰: "我性迷頑, 故如此." 及還京, 廢母廷請已始, 百官滿庭, 尹·李入來肅拜, 下吏請入班行, 李則躑躅疑違, 終不免入參. 稚川則衆中厲聲, 曰: "我則以病不進錄之!" 睨視朝班, 穩步而出, 兒徒側[151]目, 坐此遠謫. 蓋大北輩, 以鈇鉞[152]鼎鑊, 怖之故, 如李之稍欲自好者, 亦不免失身, 而稚川獨毅然樹立, 其剛嚴牢確如此. 而末年以大臣, 奉廟社主, 入江都, 自以旣奉廟社主, 義不宜棄而殉身, 遂不能死, 而被執於虜陣, 身名[153]俱䃋. 外王父[154]嘗言, "人年老則氣衰, 尹海昌少時, 氣節卓然, 而特以篤老志衰誤慮, 以奉廟社不敢死. 伊時, 若抱廟社主, 同入仙源之火, 則當作何如人? 國家不亡, 則更立廟社主, 何難云云." 淸陰金文正公, 丁丑大節, 凜如日星, 而晚年[155]不免入參姜獄, 雖其小眚, 不足以累大德, 而亦其志氣衰邁而然也. 晚節之難, 信哉!

上-56.

醫人金萬直, 嘗隨使臣赴燕. 淸國閣老有病, 邀我國醫診之, 萬

---

151) 側: 나, 라본에는 '仄'으로 되어 있음.
152) 鈇鉞: 나, 라본에는 '鐵鉞'로 되어 있음.
153) 名: 나본에는 '命'으로 되어 있음.
154) 外王父: 나, 라본에는 '東山尹相'으로 되어 있음.
155) 晚年: 가본에는 '末年'으로 되어 있음.

直屢[156]往從容, 所謂閣老, 卽丙子入江都之虜將. 談間, 每說江都事, 曰: "其時有一老人[157], 年八十餘, 稱汝國相臣, 被執[158]而來, 終不屈. 置於[159]將校之下, 輒曰: '我乃大[160]臣, 汝輩何敢慢[161]我?' 老不能行步, 必匍匐往, 坐於諸將之上, 我輩無不笑之. 欲觀其狀, 輒引置座末, 又必匍匐, 坐上座. 其時, 每以爲嬉笑, 故至今不忘." 萬直歸語於許積, 許曰: "此是稚川尹相國昉云."

上-57.
林義州慶業, 常懷效節天朝之志, 募僧獨步, 奔問皇朝, 獨步被執, 淸人事覺, 虜使繫送. 林公遂脫身逃去, 潛募死士, 賃船入海, 始則佯若適他所者, 至洋中, 拔劍登艫, 令曰: "我將放船, 直入中原, 不從令者斬!" 舟人讋服, 遂越海入南朝. 南朝敗爲淸虜所獲, 還送我國, 曰: "此汝國之罪人, 宜自處之." 及至, 仁廟親鞫, 蓋當時[162]壓於淸虜, 外若重其事, 而聖意則哀其志, 而實欲原之. 禁隷不識聖意, 下杖另重, 一次遂死. 仁廟心懷矜惻, 特下備忘, 使讀於屍前, 使知予欲活之意. 後日筵中, 中朝而歎曰: "國家可用之人, 自爾漸盡, 亦係於國運." 爲敎.

上-58.
明末, 淫風日滋, 男女交合之狀, 或刻或畫, 畫者謂之春畫, 刻者

---

156) 屢: 저본에는 '累'로 나와 있으나 가본을 따름.
157) 老人: 나, 라본에는 '擄人'으로 되어 있음.
158) 被執: 다본에는 '被虜'로 되어 있음.
159) 於: 나, 라본에는 '諸'로 되어 있음.
160) 大: 이본에는 '相'으로 되어 있음.
161) 慢: 가본에는 '謾'으로, 나본에는 '侮'로 되어 있음.
162) 時: 저본에는 '世'로 나와 있으나 가본을 따름.

謂之春意. 搢紳大夫, 翫戲而不知恥, 閭巷之淫佚, 無可論. 仁廟朝, 毛文龍在椵島, 與我國通信, 來致禮幣, 其中有象牙春意一事. 仁廟下政院, 以象牙刻男女面目, 機發作相交之形, 東方人曾所未見, 皆以爲文龍以此辱之, 殊不知唐人翫好之常也. 仁廟遂命粉碎之, 是時, 朝臣有手執而翫之者, 朝議以此枳塞淸路, 我國風俗之貞潔, 敎化之淸明, 從可知矣. 昔申三槐從濩, 行過妓上林春之門, 有詩曰: '第五橋頭楊柳斜, 晚來風物[163]轉淸和. 緗簾十二人如玉, 靑瑣詞臣信馬過.' 此則可謂風流雅謔, 而猶以此見枳[164]名途, 其嚴可知. 仁·孝·顯三朝以來, 儒賢輩出, 激濁揚淸一世, 頗有昭明之效矣. 四五十年之間, 儒風雅俗, 掃蕩無餘, 今則[165]春畫之屬, 自燕流布, 士大夫或多傳看, 而不知其爲可愧, 視當時一看而見塞, 當如何哉!

上-59.

毛文龍, 當明末皇綱之漸衰, 搶掠[166]士女, 入據[167]海島, 雖稱羽翼天朝, 其實逋逃之雄. 袁軍門崇煥, 欲剪除之, 遣使卑辭厚禮而邀之, 請與對[168]面商軍國事. 文龍乘單舸, 盛其騶從而來, 及到轅門, 只納文龍, 拒塞騶從, 令壯士縛致[169]階下, 數其罪而斬之, 椵島遂平. 袁公此擧, 只出於爲國除患, 而其後袁軍門之被禍, 以此爲罪案, 豈不冤哉?

---

163) 物: 가, 라본에는 '日'로 되어 있음.
164) 見枳: 라본에는 '久格'으로 되어 있음.
165) 今則: 저본에는 빠져 있으나 라본에 의거하여 보충함.
166) 搶掠: 나본에는 '搶攘'으로 되어 있음.
167) 據: 나, 라본에는 '處'로 되어 있음.
168) 對: 저본에는 빠져 있으나 다본에 의거하여 보충함.
169) 致: 나, 다본에는 '到'로, 라본에는 '倒'로 되어 있음.

上-60.

　仁祖大王,[170] 以聖德受命, 凡所制立法度, 皆可以爲萬世法承. 宣廟末年, 及昏朝以來[171], 黨論瓜分, 戈戟相尋之後, 必欲蕩平調劑, 惟才是用, 故六曹及百司, 皆參用南西. 蓋靖社勳臣, 皆是西人, 故西人秉權, 而必以南人一員, 置於各司, 相與忌憚勅勵[172], 不敢容私. 任賢使能, 明習國事, 遵守舊章, 不喜變更. 故雖累經變亂, 民生賴以寧謐, 且每任用老成, 愛惜名器, 擢進官秩絶罕. 亞卿命德之器, 超遷尤稀, 喉舌之臣, 皆用老人. 故六承旨[173], 無非鬢眉皓白, 必擇其累年積勞於夙夜者, 昇授亞卿. 仁廟朝, 治體如此, 及至孝宗朝, 漸用年少氣銳之臣[174], 夸毗成風, 分裂益甚, 蓋緣孝廟治法與先朝少異而然也. 如漢之文帝用老, 武帝喜少, 帝王規模質文之相乘如此.

上-61.

　仁祖[175]末年, 不幸有宮掖之變. 姜嬪雖或未盡於處變之際,[176] 至於以逆賜死, 一世人哀其冤, 故命下之後, 臺閣爭之許久. 國家重諫官, 雖有成命, 臺諫爭之, 則例不奉傳旨, 必待停啓然後, 奉行君命, 蓋古法然也. 姜嬪還收之啓, 若停則當死, 故人不忍停之. 李相行遠, 以臺諫, 挺身停啓, 擧世莫不慘然. 外曾祖冢宰府君, 與李止

---

170) 仁祖大王: 가본에는 '仁廟'로 되어 있음.
171) 以來: 가본에는 '以後'로 되어 있음.
172) 勅勵: 가본에는 '飭礪'로 되어 있음.
173) 承旨: 가본에는 '承宣'으로 되어 있음.
174) 臣: 가본에는 '人'으로 되어 있음.
175) 仁祖: 가, 라본에는 '仁廟'로 되어 있음.
176) 姜嬪雖或未盡於處變之際: 가본에는 '姜嬪性度雖不能婉順, 有未善於處變者'로 되어 있음.

庵行進·李副學行遇, 同里閈相善, 昕夕往還, 故外王父兒時, 以父執往拜兩公, 如切近親屬. 十餘歲時, 一日, 往止庵家,[177] 副學李公, 當窓迎謂曰: "吾兄入相矣." 蓋副學卽李相之從弟故也. 外王父[178]徐入座, 曰: "此何異哉? 知之久矣." 副學曰: "汝何以知之?" 答曰: "某年某月某[179]日後, 豈不知其入相乎?" 蓋指姜嬪停啓之日而爲言也. 止庵李公作色, 曰: "汝以小兒, 何敢譏長者?" 副學愀然不樂, 曰: "雖小兒之言, 誠無以爲[180]解云."

上-62.

仁祖大王, 入承大統之後, 以禰位空虛, 勳臣等進元宗追崇之說[181], 擧世持淸議者, 皆爭之, 聖意久不決. 延平李忠定公, 亦以元勳, 深主追崇之論, 白上曰: "臣之親友, 金長生·朴知誡, 卽知禮之儒臣, 亦必以追崇爲合禮意, 願禮召造朝, 問而決之." 金沙溪·朴潛冶兩公造朝, 沙溪力言其不可, 潛冶[182]深贊其合禮, 仁廟遂行追崇之禮. 其後, 擢朴公爲承旨而已, 更不召用. 朴公之爲承旨, 政院喝道[183], 回過閭巷屋隅時, 顧見之, 曰: "呀然開口, 其喜可知." 蓋國俗以山野聘召之人, 不出爲賢, 故其出者, 雖輿儓之流[184], 嘲侮如此, 習俗之膠[185], 固難解也.

---

177) 一日, 往止庵家: 이본에는 '往拜李止庵行進家'로 되어 있음.
178) 外王父: 이본에는 '東山'으로 되어 있음. 이하의 경우도 동일함.
179) 某: 저본에는 빠져 있으나 나본에 의거하여 보충함.
180) 爲: 나, 라본에는 '自'로 되어 있음.
181) 追崇之說: 이본에는 '追崇時'로 되어 있음.
182) 潛冶: 저본에는 '朴公'으로 나와 있으나 이본을 따름.
183) 喝道: 나, 라본에는 '喝導'로 되어 있음. 서로 통함.
184) 之流: 저본에는 빠져 있으나 라본에 의거하여 보충함.
185) 膠: 나, 라본에는 '謬'로 되어 있음.

上-63.

梧里李相國元翼, 嘗與人論栗谷, 其人稱栗谷喜黨論, 梧里正色曰: "栗谷曷嘗爲黨論? 其秉心之公平, 無所偏倚, 比如人跨據屋脊, 呼兩[186]邊人曰: '善者皆來, 與我共坐.'" 其言如此, 而梧里少時, 亦參斥栗谷之論, 時論朋興之際, 作頹波砥柱, 信乎難矣. 雖以梧里之百鍊精金, 尙不能免. 後世黨論瓜分之際, 如梧里此等言, 不可以傳聞, 準信[187]其虛實, 而此則外王父親聞陽坡所傳而言之, 可知其信然.

上-64.

外王父嘗言, "吳判書挺一嘗言, '栗谷之從祀文廟, 正合士論. 西人若只請栗谷從祀, 則吾輩南人, 亦豈不從之? 牛溪則誠不足矣.' 余答曰: '公之所見如此, 則何不直以此立論, 而隨參於斥栗谷之論耶?' 吳公曰: '衆論相驅之際, 雖有己見, 何能立幟分析? 實無奈何云.'"

上-65.

賊适以平安兵使, 擧兵叛, 長驅至京師, 都元帥張玉城晚, 自平壤將兵躡其後, 而不能當其鋒, 但坐觀而已. 來陣於弘濟院, 副元帥[188]鄭錦南忠信, 請直據鞍峴[189]. 行軍半途. 玉城慮其孤軍, 住在山頂, 适堅壁不戰, 則進退維谷, 急令退軍. 傳令旣至, 錦南垈見於馬上, 攝書入袖中, 將校來請曰: "元帥傳令何事?" 錦南曰: "督諸

---

186) 兩: 나본에는 '西'로 되어 있음.
187) 信: 저본에는 빠져 있으나 나, 다, 라본에 의거하여 보충함.
188) 副元帥: 저본에는 빠져 있으나 가본에 의거하여 보충함.
189) 峴: 저본에는 '嶺'으로 나와 있으나 가본에 의거함. 이하의 경우도 동일함.

軍急上山耳, 急進急進!"遂麾[190]旗鳴鼓, 直上鞍峴, 益張旗幟, 鼓角喧闐, 若將向下. 适果悉兵拒之, 直抵山下, 仰高臨下之勢, 旣相懸絶. 是時, 西風迅急, 官軍矢石, 順風交下, 适軍上山未半, 人皆不能開眼. 官軍鼓譟蹙之, 适軍一時大潰, 錦南乘勢[191]長驅, 遂入都城. 适敗走, 至利川, 其麾下斬适來獻. 賊遂平捷報[192]至, 大駕將還都, 而錦南初以安州牧使, 隨都元帥勤王, 故賊平之後, 欲卽還任所. 人皆勸令迎拜車駕, 錦南曰: "使賊兵至犯京師, 大駕播遷, 我罪當死, 今何可晏然若有功者, 而迎於路左乎? 還歸信地, 以待朝家處分, 職分當然." 遂歸. 仁廟還都, 下詔召之始入待罪, 蓋賊軍新至疲勞, 利在堅壁而已. 知适之無深謀遠慮, 其意以爲, '我若進逼, 彼必來拒, 我以據高之勢, 乘其弊而急擊之, 可得必勝. 不幸而彼出於長算, 深居堅壁, 不出兵拒我, 我亦當不計利鈍, 進而決死.' 其敵愾之忠, 料敵之智, 皆人所難及, 而畢竟社稷之再安, 皆其功也. 玉城則旣以賊遺君, 又猶豫遲回, 幾敗兵機, 其罪難赦, 而反以上將受功, 甚可笑也.

上-66.

甲子适變, 仁廟播遷, 大駕已發. 仁穆大妃, 住於江上, 不卽前進, 上憂悶, 莫知所措. 東陽尉申翊聖, 請於上曰: "小臣當進奉大妃以來." 遂馳往, 拔劍招洪參判靌, 語之曰: "方今賊勢迅急, 大駕已發, 而大妃殿遲回不發, 事急矣. 公須極力周旋, 大妃若未卽就道, 則當斬公首而歸[193]!" 大妃遂卽發. 蓋東陽尉之於永安尉, 年輩

---

190) 麾: 가본에는 '揮'로 되어 있음.
191) 勢: 가본에는 '勝'으로 되어 있음.
192) 報: 가본에는 '書'로 되어 있음.

相懸, 而王家嫡庶之分甚嚴. 東陽曾拜貞明公主, 必以翁主之名直
稱, "某之夫某, 敢現拜於檻外." 永安尉常與公主, 幷坐而受之,
人[194]謂東陽啁之, 故有此報, 此殆不然. 此如上下官體例誠不足,
怒至於進奉大妃, 不如此, 則誠無以動得. 此乃申公將略, 曷謂報
小忿哉?

上-67.

朴應犀被鞫時, 應犀之母, 方被拷掠. 應犀縛於鞫廳, 默聽而自
語曰: "爾旣害吾母, 吾亦當害爾母." 明日, 遂上延興府院君變書,
終至於殺大君, 廢大妃, 國隨而亡. 凶徒情狀之叵測有如是者, 爲
人君亦宜知所戒矣.

上-68.

永安尉洪公, 嘗於仁廟動駕時, 以雲劍入侍. 所懸貝纓, 光動朝
班, 仁廟呼之, 使前命進其纓子, 審之曰: "此是先王[195]所懸纓子,
而不知去處, 乃往於卿矣." 槩[196]仁穆大妃, 愛而賜之也. 洪公[197]不
覺失色, 便液俱下.

上-69.

沈相國悅病甚, 邀古玉鄭公磏診之. 古玉精於醫術, 入座[198], 便

---

193) 歸: 라본에는 '去矣'로 되어 있음.
194) 人: 저본에는 빠져 있으나 이본에 의거하여 보충함.
195) 先王: 나본에는 '先祖'로 되어 있음.
196) 槩: 이본에는 '蓋'로 되어 있음. 서로 통함.
197) 洪公: 이본에는 '永安'으로 되어 있음.
198) 座: 다본에는 '席'으로 되어 있음.

曰: "吾以爲沈悅, 乃犯熱也." 沈相曰: "吾以爲鄭磼乃扁鵲也." 聞者齒冷.

上-70.
李相國浣遞統制使[199], 來拜陽坡, 曰: "平生守簡拙, 輒遭愧忸之境." 有一相公節扇, 答簡稱曰: "統營節扇, 例帶[200]鰒魚, 今無可歎, 豈不愧忸乎?" 其意雖稱自愧, 似以其書爲愧之意也.

上-71.
光海朝朝紳, 多以私逕私致進獻者. 有一相臣, 鑄鍮器私獻, 刻其名於其上以進者, 蓋欲人主朝夕進御, 常常見之, 而不忘其名也. 癸亥反正後, 其器有出閭閻者, 人多見之, 當初刻名入送之時, 那知納闕之器復出而人得而見之耶? 令人有足代羞.

上-72.
洪判書茂績, 以南行薦爲持平. 聞綾原大君騎龍頭雕鐙, 一日, 詣霜臺, 擇書吏所由之幹能者五六人, 皆囚其正妻, 令曰: "十五日內, 得其鐙子, 捉其宮屬[201]以來, 過限不得則當死." 洪鍼[202]甚嚴, 吏輩會與相約曰: "此言泄, 則鐙不可得, 宜抵死, 勿泄!" 是時亂後, 大君或乘馬, 故吏輩潛自締結宮屬, 密探大君, 赴闕時, 候其入丹鳳門, 鞍馬騶從, 待於門外. 憲吏輩大辦酒食, 會於丹鳳門外閭舍,

---

199) 使: 저본에는 빠져 있으나 다, 라본에 의거하여 보충함.
200) 帶: 나, 라본에는 '兼'으로 되어 있음.
201) 宮屬: 나, 다, 라본에는 '宮奴'로 되어 있음.
202) 洪鍼: 나, 다, 라본에는 '洪公'으로 되어 있음.

盡引其騶從, 與共會飮, 只有御者, 執鞚而立. 潛伏勇悍者數人, 截其兩鐙, 執其御, 憲吏四五人, 各戴其腰肢[203], 奔馳來告. 洪公詣府中, 粉碎[204]金鐙, 搏[205]殺御者[206], 其不畏强禦如此. 洪公以此著名, 後官至大冢宰.

上-73.

李相浣判刑曹, 咸鏡道嚴姓人, 有與掌令李曾訟田民者, 嚴直而李屈. 李相旣決之, 嚴哥當受決訟之案, 而累日杳無聲息. 李公已料, '其遐方殘民[207], 與朝貴卞大訟, 孤立無援, 必有匿殺掩跡之患.' 乃募得機警者, 窺[208]覘李曾家, 誘捕其兒奴, 反覆窮詰, 兒遂略吐[209]端緖, 而猶不詳告. 公遂少加刑杖, 兒云: "初以酒食誘之, 終乃殺之, 而使人擔其屍, 踰南城沈於漢江云." 公入白於上曰: "國之所以爲國者, 刑政綱紀也. 今者, 朝紳[210]恣意撲殺訟隻, 而只以貴勢之故, 不得正法, 則國安得不亡乎? 此必得屍然後, 可正其罪, 臣方搜[211]之, 若得則臣必手殺曾." 是時, 公見帶訓鍊大將, 遂發軍卒及坊民, 盡聚江船, 多造鐵鉤[212], 如蜘蛛狀, 蔽江搜得. 其日, 公出坐江邊將壇, 與卒相[213]約, 得屍則立旗, 不得則偃旗[214]. 俄而, 一

---

203) 腰肢: 가본에는 '四肢'로, 나, 다, 라본에는 '肢體'로 되어 있음.
204) 碎: 저본에는 '粹'로 나와 있으나 나, 다, 라본에 의거함.
205) 搏: 라본에는 '撲'으로 되어 있음.
206) 御者: 저본에는 '其御'로 나와 있으나 라본을 따름. 나, 다본에는 '其御者'로 되어 있음.
207) 殘民: 나, 다, 라본에는 '賤民'으로 되어 있음.
208) 窺: 라본에는 '闚'로 되어 있음.
209) 吐: 다본에는 '言'으로 되어 있음.
210) 朝紳: 나본에는 '朝搢'으로, 다본에는 '朝臣'으로 되어 있음. 서로 통함.
211) 搜: 라본에는 '探'으로 되어 있음.
212) 鉤: 저본에는 '釣'로 나와 있으나 이본에 의거하여 바로잡음.

船自漢江立旗, 疾馳而來, 公起而拍案, 曰:"曾今死矣!"驗之,[215] 果是嚴屍. 公於是, 多發刑吏軍卒, 圍曾家, 捕曾, 卒斃於獄中, 朝廷震慄.

上-74.
栗谷以遠接使西出時, 歷見牛溪. 栗谷着藍大緞道袍, 牛溪正色曰:"公之所着, 何太華靡也?"栗谷曰:"接待天使, 不得不如是." 及其聯枕, 錦衾燦然, 牛溪曰:"此亦接待天使耶?"栗谷但笑而不答.

上-75.
白沙李公恒福, 於盆齋爲傍孫[216]. 白沙兒時, 姆携與遊戲於樹陰下, 姆放兒深睡, 兒匍匐將入井. 姆夢中有一白髮老人, 神貌魁偉, 風儀頎秀, 宛若[217]鉅人樣者, 以杖急叩之. 姆驚起視之, 兒將入井, 急救[218]之. 其後, 盆齋後孫家, 晴日, 曬[219]盆齋遺像[220], 其姆適見之, 大驚曰:"宛然前日夢中所見老人云." 蓋盆齋之於白沙幾百年, 而冥佑如此, 可知其精魄之猶存. 白沙應運而生, 宜有神明之護持, 盆齋亦間氣, 宜其有不隨死而亡者矣.

---

213) 相: 저본에는 빠져 있으나 다본에 의거하여 보충함.
214) 旗: 저본에는 빠져 있으나 다본에 의거하여 보충함.
215) 驗之: 다본에는 '檢屍'로 되어 있음.
216) 傍孫: 라본에는 '後孫'으로 되어 있음.
217) 宛若: 나, 다, 라본에는 '宛然'으로 되어 있음.
218) 救: 저본에는 '收'로 나와 있으나 나본에 의거함.
219) 曬: 저본에는 '灑'로 나와 있으나 이본에 의거함.
220) 遺像: 나, 라본에는 '畵像'으로 되어 있음.

上-76.

壬辰之亂,[221] 宋東萊[222]象賢, 少時夢作一律, 云: '天運重回士女殲, 丙申之禍碧於藍. 翠華頻驚遼鶴唳,[223] 黃巾竟[224]倒漢靴尖. 北歸鐵嶺愁無酒, 東走金剛喜有鹽. 他年待得干戈息,[225] 吾骨須收瘴海南.' 莫知其所謂. 壬辰以東萊府使, 倭虜猝至, 先殺守烽軍, 襲至城下. 東萊手書'月暈孤城, 禦敵無策, 君臣義重, 父子恩輕'十六字於所把扇頭[226], 使奴間道, 送其親庭, 具朝服, 北向四拜, 遂遇害. 倭人義之, 斬其刺者, 書諸旗上, 曰'朝鮮忠臣宋某之柩'. 下令軍中護送, 倭軍見其旗者, 皆不犯. 殉節時, 東萊以公服, 坐椅上, 倭人以槍刺之, 麾下從者, 申汝櫓及咸興妓妾金蟾, 手執左右椅柱, 同被害. 其側室李良女被執, 倭將欲劫之, 守死不辱, 倭人義之. 倭有節婦源氏女, 倭人謂, '其義烈之相似, 與源女同置[227].' 嘗有雷震, 破源女垣墻屋壁, 李良女之室在咫尺, 而雷不及. 倭人驚異以爲, '此天之所知也!' 出送我國, 良女常懷東萊所懸錦貝纓子, 歸而獻諸夫人, 一世稱其節操. 東萊之孫, 多在淸州地, 其家所錄如此.

上-77.

成參判夢井, 卽判書某[228]之子. 判書航海朝天, 經年之後, 夫人

---

221) 壬辰之亂: 저본에는 빠져 있으나 나, 다, 라본에 의거하여 보충함.
222) 東萊: 가본에는 '泉谷'으로 되어 있음. 이하의 경우도 동일함.
223) 翠華頻驚遼鶴唳: 저본에는 공란으로 되어 있으나 가본에 의거하여 보충함.
224) 竟: 저본에는 공백으로 되어 있으나 가본에 의거하여 보충함.
225) 他年待得干戈息: 저본에는 공란으로 되어 있으나 가본에 의거하여 보충함.
226) 頭: 저본에는 빠져 있으나 나, 다, 라본에 의거하여 보충함.
227) 置: 라본에는 '居'로 되어 있음.
228) 某: 저본에는 공백으로 되어 있으나 라본에 의거하여 보충함. 다본에는 '聃年'으로 되어 있음.

懷孕, 判書母夫人, 不忍斥言, 但令還歸本家. 夫人略不爲動, 還家分娩生男, 家人莫不竊疑, 夫人若無聽也. 三年後, 判書始還, 覲其母[229]而無其婦, 判書曰: "子婦安在?" 母夫人色不豫, 但嚬蹙不言, 判書曰: "若在其本家, 速爲率來." 母夫人又曰: "率來何爲?" 判書曰: "此事甚異, 宜幷其兒携來." 母夫人驚曰: "汝何以知之?" 判書曰: "在燕京, 日有異事, 已知其生男, 婦來則當自知之." 俄而, 夫人携兒來, 先解襦係所懸小紙, 出示之, 記'某年某月某日夜夢, 夫婦相會於井中.' 判書遂[230]出其所記, 如合符契, 家人遂釋然, 名其兒曰'夢井'. 玆事蓋近怪. 其家著之家乘, 子孫衆多, 至今傳之爲異事.

上-78.

白沙尹公諱暄, 於余爲外高祖, 爲關西伯, 値丁卯之亂. 昇平日久, 邊地空虛, 虜騎長驅, 如入無人之境, 縱兵屠戮, 安州以西, 鷄犬無餘. 尹公猝當燎毛壓卵之勢, 計無所出, 惟以一死報國爲意, 盡焚家財, 將放火火藥庫, 闔家欲同入火中. 其季子棄庵尹公澄之, 蒼黃涕泣曰: "事在急遽, 徒死無益, 請暫入山城, 以爲收兵, 躊後之計. 如不可爲, 從容就死, 未爲晚也." 遂扶持力諫, 得入山城, 虜至中和卽講和. 其後, 遂以此成罪, 卒被慘禍, 棄庵公痛禍之由己. 其後, 上疏自陳, 有除命, 皆不拜, 終身自廢, 自號棄庵, 以丁卯以前職名尹注書終. 其處義卓絶如此.

上-79.

先祖妣, 自幼就養於祖父母膝下. 白沙公爲關西伯時, 先王考委

---

229) 母: 라본에는 '親'으로 되어 있음.
230) 遂: 가본에는 '亦'으로 되어 있음.

禽於平壤, 國俗例於婚[231]禮後加筓, 故未及行筓禮, 而遭虜變. 先燒家產, 闔家將赴火自焚, 蒼黃中, 一老妓扶而哭, 曰:"此小姐, 何忍不加筓而就死乎?" 遂蒼卒作筓[232]而加之, 先祖妣嘗曰:"其後, 吾因此加筓." 爲敎. 老妓背負而出, 將就死, 因轉向山城. 事定, 朝議持白沙公益急. 伊時, 賊勢迅急, 如震霆烈火, 方伯雖手下親兵, 無暇可聚, 擧世皆知其無可奈何, 而無不爭持高論. 一人倡之, 莫敢誰何, 平生親舊, 內懷悶惻之心, 外峻執法之論, 終被冤禍. 大抵是時, 尹氏極盛, 公之從子, 海嵩尉新之, 尙貞惠翁主, 翁主晝夜號泣於闕庭. 仁廟新承大統, 欲振肅綱紀, 且不無忌其權勢之意, 終被其禍. 淸陰金文正公, 時適奉使赴燕, 歸聞公禍, 慘然流涕, 曰:"我適不在, 使尹次野冤死, 可惜!" 其公議可見. 大抵人臣之節, 鞠躬盡瘁, 死而後已, 何可以無兵無備, 强虜鐵騎, 急於風火, 而呼吸之頃[233], 騈首就死爲貴哉? 如此而能效節, 則誠宜愍其忠, 而嘉其節. 國家之待臣隣, 何可責其不能徒手就死而戮之以法哉? 況國受其禍, 而終不死, 則誠有罪矣. 賊纔過去, 而卽講和, 雖欲死, 將何所據哉?

上-80.

文谷金公之被禍也, 其子農巖金公昌協, 含恤隱痛, 終身遯荒, 誓死自廢. 其後數十年之間, 官至大宗伯, 而終不起. 涵濡[234]性理之書, 大成文章之業, 氣味恬澹[235]和雅, 襟度淸明洒落, 遨遊山水

---

231) 婚: 저본에는 '昏'으로 나와 있으나 가본을 따름. 서로 통함.
232) 筓: 가본에는 '筲'로 되어 있음.
233) 頃: 가본에는 '間'으로 되어 있음.
234) 涵濡: 가본에는 '涵游'로 되어 있음.
235) 澹: 가본에는 '淡'으로 되어 있음.

陶寫, 性情以自娛, 爲一世文章宗匠, 遂窮餓而終. 棄庵誠有痛迫之情, 農巖則無節拍而毅然, 自廢遯世以無悶, 志節之卓, 可以廉頑而立懦矣.

上-81.
余嘗聞先君下敎, '人家家法之謹厚嚴重者, 可以垂裕後昆, 而餘慶蟬聯, 愛勝而無法度者, 其後寢微.' 洪默齋彦弼, 其子忍齋暹, 父子繼相, 官秩相拚[236]. 默齋夫人, 自製朝服[237], 令其子先着, 而觀其長短, 忍齋[238]稱古風而自着之. 其詼諧嘻[239]笑, 亦可爲好氣像, 而家法之不嚴可知, 未聞後嗣之繁昌[240].

上-82.
李貳相尙毅, 在世時, 其子判書志完, 陞亞卿. 國俗, 秩陞從二品然後, 老者始[241]乘軺車, 古規年未艾者, 未嘗乘軒, 有父兄者, 尤[242]有所不敢, 搢紳謹厚家法然也. 一日, 婢僕輩, 有喜色而相告曰: "吾家少相公, 今日乘軒車至矣." 貳相聞之, 曰: "吾欲見其乘車之容, 須乘軒而直驅至庭." 判書不敢[243]違, 及至, 貳相正色, 曰: "汝旣喜乘軒車, 宜終日坐車勿下!" 命繫於庭樹, 軺車之制, 穹然高而

---

236) 拚: 가, 라본에는 '垪'로, 나, 다본에는 '將'으로 되어 있음.
237) 朝服: 저본에는 '服衣'로 나와 있으나 가본에 의거함. 나본에는 '衣服'으로 되어 있음.
238) 忍齋: 저본에는 '默齋'로 나와 있으나 이본에 의거함.
239) 嘻: 나, 다, 라본에는 '嬉'로 되어 있음. 서로 통함.
240) 繁昌: 라본에는 '繁衍'으로 되어 있음.
241) 始: 저본에는 빠져 있으나 가본에 의거하여 보충함.
242) 尤: 나, 다, 라본에는 '老'로 되어 있음.
243) 敢: 라본에는 '得'으로 되어 있음.

獨輪, 前後驅從, 爲之軒輊而升降, 笻住而無人, 則不可降. 判書終日俛首坐, 不敢降, 自此, 不敢乘. 貳相子孫, 至今蕃衍[244]顯者輩出, 爲敎.

上-83.
先王考嘗言, "少時, 往候藥峯徐判書渚, 藥峯欲作書, 命取硯來, 其胤子右相景雨, 危坐侍側. 是時, 官已頂玉, 傍多使令, 不替人, 卽起自取於外而進之, 可見其家法之美." 爲敎. 余嘗聞先君下敎如此.

上-84.
趙監司廷虎, 與梁平山應洛, 交誼至密, 世稱梁趙. 梁公先沒, 趙公每分祿俸, 終身不替. 趙公於余高祖善山府君, 亦爲石交, 高祖下世後, 亦分祿[245]不廢. 出於先祖考所記.

上-85.
樂靜趙公錫胤, 觀察使[246]廷虎之子. 觀察退居衿川[247], 樂靜少時, 因事入城[248], 是日, 適大風. 觀察隣居士人, 日晚, 自津頭還, 直至觀察家, 顔色慘然, 入門急告曰: "吾亦向京至鷺梁津, 遇令子. 是時, 風浪接天, 爭渡者如城, 令郞先登舟[249], 未半渡, 船簸如箕, 出沒波濤, 終至全船敗沒. 望見心膽墮地, 急回以告." 觀察方與客對

---

[244] 衍: 라본에는 '呂'으로 되어 있음.
[245] 祿: 가본에는 '俸'으로 되어 있음.
[246] 觀察使: 나, 다, 라본에는 '監司'로 되어 있음. 이하의 경우도 동일함.
[247] 衿川: 저본에는 '黔川'으로 나와 있으나 다, 라본에 의거함.
[248] 城: 가, 다본에는 '京'으로 되어 있음.
[249] 舟: 저본에는 '船'으로 나와 있으나 이본을 따름.

碁, 顔色不變, 略無驚意, 徐曰:"吾子非溺死者, 無[250]慮也." 其人頓足, 曰:"吾旣目見其登舟, 又目見其覆沒, 寧不驚心? 公何不動?" 觀察終不變[251], 曰:"初雖登舟, 危則必降. 吾決知吾子之非溺死者, 君勿太驚." 其人累言不已, 觀察公着碁如故. 居無何, 樂靜入來[252], 觀察問之, 對曰:"風波[253]可畏, 自厓[254]而返." 其人錯愕, 樂靜曰:"此君之慮信然. 初果登舟, 量其波勢, 必難利涉, 故卽下船, 其船果覆人海中, 只見其登舟, 未及見其下船而然也." 噫! 曾子亞聖, 殺人暴行, 亞聖之於暴行, 相去[255]遠矣, 不信宜矣. 登舟遇風, 人事之適然, 而[256]終不動, 何其操身飭行之美, 已能見孚於父兄, 而況有遠大之期[257]! 故斷然不以爲疑, 可謂父子之知己也.

上-86.

延陽李公時白, 嘗種白牧丹佳品. 仁廟遣中使求之, 延陽對中使垂淚, 曰:"老臣蓄此無益之物, 至使聖上, 有無益之求, 其貽累聖德, 實由老臣, 臣之罪也." 仍手自破碎. 洪判決事萬恢, 嘗有棕櫚一盆, 肅廟求之, 判決辭而不進.

上-87.

仙源金相國尙容, 林塘鄭相國惟吉之外孫, 氣度雍容和厚, 與林

---

250) 無: 나, 라본에는 '勿'로 되어 있음.
251) 變: 나, 라본에는 '動'으로 되어 있음.
252) 來: 다본에는 '見'으로 되어 있음.
253) 波: 나, 라본에는 '浪'으로 되어 있음.
254) 厓: 나, 다, 라본에는 '涯'로 되어 있음. 서로 통함.
255) 去: 가본에는 '距'로 되어 있음.
256) 而: 저본에는 빠져 있으나 가본에 의거하여 보충함.
257) 期: 나본에는 '器'로 되어 있음.

塘之孫知敦寧鄭公廣成[258], 爲內外兄弟. 知敦寧少時, 侍水竹相公
語, 有語及後世聖人不可見, 知敦寧曰: "我則見聖人." 水竹笑問
之, 對曰: "尙容氏兄卽聖人云." 年相若弟昆[259]之間, 其愛慕欽服如
此, 則其氣像之仁厚溫粹, 蓋可見矣. 其爲銓長, 請札旁午, 無不應
答詳盡. 其弟尙宓爲守宰[260], 親舊之請受簡者, 皆修而與之. 其弟
來言, "兄之書札頻煩, 不暇應接, 何不節損?" 仙源曰: "人請抵汝
書, 吾將以汝爲不相識而防之乎?" 其仁厚如此, 而終能臨亂效命,
大節卓然, 可謂剛柔兼備矣.

上-88.

浦渚趙公, 少居廣州鷗浦, 貧不能具鞍馬. 嘗入城赴擧, 身載柴
牛而行, 入城遇判事, 前導呼喝不已, 因搶倒橋下. 蓋判事未陞堂
上, 遇者不下馬, 而以傔從未冠而遇悖者, 挾鞍[261]籠前導, 遇鄕客
則困之故也. 公側臥泥水中, 不卽起, 但睆視, 曰: "我亦不免爲口
腹之役[262], 何乃困之?" 少無憤戾之色有過去, 吏胥見之而驚, 自入
溝中扶之, 曰: "郞君氣像, 可以作相矣." 遂携往其家舍之云.

上-89.

仙源金相國, 淸風溪太古亭, 在仁王山下. 一日, 有人往拜之, 公
顔色殊不怡, 客問之, 仙源曰: "居在山底, 輒多爲辱, 今日四山監
役巡山, 以家後有犯松禁, 棰笞家僮而去矣." 其時, 國綱之嚴可知,

---

258) 廣成: 저본에는 빠져 있으나 가본에 의거하여 보충함.
259) 弟昆: 나, 라본에는 '弟兄'으로, 다본에는 '兄弟'로 되어 있음.
260) 守宰: 나, 다, 본에는 '倅'로 되어 있음.
261) 鞍: 가, 나본에는 '按'으로 되어 있음.
262) 役: 가본에는 '累'로 되어 있음.

微末小官, 能推治相公家奴僕, 此亦盛時法立之效也. 近日則卿相不可論, 雖小名官僕隸犯科, 而法司不能伸其法, 況以[263]監役小官, 而敢棰相公[264]家奴子乎!

上-90.

李相國浣, 爲捕盜大將時, 行過生鮮街, 忽然流眄而過. 旣歸, 命選將校中善偵察者, 語之曰: "生鮮街上, 有異常賊人, 二十日內, 詗探捉來, 過限則當死." 將校聽令而出, 茫然如捕風. 日往其近處[265], 以金帛·酒食交結酒徒, 坐市肆, 博[266]奕終日, 杳不可得[267]. 每博奕罷, 輒太息, 往往心不在博奕, 默無所言, 過十餘日, 益無蹤跡. 一日, 博奕[268]罷, 忽然垂淚, 市人相親者, 問曰: "君飮酒博奕, 豪俠自任, 而近觀君貌, 往往唏噓, 心不在博, 固已怪之, 今又垂淚, 必有異也. 願聞之!" 將校具以告曰: "吾旣承將命, 不得則死, 死固不足惜, 但有老母在, 是以悲耳." 市人曰: "此果有形跡非常之人, 有時往來市[269]肆間, 已數年, 終日無所爲, 能善衣善食. 其人常往來壽進洞中, 君可往而迹之." 將校如其言, 偵伺壽進坊探之, 築土室於窮源[270]處, 夜候其入捕之, 室中無他物, 但有朝紙數負而已. 將校遂縛而來告, 其人塞口無所言, 但曰: "速殺我!" 李公使以藁索[271], 密縛一身, 以泥土塗而殺之, 蓋外國人來探國事者也.

---

263) 以: 저본에는 '而'로 나와 있으나 가본을 따름.
264) 相公: 가본에는 '相國'으로 되어 있음.
265) 近處: 가, 다, 라본에는 '近地'로 되어 있음.
266) 博: 저본에는 '搏'으로 나와 있으나 가, 다, 라본에 의거함. 필사상 서로 통용됨.
267) 不可得: 다본에는 '無蹤跡'으로 되어 있음.
268) 奕: 저본에는 빠져 있으나 다본에 의거하여 보충함.
269) 市: 저본에는 '是'로 나와 있으나 다, 라본을 따름.
270) 源: 다본에는 '垣'으로 되어 있음.

上-91.

　顯廟溫幸時, 李相浣以訓鍊大將, 前驅按軍徐行. 顯廟煩懣, 不能忍耐, 車駕欲馳驟, 而前驅按塞不進. 上住輦, 命召訓將不至, 再召亦不至, 上怒曰: "李浣將叛耶? 何爲不至?" 侍臣有白上者, 曰: "此是軍行, 軍中例不用口語. 殿下召上將, 不發標信, 只以口語, 如呼陪從之臣, 李浣知兵法, 故不至也." 上命宣傳官, 持標信召之, 李浣始入來, 上曰: "吾病有火祟, 欲前進, 而卿按軍徐行, 令人不耐須臾." 浣對曰: "兵法吉行五十里, 今日未午, 已行四十里, 步卒尙有顚仆者, 下敎雖如此, 不敢承命." 終不變. 其行師之度, 旗鼓肅穆, 部伍齊整. 外王父嘗言, "肅廟朝, 陵幸[272]回鑾時, 閱武箭郊, 從東門還宮, 上策馬驟驅. 是時, 申判書汝哲, 爲訓鍊大將, 率兵前驅, 前軍蹙於馬前, 行列不成, 卒伍多顚, 陪從諸臣, 躍馬疾驅, 面無人色. 及至闕下, 余語申公曰: '今日行幸, 不成擧措, 其責實在於令公.' 因誦李相故事, 申公歎曰: '古人未知何爲而能如此, 今日之事, 無可奈何云.'" 外王父嘗言, "李公雖出於前代, 足以爲名人云云." 誠非申公所能及, 雖然, 賢才亦係於人君之用捨耳. 李公若出於肅廟朝, 剛毅不撓如此, 則亦豈能容哉? 顯廟朝筵中, 語李相浣曰: "丙子之事, 予不能知, 卿爲余詳陳其時事." 李公起拜, 語及其時事, 不覺涕淚如泉, 嗚咽不成語, 上爲之怵惕嗟惋, 遂命勿言. 李公丙子後將兵, 從淸虜爲援, 嘗圍寧遠衛, 戰罷, 有一人着毛冠及藍大緞道袍, 持戟行於戰場, 點檢積屍. 淸汗顧左右曰: "誰能捕此?" 麾下壯士一人, 馳馬揮鎗而出, 未及合, 其人刺而倒下. 淸汗麾下壯士數人, 憤忿馳出, 其人又皆刺殺之, 四五人繼出亦如之.

271) 藁索: 라본에는 '麻索'으로 되어 있음.
272) 幸: 저본에는 '行'으로 나와 있으나 가본에 의거함.

清汗旣失壯士累人, 仍曰: "此是秉人勇, 不可爭鋒." 令勿復出. 其
人累飜積屍, 向晚, 得一屍於馬上, 痛哭而歸, 似是其父子兄弟之
親, 戰死而收屍也. 行過山隅, 忽有放砲一聲, 其人墜死. 李公晚
年, 雖當食, 每念此事, 輒投匕流涕, 其忠憤慷慨如此.

上-92.

清汗每恐喝北虜之倔强者, 輒曰: "吾當取朝鮮, 小砲盡殲之." 其
與皇明戰, 凡掃蕩諸郡, 輒携我國兵, 到處勝捷. 錦州衛戰罷, 有一
人立於城上, 呼曰: "高麗汝何忍爲此? 汝國背神宗皇帝再造之恩,
豈忍助虜殺我乎?" 語未終, 放砲一聲, 其人遂蹶. 千載之下, 足令
忠臣義士流涕[273]也.

上-93.

李相浣, 鷄林府院君守一之子, 鷄林爲平安兵使時, 李相從焉.
嘗射獵深山中, 日暮, 至山谷中, 有茅屋靜灑. 有一少女, 靚粧獨
居, 公問: "何爲獨居此深山之中?" 其女曰: "吾夫出獵[274], 故獨守
空閨耳." 公因[275]與狎焉, 與之共宿. 夜半, 有人携一鹿而來, 縛公
將殺之, 公在縛中, 徐曰: "看汝亦非庸人, 乃以一女子殺壯士耶?"
其人熟視之, 解縛與之坐, 令其女煖酒炙肉, 而共飮之, 曰: "大器
不能容[276]於世, 落拓山谷中. 後十餘年, 君當將兵關西, 而我陷死
罪, 須念今日之恩[277]而活我." 其後, 公爲平安兵使, 有一囚, 仰首

---

273) 流涕: 가본에는 '流涕慷慨'로 되어 있음.
274) 獵: 저본에는 '臘'으로 나와 있으나 다, 라본에 의거함.
275) 因: 이본에는 '仍'으로 되어 있음.
276) 容: 가본에는 '用'으로 되어 있음.
277) 恩: 나, 라본에는 '言'으로 되어 있음.

而[278]呼曰: "公不記前約而殺我耶?" 公諦視之, 卽其人, 遂宥之.

上-94.

甲子, 李适以平安兵使起兵叛, 京師震動. 平日與适相識者, 皆囚之, 其數甚多, 而初非有干連者, 只是危疑之際, 或慮其相應有變也. 及适兵漸逼, 大駕去邠, 向公州. 臨發, 金昇平瑬, 發其囚者, 盡斬之. 至今, 以甲子亂斬, 爲至寃極痛. 外王父嘗言, "昇平之無後, 必由於甲子亂斬." 爲教.

上-95.

甲子适變, 大駕南巡, 石門李判書景稷, 爲水原府使, 扈駕行. 公書生, 疎於兵事, 軍中凡斥候偵探等, 師行諸務, 皆漠然無所措置, 殆不成樣. 仁廟大怒, 將斬之, 諸臣亦無辭可捄[279]. 末乃言於上曰: "景稷曾使日本, 威信著於倭奴, 今若賊勢猖獗, 兵連禍結, 則日後將有請援島倭之擧, 此則非景稷不可, 今不可遽斬也." 上乃止, 命削職, 以白衣從軍. 我朝崇儒術士, 君子平居, 不講兵機, 臨急失措, 自是通患, 雖以李公之材, 幾蹈危禍. 仕宦者, 不可以不戒.

上-96.

李同知惟侃無髥[280], 貌類宦者. 嘗造白沙李公, 座起去, 坐客有一迂儒, 請於白沙曰: "賤生之出入公之門下, 仰望不淺, 今座上[281]

---

278) 而: 저본에는 빠져 있으나 다, 라본에 의거하여 보충함.
279) 捄: 가본에는 '救'로 되어 있음.
280) 髥: 저본에는 '鬚'로 나와 있으나 다본을 따름.
281) 座上: 라본에는 '座中'으로 되어 있음.

有不當坐之人, 殊失所望." 白沙笑曰: "如君年少輩, 認作如此, 誠
有然者. 然而此璫, 誠是異常之璫[282]." 因擧石門・白軒兩公名, 曰:
"此璫能生某某兩子, 豈非異璫[283]哉?" 聞者齒冷.

上-97.

白軒李相國景奭, 天資忠信和厚, 一見可知其誠篤君子. 性至
孝, 每入廟, 雖晚年, 輒流涕, 應事接物, 誠意藹然, 不事修飾. 嘗
爲祈雨祭獻官, 罷還了[284]無雨意, 李公具朝服, 上家後園林, 伏於
烈日中, 潛心默禱. 石門李公景稷, 卽白軒之兄, 適來到, 問公安
在, 家人具以告. 石門性豪俊不羈, 聞而大笑, 自至園林, 蹴起之,
曰: "天聽甚高, 安知朝鮮有李某[285]乎?"

上-98.

白軒李相國, 有厚德, 常隱惡而揚善, 務爲掩匿覆蓋. 有一京畿
都事, 以儒校生考講事, 將出巡列邑, 而來辭於白軒者, 公曰: "鄕
曲窮生, 一落考講, 輒入軍役. 試官雖務高峻, 在渠實爲矜惻, 賢須
勿太高其規, 俾無冤枉." 都事曰: "『史略』初卷, 亦不通曉者, 安得
不沙汰乎?" 公曰[286]: "不然. 『史略』初卷達通[287], 豈不難哉? 賢[288]之
能曉達無疑, 吾未知信也." 都事曰: "某雖不學, 『史略』初卷, 豈不
知之乎?" 公曰: "未易言也." 卽命左右取來, 手指以問曰: "舜子商

---

282) 璫: 나, 다, 라본에는 '人'으로 되어 있음.
283) 璫: 나, 라본에는 '常'으로 되어 있음.
284) 了: 라본에는 '猶'로 되어 있음.
285) 某: 나, 다, 라본에는 '景奭'으로 되어 있음.
286) 曰: 저본에는 빠져 있으나 나, 다, 라본에 의거하여 보충함.
287) 達通: 나, 라본에는 '通曉'로 되어 있음.
288) 賢: 나, 다, 라본에는 '兄'으로 되어 있음.

均不肖, 舜有二妃, 商均是娥皇之子乎? 女英之子乎?" 都事曰: "上[289]古玄遠之事, 如是窮問, 何由知乎[290]?" 公曰: "邃古之事, 若無出處, 則未詳宜矣. 若見於古書, 而未能達, 則豈非不通乎? 商均之爲女英之子, 出於傳記, 而賢未之見耳." 又指'紂始爲象箸', 曰: "箸者何物?" 曰: "此似是『禮記』所謂'飯黍無以箸'之箸耳." 公曰: "非也! 箸酒樽[291]也, 所以與玉杯對耳. 然故未易言也." 其愛物之心, 多類[292]此.

上-99.

外王父嘗言, "少時, 吾爲奉常寺直長, 白軒李公, 爲都提擧, 余爲稟官事造謁. 太常管國家祭享, 公語及祭酒, 問: '祭享所用何酒?' 吾答曰: '卽常例所釀之酒.' 李公曰: '何不用方文酒? 蓋方文酒, 卽我國搢紳之家通行之酒, 而以別方造釀, 與所謂常酒有異也.' 余答曰: '方文酒卽閭閻別味, 私家雖通用, 朝家享祀, 當用常法所釀, 事理不可用別味, 況自古通行之酒, 今不可輕改!' 白軒言下大悟, 嘖嘖稱善曰: '其言是矣, 其言是矣! 吾誤哉!' 去後, 謂傍人曰: '其人有宰相器識云云.' 蓋李公初不深思而偶言之, 悟其非而謝之, 其誠意之藹然, 尙可想見."

上-100.

白軒李相, 以相臣掌試. 合考時, 有一券方在, 當取而見, 其句中

---

289) 上: 저본에는 '上'로 나와 있으나 나. 다본에 의거하여 바로잡음.
290) 乎: 나. 라본에는 '之'로 되어 있음.
291) 樽: 라본에는 '罇'으로 되어 있음. 서로 통함.
292) 類: 다본에는 '如'로 되어 있음.

有違格, 以所麾便面, 張而置諸券上. 是時, 朝廷紀律頗嚴, 試券之置命官前者, 他試官不敢迭軸[293]而觀之, 故違格之句, 能不露而見取. 公之愛文匡瑕, 樂成人美如此.

上-101.

李公正興, 白江李相國敬輿之兄也. 其大人曰: "李司諫綏祿有狂疾, 不知晝夜, 狂奔疾走, 或越人屋宇, 或超過城闉. 病人則其氣迅勇, 能不致傷." 正興晝夜奔走, 不計顚墜跌傷, 而竭力隨行, 終至致傷[294]而歿. 世稱其至孝而悲之, 曰: "白江則知其必死, 而不敢隨行孝, 雖有慊於其兄, 終能修身立名, 以顯父母. 孝之大者, 未知其何者爲是也."

上-102.

李相山海,[295] 土亭李公之菡之從子也. 李有一女, 常以其叔父之有藻鑑, 請留意擇壻. 一日, 土亭曰: "汝每要我擇壻, 而未得其人. 昨日, 路遇一人, 馱載家藏瓢鼎器用之屬, 載小兒其上, 其父母以賤裝, 隨其後, 觀其兒, 必[296]爲國器. 吾思汝之托, 踵之覘其去處, 入於某坊某家, 似是士族, 貧不能居鄕, 欲依於京洛親戚而來者耳." 李曰: "叔父雖有敎, 必待吾眼而決之." 明日, 尋其家問之, 主人曰: "果有在鄕親戚窮而來歸者, 方留諸廊舍耳." 李請見, 主人送其上服. 俄而出來, 鄕曲[297]窮生, 借着他衣, 頗野朴齟齬, 李曰: "聞

---

293) 軸: 가본에는 '抽'로 되어 있음.
294) 傷: 저본에는 '病'으로 나와 있으나 가본을 따름.
295) 李相山海: 나, 다, 라본에는 '李鵝溪'로 되어 있음. 이하의 경우도 동일함.
296) 必: 저본에는 '似'로 나와 있으나 라본을 따름.
297) 鄕曲: 다본에는 '鄕谷'으로 되어 있음.

君有子, 願一見之." 其子始出拜, 卽八九歲竪子, 衣服蒙戎[298], 擧止撒擗[299]. 李一見奇之, 請與爲婚. 是時, 李已位隮[300]卿列, 其人驚惶, 謝不敢當. 李歸問[301]於土亭曰: "其兒纔已尋見, 誠如叔父高見, 雖然, 未知其做得幾何?" 土亭曰: "作相似先於汝之年矣." 其兒卽漢陰李公, 果如其言. 其後, 三十二作相, 枚卜少於李相云.

上-103.

李相山海, 素以識鑑名. 松江鄭相澈, 有女求婚, 嘗問李相曰: "公有人鑑, 亦嘗見兒少中有遠到者否?" 李曰: "吾嘗見一兒, 必爲國器, 但與公氣像絶異, 公若見之, 則必不取. 如欲只信吾言, 勿尋見而爲壻, 則吾當言之." 因以楸灘吳相國允謙對. 其後, 松江[302]果尋見, 以爲氣局[303]低微而不取. 蓋楸灘天資溫粹如玉, 已自少時, 儀度端雅, 儼若成人, 而松江風度俊邁, 故慊其或欠發揚氣像也. 楸灘四十不第, 以平康縣監, 至京病作, 是時, 月沙李公爲知申, 知申例兼內醫院提調[304]. 楸灘送人求藥, 月沙適與都提擧領相李山海開衙, 聞楸灘求藥之語, 因自語曰: "某君乃以我謂當用藥而求之耶?" 因答以我不敢私用藥料, 不得相副之意. 蓋太醫[305]院, 只爲御藥, 故雖主管者, 不敢私用也. 李已飄聞吳平康之言, 因令取其藥錄, 鋪於几上, 招醫官, 亟出藥料, 手自點閱[306], 招來人給送, 曰:

---

298) 戎: 가본에는 '茸'으로 되어 있음.
299) 撒擗: 라본에는 '瞥瞥'으로 되어 있음.
300) 隮: 나, 다. 라본에는 '躋'로 되어 있음. 서로 통함.
301) 問: 라본에는 '告'로 되어 있음.
302) 松江: 나, 라본에는 '鄭'으로 되어 있음.
303) 氣局: 나, 라본에는 '氣象'으로 되어 있음.
304) 提調: 저본에는 빠져 있으나 나, 라본에 의거하여 보충함.
305) 醫: 저본에는 '藥'으로 나와 있으나 가, 나, 다본에 의거함.

"副提擧令公³⁰⁷⁾, 不敢私用, 故我自送之, 須進服療病, 善自保重." 月沙心駭之, 問曰: "相公曾知吳某乎?" 李曰: "吾固無分, 吳君少時³⁰⁸⁾, 吾嘗一見, 知其大器. 異時, 必爲國之楨幹, 國家豈可以此藥易此人耶? 吾之爲此者³⁰⁹⁾, 爲國非爲私也." 槩以未冠時一見, 已卜其必貴³¹⁰⁾, 及其四十不達, 而尙能自信其鑑識而不疑, 可謂善相士矣.

上-104.

我國士大夫, 與中國異. 中國則天下之人, 各隨其才, 而入仕於天子之國, 散在千萬里外, 有官則爲簪纓, 無職則爲匹庶, 公卿之子爲庶人, 庶人之子爲公卿. 我國則不然, 幅員旣狹, 名分已定, 自羅麗以來相傳, 爲士族者, 世世傳襲, 雖無官者, 與卿相無間. 有若所封, 誠宜勿論貴賤, 與國家同其休戚. 曾於孝宗朝, 筵臣有言, "內醫院³¹¹⁾藥材, 自是御藥所供, 事體至重, 而士大夫輒多求乞而用之. 官員或多酬應, 事甚未安, 請禁之." 上曰: "藥料珍貴者, 非內局, 何以覓得? 國家之多積藥料, 大內所用幾何? 餘者, 將何用哉? 本欲與士大夫共用之意也, 何用禁之?" 誠聖人之言也, 士大夫聞此, 當不知死所矣.

上-105.

孝廟賓天, 尤庵執禮治喪, 陽坡以首相當國. 國恤初日, 分付長

---

306) 點閱: 다본에는 '檢閱'로 되어 있음.
307) 令公: 나, 라본에는 '令監'으로 되어 있음.
308) 少時: 가본에는 '兒時'로 되어 있음.
309) 者: 저본에는 빠져 있으나 나, 다, 라본에 의거하여 보충함.
310) 貴: 라본에는 '爲大器'로 되어 있음.
311) 內醫院: 가본에는 '內局'으로 되어 있음.

生殿, 使之急具付板梓宮一部, 人莫知其意, 尤庵以爲殮殯之節,
不敢堅束兩手, 如常時拱揖之狀, 左右廣闊. 長生殿, 平日治槨, 比
人臣家棺材, 皆極闊大[312], 而無可容[313]者, 畢境用付板梓宮. 槳陽
坡初日, 已料其有此事, 預治以待, 早已料量宋公事故也, 人服其
通敏. 大抵人雖有才識, 無應猝之敏·先機之智, 無可用, 屢驗良然.

上-106.

　同春嘗於筵席, 盛陳奢侈之弊, 時俗婦女, 錦緞[314]之飾太濫, 請
禁之. 其後, 有一士大夫家, 婚姻會婦女, 錦綉之服[315], 紛然輝暎.
同春之女, 適追至, 坐中諸人聞其來, 皆畏懼, 盡入室中, 更衣而
出. 旣而, 同春之女入坐, 錦綉珠翠, 炫[316]煌人目, 比他人一倍. 於
是, 諸婦女皆笑曰:"同春宅華侈, 尤甚我輩, 何爲改服?"遂還服錦
衣. 儒賢之不先正家, 而欲矯俗弊, 亦或慊然, 但世俗奢侈之弊[317],
日加月增, 至於今日而極矣. 婦女輩如欲赴會, 則前期數月費百
金, 必造上品錦衣, 一往來宴集後, 更不着, 後有宴會, 則亦如之,
若非上品, 則[318]初不往. 其他中外衣服·飮食·器用, 奢侈之弊, 罔
有紀極, 生民日就顚連, 士大夫日極奢侈, 耳目熟習, 不自覺知, 未
知若此而至於何境也.

---

312) 闊大: 가본에는 '廣闊'로 되어 있음.
313) 容: 나, 다, 라본에는 '用'으로 되어 있음.
314) 緞: 저본에는 '段'으로 나와 있으나 이본을 따름.
315) 服: 나본에는 '飾'으로 되어 있음.
316) 炫: 저본에는 '絢'으로 나와 있으나 가본을 따름.
317) 弊: 다본에는 '風'으로 되어 있음.
318) 則: 저본에는 빠져 있으나 나, 다, 라본에 의거하여 보충함.

上-107.

嶺南上道諸邑, 自古, 極擇名閥列錄成案, 謂之鄕案. 先入者圈點, 點滿許入然後, 始得參錄, 謂之許參. 其法至爲嚴峻, 必擇其父母妻三鄕門閥而許入, 安東爲尤嚴. 國朝鄭相國琢, 安東人, 官至大司馬, 而不得入參鄕案. 適會安東鄕籍中人爲兵曹郎官, 自初枳鄭於鄕案者, 又適落講, 爲軍上番入京. 鄭招郎官, 問曰: "某人塞我鄕參, 今聞以軍籍就番上都云, 君試圖之許我鄕參否?" 郎官與其人善, 卽佩酒往其舍館[319], 宿留爲歡, 酒闌, 曰: "君曾塞吾判相於鄕籍, 今官位已隆, 許入何如?" 其人搖首, 曰: "鄭琢豈兩班乎?" 且世傳, 柳西厓, 官至大冢宰後, 始入[320]鄕錄, 喜動顔色云, 其嚴可知. 夫主鄕論枳人者, 何等門閥而落講, 則亦不免於充丁; 吏兵曹判書, 何等地位, 而家世不足, 則亦見塞[321]於鄕參. 祖宗朝, 法綱之擧, 風俗之不苟, 有如是者, 其視今日, 強[322]吐柔茹, 視公器如私物何如也?

上-108.

徐承旨益, 爲安東府使, 時安東旣嚴於鄕案, 而府中鄕任, 皆從鄕案中極擇塡差. 是時, 金鶴峯誠一之父, 方爲座首, 鶴峯以玉堂歸覲呈告, 下鄕入見府使徐公, 曰: "某日卽家君晬辰, 欲以酒饌奉壽, 若蒙城主光臨, 則幸矣." 槩嶺南官民之分截然, 徐於鶴峯, 雖是親友, 凡於拜見言語之節, 地分甚絶. 至於鄕任, 則平日等級尤

---

319) 其舍館: 가본에는 '見'으로 되어 있음.
320) 入: 저본에는 빠져 있으나 가본에 의거하여 보충함.
321) 塞: 가본에는 '枳'로 되어 있음. 서로 통함.
322) 强: 가본에는 '剛'으로 되어 있음.

嚴, 而徐公對鶴峯, 坦³²³⁾然若平生, 因曰: "尊丈壽席, 我何敢不往?" 其日, 別設高座於主壁, 坐徐公. 酒闌, 鶴峯之父, 告于徐公曰: "今蒙城主光臨, 愚心最樂, 老夫請自歌而侑觴, 歌畢而進觴." 徐亦歡然稱謝, 曰: "尊丈有敎, 敢不惟命?" 執酌而坐, 待其唱曲. 鶴峯坐於末席, 翩然而起, 趨而進, 跪於其父之前, 曰: "今日誠樂矣, 卽某王妃國忌, 唱歌終覺未安, 請勿唱." 蓋遠代國忌也. 徐聞其言, 瞠目熟視, 呼座首曰: "金座首君之子, 極怪物, 吾不可飮此酒!" 投酌起去. 鶴峯性淸直, 嚴於禮防, 雖曰'過於謹嚴', 此何至於詈³²⁴⁾座, 而徐有氣岸, 且於俗眼, 認爲古怪, 故如此.

上-109.

許草堂曄, 有兒奴, 文才絶人. 許惜之, 潛自出送, 使之讀書登第, 槩我國之法³²⁵⁾, 賤人不許赴擧故也. 十餘年後, 許爲禮曹參判, 時有一禮郞官來拜, 瞰其無客, 走下跪伏於庭, 曰: "小人卽某也." 許亟止之, 命使上堂, 曰: "此後, 須以相親人往來門下, 絶勿露形跡, 但戒子孫, 勿令與吾家子孫結婚, 可也." 因曰: "許筠得無知乎?"

上-110.

月沙李相國, 以國家宗系辨誣事, 奉使朝天. 是時, 天將李如松, 以遼東提督駐遼, 李公東征時, 月沙旣有宿分. 且聞李公之弟如柏, 方任禮部侍郎, 適奉使出關, 月沙遂入見提督於遼府, 請曰: "下國³²⁶⁾使事, 係於禮部, 願老爺托於侍郞, 老爺速賜裁決." 李曰:

---

323) 坦: 저본에는 '珇'로 나와 있으나 가본에 의거함.
324) 詈: 가본에는 '罵'로 되어 있음.
325) 法: 가본에는 '規'로 되어 있음.

"諾." 月沙遂留數日待之. 及如柏至, 提督以藩臣禮, 出迎於道左, 如柏坐車中, 自如目不瞬, 按轡而過. 及至遼府之翌日, 月沙入見提督, 復申其請, 李公命召如柏. 月沙意其入來, 當有威儀. 俄而, 如柏着小帽子, 手持一箒, 杳然立於轅門之內, 李公使之前, 如柏趨而進, 跪於床下. 李公曰: "朝鮮使臣, 事係禮部, 須速稟裁以送!" 如柏但俯首, 唯唯而去. 槩如柏卽提督之庶弟, 其等分之截然如此. 燕見不敢着公服, 小帽子賤者之服, 持箒卽所以執掃除之役, 賤者見貴人之禮也. 往者, 成進士璟, 庶派而能文, 嘗來拜, 外王父道此事, 又言, "皇朝有一親王, 新封就國, 其車馬旌旗之盛, 連亘數十里. 有一秀才騎小騾, 從山谷中出來, 親王下輦, 立於路傍, 秀才至親王納拜, 惟謹坐語. 良久, 秀才辭去, 親王拜送之節益恭, 待其山廻不見然後, 乃敢登車而去. 槩親王雖地近而官尊, 庶孼也, 秀才雖疎戚, 嫡派也." 成因慨然自言, "我國朝廷用人, 亦如上國, 不間於嫡庶貴賤, 則庶孼之尊事嫡派, 雖如奴隷, 何傷云?"

上-111.

晚沙沈相之源, 丙子胡[327]亂, 將入江都, 聞大駕入南漢, 改路向南漢. 未至[328]城門十里, 遇李玄洲昭漢言, "大駕方向江都, 今方出城." 沈公遂回路不入. 仁廟還入城, 虜遂充斥以致, 南漢・江都, 皆不得入. 其後, 晚沙論趙判書啓遠, 趙公自卞之疏, 遂擧此事, 其所搆罪, 有若忘君負[329]國, 臨亂逃避者然云云, 其乘憤不擇發如此.

---

326) 下國: 가본에는 '我國'으로 되어 있음.
327) 胡: 저본에는 '虜'로 나와 있으나 다본을 따름.
328) 未至: 나본에는 '來至'로, 다본에는 '來到'로 되어 있음.
329) 負: 나본에는 '背'로 되어 있음.

上-112.

右議政³³⁰⁾鄭公維城, 少時以史官, 奉上旨, 傳諭於鶴谷洪公. 諭畢, 鶴谷³³¹⁾設酒饌待之, 挽與穩話, 酒闌, 洪公曰: "我誠流俗宰相, 雖不能砥礪, 本³³²⁾不至於貪饕, 君之直以墨相, 書之於史記, 則過矣." 蓋鄭公以翰林, 書鶴谷事, 時人謂之墨相, 洪公因人聞之, 故有此戲也.

上-113.

許眉叟穆, 以儒相赴朝, 有人往拜而來, 見趙滄江涑, 滄江問曰: "許相作何事?" 答曰: "方招³³³⁾鞍匠補鞍." 滄江曰: "其意必曰: '所爲之事, 豈有匿於人者云爾.' 雖然, 便液涕唾, 何必示於人云."

上-114.

沈判尹之溟, 嘗奉事³³⁴⁾水路朝天. 往返無恙, 還到長淵下陸處, 船將到泊, 舟中人之眷屬千百爲群, 來迎於水次, 相與賀其善返. 船上人亦以言語, 遙相酬酢³³⁵⁾, 語音相聞, 歡聲如雷. 船未及岸尋丈, 忽有大風, 起自船頭, 退飛如箭, 直向天水相接處, 杳茫悅惚, 莫知所之, 風勢迅急, 晝夜不止者, 凡十五日. 藁師坐船頭, 遙望天際, 黑雲一點, 忽然大叫一聲曰: "人將盡死矣, 急下船艫³³⁶⁾!" 以斧斫斷帆索而落之. 俄而, 大颶猝然逆至, 卽回船挂帆, 急執如前, 窮

---

330) 右議政: 이본에는 '右相'으로 되어 있음.
331) 鶴谷: 가본에는 '洪公'으로 되어 있음. 이하의 경우도 동일함.
332) 本: 가본에는 '亦'으로 되어 있음.
333) 招: 다, 라본에는 '令'으로 되어 있음.
334) 事: 가본에는 '使'로 되어 있음.
335) 酬酢: 가본에는 '呼語'로 되어 있음.
336) 艫: 가본에는 '艩'로 되어 있음. 서로 통함.

日夜不止者, 又十五日. 始至長淵下陸處, 能免漂沒之患, 其事甚異. 沈公少從其兄弟之名, 又從水邊字, 命名之溟, 亦其前定耶?

上-115.
沈判尹之溟, 與潛谷金公堉, 相友善. 潛谷之孫, 息庵金公錫冑, 孩提時, 潛谷每置膝上, 戲之曰: "君必爲此兒下官." 其後, 潛谷之子歸隱金公佐明, 判兵曹時, 沈公爲郎官, 息庵判兵曹. 沈公年將八十, 爲兵曹參判, 卒如其言. 歷落沉淪, 歷人之三世, 而爲下僚, 則其壽可知. 其視早顯驟貴, 未享壽考, 未知何者爲勝, 必有能辨之者. 況秉權執政, 移山轉海, 卒罹禍網, 身膏斧鑕, 則與貧賤而考終者, 亦不可同日論. 又況通籍朝班, 與世相忘, 投閑置散, 晚致金緋黃耇, 無疆優遊而卒世[337]者, 尤如何哉!

上-116.
潛谷金公堉少也, 貧居困頓, 爲農於加平潛谷, 其自號以此也. 親操耒耜, 雜於野老, 東陽尉樂全申公翊聖, 受暇東遊, 遍踏[338]金剛, 素與金公友善, 爲之歷訪. 時金公方耕于野, 駙馬一行, 猝至蓬蓽生輝, 夫人使人持冠服, 告于野次, 金公笑曰: "彼旣知我耕田, 衣冠何爲?" 遂負耒耜, 驅牛而歸, 濯泥川上而入坐, 申公歡若平生宿留爲穩. 是日, 夫人分娩生男, 貧無飯米, 申公自行中覓, 納米薑魚肉之屬. 申公素精推命, 自審其産時而推之, 曰: "此兒可至兵曹判書, 我有幼女, 請爲婚姻." 卽歸隱金佐明[339]也. 潛谷晚際, 孝廟

---

337) 世: 가본에는 '歲'로 되어 있음.
338) 遍踏: 나, 다, 라본에는 '往'으로 되어 있음.
339) 佐明: 저본에는 '公'으로 나와 있으나 나, 다, 라본을 따름.

遭遇旣隆, 終做大事業, 拯民於水火之中, 其法能百年無弊. 慶溢孫支, 誕育聖后, 赫世公卿, 曾玄如林, 百年無替, 有以也. 金公以少時耕田, 衣服藏之篋笥, 及其富貴隆赫之後, 每見家人侈靡之習, 輒出而示之云. 東平都尉鄭公甞言, "親見潛谷家三世, 兒時每往拜潛谷, 以柳器等[340]器, 貯棗栗饋之. 及至晚年, 易以鍮器, 逮夫歸隱·淸城之世[341], 爛然以銀器易之云."

上-117.

我國近世無權臣, 惟金淸城, 遭遇休明, 旣有寧社稷之功. 十年秉國, 富貴薰天, 褊裨幕屬, 化爲戎閫; 部曲傔從, 皆霑祿位. 其奴慶先, 大起甲第, 閫帥以下, 奔走拜跪, 苞苴絡繹[342], 饋遺紛紜, 可謂有權臣氣習, 而若比之於紫綬金章, 左右趨問者, 卽是蒼頭奴風斯下矣. 所謂慶先, 亦比之於馮者都秦宮寒乞兒也. 國有大小之別, 權臣亦豈無大小之異哉? 偏方小國之人, 分福旣小, 範圍亦狹, 規模亦瑣, 眼目又眇然矣. 乃以此圖占數十年功名富貴, 有何加損於一身之朝夕一盂飯·冬夏一裘葛? 而息庵以何等文章, 何等智略, 沉醉富貴, 迷而不悟, 終身憂畏, 一夜十徙. 至於身後, 亦不能保有[343]一子, 將欲何爲? 願從赤松子遊, 何其難哉? 雖然, 息庵之功名富貴, 自是東國百年以來, 所未有也. 或有一生所成就, 一資半級, 而亦不免身罹禍網者, 其視淸城, 豈不尤可哀哉?

340) 等: 저본에는 '木'으로 나와 있으나 나, 다, 라본을 따름.
341) 世: 나, 라본에는 '時'로 되어 있음.
342) 繹: 저본에는 '續'으로 나와 있으나 나, 라본을 따름.
343) 有: 저본에는 '其'로 나와 있으나 나, 다, 라본을 따름.

上-118.

　沈器遠之謀逆也, 黃瀷·李元老, 夜往具綾川仁垕家請謁, 綾川將出見, 其妾止之, 曰: "老爺何不思之甚也? 深夜武士請見, 未知何事, 是宜招集入直將校軍兵, 盛陳威儀而見之." 綾川悟, 遂如其言, 盡召軍校然後, 出見, 瀷·元老遂告變, 綾川遂縛兩人而赴闕. 世或傳, '兩人力士, 意在剪除大將而往見, 見其兵威盛張, 遂告變云.' 夫然則若非其妾, 將不免矣, 其妾[344]亦女之有智者歟[345]!

上-119.

　汾厓[346]申公晸, 初登第, 爲假注書. 嘗入對前席, 從前史官之入侍者, 手持小冊子, 隨聞記事. 伊日, 申公運筆如飛, 手不停寫, 筵對諸臣, 莫不嘖嘖稱其善於記事, 咸歸才敏. 及出, 會坐閤門外, 陽坡鄭公[347]愛其才, 擧手曰: "君以新進, 才華之盛如此, 他日所就, 何可量也? 願一奉玩." 申公狃手[348]咫尺, 無以[349]可辭, 卽奉進其冊子. 鄭公[350]披覽, 無他語, 皆雜詩唐音絶句. 槩其意前席倉卒之際, 猝難歷記諸臣所達之語, 故佯若箚記, 而實弄戲筆, 以掩人目, 以延時譽, 而欲追問諸臣而記之之意也. 鄭公覽畢, 但稱善, 坐中諸臣, 有請傳玩者, 鄭公曰: "良工不示人以璞, 未成篇, 何必見之?" 卽還于申公. 申公之誹諧玩世, 已自少時如此, 鄭公之忠厚掩覆,

---

344) 妾: 저본에는 빠져 있으나 나, 라본에 의거하여 보충함.
345) 歟: 저본에는 빠져 있으나 나, 다, 라본에 의거하여 보충함. 가본에는 '也'로 되어 있음.
346) 厓: 저본에는 '崖'로 나와 있으나 가본에 의거하여 바로잡음. 이하의 경우도 동일함.
347) 陽坡鄭公: 가본에는 '白軒李公'으로 되어 있음.
348) 手: 가본에는 '坐'로 되어 있음.
349) 以: 저본에는 '辭'로 나와 있으나 가본을 따름.
350) 鄭公: 가본에는 '李公'으로 되어 있음. 이하의 경우도 동일함.

不露人短, 尤可尙也.

上-120.

汾厓申判書, 好詼諧, 頡頑玩世. 肅廟朝, 三事有缺, 有一宰拜相之說, 盛行於世, 而其人人望之外. 是時, 申公方爲戶判, 上有明朝大臣命招, 卜相之命. 申公方坐衙度支, 亟令人待候於領相金公壽恒家, 如有尊客之來, 使卽告知. 俄而來言, "某宰來矣!" 申公卽屛去文簿, 命駕往見. 金公座定, 申公曰: "今日, 小人竊有仰告之事, 來拜耳." 金公曰: "何事[351]?" 曰: "大監試看小人. 小人家世, 不至寒微, 才望不居人下, 雖無文名, 亦足以自用, 爵秩方在孤卿之列. 今聞國家有卜相之命, 願得入參於擬望之末." 金公笑曰: "大監官位幾何, 年輩幾何, 而至今尙好詼諧? 不佞雖無似忝在大臣之列, 坐中又有崇宰有同朝廷, 遽作戲劇之言, 以相侮弄, 殊甚未安." 申公拱手稱謝, 曰: "小人出於實情, 冒死仰請, 大監不欲施行, 輒歸之於詼諧, 誠爲可悶." 金公含笑不答. 申公曰: "大監之意, 以爲卜相重大, 不可干請而得耶? 然則請辭而退." 因起作禮, 回顧其宰, 曰: "君亦聽相公所敎, 卜相不可以干請得之云, 宜同我退去!" 遂起去. 是時, 其人[352]以此沮止, 其後入相云.

上-121.

汾厓申判書䞇[353], 爲知申時, 鄭維岳爲承旨, 同在政院. 客有識鄭者, 來見鄭, 談問曰: "近日無筆, 如有院中所分者, 須分惠也."

---

351) 事: 저본에는 빠져 있으나 가본에 의거하여 보충함.
352) 人: 가본에는 '宰'로 되어 있음.
353) 䞇: 저본에는 빠져 있으나 나, 다, 라본에 의거하여 보충함.

鄭曰:"近無所得奈何?"申公瞪目熟視良久, 曰:"吾雖與客無分, 昨日, 院中分筆百柄[354], 我有所儲, 請餉之."因手啓篋笥, 以百柄所封者, 全數與之, 鄭面色如土.

上-122.

陽坡鄭公太和先君知敦寧公, 諱廣成, 卽余外王父[355]東山先生尹忠正公之外祖, 敦朴剛嚴數十年. 退老水原桑阜村. 陽坡以其長子, 身爲上相, 佩國家安危數十年, 陽坡長子參議公載岱, 替侍左右, 動靜致養. 公性儉素, 所覆木綿衾, 年久弊甚, 嘗語參議公曰: "吾身死[356]後小斂, 當用此衾." 所坐褥弊, 則移坐一邊, 令婢補綻. 敎子孫甚嚴, 其仲子左議政致和, 曾爲關西伯, 往辭焉. 適當秋穫, 公語之曰: "汝兄有子替[357]行, 汝無子, 宜往看收穫." 議政公不敢辭, 張蓋隴上, 終日坐檢不怠, 至今稱爲美事. 敦寧公福履俱全, 長子爲領議政, 次子爲京畿監司, 時第三子參判萬和登第. 陽坡將率其弟新恩及第, 歸覲水原, 上相出, 則道臣例當陪行[358], 書於朝紙曰: '領議政覲親事, 水原地出去, 京畿監司鄭某, 領議政陪行事出去.' 兄弟三人, 一時簪花. 我國每於慶筵[359], 雖官尊者, 有先進, 則輒呼而進退之. 是日[360], 敦寧公雖遇膝下之慶, 儼然不色喜, 他人不敢呼出上相. 有一家側室性慧者, 曰: "今日雖領議政, 安可不進退乎? 人無呼者, 我當呼之." 仍[361]高聲曰: "領議政呼新來!" 陽坡

---

354) 柄: 저본에는 '枝'로 나와 있으나 나, 다, 라본을 따름.
355) 父: 나, 라본에는 '考'로 되어 있음.
356) 死: 저본에는 빠져 있으나 나본에 의거하여 보충함.
357) 替: 저본에는 '潛'으로 나와 있으나 이본에 의거함.
358) 陪行: 다본에는 '陪從'으로 되어 있음.
359) 慶筵: 나, 라본에는 '慶宴'으로 되어 있음.
360) 是日: 나, 라본에는 '是時'로 되어 있음.

遂俛首趨而進, 其榮耀盛滿如此. 其後近百年, 世襲卿相, 子孫蕃昌, 冠冕綿延, 此皆敦寧公家法謹嚴[362], 勤儉世守無墜之效也.

上-123.

世之爵祿隆盛光輝一時者, 不善居寵者, 已於其身, 親見敗亡, 甚者, 誅夷刑戮, 身敗家亡, 雖不至於是者, 數世連居顯職者, 蓋鮮矣. 雖有之, 或退居田野, 或不秉權要者能之. 若世執國命權勢薰灼者, 未有不終底敗亡何? 則古語曰: '貴不與驕期而驕自至, 富不與侈期而侈自至.' 人必有大見識·大力量, 能免於此. 常人之情, 貴則驕, 富則侈, 驕侈則必亡, 自然之理也. 世之富貴者, 若是大見識·大力量, 便足以致君堯舜, 登一世於熙皞之域, 此豈可易言哉? 後世則治日常少, 亂日常多, 亂日之富貴者, 皆是驕侈放恣, 招權倚勢之類, 如是而不覆亡者, 未之有也. 東萊之鄭, 數百年世保爵祿, 至于今連亘不絶. 文翼公之孫林塘, 林塘之孫水竹, 水竹之弟, 右相芝衍, 水竹之孫陽坡兄弟, 左相知和, 陽坡之子, 右相載嵩, 相繼入相, 七世八公. 漢之袁楊, 所不及, 可謂盛矣, 而終無一人及禍者. 子孫衆多, 無不富饒, 其能善保富貴而不替, 國朝以來, 搢紳家所未有也. 大抵保身保家, 垂裕後昆之道, 無過於老子之道, 故曰: "金玉滿堂, 莫之能守, 富貴而驕, 自遺其咎, 功成名遂身退, 天之道." 又曰: "天下有三寶, 曰慈, 曰儉, 曰不敢爲天下先." 此皆老氏之旨訣. 鄭氏家法, 蓋得老氏之深者, 而世守而勿失, 此所以善於持滿而不敗者也. 外王考嘗言, "曾見陽坡公, 有書諸座右者, 曰: '言不可道盡, 事不可做盡, 福不可享盡, 留有餘不盡之言, 以養身

---

361) 仍: 저본에는 빠져 있으나 가본에 의거하여 보충함.
362) 謹嚴: 나, 다, 라본에는 '謹厚'로 되어 있음.

氣; 留有餘不盡之事, 以待後人; 留有餘不盡之福, 以遺子孫.'吾嘗[363]問曰: '此何人語也?' 陽坡答曰: '不知何人語, 而自先代書諸座右者, 故吾亦書之云云.'" 老氏之學, 全是私之一字, 雖與吾儒有異, 亦是古人所謂至道, 而久無弊者, 況秦漢以後, 老氏之道盈天下, 至今累千年, 爲老氏世界! 古來英雄賢智之士, 無一得脫其圈套者, 亦可見其道之無所不包也.

上-124.
自孝廟以後, 山人戚里, 觝排各立, 仇隙日深. 外王考嘗言, "靜觀齋李公端相, 論戚里隧道事, 後嘗侍陽坡, 語及此事, 曰: '山人戚里之怨, 至於此極, 難望更合.' 陽坡笑曰: '天下之事, 變無窮, 誠有不可知者, 安知日後山人戚里離而復合, 更有吻然無間之時乎?' 其後, 果如其言, 世事之不可知者如此." 爲敎.

上-125.
陽坡久秉國鈞, 蓋深知天下之勢, 必有伊周之臣, 遇堯舜之君然後, 可行其道. 後世臣旣無伊周, 何可責其君以堯舜? 雖有賢才, 苟無契合之昭融, 而妄有所作爲, 則事不成, 而先受其禍. 陽坡之意, 深有見於此, 故連相仁・孝・顯三朝數十年, 身佩國家安危, 多靜而少動, 有守而無變. 弘以納汙, 重以鎭物, 有才而不敢用, 有智而不敢盡. 但於國家關係之最重, 事勢之可爲者, 時出其餘而應之, 亦不自有其功. 山野之人, 目之以固位; 搢紳之士, 疑之以伴食. 雖然, 瑰才遠器, 國賴而安, 陰功厚澤, 民受其利, 如泰山喬岳,

---
363) 吾嘗: 나, 다, 라본에는 '東山'으로 되어 있음.

雖無運動之迹, 而人蒙潤而不知. 昔嘗聞先君子下[364]敎, "曾在孝·顯之際, 先君每退朝, 憂形於色, 歎吒不已, 曰: '國事如此危亡, 無日爲之, 食息不寧.'" 自今觀之, 孝·顯之世, 自是治平之日, 若觀今日, 其憂尤當如何? 誠如先君子之言, 非[365]但比今日爲治平之世, 仁·孝·顯三朝, 實是小康之日, 豈非輔相之功哉?

上-126.

陽坡爲平安監司時, 朝廷募僧獨步, 從水路奔問明朝, 令關西給送三百石米, 公遂以順字船載送. 一邊潛修狀本, 入送瀋陽, 仰達於東宮曰: '某月某日, 順字船稅米三百斛, 失於洋中, 似爲水賊所取, 請聞見於沿邊云云.' 居無何, 其船果爲淸虜所捉, 審其船形字號米斛, 正是朝鮮之物. 淸汗大怒, 召世子大君, 責之曰: "汝國必是潛通大明[366], 事將不測." 世子遂言, "前日, 有道臣狀達, 論此事者, 請出而考見." 遂搜得其狀本, 以示胡汗, 其字號及石數, 正合狀本所達. 汗以爲果是水賊所竊, 置而不問. 其消患於未萌, 多類此.

上-127.

陽坡凡於四方物情, 閭巷動靜, 隨事洞知, 擧世以爲神智. 人莫測其端倪, 而實無他奇術, 多結閭閻有智慮可信人爲心腹, 常時未嘗頻頻及門, 每曉鍾後, 其人輩連續來謁. 每招一人, 入房內與語, 各隨其所聞見, 輒告閭里事情. 一人出, 又招一人, 如是陸續, 天未明, 皆散去, 晝無至者. 此所以深得中外事情, 而來者皆得其人, 故

---

[364] 下: 가본에는 '所'로 되어 있음.
[365] 非: 저본에는 '不'로 나와 있으나 가본을 따름.
[366] 大明: 가본에는 '明朝'로 되어 있음.

聞見得實, 門庭不雜. 此則聞之伯舅判官公.

上-128.
宋尤庵, 累[367]被禮召, 以右相赴朝. 時陽坡爲上相, 尤菴造焉, 與議廟謨. 是時, 孝廟方銳意復讎, 尤庵詳論北伐之策[368], 凡治兵·繕甲·粮餉·器械, 反復區畫, 若可以有爲者, 陽坡與之酬酢, 隨問隨答, 聲聲不已. 尤菴去後, 傍人問曰: "今日所謂'復讎雪恥', 都是虛言, 卽上下之所知, 公豈不諒[369]? 而俄間, 公與右相酬酢之語, 有若實有可爲之勢, 而縷縷辨難, 其必不可成之事, 何也?" 陽坡答曰: "方今聖上聘召儒相, 艱辛造朝. 儒相之出, 只秉復讎之義, 若直以事勢之決, 不可成. 隨事防塞, 則儒相必以爲, '俗流當國, 沮戲大事, 而拂然還山, 則傷聖上必致之意, 而只成其藉口之資.' 此吾所以雖知其難成, 而未免黽勉酬應者也."

上-129.
陽坡仲子, 義谷鄭右相載崙[370], 聰悟絶人, 以明經登第, 而至老洞誦經書, 不錯一字. 一家年少, 每請學[371], 則披書窓外, 誦以教之曰: "輯註某氏之言如此, 小註某某之言如此云云." 毫髮不差. 常曰: "吾之明經, 恨不給小輩." 平日, 耳所聽, 目所見, 輒不忘, 故搢紳家忌日·生日, 無不知者. 其爲戶曹判書, 度支事務, 如絲如麻, 雖絶世聰明, 難於領略, 而公獨摠攬無遺. 且能深於物價事情, 不

---

367) 累: 가본에는 '屢'로 되어 있음.
368) 策: 라본에는 '意'로 되어 있음.
369) 諒: 다본에는 '量'으로, 라본에는 '的然'으로 되어 있음.
370) 載崙: 저본에는 빠져 있으나 가본에 의거하여 보충함.
371) 學: 저본에는 '讀'으로 나와 있으나 가본을 따름.

漏錙銖, 而亦未嘗深刻, 務歸的當, 洞達物理, 深通人情. 至今稱爲, '近世度支長, 無過於此云.' 外王父嘗言, "內兄鄭相國, 爲度支時, 有屬司文牒, 以年例請得者, 鄭兄呼吏, 語之曰: '此文報, 似是前日來呈, 已如數出給, 某月間文書, 汝宜考出以來.' 吏趨出. 吾旣詳知此兄聰明絶人, 故因曰: '其牒之某日來呈, 幾何出給, 公旣了然知之, 而何不直以爲言, 令吏考其文簿?' 鄭兄曰: '凡吾聰明所及者, 示之於吏胥, 則吾所不知處, 吏能窺測, 不知按其文簿, 據其實而論斷之爲愈也.' 余深服其識量之精確[372].'" 鄭相卽義谷鄭公[373], 於外王父爲內兄也.

上-130.

鄭相[374]爲度支時, 鍾閣失火, 必於其日懸鍾, 可以趁夕鳴鍾. 廟堂諸公, 莫不悶塞, 罔知所措, 鄭公曰: "此是度支之任, 豈以擧一國之力廢夕鍾乎? 此則我自當之, 請公勿憂也." 凡係有司之任, 各自主管, 責應者, 加意來供. 遂親自往督, 急鳩公私所儲材木, 招集百工, 督令各司, 未終日而成, 未夕而鍾已懸矣.

上-131.

義谷鄭相, 當己巳廢妃之日, 先已退去廣州義谷. 聞變急[375]搆疏, 使家人直呈政院, 已後, 於禁令之下, 兄弟在京者, 還推不呈. 公常以此爲平生至恨.

---

372) 之精確: 저본에는 빠져 있으나 가본에 의거하여 보충함.
373) 公: 저본에는 '相'으로 나와 있으나 가본을 따름.
374) 鄭相: 가본에는 '義谷'으로 되어 있음.
375) 急: 가본에는 '疾'으로 되어 있음.

上-132.

外王父忠正公, 己巳春, 已退居安山. 聞廢后之變, 急搆疏, 直呈政院, 已後, 禁令之下, 不得入其疏, 辭氣嚴正直切, 若入則必有大禍. 公期被大何結束以待, 終以未徹天聽爲恨.

上-133.

鄭相知和[376], 陽坡公之從弟, 無相望而致位三事. 少時, 以其相貌之豐碩, 人有言於陽坡曰: "禮卿亦當作相云, 如何?" 陽坡曰: "禮卿相則相矣, 禮卿而相, 則國事當如何哉?" 爲之長吁. 禮卿鄭相表德.

上-134.

外王父忠正公, 自少, 常有遯世獨立之志, 槩以時世, 已不可爲也. 是以, 未釋褐時, 已造東山之墅, 便有終焉之志. 嘗有詩, 曰: '雲作藩籬山作屛, 雲山面面白和靑. 好風一陣松濤起, 欹枕虛堂獨自聽.' 其襟韻風味, 可見. 及至庚申改紀之初, 士類彙征, 必欲致之, 群起力勸, 未免一出. 及至晚年, 常自悔歎曰: "吾庚申出脚一誤, 以致終身跪跪." 爲敎. 及至甲戌以後, 春澤輩私徑之說, 喧傳一世, 故若將浼焉. 遂決意遯世而無悶焉.

上-135.

外王父忠正公, 聰明彊記, 卓絶倫輩. 少時, 一覽『綱目』, 而歷代事實, 瞭然無礙, 七旬之後, 每擧故事, 輒誦『綱目』數行, 或數十

---

376) 知和: 다본에는 '致和'로 되어 있음.

行, 觸處洞然. 數十年前, 按節南北時, 訟獄曲折一擧, 輒誦其人名, 事理如破竹, 聞者驚歎. 晚年, 嘗自言, "平生只是一歲三冬, 讀書取科第. 少時, 見文士, 輒多輕驕儇薄之態, 心淺之, 以爲人若能文, 則皆如是. 遂不肆力於文章, 平生不以文辭自任, 故千萬意外, 忽以將任加之. 備經危機駭浪, 盡力自免, 而不能脫身, 世之到底, 危苦極矣. 自今思之, 所謂文士者, 處世差便." 爲敎云.

上-136.

外王父立朝事君, 不敢以便身, 自期燥濕不擇, 夷險一節. 壬戌, 方擇日本通信使, 航海萬里, 人皆視爲死地, 有力者厭避, 終歸於公. 公晏然不避. 其時, 相臣有素惡公者, 至以生梗於隣國爲言, 宜因此求解, 而公以爲旣曰死地, 則何可因[377]嫌而自便, 終不辭. 履溟渤如坦途, 視鯨鰐如小蟲, 怡然不以爲意. 李判書彦綱爲副, 輒自懊歎曰: "半百年一往, 百僚中只擇三人, 豈料其及於吾身哉?" 咄咄自恨不已. 公每慰解, 曰: "勿太惱心! 往來之後, 反勝於不往." 李曰: "公勿言! 曷嘗以此增其胸次哉?"

上-137.

外王父赴日本辭陛時, 肅廟下敎曰: "使臣行具之未備者, 宜各陳達." 他使臣迭相陳白, 各有所請, 忠正公獨無所言, 上曰: "上使何獨無陳請?" 公進曰: "朝廷以越海之役, 便是死地, 資裝治送, 無所不備, 無他可請者. 玆有稟定[378]者, 非曰此事之必有, 第此仰達. 島倭本自巧詐, 每以我國之背皇明事淸虜, 爲脅持之欛柄, 從前或

---

[377] 因: 가본에는 '引'으로 되어 있음.
[378] 定: 가본에는 '正'으로 되어 있음.

言, '朱氏一脉, 在於台灣島.' 此亦未必眞有, 只是欺詐我國之言. 今若又擧此事, 以爲, '汝國雖力弱臣虜, 常有不忘皇朝之意.' 今朱氏餘派, 在於台灣, 何不通信奔問云爾, 則事機重大, 不可以一時使臣之意, 依違答之事, 宜嚴加斥絶. 請詢大臣講定, 何如?"上曰: "大臣之意, 何如?"相臣齊言, "此則何可依違答之? 似當明言斥絶矣."肅廟亦以爲然. 槩先時, 湖南有漂海唐船, 稱皇明後裔, 方居島中, 渠輩冠服不變云云. 請勿捕送燕京, 而其言不可信, 假令如此, 我朝丙子以後, 畏約日深, 强虜頻生釁隙, 凌暴無數[379], 那得不送? 遂送之. 其人輩至燕, 但稱居在遐陬, 未及剃髮. 淸皇遂放還之, 亦未知其言之虛實, 而我國士論, 一時噂沓至. 靜觀李公端相, 詩曰: '南國浮査海上來, 紅雲一孕日邊開. 千秋大義無人識, 石室山前痛哭回.' 槩淸陰金文正, 以尊周大義, 名重一世, 俎豆於石室, 而文谷[380]金領相壽恒, 以其孫爲首相當國, 捕送唐人, 故譏之如此也. 公慮其不先稟定於朝廷, 或遇倭人之嘗試, 而以己意斥之, 則必致浮議之紛然, 故爲此也. 及其引對罷出, 李判書彦綱歎曰:"我輩只爲一身之行裝, 各有所陳, 而公乃邈然無一言, 及此乃慮, 吾輩意慮之所不到."人之愚智, 相懸如是哉!

上-138.

外王父奉使日本時, 朝廷以近年萊府館倭, 或多闌出, 或多違越約條, 弊端百出, 令使臣周旋於彼國, 申定約條. 大抵島倭, 狡獪變詐, 難以理奪, 我國之所求, 必不順從, 輕發而見格, 則反爲辱命. 況且對馬島, 絶遠於江戶, 其國命令有不行者, 而兩國交際, 則對

---

379) 數: 가본에는 '算'으로 되어 있음.
380) 谷: 저본에는 '正'으로 나와 있으나 가본에 의거함.

馬島主居間主管. 凡違約作弊之事, 皆出於對馬島, 而江戶之所不知, 如欲周旋於對馬島, 則輒藉重本國. 若又發之於江戶, 則又恐其從中慫慂沮敗, 亦宜十分愼密. 蓋非一時使臣所能料度講定, 然旣有朝命, 不敢不自盡吾心, 而左思右度, 終覺難處. 舟中遂招譯舌之敏悟慧点習於機密者朴再興, 指授方略, 俾與護行差倭及通事倭, 酬酢之際, '以汝輩居於兩國之間, 近來因循放恣, 約條漸弛, 前後違法犯禁, 爲弊於本國者甚多. 今者, 使臣至江戶, 與汝國執政, 修明約條, 痛革舊習, 汝輩前後不法之事, 必多發現. 我則與汝輩, 情意親密, 故不得不言之.' 倭輩必無驚畏之意, 如是者, 槩以使臣之與執政語, 兩國譯舌居間故也. 若如此, 則因其言端之發現, 又曰: "使臣爲此大事, 豈用譯舌? 將與執政對坐, 尋丈之間, 各以文字手書往復, 我輩何敢居其間乎?" 以此爲言, 觀其氣色以告, 再興果來, 告曰: "一如相公所敎言及倭人, 頓無驚悶之色, 但曰: '使臣老爺, 雖欲爲之, 凡事皆在吾輩之手, 曷能有害於我輩? 宜與我輩謀事, 事可成矣.' 小人又如下敎答之, 始聞而大驚, 憂悶之色滿顔云云." 公遂令再興, 歷擧渠輩過失而怖之. 倭輩遂驚懼, 晨夜切懇於再興, 曰: "此後凡事, 雖非變通於江戶, 我輩當一從敎令而奉行, 此意懇達於使臣老爺. 勿爲此擧, 君須爲我輩, 從中宣力[381], 俾無罪責云云." 再興以其言續續[382]來告, 又敎以初則嚴辭斥絶, 而連日酬酢, 觀其氣色而後, 略許以當觀勢周旋[383], 而我何能容力爲言. 再興如其言, 語之曰: "汝觀使臣老爺氣像, 我輩豈可以贊一辭乎?" 如是恐之數日, 倭輩朝夕拜[384]謁使臣之際, 顯有憂色.

381) 宣力: 가본에는 '周旋'으로 되어 있음.
382) 續續: 가본에는 '連續'으로 되어 있음.
383) 周旋: 가본에는 '宣力'으로 되어 있음.

再興始如所教許以周旋, 又每稱,'老爺一定之後, 堅確不撓.'極言
其難奪之意. 又行累日, 倭人益自着急, 槩此事知者多而見泄, 則
又必狼狽, 故曾不言及於兩使臣. 朴再興之昏夜密告, 倭人之朝夕
憂遑, 多露幾微, 副使輒言, "上使與譯舌謀議, 何事? 恐其見賣於
巧倭云云." 而以不與相議, 頗有不平之色, 公不得已從容言之, 俾
勿露幾微, 以觀事機. 倭人日日哀懇於再興, 再興始以江戶則絶
遠, 馬島則³⁸⁵⁾最近, 凡係交隣之事, 皆在馬島與通事, 決不可失其
心之意, 縷縷懇達, 使臣老爺嚴確難動之意, 連日爲言. 過數日, 又
言其庶有挽回之望, 而如是累日, 幾至江戶然後, 始言快許勿發之
意. 是後, 倭人顔色, 顯有喜色. 及其回程, 還到對馬島之後, 始招
島主及諸倭, 厲聲嚴責曰: "汝罪汝果自知乎?"因具言前後館倭之
橫逸, 及其他違約犯禁之事, "以此, 朝廷之議, 或多以爲交好, 不
可復全, 上意堅定. 何可以微事失歡, 羈縻至今? 此皆非江戶之所
知, 無非汝輩之罪, 吾若變通於執政, 則汝輩無遺類矣. 特以江戶
遠而馬島近, 不可失其歡心, 隱忍而歸, 汝輩今可依吾言爲之乎?"
倭人皆叩頭言, "死罪!"僕僕稱謝, 謹當惟令是從. 公於是, 條列其
凡諸弊端, 一倂革罷. 自今以後, 申明約束, 刻於木札, 使懸於倭館
之外, 倭人無不感服, 一如所敎, 歡聲如雷. 其後, 前患遂絶, 至今
賴而不廢其約. 公每言此事, 因曰: "夫子云:'忠信可行蠻貊.'且吾
平生, 未嘗有一毫欺人之事, 況奉使蠻夷! 尤宜一以誠信, 相與使
孚於異類, 而初旣知不可發之於執政, 而令譯官, 以此恐喝. 雖非
吾自欺之, 使人以權謀怵之, 殊非信及豚魚之義, 此爲平生之愧."
爲敎.

---

³⁸⁴⁾ 拜: 가본에는 '來'로 되어 있음.
³⁸⁵⁾ 則: 저본에는 빠져 있으나 가본에 의거하여 보충함.

上-139.

　外王父赴日本時, 舟中我國人, 輒[386]稱倭, 公嘗責之, 曰: "日本人稱汝輩, 每曰朝鮮人, 汝輩亦宜云日本人, 可矣. 每稱倭, 何也?" 倭人感服, 在船艙而聽之者, 皆[387]咄嗟曰: "何但稱倭, 每言倭奴, 豈不可恨?" 櫱亦感喜之辭.

上-140.

　外王父赴日本, 氷蘗之操, 倭人至今傳說, 而獨我國所無之物, 欲取種, 流傳於邦內. 倭栗之大, 可數寸者, 及白鷳一雙, 有一太守饋之. 栗則來種我國, 至今猶有存者, 累年而後, 其體漸小, 而比我國栗尙大. 白鷳則公云: "只爲取種故持來." 旣以思之, 若或至京而聞於九重, 貽累聖德, 則大段難處, 故到尙州, 留付尙牧使之保護, 而永其傳. 時李憪方爲尙牧, 答云: "俟公休退安山, 吾當載白鷳而往." 其後, 爲狸奴所噬云. 公嘗言, "曾見李白詩云: '白鷳白如錦.' 東方人引用曰: '白鷳白如雪.' 今見白鷳狀如雉, 皓白之中, 有紅紋微細, 遠見只是白雉, 近看紅縷成紋, 如錦之稱. 自是實際語, 東人之改作如雪, 只緣不見其狀也. 唐人劍詩云: '碧鵝淬花白鷳尾.' 其尾强而長, 形如環刀云." 又求枇杷小樹, 種於盆, 欲傳於我國. 東平尉鄭公, 外王父從弟, 以爲, "此若廣布我國, 誠爲奇幸, 必須善於栽培花木者, 可樹而成. 沈靑平益顯, 有花癖, 且多器具, 可善養, 乞幷賜我, 我當給靑平, 待其長而分種, 則好矣. 其後, 潦水墻壞盡折之. 曾聞, 枇杷木在東萊民家, 太守每數其實而索之, 民不能自堪, 潛開其根之土, 剝皮而枯之. 今又以五樹, 皆種於靑平家

---

386) 輒: 가본에는 '每'로 되어 있음.
387) 皆: 저본에는 빠져 있으나 가본에 의거하여 보충함.

而折之, 終不可[388]爲我國之有歟! 可異也. 枇杷[389]如杏而大, 味酸甘多水云."

上-141.

外王父又云: "日本有所謂'孟宗竹'者, 中實無孔, 其堅如鐵, 正合作軍器. 又有所謂'金竹'者, 其體與全身與葉, 眞黃如金. 兩種俱不產於我國, 金竹只是翫好, 而孟宗竹可資兵器之用, 故求其種, 而倭人不與, 故不得携來[390]." 爲敎.

上-142.

外王父自日本歸時, 舟中見一鴈, 賦詩云: '一鴈飛飛任所如, 海天遼闊白雲舒. 吾今幹事歸程穩, 不用憑渠進帛書.' 其胸次之廣[391], 氣像之遠, 可見.

上-143.

忠正公[392]使日本還, 嘗言, "日本源家康, 滅平秀吉後, 欲生永久世襲之意, 定都於其國之極東, 所謂'江戶'者. 六十州之太守妻子眷屬, 皆置江戶如質子, 而使其太守, 一年出居於各其所莅之州. 翌年, 還與妻子居, 而又翌年, 復出其州, 槩爲其不敢捨妻子而叛也." 公每以爲其法甚固, 國中旣不生釁, 則必不侵及他國, 倭虜之變, 可無慮矣. 聞者或曰: "跋扈者出, 則豈恤妻子乎?" 公答曰: "不恤

---

388) 不可: 가본에는 '未'로 되어 있음.
389) 枇杷: 가본에는 '實'로 되어 있음.
390) 來: 저본에는 빠져 있으나 가본에 의거하여 보충함.
391) 廣: 가본에는 '曠'으로 되어 있음.
392) 忠正公: 가본에는 '外王父'로 되어 있음.

妻子者, 雖出一人之外, 豈其多哉? 事機轉變之後, 雖不可知, 此
法未變之前, 吾謂必不爲隣國患矣." 大抵近世之人, 或因符識, 人
莫不以南憂爲疑. 故公壬戌使日本, 還後甲子, 嘗閑坐, 倭譯朴再
興來, 謁曰: "小人方以渡海譯官, 入對馬島, 而兵判大監, 以右議
政分付, 出給天銀一千兩, 使之往探鄭錦消息云云." 公方臥聞此
言, 大驚蹶然起, 曰: "是何言也? 倭虜巧詐, 雖非探問, 輒做虛言,
以誑我國, 汝與我往日本時, 何嘗有鄭錦消息乎? 其時, 我國人問
之, 則倭人答以鄭錦在海島中, 與琉球國戰, 而奪其寶貨, 日本起
兵救之云云. 而其所爲說, 全不近理明, 是以, 謊說誑我, 只此而
已, 邈然更無所聞. 今汝以銀[393]貨探問, 則彼必譸張虛說以誑之,
其說一出, 必將擧國鼎沸, 乃千金貿得虛言, 震驚一世之人心, 以
人心一動之實難定, 此何擧措?" 再興大驚俯伏, 曰: "小人將死矣!"
公曰: "汝何爲死哉? 將相出銀偵探, 汝有何罪? 謀國如此, 只可仰
屋." 再興辭去釜山. 後倭書契果至, 稱鄭錦擧兵將來, 朝廷震動,
上下驚遑. 公遂以與朴再興酬酢之言, 陳達於榻前, 大臣以爲, '此
殊不然, 朴再興尙留釜山, 未入馬島, 而倭書出來曷嘗?' 以此致
之. 公進曰: "此事臣實詳知, 再興所親通事, 倭有藤成時者, 頗機
警. 再興每與論事, 而臣方待罪禮曹, 倭人往來日期, 皆報禮曹, 故
臣輒知之. 朴再興下去後十五日, 藤成時出來, 藤成時還入去後十
五日, 倭書契出來此. 朴再興聞臣言驚畏, 恐其罪及於渠, 往釜山
後, 招藤成時, 議之倭書, 使之必趁. 渠未入去時出送, 以爲自脫之
計, 此實明若觀火, 決不可以此驚動, 以身當之." 力言挽止, 而大
臣諸臣, 猶不相信, 至請以倭書契奏聞於淸國, 以爲乞援之計. 公

---

[393] 銀: 저본에는 '錦'으로 나와 있으나 가본에 의거함.

旣明知其虛僞, 又將有此大擧措, 不勝驚駭, 極言力爭, 以爲, '前日亦以虛事, 輕奏淸國, 淸虜尙以爲探試, 嘖言不止. 今若奏此, 必大生嘗試之疑, 將成釁隙. 此若小事, 臣何必竭論至此? 而實係國家安危, 不得不縷縷爭之爲言.' 而廟議堅執不已. 公乃[394]進曰: "玆有一事, 決不可奏者, 中國人見事精詳, 未嘗泛看. 今此對馬島主[395]平義眞書契中, 所著國書, 卽頃年請於我國, 我國造給者, 我國所造, 與倭國制樣, 華人知之明甚. 若以此疑而問之, 則將答以何辭?" 於是, 大臣諸臣齊言, "此一節, 決不可奏聞." 遂止. 而一日之內, 城中如沸, 未數日輦下殆空, 扶携入山者, 相續如雲矣. 是時, 金淸城錫冑爲右相, 南相國九萬爲兵判. 其後, 一如公言, 朝野始服公明識.

上-144.

甲子後筵中, 金淸城錫冑, 請加設兩南邊將, 簇簇羅列於海邊. 忠正公[396]方爲御營大將, 竭力爭之, 以爲, "我國三面際海, 濱海而望, 何處不虞, 何處不緊畏乎? 今若以海防之疎虞, 而隨處設堡, 則必將國內騷然, 民不堪命矣. 方今已設之邊將, 其麗孔殷, 民疲於誅求, 國弊於耗費, 又何可益其數而耗國害民乎?" 肅廟下敎曰: "卿將臣, 言何爲若是?" 公對曰: "要在事理之便宜而已, 何可以將臣? 必欲設無益之防, 費有限之財, 以擾民乎! 臣旣明知其事之利害, 國之安危而不力爭, 則是不忠也. 決知其不可加設也." 淸城不能難, 遂止. 自甲子至今, 五十年之間, 海防無警, 若非公言, 是時

---

394) 乃: 가본에는 '又'로 되어 있음.
395) 主: 저본에는 '生'으로 나와 있으나 가본에 의거하여 바로잡음.
396) 忠正公: 가본에는 '外王父'로 되어 있음.

加設之數, 殆將半百. 五十年之間, 半百邊將, 所需幾何? 其蠹國害民, 何如哉? 公之智, 裨國事於無形之地; 公之惠, 抒民力於不知之域, 而人無有知者, 可嘆.[397]

上-145.

左議政老峯閔公鼎重, 才猷敏達, 諳練事務. 外王父忠正公, 以廟堂有司之任, 同時在朝. 凡有所論, 列事理之是非得失, 他相多未領會, 獨閔公輒欣然契悟. 每於心會處, 必噴噴嗟歎曰:"是矣, 是矣!" 隨事必諮, 有言必從. 外王父晚年, 未嘗不稱之, 亹亹不已, 以爲有知己之感. 其[398]後, 老峯爲己巳群小所搆誣, 竄歿於西塞, 慘矣! 老峯卽驪陽國舅之兄, 是時, 仁顯王后遜處私邸, 戕害后之叔父如此, 是可忍也, 孰不可忍也? 雖然, 逢迎上意, 廢黜母后之賊, 又何可責哉?

上-146.

外王父忠正公,[399] 嘗奉使日本, 老峯閔公[400]問曰:"禮段銀, 公將何以處之?" 忠正公答曰:"此事實爲難處. 古人有投諸海者, 或有移充公木還給倭國者, 所謂投水無可憑準, 極涉可疑. 移充倭貢, 身得美名, 國受其恥, 寧持歸[401]而給於[402]度支, 使用公費, 實甚便好. 而雖然度支, 如或上達, 若命使之領受, 則其狼狽如何哉? 此

---

397) 可嘆: 저본에는 빠져 있으나 가본에 의거하여 보충함.
398) 其: 저본에는 빠져 있으나 가본에 의거하여 보충함.
399) 外王父忠正公: 나, 다, 라본에는 '東山'으로 되어 있음. 이하의 경우도 동일함.
400) 閔公: 가본에는 '閔相國鼎重'으로 되어 있음.
401) 歸: 나, 다, 라본에는 '來'로 되어 있음.
402) 於: 가본에는 '付'로 되어 있음.

所以爲難處也."閔公曰:"公之[403]言,誠是矣!何不如是行之?"公答曰:"若有領受之命,則公能陳白還寢,而使歸度支,則當如敎."蓋閔公方任時相故也.閔公笑曰:"此則似難矣."公答曰:"然則雖有慊於國體,移充倭貢之外,似無他道矣."及歸三使臣,禮幣沒數,留之萊府,使充倭貢.道遇[404]嶺南之民,千百爲群聚會,路傍上手稱謝,歡聲如雷.公爲駐車,召民人問曰:"汝輩所謝者,何事?"民人曰:"聞老爺以倭國禮叚[405]銀,移充倭貢,以蠲一道民役,故來謝耳."公曰:"不然.倭國禮幣,留之萊府,以充公用,其減上納與下納,未可知,惟俟國家處分,我何可私減民稅?汝輩誤知,宜退去."民人輩憮然自失而去.槩與倭講和之後,嶺南貢稅分半,給倭納於國者,謂之上納;給倭者,謂之下納.槩以此充倭貢,不蠲民役,則下納少[406],而上納多,故不欲作私惠,欲其德澤之歸於國家[407],如是爲言也.及其復命之日,白于上曰:"使臣禮叚,使充倭貢,嶺南民人來謝於道傍,臣果答之如此.雖然,今年通信使往來,嶺南勞役多矣.朝家若以此蠲減民役,則庶償其勞矣."上命依其數,特減嶺南貢稅,其實皆公之惠,而南民[408]終不知.此誠古人之事,世之爲方伯守令者,莫不煦煦,然爲私惠滔滔者,皆是,或至恩歸於己,怨歸於國者多矣.其視公此擧何如哉?

---

403) 之: 저본에는 빠져 있으나 나, 다, 라본에 의거하여 보충함.
404) 道遇: 저본에는 빠져 있으나 라본에 의거하여 보충함. 가본에는 '途間'으로, 다본에는 '適逢'으로 되어 있음.
405) 叚: 다본에는 '緞'으로 되어 있음.
406) 少: 저본에는 '小'로 나와 있으나 라본에 의거함.
407) 國家: 가본에는 '上'으로 되어 있음.
408) 南民: 나, 다본에는 '嶺民'으로, 라본에는 '嶺南民'으로 되어 있음.

上-147.
閔右相鎭長, 老峯之子也. 性至孝, 隨侍老峯, 至謫所. 凡左右就養, 及旨物之養, 無不自盡其誠. 及其遭艱, 謫所返櫬之際, 哀毀哭泣之節, 一路觀者, 莫不嗟嘆, 爲之流涕, 關西之民, 至今稱之爲'閔孝子'. 其母夫人, 平生抱病, 或不省事, 故閔公常時晝夜侍側, 如櫛髮饋飯之節, 手自親執, 不敢少懈. 遭罹乙亥·丙子大侵之災, 以賑恤主管堂上, 殫心竭力, 饋粥給糧, 所濟活甚衆. 連以兵·戶判, 專掌國家機務, 夙夜盡瘁, 未能享壽, 終歿於其母夫人膝下, 可謂有忠孝大節也. 其後, 筵臣白上, 命旌其閭.

上-148.
老峯閔公, 當辛亥大饑, 以賑恤主管堂上, 忘身殉國, 竭力濟活. 是時, 國內大饑, 八路流民, 襁負其子, 咸聚京師, 留接於郊外, 如雲如海. 公逐日親自臨視, 饋粥給糧, 莫不各適其宜, 饑民輩左餐右粥, 得以全活. 時癘氣彌滿, 疾疫無數[409], 公連日薰染, 因得天行病, 終不臥調, 强疾自力. 五月, 着貂皮煖帽, 逐日出往郊外, 坐而退熱, 其誠意之勤篤, 氣稟之剛强, 至今稱之. 甲戌·乙亥, 又遭大歉, 三年荐饑, 有甚於辛亥, 而老峯之子右相公, 又當賑恤之任, 能繼舊迹, 至誠濟活, 都民稱之. 古人謂, '三世爲將, 道家所忌.' 槩以其殺人之多, 恐有陰禍也. 昔于公曰: "活千人, 子孫有封, 因高大其門閭." 然則殺人而遘禍, 活人而蒙福, 理之常也. 今者, 國家不幸, 運値中否, 數十年間, 再遭振古所無之凶荒, 而公之父子, 前後當國, 竭誠救活, 論以常理, 是宜有報施之道. 子孫繁昌, 而老峯只

---

[409] 數: 가본에는 '算'으로 되어 있음. 이하의 경우도 동일함.

有一子, 右相公生五子, 五子中兩子, 僅至三四十, 其他或不滿二十而夭札無餘. 遭詛呪[410]之變, 掘得埋凶無數, 今其後孫, 不過數人云. 理之不可知如此.

上-149.

吳始壽獄事, 槩緣甲寅顯廟大喪時, 清國致祭勅使再來. 伊時, 象胥輩傳言, 嘗問再致祭之由於虜譯, 則[411]答云: "爾國臣强主弱, 故皇上特悲, 國王受制强臣, 爲之再祭爾." 吳始壽以儐使歸, 奏其語. 及庚申更籤, 其事使使燕者, 問於其時虜譯, 則云: "伊時但言, '朝鮮兩班鼻强,' 未嘗有受制强臣之語." 終歸於始壽造言誣上, 鞫廳大臣請參酌賜死, 臺官[412]以嚴鞫正刑論啓, 忠正公[413]以大諫引避, 云: "始壽之罪, 犯人情之所同嫉, 明示典刑, 固無不可, 而第言根, 是異國之人證左[414]. 又象胥之輩, 嚴鞫之請, 亦出於此, 而始壽曾在近君之列, 亦難加以刑訊, 請貸死梏棘." 槩公之本意, 始壽憤嫉廷臣, 矯誣上, 躬則罪死無惜, 而情實終涉難明, 在獄體宜嚴刑, 象胥輩至死不服[415]然後, 可及於始壽. 其時, 象胥輩交作浮言, 媚悅當國之人. 及其時移勢去之後, 諉之於始壽, 象胥輩[416]則一辭抵賴, 而不爲嚴刑鞫問, 徑殺大臣, 獄體無據. 且不可導小主, 以殺大臣, 乃爲此啓. 大抵時議奔波, 打成一片, 凡臺啓所發, 皆循一時主

---

410) 呪: 저본에는 '祝'으로 나와 있으나 가본을 따름.
411) 則: 저본에는 빠져 있으나 가본에 의거하여 보충함.
412) 臺官: 나, 다, 라본에는 '臺臣'으로 되어 있음.
413) 忠正公: 가본에는 '外王父'로, 나, 라본에는 '東山'으로 되어 있음. 이하의 경우도 동일함.
414) 左: 나, 다, 라본에는 '參'으로 되어 있음.
415) 不服: 라본에는 '不能得情'으로 되어 있음.
416) 輩: 저본에는 빠져 있으나 나, 다, 라본에 의거하여 보충함.

論之意, 不敢以一人之見, 有所從違, 而忠正公平生志節, 元無苟
同立朝之意, 爵祿之念, 邈若雲霄, 孰能禦之? 以此, 大忤時議. 翌
年, 終不免奉使日本, 而文谷金相國壽恒, 以當國領相, 積怒在中,
陳於前席, 極言詆[417]斥, 至以生梗隣國爲言. 繄始壽貸死之論, 朝
廷一經翻覆, 戈戟[418]相尋, 實有范文正他日手滑, 吾輩亦不免之
慮[419]其實正爲. 伊時, 當國大臣, 而發金相隘塞, 不知此義, 反怒公
之崖異, 卒[420]致始壽於死, 而身亦終不免霄小之手, 可悲也. 忠正
公終無一毫介懷之意, 平生每提及金公, 則必稱文谷, 言語每加尊
敬, 沒身無異. 繄金公之於公, 六年以長; 老峯之於公, 七年以長,
兩公皆以大臣當朝. 時公職在正卿之列, 以事體極其敬待, 雖在家
言語, 必尊敬不替, 沒世如此. 其器[421]量之大, 風流之厚, 可見.

上-150.

忠正公之爲通信使也, 金相壽恒, 旣詆毁於前席, 至以生梗隣國
爲言. 而當時旣視日本爲死地, 人多厭避, 因此必遞, 則亦有故避
之嫌, 故公只數次陳疏而已. 初不介懷, 怡然就道, 歸後, 連以備邊
司有司堂上, 與金同在廟堂者數年. 備局之規, 凡係廟謨, 大臣與
有司, 參論裁決啓草, 大臣呼之, 則有司進大臣之前, 隨其所言, 而
手書草本例也. 忠正公, 嘗與從兄義谷鄭相, 從容言, 公曰: "久與
領相, 周旋於廟堂, 每進前執筆, 心常踧踖, 不敢安我. 旣不見知於
彼, 彼於心中, 以我爲不韙[422]之人, 而强與之同事, 彼將以我爲何

---

417) 詆: 라본에는 '詆'로 되어 있음.
418) 戈戟: 나, 다, 라본에는 '干戈'로 되어 있음.
419) 慮: 나본에는 '論'으로, 다, 라본에는 '語'로 되어 있음.
420) 卒: 나, 다, 라본에는 '反'으로 되어 있음.
421) 器: 저본에는 '氣'로 나와 있으나 나, 다, 라본을 따름.

如哉?"鄭公曰:"君不見領相氣色乎? 近觀其意, 顯有愧悔於君者, 隨事諮問, 有言必用極有敬服之意. 人之幾微之色, 豈不知之耶?" 其後戊辰冬, 金相遭嚴旨, 屛居郊外. 是時, 適有太祖影幀奉還全州慶基殿之事, 上特命金相陪行. 時忠正公方爲大司馬, 金相甥姪李領相濡, 於忠正公爲姻親, 金相抵書於李相云:"我之情地, 危蹙至此, 意外忽膺是命, 萬無造朝之望, 不往亦涉偃蹇, 進退路窮, 莫知所處問議於兵判以示云." 李相來傳金言而問之, 忠正公答曰:"我則此爺受是命之初, 已有所料量往役之義, 似不敢辭. 宜勿陳疏冀免, 直爲入來奉命, 往來亦勿復命, 自城外直爲退還, 則去就之義, 似爲穩當." 李相曰:"當以此相報!" 其後, 金相一如忠正公之言, 蓋其愧悔敬重之意, 可見.

上-151.

肅宗朝戊辰, 景宗誕生, 寔出於[423]儲位久虛臣民顒望之餘. 而己巳春, 上忽下二品以上, 命召會議之命, 議以王子立以爲元子. 以常理論之, 在廷之臣, 宜無異辭, 而是時, 上有廢后之志, 而恐廷臣不從, 故兇徒潛自醞釀, 挾熙載圖之. 國言喧藉洶洶, 有朝夕將發之慮, 而忽有此擧, 諸臣危怖, 莫知所對. 上敎有如以爲不可者, 幷宜退去之語[424], 故壺谷南判書龍翼, 有'退則退矣'之語, 上震怒竄之. 外王父忠正公, 以兵判入對, 晚年, 嘗語其時事, 曰:"諸臣入侍, 前席之後, 上以元子之定號, 下詢吾意, 則未及入對. 已料其爲此事, 心中預念其仰對之辭, 欲引明德王后事仰白, 今若中宮取以

---

422) 題: 가본에는 '譚'로 되어 있음.
423) 出於: 가본에는 '在'로 되어 있음.
424) 語: 가본에는 '敎'로 되어 있음.

爲子, 則便是元子別無定號之事爲言矣. 及入伏榻前之後, 竊自思之, 卽今中外洶洶[425], 壼位有朝夕難保之憂. 我若如是爲言, 而上敎萬一, 因此觸激言端, 遂及於中宮, 則是當此危懼之際, 便是因我激發. 我將爲罪首, 故不得已, 思之又思, 不敢盡其說, 因進曰: '漢之明德皇后, 取章帝爲己子, 豈非美事? 而卽今王子幼沖, 事涉太遽云云.' 退憂金公壽興, 以原任入侍, 聞此言, 欣然進曰: '我朝亦有之懿仁王后.' 未及畢說, 余於心中以爲, '我亦非不知此所引不好, 故只發明德事. 此老誤引, 必狼狽矣.' 纔說懿仁王后字, 天怒震疊厲聲曰: '此豈引證之事乎?' 槩懿仁取光海爲子故也." 外王父又曰: "有一朝臣, 伏於我後, 遽曰: '此殿下家事云云.' 余心中驚駭, 未知何許奸人, 亦不讀書, 不知事之出處, 而爲此言也. 不覺回首而視之, 乃睦林一也."

上-152.

外王父忠正公, 氷蘗之操, 特其餘事, 而惟恐人知之淸白, 只是平生主意. 前後居官, 內則常祿外無一物用手, 外則喫飯之外公家物, 不敢私用爲心, 故累典雄藩, 先墓一片石, 不敢生意經營. 常自言, "江都留守, 極是厚祿, 而與京官, 同逐朔頒祿, 便是常廩心欲經營碑役. 每月初, 除出朔料數石, 別置私庫, 而兩弟在京, 貧無以爲生, 不得已使之逐朔送馬載去, 故終無餘者." 爲敎. 己巳休退之後, 家屬窮, 無以自活, 如貂帽·金帶·章服之屬, 盡數斥賣以過.

上-153.

外王父忠正公, 自少不喜華美, 所着衣服, 只從家人所進而着

---

[425] 洶洶: 가본에는 '洶懼'로 되어 있음.

之, 不自知其新舊美惡故. 曾爲嶺南伯, 是時, 嶺伯除絜[426]眷, 故家眷不得往, 而凡四時衣服, 皆自家中造送. 嘗製寄寒衣, 恐道間霑濕, 翻其表裡而裏送. 及其經冬入春之後, 始脫而還送, 家人見之, 因當時所送, 反其表裏而着之, 已垢弊矣. 表從祖左議政尹公, 爲北伯時, 率往其庶母, 庶母適送布之有黃色而極細者, 於外家家人製袍以進, 忠正公不知其爲何物, 而着之. 徐領相文重, 平生喜華侈, 故潛因連家人, 問其出處, 求覓而服之, 習性之異如此.

上-154.

外王父四五歲時, 一日, 姑母蔡湖洲夫人, 忽送人招之, 出示象牙扇子一柄, 制樣窮極奇巧, 仍曰: "有人賣此, 請以僧頭扇十柄易之, 將欲買而給汝, 故[427]招之." 忠正公以四五歲兒, 便棄擲不顧, 請勿買, 湖洲夫人喜, 曰: "小兒亦不好, 此誠奇事." 因還給其人而送之. 槩自少天性如此. 公晚年, 手把白僧頭扇, 皆已垢弊, 兒子芝秀兒時, 適進前, 擧扇[428]與之, 曰: "此扇吾把三年矣, 給汝曾孫." 爲敎. 其事稀貴藏之, 至今以示後孫云. 常敎子孫, 曰: "晏子一狐裘三十年, 不但儉德而已, 亦出於着之之精. 年少輩, 不可放倒散亂衣裳." 爲敎.

---

426) 絜: 가본에는 '挈'로 되어 있음.
427) 故: 저본에는 빠져 있으나 가본에 의거하여 보충함.
428) 扇: 가본에는 '手'로 되어 있음.

下-1.

徐孤青起, 沈相悅之奴. 沈相母夫人寡居, 嘗以事命杖之, 翌日, 喝道之聲, 頻頻到門, 夫人問曰: "吾家外無主人, 何爲有車馬之客耶?" 侍婢曰: "客爲見徐奴來矣." 夫人招問之, 起對曰: "昔嘗納拜於士大夫, 聞小人之受罪, 或賜臨訪矣." 夫人曰: "然則汝識字乎?" 對曰: "略解文字耳." 夫人曰: "然則汝自今敎兒讀書." 沈相兒時, 孤青敎之, 輒俯伏敎之. 其後, 欲許從良, 孤青曰: "奴主旣有定分, 若從良則便是犯分." 辭而不受. 晚年, 學行甚[1]高, 居公州孤青峰下, 買朱子畫像於燕京, 立祠祀[2]之, 朝夕瞻拜, 卽今孔巖書院, 是也. 其後, 多以其地諸賢配享, 而孤青歿後, 以地卑不許配享, 別立祠宇於其傍. 蓋[3]出於重名分之意, 而古之聖人, 雖在夷狄, 善則進之, 苟有賢德, 又何論其卑賤[4]哉? 東人之不能達觀, 如此.

下-2.

宋龜峯翼弼, 祀連之子也. 其母甘丁[5], 安相瑭之婢也. 祀連附麗凶黨, 搆成士禍, 故事定後, 安相家痛嫉祀連, 追捕龜峯, 龜峯逃匿自免. 槩其風儀秀而講學明, 一時諸賢, 無不捨其地分, 而與之友, 栗谷至寫其母甘丁神主, 友道無間. 龜峯抗然[6], 不以卑微爲畛[7]域,

---

1) 甚: 나본에는 '盍'으로 되어 있음.
2) 祀: 라본에는 '祭'로 되어 있음.
3) 蓋: 나, 다, 라본에는 '雖'로 되어 있음.
4) 卑賤: 라본에는 '貴賤'으로 되어 있음.
5) 甘丁: 가, 나, 다본에는 '蘭貞'으로 되어 있음. 이하의 경우도 동일함.
6) 抗然: 나본에는 '慨然'으로, 라본에는 '恬然'으로 되어 있음.
7) 畛: 나본에는 '界'로 되어 있음. 서로 통함.

每於士大夫, 皆作平交. 其抵李相山海書, 至稱'汝受拜狀, 領相記室'. 嘗請與栗谷爲婚姻, 栗谷正色, 曰: "我國名分至嚴, 君何爲[8]發此言耶?" 則曰: "此是叔獻未能免俗處." 其越分自傲如此. 其立身規模, 正與徐孤靑相反, 當時聞者, 無不忿嫉. 延平李貴, 卽栗谷門人, 常[9]憤罵曰: "吾師何爲與宋祀連之子交好? 我見必辱之." 栗谷每笑曰: "君特不見, 若見則必不如此[10]." 其後, 適於他家座上, 聞龜峯之來, 大怒盛氣而待之. 及其入, 不覺蹴然起與之語, 神貌洒落, 言論高爽[11], 亹亹不已, 不知日之改砌. 槩其質行, 雖不及孤靑, 襟期風韻, 有足以動人者歟!

下-3.

金業男, 龍溪止男之長兄, 以能文有聲, 場屋而落拓不第. 嘗爲南路督郵, 許筠以禮曹參議, 爲安胎使過去, 金以公體候之, 筠曰: "察訪策問名世, 願一見之." 金以殿執策各一卷, 示之, 筠對坐[12]手翻其冊, 一一計其葉數而還之, 金心怒, 曰[13]: "旣不欲見, 則初何以求之?" 其後, 月沙以太學士主試, 筠爲考官, 一試券入, 筠[14]卽曰: "此長者之作也." 月沙疑其有私, 輒疵之, 筠每曰: "此儒長者儒, 何毀之?" 月沙尤疑之, 摘其瑕纇而落之, 筠但嗟惜曰: "長者儒落矣!" 夜歸其次, 同僚問之, 筠曰: "此是金業男之作, 吾故以渠家長者累累[15]告之, 終落之, 吾何知?" 蓋金卽月沙之表叔故也. 僚曰: "何以

---

8) 爲: 다본에는 '敢'으로 되어 있음.
9) 常: 나, 라본에는 '嘗'으로 되어 있음.
10) 如此: 다본에는 '罵'로 되어 있음.
11) 高爽: 라본에는 '高明'으로 되어 있음.
12) 對坐: 나본에는 '對面'으로 되어 있음.
13) 曰: 저본에는 빠져 있으나 나, 라본에 의거하여 보충함.
14) 筠: 다본에는 '許'로 되어 있음. 이하의 경우도 동일함.

知之?" 筠曰: "吾以安胎使行過時, 見其殿執策各一卷, 故知之." 筠之[16]才藝, 絶人如此. 後金又赴殿試, 其弟龍溪爲枝查同官, 搜得其兄作, 燭下讀之, 曰: "吾兄今始大闡矣." 又讀之, 驚曰: "逐條一句見[17]落, 將奈何?" 其同爲枝查者, 亦親友, 亦曰: "可惜!" 遂以朱筆傍書八字. 金果以壯元見擢, 及發其本草, 朱書八字遂露. 蓋我國科擧之規, 恐考官之以筆蹟行私, 試闈[18]收券之後, 以朱筆易書他紙. 又以文臣別定枝同查同官, 交讀而互準, 書於本草曰'枝同', 朱草曰'查同', 而上其朱草於考官而考之, 藏其本草, 坼榜後出而準之, 例也. 鎖院中, 禁墨以防奸, 故寫以朱筆也. 事覺後, 朝廷下吏查之, 金拔榜, 其弟與友俱竄, 金歎曰: "吾老而不休, 使弟與友獲罪, 何心應擧?" 遂止. 科第卽人窮達之機括, 故係關命數, 如此. 金嘗詠牧丹有詩, 曰: '觀於海者難爲水, 始信鄒賢語不誇. 晴牕朝日看渠後, 開眼東風未[19]見花.' 詩亦可誦, 足以知其非徒場屋之士也.

下-4.

孝宗朝, 南谷李參判時楳, 爲殿試考官. 湖洲蔡判書裕後, 借落券一[20]軸, 燈下盡閱十幅, 得一券讀之, 而驚曰: "此文何爲見落?" 三四讀擊節不已, 俄而曰: "以'中身受命', 見[21]落矣." 蓋孝廟長成之後, 入承大統, 故殿策中借用'文王受命惟中身'之語, 以此見落云者. 蓋以文王五十爲中身, 孝廟卽祚, 不及是年, 故語上躬處, 不可

---

15) 累: 저본에는 빠져 있으나 나, 다, 라본에 의거하여 보충함.
16) 之: 저본에는 빠져 있으나 나, 다, 라본에 의거하여 보충함.
17) 見: 저본에는 빠져 있으나 나, 다, 라본에 의거하여 보충함.
18) 闈: 다, 라본에는 '闊'로 되어 있음.
19) 未: 다본에는 '不'로 되어 있음.
20) 一: 라본에는 '十'으로 되어 있음.
21) 見: 저본에는 빠져 있으나 나, 다, 라본에 의거하여 보충함.

牴牾也. 翌日, 南谷過湖洲, 湖洲於南谷[22]曰: "令公[23]輩, 掌試取士, 國家倚任, 何等重事, 而落券有名作而不收? 吾只見十幅尙如此, 則其他可知安在其委寄之意也." 南谷曰: "寧有是理? 請出其券." 湖洲口誦其頭辭, 南谷曰: "然此果佳作宜鬼擢, 而只以'中身受命' 四字爲未安, 終不敢取, 甚可惜也." 因自誦其逐節十餘行, 或數十 行, 爲之嗟嘆不已. 前輩之重選擧, 精考試如此, 能口誦旣落之券, 何等聰明, 何等愛文之誠? 今世之考官, 旣不辨豕亥, 又厭看讀, 惟以汲汲收殺, 坼榜爲心. 文之工拙, 科之立落, 一不經意, 紛紜塲 堜, 畢竟不知, 何如而得參, 何如而見屈? 若使前輩得見今日, 當 以爲如何哉?

下-5.

許筠才華逸, 而性極奸回. 嘗入文臣庭試, 必欲取壯頭, 無他强 敵, 惟車天輅, 長杠巨筆, 作引表則不可當. 入場往見車, 紙頭已寫 原夫, 寫得滿紙, 筠游辭爲言曰: "此與儒生科試有異, 引表似太多 事, 未知如何?" 車曰: "誠然." 遂抹去, 更做單表. 筠則心中初已搆 思引表, 良久, 更往車所, 問曰: "嚮者, 吾意如此故云, 然周行場 中, 做引表者多矣. 我則欲改前見, 更做引表而旣止, 車校理未知如 何?" 車曰: "何傷? 更做引表, 可矣." 遂擢壯元, 其機巧詐譎如此.

下-6.

尹南陽㯹, 少時嘗謁聖科, 夢遇宿稿, 批點三句書等, 三上爲壯 元. 入場, 果出夢中所遇之題, 曾所著者, 心獨喜自負, '此科壯頭,

---

[22] 於南谷: 저본에는 빠져 있으나 나, 다, 라본에 의거하여 보충함.
[23] 令公: 나, 다, 라본에는 '君'으로 되어 있음.

非吾而誰?' 遂點竄[24]舊作, 鍊之又鍊. 且尹公素善書, 手自精寫, 曰: "當今見吾券者, 稱爲眞壯元也." 時刻漸至, 諸友左右催之, 尹公徐曰: "壯元在此, 時刻豈[25]盡?" 精寫字劃, 略不搖動, 焂焉時過, 驅出士子, 終不及呈券而出. 其後累年, 成均館巡題, 又出其題, 批三句, 得三上居首, 一如夢中. 未知其科, 呈券則當捷, 而人事未盡, 不能得耶? 抑科事窮達所係, 必有前定, 此特神有以戲之耶?

下-7.

童土尹公舜擧, 八松文正公煌之子也. 性忠厚, 爲[26]文章, 極力尙奇, 或沈思累日, 雖寒溫, 書帖不用凡俗文字. 八松嘗令倩寫答連山太守[27]書, 令寫[28]'謝狀上連山衙下', 尹公[29]曰: "此甚凡俗, 不忍[30]寫也." 沈吟良久, 書曰: '復狀上艮衙下.' 復艮卦對及上下對, 而艮取連山之象也. 筆札多類此, 又善草書, 飛動如生, 寫時運筆異常, 其左右飄撇, 上下騰拏之勢, 人皆聳觀. 至今眞蹟多藏人家, 傳爲名筆翰如神[31]. 以其綴文苦澁, 每赴擧, 輒曳白, 其婦翁每誚之, 曰: "君雖作珠玉, 不得呈券, 何用哉?" 其後, 嘗一入科場, 適意通, 速成精寫畢, 愛玩良久, 曰: "此甚可惜, 不忍投呈於亂軸中, 當出而誇於婦翁." 持歸而不呈, 聞者齒冷.

---

24) 竄: 라본에는 '擶'으로 되어 있음.
25) 豈: 다본에는 '旣'로, 라본에는 '幾'로 되어 있음.
26) 爲: 다본에는 '篤'으로 되어 있음.
27) 太守: 나, 다, 라본에는 '倅'로 되어 있음.
28) 寫: 다본에는 '書'로 되어 있음. 이하의 경우도 동일함.
29) 尹公: 나, 다, 라본에는 '童土'로 되어 있음.
30) 忍: 나, 다, 라본에는 '可'로 되어 있음.
31) 翰如神: 저본에는 빠져 있으나 나, 다, 라본에 의거하여 보충함.

下-8.

李掌令性恒, 於先王考從叔也. 平生夢多奇中, 嘗以正言詣臺, 忽謂同僚曰:"吾平生有夢無不中, 今日之夢, 必不中也."同僚曰:"何謂也?"李公曰:"夜夢詣臺, 長官自書啓草, 必無此理, 似不中也."大抵臺規, 末僚寫啓故也. 俄而, 文谷金公壽恒, 以大諫入來, 出示袖草, 因曰:"草暗而長, 日已向晚, 我當自寫."坐中皆笑, 金公曰:"何笑也?"遂說李公之夢, 金公亦笑. 其在南漢圍城中, 夢製敎文一句, 曰:'雖抱白登之羞, 董免靑城之辱.'城中以此, 賴以爲安. 下城後, 頒敎文用此句云.

下-9.

李仁川坙, 掌令之子也. 性豪俊不羈, 能文章, 落拓不第. 己巳前, 退居鄕里, 甲戌後, 牽復而終不起. 嘗有駿馬, 驛人買去, 累年後, 轉賣於他人, 瘦疲不可售. 李公之子讓錫, 知其尙駿也, 以綿布十五疋易之, 數月善喂, 便復舊. 驛人載綿布五十疋, 請買之, 公謂其子曰:"此馬雖駿才如舊, 自初賣時, 已過六年, 其年已老, 不可取多價, 只受買來之價十五疋而給之, 可也."俄而, 驛人請謝, 縷縷稱謝不已, 曰:"郞君還其價十五疋, 天下寧有如許[32]廉士夫乎?"蓋其子初受五十疋, 以父敎不得已還其十五疋, 驛人猶感謝如此也. 公聞之, 召其子, 大責只受十五疋, 而還其三十五疋. 又嘗以其婦家, 分來之田, 給庶妹, 其卓犖奇偉之行, 可傳於後者甚多, 不能盡記. 嘗於乙亥·丙子年間, 邦內大侵, 米斗百錢, 隣有巨富, 載稻三百斛, 從海路賣於京者. 公嘗與其人友善, 臨行來別, 公問曰:

---

[32] 許: 가본에는 '此'로 되어 있음.

"吾家外方庄穀三十石有至京者, 君須留與我三十石, 準其數, 推於京第." 公信義孚於鄉, 其人不疑, 卽載送三十石, 請受答書推於京, 公曰: "吾子在京, 君亦親往, 直以吾言推之, 可也." 其人至京, 問其子, 其子曰: "元無在京之穀矣." 其人歸言其故, 李公曰: "君與我隣居幾年, 豈不知我家無乙亥年稻三十石乎? 君稻三十石, 我則無用處. 君試思之, 今年大無, 中外積屍如山, 四隣之民, 飢死相繼. 君載船[33]三百斛, 賣於京, 不以一石救隣人, 則將何以立於世乎? 一村之民, 將何以處君乎? 吾於其時, 據理直言, 則君無聽理, 故以權辭瞞之, 而不知我無今年之穀三十石, 何其蒙哉?" 因手擲一通文簿, 曰: "覽此可知此事, 乃爲君非爲吾也, 以君意給之耳." 蓋於其日發船之後, 招集村民, 量其緩急, 斗斗分給而錄之也. 其風流之俊邁可想, 而愛人以德之意, 亦可見矣.

下-10.

寺正洪公萬選, 氣度溫雅, 心事坦白, 眞金玉君子也. 文亦爾雅, 自少有聲, 場屋間屢屈公車, 遂沈于下僚. 性又恬靜, 淡於進取, 有孝友至性. 其母夫人年過八十, 事之以愉色婉容. 其弟洪持平萬迪之喪, 余嘗往拜, 公相對, 猶泣涕汎瀾. 是時, 公已年迫七十, 過葬已屢月, 其至行可見. 公眞率無表襮, 與人言誠意藹然. 雖然無子, 以持平公伯子重耆爲後, 天道不可知也. 重耆, 余中表弟也.

下-11.

霞谷鄭公, 有一子, 曰'厚一'. 厚一曾於三十年前, 喪其獨子, 其

---

33) 船: 가본에는 '穀'으로 되어 있음.

後十餘年, 再娶生子, 纔四歲, 項拜霞谷, 霞谷曰:"頃年, 吾不能保一孫." 洪士中與人書, 曰:"豈有人如士仰而無後者? 吾今幸有孫矣." 余答曰:"人如士中而無後, 天道其可信耶?" 霞谷亦爲之嗟悗[34]. 士中, 寺正洪公字; 士仰, 霞谷鄭公字.

下-12.

李正寅爀, 春田李尙書之子也. 性清純仁慈, 襟懷沖曠, 每作郡, 推誠待物, 專務慈惠, 不用刑杖, 而吏民化之. 其在大興, 嘗參禮家廟時, 傍人指其靴, 曰:"靴太弊, 何不改之?" 公曰:"初不覺悟, 當改造." 出而令吏, 覔皮於官庫, 招給匠者[35], 數月忘而不推. 又於拜廟, 覺而招匠問之, 匠曰:"初無受皮造靴之事." 公曰:"汝必忘之, 歸見爾家, 皮必在矣." 其匠俄持一皮來, 謁曰:"小人果受此而去, 頓然忘之, 尙不造納, 死罪死罪." 公曰:"人之忘之也, 何怪? 今須造納." 其人出門, 垂涕語人曰:"如許賢使君, 何忍欺哉?" 其在羅州, 値饑歲, 分糴時, 民無紀律, 攔入攫取, 公問之, 置米樓上而分之. 嘗夜自內出外舍, 侍童着公寢冠, 入臥衾褥中鼾睡, 公以足微抵之, 其人驚起, 出伏窓外. 公命進寢冠, 其人忘其自着, 撈手搜之, 公曰:"在汝首!" 始脫而進之. 其性之寬裕如此, 居官至淸, 解歸貧不能自存, 子孫皆窮餓. 雖然, 在羅州時, 遭乙亥·丙子大凶, 月俸米多載稅船送京, 遍救親戚之飢餓將死者.

下-13.

栢谷金公, 性忠朴質慤, 且以其無心, 故事多神通. 與許積爲遠

---

34) 嗟悗: 가본에는 '嗟嘆'으로 되어 있음.
35) 匠者: 가본에는 '匠工'으로 되어 있음.

族, 積之未敗, 金公嘗一造其家, 其子有疾, 蒙被臥其側. 公指問爲誰, 許曰: "賤産!" 因開其被而示之, 金公一見, 大驚曰: "此逆賊也! 君家必以此亡矣." 卽起去. 金公與先王考, 氣稟截然不同, 而自少有通神之契, 世皆稱神交. 曾於辛亥, 先王考居留松都, 以疾捐館, 而金公時在槐山, 前知喪事. 其日適値生日, 家人進酒饌, 公垂涕不御, 可異也.

下-14.

栢谷金公, 外方奴僕有巨富者, 有一子, 年方十四. 公篤老後, 子孫[36]許其奴來贖. 公嘗閑坐, 有人以數馬, 載綿布累百疋至, 公驚問曰: "何爲而至也?" 家人具以對, 公卽招其子, 曰: "奴有富者, 旣令納財而贖之, 則吾雖老尙在世, 汝輩宜告我而爲之." 因招其奴, 問曰: "汝欲贖子, 則吾雖老家長, 必受吾手蹟乃可. 且吾年老家貧, 無以爲子孫計, 汝旣吾奴富有財, 宜勿辭而多納." 其奴叩頭, 曰: "小人家計甚富, 無所不足, 只有一子, 當依所敎優納." 公因伸紙把筆, 問曰: "汝子年幾何?" 其人對曰: "十四." 公曰: "一歲當以一疋磨鍊, 我之欲心如是太過, 雖如此, 汝不敢辭矣." 因以十四疋許贖, 手書以給, 其餘皆載馬, 驅出洞口外. 延豊士人柳雲瑞, 爲余言如此. 余曾[37]宰泰仁時, 有村民來告曰: "有一兩班, 十餘年前許贖奴婢, 今又忽然來到, 覓其奴不得, 侵及於人." 余素惡贖奴而更侵者, 卽送人捉來問之, 卽士族, 其時方伯之遠族云. 十年前, 贖其奴婢三人, 而一人各受五百兩, 受一千五百兩, 又得方伯之勢, 欲更侵也. 遂重治而逐之, 何其與栢谷相懸哉?

---

36) 子孫: 가본에는 '子弟'로 되어 있음.
37) 曾: 가본에는 '嘗'으로 되어 있음.

下-15.

丁監司彦璜, 婚席見其夫人, 貌不美, 心恨之. 入室欲聽其言, 以試其爲人, 先問其名, 夫人斂衽而對, 卽言其名. 丁曰: "處子婚席[38] 羞澁, 不敢納名例也, 何許婦女初問卽告其名?" 夫人卽低眉斂手, 從容告曰: "人士相遇於逆旅, 亦相通名, 況婦人迎婿, 將托百年, 旣有所問, 何敢不對?" 辭理雅正, 擧止雍容. 自此, 情誼遂篤云.

下-16.

晩沙沈相國之源前夫人, 有高識卓行. 晩沙嘗以暗行御史, 未及復命而遭艱, 有一邑守[39], 以錢布爲賻者, 晩沙令受而納諸內. 夫人令婢送言, 曰: "某邑卽暗行道內之邑, 尙未修啓, 而受其道守令之賻, 似有嫌公, 似未照管, 故敢爲相報." 晩沙瞿然[40]謝曰: "果未致察, 若非警欬, 幾乎誤受, 感謝無已云." 沈公嘗欲卜妾, 而不令夫人知, 期日權辭適他, 將出索袍. 夫人以新袍進, 晩沙問曰: "新袍忽出, 何也?" 夫人笑曰: "旣欲見新人, 寧着舊衣[41]?" 沈公問曰: "何以知之?" 夫人曰: "偶爾見知而造待也." 遂爲之報罷, 不果往. 晩沙家貧, 昕夕[42]不繼, 夫人輒自供給家長, 而不能自食[43], 常以器貯白屑, 時時自食, 人[44]莫知其爲何物, 審之乃米糠也. 其後, 晩沙出時, 其妹婿某人, 來訪請見, 夫人延見, 其人乘其無人逼之, 夫人大驚, 急呼人獲免. 晩沙還, 夫人曰: "婦女遭此變, 雖不汚身, 凶人之手,

---

38) 席: 저본에는 '夕'으로 나와 있으나 이본을 따름.
39) 邑守: 가, 라본에는 '邑倅'로 되어 있음.
40) 瞿然: 다본에는 '懼然'으로 되어 있음.
41) 衣: 나, 다, 라본에는 '袍'로 되어 있음.
42) 昕夕: 다본에는 '朝夕'으로 되어 있음.
43) 食: 나본에는 '給'으로 되어 있음.
44) 人: 저본에는 빠져 있으나 나, 다, 라본에 의거하여 보충함.

近逼吾衣, 何以生爲? 吾欲自盡." 晚沙性亦嚴正, 故但答曰: "夫人之言, 不爲無見." 遂自裁. 夫人之令德如此, 而家貧糟糠不厭, 又無子嗣, 遭値凶變, 亦不得考終. 節義則卓然, 而命道之不幸, 吁! 其可傷也.

下-17.

鄭參判鑰之孫漢柱, 吳挺昌之婿也. 新婦以曠世絶色名, 及其于歸之日, 家人莫不驚動, 衆口嘖嘖不已. 至其見舅姑, 鄭公見其姿色, 動人照暎左右, 不似人間人. 大驚不受其拜, 入室閉戶而臥, 曰: "吾家將亡矣! 婦女本不以姿貌爲貴, 況絶世之色, 豈能保? 其有德有福不知, 吾家將有何事, 而如此非常人入來?" 因憂歎不食者, 久之. 其後, 吳挺昌獄事出, 鄭公嚴加斥絶出其女, 使其孫隔絶不得往來. 其女絶島定配, 亦不許往見. 其孫內外, 情愛異常, 病狂不自堪, 遂潛自脫身, 往見於中路, 其女血書其衫而自決. 漢柱後登第, 官翰林, 陞六而夭.

下-18.

申曼字曼倩, 申留守鑑之孫, 象村申公欽之侄孫也. 落拓不羈, 善醫術, 幾乎通神, 一見面, 一聞聲, 知其人之死生. 左議政趙公師錫, 少而遘疾將死, 申爲中表兄弟, 故懇請來見. 但坐廳事, 開戶一見其病, 卽陰証傷寒, 卽令煮獨蔘. 醫者[45]闖然以爲, '壯熱服此必敗.' 申公張目叱罵, 令煮卽頓服, 却走出不顧. 俄而病劇, 已至屬纊之境, 遂灌以蔘汁, 旣絶而復蘇. 是時, 至有傳訃而致賻者云. 李

---

45) 醫者: 가본에는 '諸醫'로 되어 있음.

副學之恒夫人, 申留守之女也. 申曾於歲首, 往拜其姑母李副學夫人, 適有李家族人歲拜者, 夫人當門而坐, 客坐廳事. 申偃臥房中, 聞客與其姑母酬酢之言, 申從房內厲聲, 曰: "廳中之客, 未知爲誰, 而四月[46]將死矣." 其姑母夫人, 悶其元朝作不吉語, 輒呵之, 曰: "此兒狂乎!" 因慰安其客, 客亦知其盛名, 故但强笑曰: "此是申生員乎!" 遂辭去. 副學之孫, 留守李公震壽, 卽余姑夫, 是時, 年纔十數歲, 問曰: "俄者, 叔之言可異, 何不命藥而活之?" 申笑曰: "此兒奇哉! 欲活人乎? 取『醫鑑』[47]來." 適家無是書. 李姑夫年幼, 未得自主張借來, 長者未有聞其言而爲地者, 遂因循, 更不提問. 是年四月, 其人果死. 其後, 問於申, 答曰: "其人患疝症, 已形於聲音, 計其日月, 似當於四月間. 疝氣逆上至頭, 則必死[48], 故爲言云." 李姑夫嘗爲余言. 其人適遇神醫, 而不問可生之道, 其死宜矣. 申公頡頑傲世, 不事修飾, 嘗與尤菴宋公善, 而宋公輒以俳優畜之. 一日, 申忽正衣冠, 着行纏, 賫刺往謁, 宋公驚怪, 倒屣迎之. 申公姸視媚行, 過自矜持入坐, 低頭[49]微咳, 拱手而謝曰: "從前性多躁暴, 長爲習氣所牽, 半生過了醉夢間. 自今思之, 心切痛恨, 今乃怳然覺悟, 願息黥補劓, 庶不至於虛生天地間[50], 望先生垂憐而敎之." 宋公大喜, 嘖嘖不已, 曰: "吾固已料得曼倩, 必有今日, 奇哉奇哉!" 因相與論學, 凡義理精微之奧, 談說如破竹, 宋公益加嗟賞, 肅然敬待. 申公亦半日穩話, 危坐愈恭, 辭氣雍容, 宋公益信之不疑. 日昃, 申公忽然呵欠一聲, 舒其兩脚, 箕踞偃臥而笑, 曰: "所謂理學,

---

46) 四月: 나본에는 '四五月'로, 라본에는 '四月五日'로 되어 있음.
47) 醫鑑: 라본에는 '寶鑑'으로 되어 있음.
48) 死: 나본에는 '卒'로 되어 있음.
49) 頭: 저본에는 '眉'로 나와 있으나 나, 라본을 따름.
50) 天地間: 라본에는 '虛死'로 되어 있음.

如狗脚哉! 脚痛不可爲也." 其俳諧玩世之意, 尙可想見, 而氣岸之凌駕一世, 可知矣.

下-19.
一自黨論岐異之後, 漠然阻隔, 乖激日甚. 兩邊人未嘗有往來, 親切者, 聲聞不能相及, 惟相嫉惡而已. 西河李判書敏叙, 以西人有主論之名, 故南人無不憎之. 朴判書信圭, 嘗臥房中, 聞其子弟少輩, 會坐窓外, 題品人物, 詆毀西河, 不遺[51]餘力. 朴公聞之, 召而入室, 命坐, 曰: "聞汝輩論斥李某之言, 何但汝輩? 吾於嚮來, 亦如汝輩之意, 人必身親經歷然後, 可以詳知, 決不可妄循浮議而論斷也. 吾嘗久在同列, 周旋於朝行間, 伴直闕中, 且久聽其所言, 察其所爲, 讀書之人, 旣有識見, 性頗正直, 不爲非義, 正[52]君子人也. 此後, 汝輩切勿詆斥[53]!" 其後, 朴公之喪, 諸子以其父有相與之義, 欲請挽. 李公素好詼諧, 聞其喪, 語人曰: "鬼物中亦有猛者, 能捉去朴奉卿云云." 諸子聞其言而遂止. 奉卿朴公字也[54], 朴公性剛毅, 見人之惡, 不能忍耐. 嘗爲嶺南伯, 威信大行, 一道慴伏, 民至有書其名而譴[55]瘧者, 李公之言, 爲是發也. 其爲嶺南伯時[56], 致歲饋於藥泉南公九萬, 南公適乏紙, 以空冊餘葉修答, 朴公見其紙端穿痕, 慨然駭曰: "曾經都憲之人,[57] 無一簡, 拔冊葉而修書, 世道寒心!" 遂以壯紙十卷, 作簡送之. 外王父東山尹忠正公,[58] 亦嘗與朴

---
51) 遺: 나본에는 '有'로 되어 있음.
52) 正: 라본에는 '眞'으로 되어 있음.
53) 斥: 다본에는 '毁'로 되어 있음.
54) 字也: 저본에는 '表德'으로 나와 있으나 가본에 의거함.
55) 譴: 다, 라본에는 '禴'으로 되어 있음.
56) 時: 저본에는 빠져 있으나 나, 다, 라본에 의거하여 보충함.
57) 曾經都憲之人: 나본에는 '宰臣'으로, 다, 라본에는 '宰相'으로 되어 있음.

公善, 朴公嘗曰:"我則平生, 未嘗以虛言, 陳於君父之前." 忠正公曰:"令公似應於陳疏時, 必百拜而呈之, 可貴也." 朴公輾然而笑.

下-20.

蔡湖洲以兵曹堂上, 入直禁中. 嘗永日閑坐, 有一曹隸, 持壺過庭, 公問曰:"何物?" 隸對曰:"小人等欲自飮, 買酒而來耳." 公欣然而笑, 命取來, 使酌一盃而飮之, 命曹吏, 給綿布一正. 明日又閑坐, 有一人挾酒壺過庭者, 公笑曰:"又以爲昨日耶? 吾今日則不爲也." 先輩風流善謔, 可見治世氣象.

下-21.

朴判書信圭, 未第時, 行過完山, 方伯適設大宴. 朴公以過去儒生, 參於末席, 道內閫帥守宰畢會. 宴罷, 諸妓紛然受帖於參宴諸客, 富宰雄牧, 競相題給米布. 有一妓, 獨不請於守令, 來跪於朴公之前, 朴公笑曰:"我以布衣寒生[59], 適會過去, 得參盛宴之末, 豈有給汝之物?" 妓曰:"小的非不知此[60], 相公貴人, 前途甚亨, 願預許優給." 朴公[61]笑而優題. 其後爲完判, 妓納其帖, 公笑曰:"小官不可以盡給." 給其半. 後爲方伯, 盡帖給之, 問曰:"汝其時何以知之?" 妓曰:"是時, 簪纓滿座[62], 公以布衣與焉, 儀度頹然秀拔[63], 特出於座中之上. 衆妓請帖, 諸宰[64]競題, 而公脫然若無所見. 是以,

---

58) 外王父東山尹忠正公: 가본에는 '外王父'로, 나, 다, 라본에는 '東山尹相'으로 되어 있음.
59) 寒生: 나, 다본에는 '寒士'로 되어 있음.
60) 此: 나, 라본에는 '也'로, 다본에는 '矣'로 되어 있음.
61) 公: 저본에는 빠져 있으나 나, 라본에 의거하여 보충함.
62) 座: 다본에는 '堂'으로 되어 있음.
63) 拔: 저본에는 '發'로 나와 있으나 가본에 의거함.

知其遠到云."

下-22.
南人一隊, 自稱坦率, 專無拘束, 樂放縱, 憚繩檢, 自放於禮法之外. 尹判書以濟, 平生喜謔浪, 醜[65]悖之言, 不絶於口, 以此, 爲能事而名於世. 朴判書[66]信圭, 與尹極善, 每相對, 輒以醜惡無倫之言, 相酬酢. 鄭參判鑰, 朴之父執也, 常時朴每下堂迎之. 一日, 凌晨詣朴, 鄭公時爲兵曹參判, 下輩傳呼, "某令公來!" 時尹方爲刑參, 朴睡裡誤聞兵參爲刑參, 臥不起, 到窓外亦寂然, 鄭公心怪之. 俄而, 朴從臥內, 大喝[67]醜談一遭, 鄭公心駭之, 從戶外還歸. 朴以爲尹來, 必以醜言相酬, 寥寥無聞, 又以醜言辱之, 亦無應者. 從者云: "已去矣." 朴問[68]而知之, 大驚往謝, 鄭公凝然正色, 曰: "國家不知君輩之不肖, 擧而置之卿宰之列, 官秩之隆, 何等地位; 觀瞻於人, 何等尊重? 乃以醜悖[69]無倫之言, 喜相酬酢, 興儓厮養, 稍識人倫者, 所不忍汚口之言. 發諸口而不知恥[70]受於人, 而以爲常其辱, 搢紳愧冠巾, 當如何哉? 我豈不知君之醜言, 非所以發於我者? 而聞來不勝駭愕, 相見之意, 索然而歸矣." 朴但僕僕謝罪. 自此, 其習少[71]戢.

---

(64) 諸宰: 나, 다, 라본에는 '守宰'로 되어 있음.
(65) 醜: 나, 다, 라본에는 '戱'로 되어 있음.
(66) 判書: 나, 다, 라본에는 '公'으로 되어 있음.
(67) 喝: 다, 라본에는 '啗'으로 되어 있음.
(68) 問: 나, 라본에는 '聞'으로 되어 있음.
(69) 醜悖: 다본에는 '醜惡'으로 되어 있음.
(70) 恥: 다본에는 '羞'로 되어 있음.
(71) 少: 저본에는 '小'로 나와 있으나 이본을 따름.

下-23.

黃別坐溇, 价川郡守大進之子, 居在灘墅切隣, 習拜於先王考. 先王考愛其貞固, 秉銓時, 爲之推轂筮仕, 而先王考下世後, 二十餘年過, 改葬之禮, 黃年過七十, 冒極寒來, 留山下董役, 致疾而歿. 其一心貞潔, 夷險不變如此. 其人亦嘗獲習於完南李相國厚源, 嘗言, "每進拜, 相公曰: '君欲得扇乎?' 因於臥處引手, 啓壁藏, 扇多積於其中, 以手摸擦, 不計多少, 不問美惡, 盈握而擲之. 或四五柄, 或七八柄, 或美者多, 或惡者多矣. 相公亡後, 其胤子給扇, 則輒回坐, 張一扇, 扇之還摺而置之, 又張一扇, 如是者四五, 終給一劣扇. 其父子規模, 細大寬苛之不同如此云."

下-24.

朴僉樞畯, 書雲老師也. 精於測天, 且能深沉有鑑識, 居在安山. 安山卽外氏桑梓之鄕, 世居近村, 來往納拜於外曾祖家宰公, 心知外王父兄弟遠大之器, 而尤托契於外王父. 外王父嘗言, "癸丑秋, 在安山庄墅, 一日夜臥, 聞朴君携杖曳履之聲. 俄而入座, 累唏不已, 曰: '此將奈何? 此將奈何?' 余蹶然起坐, 曰: '君有見星象否?' 朴但長吁不言, 余曰: '曾聞, 天象之告袛兵喪難卜云, 若是兵象, 自古安有不被兵之國? 君其驗之否?' 朴掉頭, 曰: '非兵也.' 相與嗟[72]咤而去. 翌年甲寅春, 仁宣大妃上仙, 余遇於哭班, 擧前事而歎, 曰: '君之術精矣!' 朴又搖首, 曰: '非也. 若驗於今日, 豈非幸哉? 大妃之喪, 雖曰臣民普痛, 何至關係於社稷?' 是年秋, 顯廟昇遐, 其術之如神如此." 爲敎. 朴臨終, 托其子孫於忠正公. 朴有子

---

72) 嗟: 가본에는 '嘆'으로 되어 있음.

春皐, 外王父視之常如親戚, 而己巳以前, 官位已隆顯, 至主中兵
而終, 不敢以私情, 通諸仕籍. 甲戌大拜後, 爲太僕都提擧, 洛河屯
田監, 素饒號稱潤屋之窠. 差遣之際, 公曰:"昔日, 朴君嘗托我以子
孫, 吾豈忘之? 雖然, 吾終不敢以私恩霑丐, 其一命只是按節外藩,
輒以褊裨携往而已. 昔嘗爲太僕提擧, 而吾意非都提擧, 則不可擅
除, 差人曾不破戒, 今差官出於吾手, 不先此人而誰爲?"遂除之.[73)]
公之至公至愼, 而不忘舊要如此. 春皐後得仕, 爲主簿·讚儀云.

下-25.

鄭善甲大明人, 明亡後, 流轉至東國, 因老死於我國, 性醇謹[74)].
初來時, 如啞人狀, 累年後始通東語, 而年長學語, 故至老猶訥澁.
亦嘗納拜於外王父忠正公, 公每與之語, 頗能道中朝故事. 公嘗
曰:"每聞江南樂, 恨不居於蘇·杭間也."善甲對曰:"所謂士大夫,
平居便身樂生, 豈有如此國者乎? 中原士大夫, 與平民無異, 蘇·杭
雖曰勝地, 惟苦無樂耳."公嘗在從兄鄭相國載嵩座上, 善甲來謁,
公謂鄭公曰:"此是大明遺民, 來居我東, 事甚稀貴, 且貧無以爲生,
宜可存恤. 吾兄弟俱在膴仕, 願賜涸轍之資, 可乎!"鄭公欣然許之,
遂各賜帖以給之, 鄭公書綿布三正, 忠正公書白紬五正. 是時, 鄭
公爲戶曹判書, 公見帶御營大將, 公笑曰:"兄長度支主管之富饒,
豈與弟比而何其反少於弟耶?"鄭公笑而加給二斛米. 忠正公歷官
內外, 氷蘗之操截然, 人不可及, 而非有意於砥礪, 只是平生處心.
惟以公家之物, 斷不可私用爲意, 故爲御營大將二年, 自初至終,
力辭不得, 畢竟七牌不進, 待罪金吾. 肅廟震怒, 特除嶺南伯, 督令

---

73) 遂除之: 저본에는 빠져 있으나 가본에 의거하여 보충함.
74) 醇謹: 가본에는 '淳醇'으로 되어 있음.

卽辭, 公數日內往赴, 不及修重記, 卽以莅任時出納財簿移送. 遞代大將, 使修重記, 二年之內, 將校軍兵[75]例費外, 只有給鄭善甲白紬五疋而已, 他無尺寸私用者.

下-26.

外王父嘗爲嶺南伯時, 都事因事杖巡營營吏, 褊裨以無嚴來告, 公曰: "都事吾之郞屬, 營吏吾之胥吏, 吾之郞屬, 治吾之胥吏, 事理當然, 庸何傷乎?" 可以見其包涵廣大, 表率百僚底氣象. 卽今京外官, 莫不以偏護吏胥僕從爲事, 讒問肆行, 到處生得失, 同僚上下官, 或多以此不相容, 其視先賢之言如何哉?

下-27.

外王父[76]嘗出宰仁同時, 行[77]過嶺南, 涉大川. 是時, 霖雨川漲, 先渡坐憩岸上, 從者追渡. 有一過行人, 誤涉漂沒, 浮而流下將死, 公令從者健壯善游者, 急入拯出其人. 旣出, 便是死而復生, 而無一言謝. 其拯出者, 去而不顧, 人皆言其無狀. 公笑曰: "此安知非異人, 而以爲人之救人理之當然, 何謝之有云爾也?"

下-28.

李楊州元龜, 卽余姑夫留守李公諱震壽大人也. 其宰慶山時, 嶺南途中, 過涉大川, 先渡坐水邊高處, 以待一行之齊渡. 有一行人渡來, 李公目見, 其狀異常, 指而問從者曰: "彼何物?" 從者曰: "有

---

75) 將校軍兵: 가본에는 '將士'로 되어 있음.
76) 外王父: 나, 다, 라본에는 '東山'으로 되어 있음.
77) 行: 저본에는 '所'로 나와 있으나 이본에 의거함.

人越來矣!" 李公曰: "非人也." 歷問他從者, 皆曰人. 李公送人捉來, 官人立川邊, 待其涉川, 捉其人而遙告曰: "此人也!" 李公使之捉來, 官人執捉未及到, 遂掣而逸走, 乃大狐也. 於是, 衆人始見, 其爲狐也. 蓋能掩衆人之目, 而不能逃李公之目, 必是李公精神, 自別於衆人而然也. 李公曰: "吾亦初不知其爲狐也. 只見其狀殊常, 決非人形云."

下-29.

陽坡嘗語許積曰: "長興坊洞口, 坐市女人, 去夜作夫君, 知之乎?" 許笑曰: "公每發此可怪之語, 吾何以知之?" 陽坡笑曰: "每過時, 連見其女, 以寡婦修飾鬢髻, 衣裳艶[78]楚, 已知其有誨淫之意. 今日見之, 束其散髮, 着垢衣而坐, 面有羞態[79], 必是已嫁, 而愧心生焉. 此係人情物態, 意君深於事情, 似或知之, 故問之." 府吏在前者, 有居其同閈者, 公招問曰: "某路邊第幾市肆, 第幾坐市女, 去夜再嫁, 汝知之乎?" 吏曰: "此果是洞中某人之妻, 某人早死, 其父母愍其早寡, 昨日果再[80]嫁之云." 其於耳目所及不放過, 洞察敏悟如此.

下-30.

陽坡爲湖西伯, 有少時親友, 老而不第爲督郵者, 臨科請暇, 陽坡題其狀, 曰: "以察訪詭怪之文, 決無得中之理, 落榜後, 卽爲還任." 忠正公[81]爲嶺南伯, 徐領相文重, 爲尙州牧使, 請試暇題, 曰應

---

78) 艶: 이본에는 '靘'으로 되어 있음.
79) 態: 다본에는 '色'으로 되어 있음.
80) 再: 저본에는 빠져 있으나 다본에 의거하여 보충함.

榜後卽爲還任', 徐公得題, 有喜色, 其科果占壯頭云[82].

下-31.
陽坡鄭公爲忠淸監司[83], 嘗曉起如廁, 知印者, 與公之所眄房妓, 淫於公寢. 褊裨覸之, 急詣廁, 屛左右告之, 陽坡聞而大笑, 曰: "此豈來告之事[84]耶? 我寔眄其䶒, 渠何嘗淫吾所眄?" 竟不問, 公之器量可見. 近世方伯帥臣, 以傔人之竊其寵姬, 至於杖殺者有之, 其視公何如哉?

下-32.
崔寧越魯瞻, 卽水竹鄭左相之婿也, 於陽坡鄭公爲姑[85]夫. 陽坡姑母貧, 無以爲生, 時陽坡已躋緋玉之列, 使之爲乞一縣. 是時, 崔完城鳴吉爲銓長, 陽坡於完城, 年輩雖少, 別有知遇之感. 卽往見完城, 曰: "今日則有切緊仰請者來拜耳." 完城曰: "何謂也?" 陽坡具告其故[86], 完城連呼崔魯瞻數次, 沈吟良久, 曰: "某以無似受國厚恩, 致位至此, 誠無才德, 可效涓埃. 最是守令職, 雖微爲任至重, 生民休戚係焉. 我一段經緯於心者, 必於守令擬望時, 權衡於自心. 自心雖不可以明知, 量其爲人, 足以優爲字牧之任然後, 始乃擬望, 欲以此報效國恩之. 萬一如崔君, 反覆思量, 未能曉. 然知其善爲令公平生無所請, 偶發一言, 某不能用甚覺缺然, 幸爲我更

---

81) 忠正公: 가본에는 '外王父'로, 나, 라본에는 '東山'으로 되어 있음.
82) 占壯頭云: 나, 라본에는 '占壯元而歸'로 되어 있음.
83) 忠淸監司: 이본에는 '湖西伯時'로 되어 있음.
84) 告之事: 저본에는 '告者'로 나와 있으나 다본에 의거함. 가본에는 '告事'로 되어 있음.
85) 姑: 저본에는 '妹'로 나와 있으나 가본에 의거함.
86) 故: 가본에는 '由'로 되어 있음.

教他人." 嗚呼盛矣! 此所以仁孝之際, 國家治平, 民生安樂, 掌銓者處心如此, 則民安得不安, 國安得不治? 大抵爲國之道, 無他焉, 只是擇方伯守令而已. 昔蘇東坡著「司馬公神道碑」, 所以論述相業者, 不過曰'擇方伯守令, 凜凜向至治'矣. 目今掌銓之人, 自肅廟朝以來, 無一人以爲官, 擇人爲心者, 紛競成風, 請託公行. 已自一命, 惟視形勢之輕重, 干囑之緊歇而用之. 一通仕路, 則節次推排, 取守令如己物, 而就其中. 又全用私意, 局面屢換, 當國旣難[87], 故一當之時, 汲汲然如恐不及, 惟以及此時, 汲引親戚私昵爲務, 爲官者, 人多窠少, 一時得至難, 故又汲汲[88]然, 如恐不及. 惟以及此時, 剝民肥己爲事, 因循積久, 非一朝一夕之故, 以至於無可奈何之境. 近[89]又荐遭, 曠古所罕有之大侵, 民皆流散[90]死亡, 餘者只是兩班與中庶輩强剛之類而已, 所謂小民, 殆無孑遺, 若是而未知終至於何境也. 令人痛哭流涕而不知止也.

下-33.

外從祖判書尹公, 爲亞銓時, 有親舊從南中來者. 坐定, 公手抽摺紳案, 歷指而問曰: "君新從下土來此, 某邑某邑守令, 治績何如?" 其人曰: "何問也?" 公曰: "此皆吾獨政時所除, 若不能善治, 則便是自我[91]誤擧, 貽害生民, 心常耿耿不敢忘, 故問之耳." 嗟乎![92] 今之爲銓官者, 能有此心否乎?

---

87) 當國旣難: 가본에는 '當局實難'으로 되어 있음.
88) 故又汲汲: 저본에는 공란으로 되어 있으나 가본에 의거하여 보충함.
89) 近: 가본에는 '今'으로 되어 있음.
90) 流散: 가본에는 '流離'로 되어 있음.
91) 自我: 가본에는 '自家'로 되어 있음.
92) 嗟乎: 가본에는 '嗟呼'로 되어 있음. 서로 통함.

下-34.

洪判書受瀗, 歷大冢宰, 後爲判度支. 凡自內入之之物, 一並啓達防塞, 積忤上旨, 一遞度支, 更不收用. 防塞宮中之私用, 以裕國財, 所忠者何處, 忠不見知, 反遭廢棄如此, 則佞諛者, 安得不進乎? 洪公能不念一己之利害, 堅確剛果如此, 歿後環堵蕭然, 令人可敬.

下-35.

土亭李公之菡, 宣廟朝隱士. 栗谷·白沙兩公, 多有稱述, 許之以一代名賢, 其人可知. 氣志如神, 才氣絶倫[93], 旁通技藝, 妙解堪輿. 嘗兄弟求山, 占得一穴, 穴前有古塚, 土亭則以爲當遷其塚而用之. 其兄則曰: "何可毁人之墓而葬親?" 相與爭論不決, 日暮罷歸, 山中無村落, 徊徨莫知所之. 夜深, 望見村火而往投, 及門, 村人迎拜, 若待候者, 李公曰: "汝何知吾輩之來而待之?" 其人指門前山麓, 曰: "夜夢有人, 着靑天翼, 立此麓頂, 呼我謂曰: '我久宅于近地, 將爲人所奪, 移往他所. 其人今日當來, 汝須善待之.' 覺而候之, 終日無來者, 心怪之. 夢兆丁寧, 決知其非偶然, 玆具夕飯以待, 公果至矣." 李公相顧而笑, 曰: "神亦已許之矣, 何疑焉?" 遂爲文而祭之, 移其塚而葬之. 墓在保寧海邊, 潮水出入來, 囓山根, 李公亦[94]赤手行商, 取利身致千金, 築堰而防之. 旣築而壞, 公又營之, 咄嗟辦千金, 再築而完云. 公居京江土亭, 欲稍移江水, 造木偶人, 機發酷似人貌, 擊其頭則啞然而笑, 植立於水中. 三江兒童, 千百爲群, 聚石而擊之中, 則木人輒開口以笑, 群兒鬨然, 以日爲常,

---

93) 絶倫: 가본에는 '絶人'으로 되어 있음.
94) 亦: 가본에는 '以'로 되어 있음.

石滿成陸, 江水遂移, 古來傳說如此云. 世傳, 公多才, 凡於天下事, 無所不通, 無所不經. 嘗欲得癎疾, 穴窓當顱而睡者, 凡幾日而成癎, 服藥而瘳, 事多類此云.

下-36.

芝峯李判書睟光, 嘗與堪輿人李基沃, 求山於峽中[95]. 適値己丑元日於逆旅[96], 基沃宿於他舍, 早曉, 從者來告曰: "李教授忽發狂疾, 以手擊[97]戶闑, 連呼曰: '這漢這漢, 今亦然乎!' 無數狂呼憤罵, 問而不答矣." 李公曰: "第以吾言招來!" 至則問其由[98]. 基沃曰: "平生有憤恨結中者, 今遇己丑年, 庶可以少洩其憤, 故自不覺其號咷耳." 曰: "何事?" 對曰: "十五年前, 李潑爲天官郎[99], 忽然招我. 是時, 適爲人看山遠出, 家人以實往告, 潑怒命囚其妻. 妻子就囚典獄之後, 賃人奔走尋覓, 而來告急還, 往現潑, 但曰: '此近地數十里內, 求山急覓, 眞結處來告.' 如是爲言而已, 不交一言, 不給騎從糧饌, 迫不得已圖. 借人乘稱貸糧資[100], 艱辛奔迸道路, 必欲得龍虎主山, 穴脉[101]宛然, 汤合於凡人俗師之目, 而其中則至凶大禍立至之處, 故猝難求得. 周[102]行旬望, 始得一穴而往告, 則潑曰: '當使吾友登覽然後, 定之.' 所謂吾友, 卽[103]鄭汝立. 其後, 汝立自

---

95) 峽中: 라본에는 '硤中'으로 되어 있음. 서로 통함.
96) 逆旅: 다본에는 '道'로 되어 있음.
97) 手擊: 가본에는 '手腕搏擊'으로 되어 있음.
98) 由: 나. 라본에는 '故'로 되어 있음.
99) 天官郎: 다본에는 '銓郎'으로 되어 있음.
100) 糧資: 다본에는 '糧饌'으로 되어 있음.
101) 穴脉: 저본에는 빠져 있으나 나. 라본에 의거하여 보충함.
102) 周: 나본에는 '遍'으로 되어 있음.
103) 卽: 저본에는 '則'으로 나와 있으나 이본에 의거함.

南中來, 與之共覽而葬之, 計其禍敗之發, 似在己丑年間. 積憤在中, 默數[104]今年以待, 適遇今日, 自不覺其號咷. 李潑之禍, 必發於今年云云." 是年, 李潑母子兄弟, 俱死於鄭汝立之獄. 術士之乘憤, 陰中陷人於慘禍者, 不畏於陰禍哉? 雖然, 士大夫之恃貴驕恣者, 亦可以知戒哉!

下-37.

堪輿人李惟弼, 恃術驕縱, 士大夫請往見者, 殆不能支堪. 判書趙公啓遠喪室, 携往求山, 凡係飲食供奉, 惟令是從, 其恣益甚. 深入窮山深峽中, 從者來言, "李敎授云: '必得秀魚膾, 乃可喫飯.'" 趙公忍耐不住, 大怒使人拿入, 數之曰: "汝若索胖膾, 則或可, 卽取[105]村牛, 屠殺作膾, 坐此萬疊山中, 秀魚膾何以得之? 吾非爲親求山, 乃爲妻葬[106]也, 何恤[107]汝哉?" 遂削其兩鬢, 束縛於山中松樹而去, 人皆聞而快之. 術士之驕者, 亦可以知戒矣.

下-38.

堪輿之說, 宋以後大行, 朱晦菴·蔡西山, 篤信之. 我國自羅麗, 亦多尙之, 古來傳說甚衆. 鄭公賜, 卽文翼公之祖考, 於陽坡爲七代祖, 於外王父東山尹忠正公, 爲外八代祖, 以直提學, 出爲晉州牧, 卒於官. 其胤子東萊君蘭宗, 扶櫬歸北, 未及踰嶺. 公在晉州, 育其邑子一人, 留置東閣, 與諸子共業, 隨喪而來, 到龍宮地. 其人

---

104) 數: 가, 나, 라본에는 '算'으로, 다본에는 '計'로 되어 있음.
105) 取: 나, 라본에는 '買'로, 다본에는 '賈'로 되어 있음.
106) 葬: 저본에는 '喪'으로 나와 있으나 다, 라본을 따름.
107) 恤: 라본에는 '懼'로 되어 있음.

告于東萊曰: "我受先公厚恩, 無以爲報. 我適習堪輿術, 若從我言, 當薦一山, 以爲自效之地." 東萊告于其大夫人, 大夫人曰: "倉卒遭喪變, 葬地未定, 某以門客受恩, 必有誠意, 適又知其術, 豈非幸也? 依其言求之, 可矣." 其人云: "雖於此地, 可用否?" 東萊又告, 其大夫人答曰: "雖還近畿, 舊山已盡, 若得佳處, 雖遠何傷?" 於是, 其人與東萊, 登一麓, 指一穴, 曰: "此地當世出卿相穴處, 安一金井." 東萊曰: "他人旣欲營窆開土, 安井奈何?" 其人曰: "此必不用, 若是當用者, 豈可破土而無守者? 必卽撤去." 俄而, 果撤去. 遂始役於其地, 其近處[108]人士, 多會而觀葬, 皆言, "此是自古流傳之吉地, 但以長生破人, 不敢用." 其人曰: "長孫雖或微, 而爲龍宮座首, 其他當作世世名公巨卿, 那得不用?" 遂決定窆之. 其後, 一如其言, 自文翼公後, 七世八公, 公相以下, 不可勝數. 雖漢之袁·楊不可及, 而長派遂微, 方爲龍宮品官云.

下-39.

沈舍人順門, 卽靑陽君之曾大父, 於余爲曾外八代祖, 燕山朝, 歿於甲子士禍. 嘗赴朝, 衣朝衣被刑, 諸子忠惠公以下, 皆稚弱扶櫬. 行至通津甕井里, 逾小麓, 輿杠忽折, 倉卒不知所措, 停柩道路[109], 諸子呼哭. 適有老僧, 携一沙彌, 少憩途右[110], 其沙彌言于其師曰: "彼棘人輩可哀." 仍以口指, 曰: "彼山許之, 可矣." 其僧張目叱之, 曰: "勿妄言!" 行中小婢, 便旋林藪中, 竊聽之, 急告于忠惠公. 是時, 忠惠公猶未長成, 急出未及鞍馬, 驟騎追之, 逾一嶺,

---

108) 近處: 가본에는 '近地'로 되어 있음.
109) 道路: 가본에는 '道傍'으로 되어 있음.
110) 右: 가본에는 '左'로 되어 있음.

僧方行矣. 亟追及下馬, 伏於路左而泣懇, 僧初若驚駭, 且答曰: "過去僧, 何所知?" 公具道其狀, 懇乞不已. 僧熟視良久, 仍與共登路傍一麓, 曰: "厝此可矣!" 遂空之. 其後大昌, 代有公卿, 至今稱爲名墓, 沈氏之從古傳說者, 如此. 楸谷聞於其姨兄沈應敎濡, 而言之. 且云: "其沙彌口指之穴, 至今未知其處云."

下-40.

李遁村集之先爲廣州鄕吏, 嶺南人有爲牧使者, 善堪輿. 嘗因出獵, 登[111]南漢山城, 坐一穴, 贊嘆不已, 曰: "我若京城人, 豈不葬此? 雖然, 初年當有患難. 我若當之, 則庶可得免, 他人難乎免矣." 是時, 遁村之先, 以貢生隨往, 聽而領至. 其後, 貢生遭其父喪, 葬于此地, 未周歲, 忽有過去乞人, 無端揶揄作擾. 其人以手觸之, 忽仆而死[112], 有丁壯者三人, 稱其人之子, 齊到告官成獄. 貢生被逮拘獄, 將死, 從獄中謂其子曰: "往者, 陪嶺南某使君, 識此穴, 是時使君云: '有初年之禍, 而以我則可免云云.' 如今似或在世, 汝試往請敎." 其子馳往嶺南訪之, 太守年老而猶存. 仍自稱廣州某吏之子, 具告其由, 太守曰: "我老不能詳記, 而似是某方有窺山, 恐有狐魅之禍, 當時有所言矣. 汝試求猛健獵狗, 與訟者相卜時, 牽入訟庭." 貢生之子如其言, 牽健狗三頭同入, 一犬各噬其訟者一人, 皆老狐也, 獄遂解. 至今廣州之李, 代出卿相, 而其墓則失而不得云.

下-41.

讓寧大君, 英廟之兄也. 嘗呈告遨遊於關西, 世宗臨[113]別時, 申

---

111) 獵登: 저본에는 빠져 있으나 가본에 의거하여 보충함.
112) 死: 가본에는 '斃'로 되어 있음.

戒女色, 大君祇謝恩命而去. 上命關西守臣[114], 大君如有狎近之妓, 使之馳傳以上. 大君奉聖敎, 預飭列邑, 屛去房妓. 方伯守令旣奉上命, 故募[115]得美妓[116], 使之百計[117]挪揄. 大君至定州, 有一妓素服號哭, 遠示其貌, 大君見而悅之, 夜使人潛作階逕而招之, 自以爲鬼所不知, 夜與狎焉. 贈一律, 有曰: '明月不須窺綉枕, 夜風何事捲羅帷[118].' 蓋道其隱密幽深之意也. 遂以馹騎馳上大內, 上命日夜習歌其詩. 及大君歸, 上迎勞, 因曰: "別時戒色之語, 頗能記憶否?" 大君曰: "臣謹奉聖敎, 何敢忘之? 卽不敢有所近耳." 上曰: "吾兄能於繡幕叢中, 深戒而還, 爲是喜悅, 購[119]得一佳姬, 以待之耳." 仍設宴於禁中, 令妓歌其詩以侑觴. 大君旣夜與昵近, 初不識其面目, 聞其詩, 下階伏地待罪. 上自下階, 握手而笑. 遂以妓歸之生子, 不識其母鄕貫, 命之曰'考定正'. 今李夏[120]其後也. 考定正以狂宗, 貿魚肉而不好, 則雖烹熟還退, 故俗稱強易, 謂考定正交易. 李參議夏, 嘗與其夫人圍棋, 強請還退, 其內[121]曰: "君非考定正進賜, 何爲每每還退乎?" 李怒曰: "何可以圍棋之故, 而罵人之祖耶?" 其後[122] 李登第, 以老妻推枰爲戱題云.

---

113) 臨: 저본에는 빠져 있으나 나, 다, 라본에 의거하여 보충함.
114) 守臣: 나, 다본에는 '道臣'으로, 라본에는 '道伯'으로 되어 있음.
115) 募: 저본에는 '慕'로 나와 있으나 이본에 의거하여 바로잡음.
116) 妓: 저본에는 '人'으로 나와 있으나 나, 라본에 의거함.
117) 百計: 나, 라본에는 '百段'으로 되어 있음.
118) 帷: 나, 라본에는 '幛'로 되어 있음.
119) 購: 가본에는 '求'로 되어 있음.
120) 李夏: 다, 라본에는 '李令夏'로 되어 있음.
121) 內: 다, 라본에는 '夫人'으로 되어 있음.
122) 其後: 다, 라본에는 '是故'로 되어 있음.

下-42.

 凡戲題之規, 新及第分館之後, 例有免身之規. 夜則着鬼服, 達夜周行於先進之家, 晝則會於槐院, 戲謔終日, 故各以同僚平日戲言雜談, 出戲題, 互相戲作. 梁司諫應鼎戲題, 卽應鼎賢於其父論. 梁自題曰:"堯之子不肖, 舜之子亦不肖. 今應鼎賢於其父, 則其父之賢於堯舜遠矣." 白江李公與韓判書仁及, 同爲翰林, 而白江爲下番, 各出戲題, 白江瞞韓公曰:"吾輩相好, 何可作醜言以相辱? 請各善作." 韓許之, 先作李題無醜語, 韓娶盧氏, 故其題是韓盧辨, 白江作辨, 曰:"韓大姓, 盧大姓, 以大姓合大姓, 生子必大, 生孫必大,[123] 何辨之有?" 請考官爲字字批點, 遂作, '韓犬姓, 盧犬姓, 以犬姓合犬姓, 生子必犬, 生孫必犬,[124] 何辨之有?' 一時傳笑.

下-43.

 蔡湖洲, 字[125]百昌, 鄭副學百昌, 嘗對湖洲, 戲曰:"以百昌爲名者君子, 以[126]百昌爲字者小人." 湖洲卽答曰:"王安石·謝安石, 誰爲君子?" 鄭無以爲答.

下-44.

 鄭副學百昌大人之名, 與余高祖諱同. 嘗爲淸州牧使[127], 有過僧來, 訴曰:"賣紙資生, 今日負數百卷來而見失, 乞推給." 鄭曰:"汝失紙於途, 反索於我, 何以推給?" 叱令退去. 居有頃, 命駕適野, 歸

---

123) 生子必大, 生孫必大: 저본에는 빠져 있으나 나, 라본에 의거하여 보충함.
124) 生子必犬, 生孫必犬: 저본에는 빠져 있으나 나, 라본에 의거하여 보충함.
125) 字: 저본에는 '表德'으로 나와 있으나 가본을 따름.
126) 以: 저본에는 빠져 있으나 나, 다, 라본에 의거하여 보충함.
127) 使: 저본에는 빠져 있으나 나, 다, 라본에 의거하여 보충함.

路, 指路傍古木, 曰: "彼何物, 乃敢偃蹇?" 命捉囚, 從者曰: "木也, 不可囚!" 鄭曰: "然則拘留!" 且恐其逃, 發邑內里民[128]全數守直, 夜送人視之, 無一人守者, 都數執闕, 令戶納紙一卷. 須臾, 積紙數百卷, 捧時納者, 皆記其名, 召其僧, 使擇所失紙於其中. 考其名, 推其買處, 捕其盜, 推給其僧, 還給餘紙於民. 其政多類此, 以善治名於世. 光海朝, 所謂有「鏊鏊曲」者, 一時名流聚會, 或歌或哭, 或呈雜戲, 皆是巫覡招魂之事. 白江李相國, 爲忠淸[129]伯時, 鄭以管下[130]守令進拜, 白江與鄭副學親友, 每呼鄭爲丈. 一日, 白江問鄭曰: "尊丈少時[131], 所爲之戲, 幸爲我試之." 蓋俗謂巫女招魂之事, 號爲魂入, 而鄭爲「鏊鏊曲」時善其戲, 故白江請觀其戲也. 鄭正色曰: "使道何爲發此言也? 卽今下輩多聚, 衆目所見處, 以官員, 豈可爲此戲乎?" 白江曰: "此易耳." 命辟去左右, 鄭又搖頭, 曰: "何可坐此廳事爲戲劇乎?" 白江遂入室中, 鄭牢閉窓戶, 遂渾身搖戰, 周旋號呼, 若女巫降神之狀, 作白江先公李司諫, 言語動止, 抵掌談語[132], 宛若平生. 至於夫婦之間, 私昵之談, 無所不至. 白江欲出, 則旣已牢閉門戶, 鄭又手扶白江, 使不得動, 白江一場大困云. 鄭一日, 入見方伯[133], 曰: "以機密事, 有欲[134]仰白, 願辟左右." 白江令辟之, 鄭卽附耳語曰: "汝吾子也."[135] 因起出. 其後, 白江招年老守令, 與鄭相親者數人, 相與閑談, 談間曰: "鄭丈近有病乎?" 諸人

---

128) 里民: 나, 다, 라본에는 '吏民'으로 되어 있음.
129) 忠淸: 가본에는 '湖西'로 되어 있음.
130) 管下: 나, 라본에는 '營下'로 되어 있음.
131) 少時: 나, 라본에는 '素'로 되어 있음.
132) 語: 가본에는 '話'로, 나, 라본에는 '論'으로 되어 있음.
133) 方伯: 다본에는 '白江'으로 되어 있음.
134) 欲: 나, 다, 라본에는 '所'로 되어 있음.
135) 汝吾子也: 저본에는 빠져 있으나 이본에 의거하여 보충함.

曰:"寧有是理?"白江曰:"諸公不知, 必有病矣." 諸人曰:"何以知之?"白江曰:"嚮者入見, 欲有密語, 請辟左右, 依其言辟之. 鄭丈忽然, 向我呼爺, 雖欲詔於上官, 呼爺豈不怪哉?" 諸人莫不大笑. 出以其語戲之, 目之以呼爺於上官, 雖自稱其呼子, 皆不聽, 一場大困云.

下-45.
鄭東溟斗卿, 少時, 以白衣從事, 接待天使. 臨發, 往見元原平[136]斗杓, 不遇, 藏中有藍大緞[137]一疋, 持歸作袍. 着而馳出都門, 脫給從者, 典而沽酒, 題曰:'長安俠少出關西, 楊柳青青黃鳥啼. 笑脫錦袍留酒肆, 能令公等醉如泥.' 昭代風流文彩, 可以想見.

下-46.
權石洲韠[138], 光海朝, 聞任疎庵叔英以對策語, 觸時諱, 拔榜被謫, 賦詩曰:'宮柳青青鶯亂飛, 滿城冠蓋媚春輝. 諸公共享昇平樂, 誰遣危言出布衣.' 以此, 坐詩案, 杖流之. 宿於東門外, 氣盡, 命進一盃, 而絶於旅舍. 其舍門板, 舊有兒童書唐詩句, 以誤書其字[139], 曰:'權君更進一盃酒, 酒不到劉伶墳上土.' 事若有偶[140]會而相符, 如前定者歟! 抑有異人, 先知石洲之死於此舍而書之歟? 未可知也.

---

136) 原平: 나, 다, 라본에는 '相'으로 되어 있음.
137) 緞: 저본에는 '段'으로 나와 있으나 이본을 따름. 서로 통함.
138) 韠: 저본에는 '鞸'로 나와 있으나 의미상 바로잡음.
139) 字: 다본에는 '詩'로 되어 있음.
140) 有偶: 다본에는 '偶然'으로 되어 있음.

下-47.

　權主簿韠[141], 石洲之兄, 亦能詩. 有人問其詩與石洲何如, 權曰: "吾與汝章, 遊重興水石詩, 曰: '遊人偏愛澗邊石, 山鳥不驚林下僧.' 汝章方臥, 蹶然起, 曰: '此非老杜不能.'" 文人之不相下, 雖兄弟如此. 權公一日, 行到[142]漢江, 大北朝士, 會而船遊, 固請同舟. 權與兒奴, 共登其舟, 手掬盤中饌味, 與其兒奴, 曰: "迷奴雖如此, 猶知能愛其母." 同舟者, 聞而駭憤, 欲搏殺之. 中有一人, 止之曰: "纔殺權鞸, 人心多憤, 何可又殺其兄?" 遂得止. 若非此人之言, 難乎免矣. 此等言, 不可以節操論, 禍家哀憤所激, 不能謹愼如此, 殊非言遜之意也.

下-48.

　參判鄭公萬和, 陽坡之季弟也. 少學書車雲輅, 嘗問曰: "先生之文, 多少幾何?" 雲輅曰: "吾文似是粳米二百石許耳." 鄭公曰: "五山之文, 幾何?" 答曰: "吾兄之文, 皮雜穀, 幷八萬餘石云." 其意雖自許以精, 八萬之於二百, 當幾何哉!

下-49.

　栗谷李先生, 八歲作「花石亭」詩, 云: '林亭秋已晚, 騷客意無窮. 遠樹連天碧, 霜楓向日紅. 山吐孤輪月, 江含萬里風. 塞鴻何處去, 聲斷暮雲中.' 聲調體格已成, 晚年所作, 反不及此, 可謂天才. 頸聯以上, 氣象遠大, 而落句短促, 無乃未享遐年之應耶? 白沙李公, 兒時詩曰: '劍有丈夫氣, 琴藏千古音.' 語奇而意深, 韻亦和遠, 如

---

141) 韠: 저본에는 '鞸'으로 나와 있으나 의미상 바로잡음.
142) 到: 가본에는 '渡'로 되어 있음.

洪鍾大呂舂容有餘[143]響. 漢陰李公, 兒時詩曰: '野闊暮光薄, 水明山影多.' 可見淸明秀遠之氣, 而但少深厚凝重之意. 二公氣象, 以此兩詩, 可以想見. 陽坡鄭公, 兒時遊戲奔迸, 叔父參判廣敬, 召謂曰: "汝可謂狂童, 以狂童爲題而作詩!"公[144]卽對曰: '一家有狂童, 年將十一歲. 然獨八字好, 人皆曰爲相.' 此雖不可以詩格論, 其能成大器而享厚福, 亦可知矣. 外王父忠正公[145], 幼時, 受學於姑夫湖洲蔡公, 湖洲命作詩, 卽對曰: '雪落千山白, 天高一月明.' 湖洲云: "若改以'天空一月孤', 其於詩格, 可謂絶調." 小兒詩[146], 當觀氣像. 此句可見高明淸遠底氣像, 湖洲所改, 似不及本文.

下-50.

人在兒時, 心淸氣全. 詩亦文之精者, 故古人兒時之作, 或如其人之氣像, 或驗前程之長短. 李孤山存吾, '大野皆爲沒, 高山獨不降.' 終符其能樹大節. 金應敎千齡兒時, 長者置膝下呼一[147]句, '雲收天際孤輪月.' 使之屬對, 卽呼曰: '風定江心一葉舟.' 其才雖曰淸高, 短促之象可見. 『淸江詩話』有小兒詩, '綠樹陰中更躑躅.' 見者, 知其兒之早夭. 此等詩, 不待具眼而可知. 但近世藥泉南相國九萬, 兒時有猫呼而過, 長者令作詩, 對曰: '黑猫大哭走, 此家殃禍生.' 老峯閔相國鼎重, 兒時詩曰: '蟬鳴高樹加八執.' 加八, 卽其兒著重之少字. 南·閔兩公, 近世名公, 其所作之相反如此. 余三從弟鳳漢, 八九歲時, 作苦熱詩, '靑山獨無恙, 秀色高入天.' 氣像如此,

---

143) 餘: 저본에는 빠져 있으나 가본에 의거하여 보충함.
144) 公: 저본에는 빠져 있으나 이본에 의거하여 보충함.
145) 外王父忠正公: 다본에는 '東山尹公趾完'으로, 라본에는 '東山尹相'으로 되어 있음.
146) 詩: 다, 라본에는 '時'로 되어 있음.
147) 一: 저본에는 빠져 있으나 가본에 의거하여 보충함.

而年將五十未第. 四五歲時[148], 學語而已能成詩, 或曰: '窓白鷄聲中.' 或曰: '雨濕花枝重.' 造語之新警, 雖老成詩人不可及, 而及其長, 只長於科文, 才不甚奇, 其不可知如此. 李安邊眞洙, 兒時詩曰: '靑山白馬嘶, 躑躅思千里. 安得騎此馬, 一去平匈奴.' 可謂前程之遠大. 近多抹摋而作, 人終必能致遠也. 雖然, 古人之有詩鑑者, 不以凡眼看. 洪忍齋暹, 逮繫被杖, 以爲已死, 而從金吾死門中出, 故世傳洪相之於金吾堂上郞廳之門, 罪人死門, 皆能出入者也. 是時, 傳爲已死, 蘇齋盧相守愼曰: "吾曾見其月課, 此人決不死." 詩 '淸猿啼不盡, 送我上危灘', 必當遠到無疑. 金昇平塗, 見吾先祖考詩, '酒盡沙頭金屈卮, 那堪送客獨歸時. 扁舟暮下西江雪, 寒襲重裘醉不知.' 曰: "此人當至大冢宰·大學士!" 沂川洪相命夏, 以四十窮儒, 作詩曰: '乾坤縱大身奚適, 書劍無成鬢欲疎.' 昇平見之, 曰: "此人必當作政丞." 正所謂別有詩鑑, 非凡人所能及也.

下-51.

文谷金相壽恒, 甲寅後, 被謫途中詩, 曰: '尙幸華山千丈色, 淸光依舊滿郊畿.' 外王父忠正公見之, 曰: "必能改做." 其後, 果以首相當國. 藥泉南相九萬, 戊辰秋被謫, 與人留別詩, 曰: '問子何時東訪我, 瀛洲欲定繪鯨期.' 人亦知其更做. 西坡吳公道一, 謫中詩曰: '支頤終日掩紫關, 天末誰憐隻影寒. 白髮千莖從妓侮, 淸詩一字賴僧安. 任他謫客猜强敵, 堪笑賢侯惻峻彈. 時序易遒羈抱劇, 亂蟬秋意已林端.' 雲谷李兄光佐, 見此詩, 以爲必能更做, 西坡沒於謫中. 李大提學德壽, 庚戌秋, 來訪云: "趙叔章頃年赴燕時, 詠

---

[148] 時: 저본에는 빠져 있으나 가본에 의거하여 보충함.

琉璃瓶中五色魚云: '壺裏乾坤一勺深, 從容猶得任浮沈. 傍人莫遽窮鱗視, 滿腹三湘七澤心.' 余以爲, '此詩前途雖亨, 但其心止於三湘七澤, 而不及於海, 必難入相云矣.' 余言不中, 優入台衡云." 叔章, 今右相趙文命字[149]. 是時, 趙新拜相故云.

下-52.

孝宗以甲子日昇遐, 永安尉洪公柱元[150], 作輓詩, 曰: '憑几日回周甲子, 易名尊並宋淳熙'之句. 李判書殷相來見, 曰: "此句乞與我." 永安弟洪參判[151]柱國在傍, 曰: "吾兄今要詩名, 何爲願?" 兄與此弟, 蓋內外兄弟故也. 李遂用之.

下-53.

洪處士宇定, 丙子後, 止科不仕. 每着氈笠黑衣, 爲賤者之役[152], 朝廷收用爲大君師傅, 不出. 嘗登寒碧樓, 書諸楹間曰: '宇宙一男子, 淸風寒碧樓. 憑欄發長嘯, 江月五更秋.' 途中有詩, 曰: '霜落江鄕客意悲, 西風吹送鴈差池. 蹇驢䭾[153]草時顚石, 童僕行歌或誤歧. 野水夕陽群鴨得, 山庄小碓一人宜. 每年是月[154]常經過, 遠樹疎林箇箇知.' 三十年前, 余聞人傳誦如此, 未知其有子孫能傳草否也.

---

149) 字: 저본에는 '表德'으로 나와 있으나 가본을 따름.
150) 柱元: 저본에는 빠져 있으나 가본에 의거하여 보충함.
151) 參判: 가본에는 '參議'로 되어 있음.
152) 役: 나, 라본에는 '衣'로, 다본에는 '服'으로 되어 있음.
153) 䭾: 저본에는 '乞'로 나와 있으나 가, 라본에 의거함. 다본에는 '吃'로 되어 있음.
154) 是月: 가본에는 '是日'로, 나본에는 '十月'로 되어 있음.

下-54.

寒碧樓有李詹詩, 云[155]: '仙人腰珮玉摐摐[156], 來上高樓掛碧窓. 入夜更彈流水曲, 一輪明月下秋江.' 中原池閣, 有忘軒李胄詩, 云[157]: '池面沉沉水氣昏, 夜深魚擲枕邊聞. 明宵[158]叩[159]枻驪江月, 竹嶺參天不見君.' 驪江清心樓, 有圃隱詩, 云[160]: '煙雨空[161]濛滿一江, 樓中宿客夜開窓. 明朝跋馬衝泥去, 回首煙波白鳥[162]雙.' '騎馬東西[163]底事成, 秋風汲汲又南行. 驪江一夜樓中宿, 臥聽漁歌長短聲.' 榮州客舍, 有圃隱詩, 云[164]: '携家草草過魯[165]城, 逆旅無人識姓名. 身世險巇雙鬢改, 明朝[166]又試嶺頭行.' 皆警切.

下-55.

安東士人金昌文, 少有絶才, 有詩云: '唐虞事業日蕭條, 風雨乾坤夢寂寥. 春到碧山花鳥語, 太平遺像未全銷[167].' 其詩多膾炙嶺南, 未達而夭. 其弟昌錫, 亦以詩·畫·筆三絶名, 登第, 僅至臺閣而歿云.

---

155) 云: 저본에는 빠져 있으나 라본에 의거하여 보충함.
156) 摐摐: 다본에는 '縱縱'으로, 라본에는 '雙雙'으로 되어 있음.
157) 云: 저본에는 빠져 있으나 라본에 의거하여 보충함.
158) 宵: 나본에는 '曉'로 되어 있음.
159) 叩: 이본에는 '鼓'로 되어 있음.
160) 云: 저본에는 빠져 있으나 라본에 의거하여 보충함.
161) 空: 다본에는 '濛'으로 되어 있음.
162) 白鳥: 다, 라본에는 '白鷗'로 되어 있음.
163) 東西: 다본에는 '西關'으로, 라본에는 '東風'으로 되어 있음.
164) 云: 저본에는 빠져 있으나 라본에 의거하여 보충함.
165) 魯: 저본에는 '龜'로 나와 있으나 가, 다, 라본을 따름.
166) 明朝: 라본에는 '公然'으로 되어 있음.
167) 銷: 가본에는 '消'로 되어 있음.

下-56.

外王父忠正公嘗言, "王昭君詩, '莫以丹靑怨畵師, 毛生爲計不全痴. 當時若在君王[168]側, 漢室存亡未可知.' 此楊州金某作, 卽余先祖妣一家人也. 古人之詠明妃, 未有此意, 可謂發前人所未發." 爲敎. 其後, 見申高靈『破閑集』, 有高麗人詩, 亦用此意, 而詩調頓不及, 此詩少時聞於人. 扶餘懷古詩, '百濟城邊草樹荒, 千年往跡問漁郞. 回舟不答興亡事, 流下前江釣夕陽.' 卽許姓人作. 山行詩, '山石槎牙細路斜, 隔溪籬落是誰家. 可憐寂寂山梨樹, 不爲無人廢着花.' 不知何人所作, 雖無名字, 或有此佳作.

下-57.

金司圃諟[169], 國朝名畵. 嘗遊楓岳, 縱觀內外山, 畵意溢於胸襟, 而無畵本不可寫. 歸路至逆旅, 遇一士人, 橐中多貯好紙, 司圃曰: "吾嘗粗識丹靑, 今見金剛內外山, 極欲揮洒, 而無紙本. 君若借數幅紙, 則坐間[170]當揮筆以奉, 君意如何?" 士人曰: "吾方往見李玉山, 欲受其筆携紙以來, 不可從." 玉山卽栗谷弟瑀, 方居其地[171], 以善書名故也. 司圃悵然而去. 士人往見玉山, 道其事, 曰: "爲受公筆, 橐多携楮, 路遇遊山客, 自稱善畵而請之, 可笑." 玉山嗟惋[172]不已, 曰: "纔聞金諟來遊楓岳, 想其歸, 畵思滿腔, 有是言也. 金絶世名畵, 遇名畵難, 遇其看山, 欲寫時尤難, 君之遇此而差過, 甚可惜也! 君不受金畵, 而受吾書, 何爲?" 遂不寫, 士人始大恨.

---

168) 君王: 저본에는 '昭君'으로 나와 있으나 가, 나, 라본에 의거함.
169) 諟: 의미상 '禔'가 되어야 함.
170) 間: 나, 다, 라본에는 '卽'으로 되어 있음.
171) 其地: 가본에는 '江陵'으로 되어 있음.
172) 嗟惋: 나, 다, 라본에는 '嗟歎'으로 되어 있음.

下-58.

尤齋宋公, 聰明絕人. 少過山寺, 僧徒雖過千人, 一聞其名不忘. 七十後, 嘗遊$^{173)}$一寺, 同行者請曰: "公少時, 一聞僧名不錯, 今可試之否?" 宋公曰: "吾老矣, 聰明已減, 豈能如少日?" 其人遂盡聚一寺僧, 殆過數百, 使之一人, 鱗次而入拜, 各誦其僧名年歲, 盡其數訖, 使僧散入而見之. 宋公盡呼其名與年紀, 不錯一人.

下-59.

壬辰後, 國家被誣於丁應泰. 是時, 應泰尙留關西, 甚秘其事, 自草奏本, 而我國人入則輒藏之, 國家無以得見其語. 方伯極擇神聰者, 爲知印, 入而告飯, 擧案而進. 應泰方鋪其草本, 見其來, 卽撤而藏之. 其人瞥眼見其草而出, 文字卽斷不可識, 只以其霎然形現於眼底者, 凝神靜思, 從$^{174)}$其四面而寫, 其點劃盡畫其紙, 皆成字樣. 按之, 遂宛然一通奏文草也. 人之才分, 類萬不同, 其神捷有如是者. 外王父忠正公, 嘗聞於先輩而言之.

下-60.

卞承旨熿$^{175)}$兒時, 隨其父時望赴縣, 其父日授『綱目』七八張, 旣學而出, 一不開卷. 翌朝披其書, 只以手指, 按其冊張四隅, 亦不讀一巡$^{176)}$, 誦如懸泉. 其庶從祖, 言於其父曰: "此兒一不開卷, 而能誦之, 宜督過使之勤讀." 其父遂倍其數, 授十五六張, 令其庶叔伺

---

173) 遊: 가본에는 '過'로 되어 있음.
174) 從: 저본에는 빠져 있으나 가본에 의거하여 보충함.
175) 熿: 의미상 '榥'이 되어야 함.
176) 巡: 가본에는 '句'로 되어 있음.

之, 一如前日, 不讀而善誦. 其父大奇之, 問曰: "汝能兼幾行?" 對曰: "一張之內, 一時畢羅於眼前." 其父曰: "我則僅能俱下數行, 汝比吾較勝矣." 遂不勤敎. 後以明經登第, 且能善文, 以考官掌試, 策士之文, 多出其手云.

下-61.

尹學士繼善兒時, 隨其姊婿, 上山菴讀書, 其父托其婿, 俾嚴課讀. 尹栖寺之後, 一不開卷, 姊婿屢督而終不聽, 未數月而還. 其父問其婿曰: "繼善能讀, 幾何?" 婿仰屋, 曰: "不讀一行, 奈何?" 其父怒, 命拿入將笞之, 尹曰: "盡讀『尙書』一帙而來, 請誦之, 有碍則受笞, 未晚也." 其父散抽『尙書』試之, 洞燭無餘, 盡一帙, 無不皆然. 姊兄大驚, 曰: "汝何曾讀一字乎? 何以能如此?" 答曰: "每[177]於兄讀書時, 吾豈不時時臥而聽之乎?" 後登魁科, 未達而夭.

下-62.

趙德輿, 淸州士人. 嘗從進士朴泰登, 求見其叔父朴承旨世煃所著「程文經義」七首, 乞借而謄之. 朴靳固之, 趙一覽而歸, 暗誦盡寫其七篇, 示朴, 曰: "此文傳於世, 久矣, 吾謄諸他人." 按之, 不差一字.

下-63.

徐文化夢良, 辛巳以金吾郎入直, 適値仁顯王后喪. 入直官不離次例, 於府中成服, 獄中時囚者, 同哭於庭. 止哭後, 有一罪囚獨

---

[177] 每: 저본에는 '母'로 나와 있으나 가본에 의거하여 바로잡음.

哭, 良久不止. 徐問曰: "何人?" 對曰: "長興武弁, 爲北道邊將, 以採蔘事, 二十六人同囚將死." 此人纔過[178]其母喪於獄中, 未得奔哭而將葬, 故似以私情久哭. 徐憐之, 使取其文案見之, 廿六人皆有可生之道, 而王府之規, 堂上數遞, 郞員雖多, 不敢贊一辭. 故例不窺推案, 因循轉重其科律, 仍成久囚. 徐仍問曰: "經年久囚, 又有如是者否?" 吏復[179]以倭譯七人, 以倭館修葺[180], 銀貨濫用將死事對, 又取而視之, 亦有可原者. 徐遂慨然歎, 曰: "古人曰: '求其生而不得, 則死者與我, 皆無恨.' 況有可生之道, 而獄官因循轉致文法而死, 則安在其重獄設官之意哉? 我則官微, 不敢干預於參決, 當以一疏, 叫閤以效執藝之諫." 遂草疏數千言, 一一究覈其委折, 付之生議欲呈之. 其友婿金相宇杭曰: "於君有出位之嫌, 且有妨於前後金吾堂上, 何不先[181]陳於判金吾, 使有擇焉?" 徐遂止. 李領相濡, 方判金吾, 請觀其疏草, 而徐家在天安, 故其間適往留之其家, 而遂暗記而謄送, 採蔘邊戍[182]及偸銀譯舌, 俱得不死. 其後, 卽生兩孫, 人以爲陰報. 其從弟士人趙鏞, 言其事, 且云: "壬午適往見徐兄, 令我執筆誦前草謄之無錯. 經年之後, 强記數千言, 記性絶倫云."

下-64.

趙鏞又云: "徐文化夢良, 宰靑陽, 吾適過[183]宿, 鄭富平治, 以妹

---
178) 過: 가본에는 '遭'로 되어 있음.
179) 復: 가본에는 '又'로 되어 있음.
180) 葺: 가본에는 '理'로 되어 있음.
181) 先: 가본에는 '詳'으로 되어 있음.
182) 戍: 가본에는 '守'로 되어 있음.
183) 過: 가본에는 '往'으로 되어 있음.

婿, 歷過良久云, 親客有妨於聽政, 宜從傍酬應, 無滯文簿. 徐令受民狀, 兩吏迭告, 殆過五六十狀[184]. 徐方談話而傍聽, 吏告不題而積置, 吏誦訖, 又誦他狀, 盡其牒, 翻其文軸. 遂次次呼其名, 而盡題之, 鄭笑曰: '君乃欲衒[185]能, 必有誤題.' 取其狀審之, 一無差錯, 鄭驚歎."

下-65.

姜月塘相國碩期之庶族在鄕者, 亦與國舅閔驪陽維重, 有戚分. 其人嘗過姜相家, 來謁[186]閔公, 曰: "姜政丞宅亡矣." 閔公曰: "何以言之?" 其人曰: "我在鄕曲[187], 無求於人, 而[188]於姜相公爲親戚, 適入京城, 不可不往謁, 故往謁, 則[189]相公固欣然款待, 辭退歷拜. 其胤子坐室中, 詬罵曰: '吾何嘗欲見渠乎?' 聲聞於外, 主人旣厭見[190], 不敢久坐, 暫敍而來. 相公家子弟, 驕人如此, 安得不亡?" 閔公方臥, 蹶然起, 曰: "汝言是矣!" 未幾, 姜嬪之禍作云. 驪陽之子, 閔相鎭遠云.

下-66.

閔相鎭遠嘗言, "曾往見李翔, 談間云: '朴和叔非通儒.' 吾云: '何謂也?' 答曰: '和叔世業頗饒, 而全然抛棄, 謾不知産[191]業, 貧無以

---

184) 狀: 가본에는 '張'으로 되어 있음.
185) 衒: 가본에는 '眩'으로 되어 있음. 서로 통함.
186) 謁: 나, 라본에는 '訪'으로 되어 있음.
187) 鄕曲: 다본에는 '鄕谷'으로 되어 있음.
188) 而: 저본에는 빠져 있으나 나, 다, 라본에 의거하여 보충함.
189) 故往謁則: 저본에는 빠져 있으나 나, 다, 라본에 의거하여 보충함.
190) 見: 나, 다, 라본에는 '薄'으로 되어 있음.
191) 産: 가본에는 '事'로 되어 있음.

自存, 豈足爲通儒?' 吾極欲答以'尊丈太爲通儒可悶[192]云', 而不敢發[193]云." 和叔, 玄江朴公世采字也[194].

下-67.
月沙李公廷龜, 閔判府事[195]馨男, 俱是庚子同庚, 又少與親密同硯[196]. 月沙早貴, 位至[197]正卿, 而閔猶在韋布[198]. 每[199]與諸友, 做文會於路傍, 月沙或過, 則坐中輒指軒車, 而戱曰: "君之同庚過矣." 月沙亦必[200]枉車騎, 頻造沮戱程工, 閔不勝其苦. 嘗與親朋, 會於矮巷, 月沙又尋造坐間, 適有盲人, 口呼賣卜而過門外者. 使人招之, 月沙紿曰: "此是科儒之會, 汝先推我命!" 仍自言其生年日時, 曰: "可得今科否?" 盲人推之良久, 起拜曰: "曷爲誑我病人? 此命貴已久矣, 似躐正卿之班." 月沙又言閔命, 盲人[201]曰: "此命姑未第, 而可捷今年之科. 雖然, 其登一品, 當先相公, 年又耆耋, 過於相公. 且有一事可異, 此命必再躋一品." 諸人閧然曰: "以今白徒, 先躐正卿之上, 必無是理, 再躋一品, 尤不成說." 一笑而罷. 閔是年登第, 光海朝, 屢參僞勳, 驟陞一品, 以遠接使到龍灣. 是時, 月沙奉使于燕京而歸, 相遇於統軍亭[202], 從人先設座以待之, 誤連兩

---
192) 可悶: 저본에는 빠져 있으나 이본에 의거하여 보충함.
193) 發: 저본에는 빠져 있으나 이본에 의거하여 보충함.
194) 字也: 저본에는 '表德'으로 나와 있으나 나, 다, 라본을 따름.
195) 判府事: 나, 라본에는 '貳相'으로 되어 있음.
196) 硯: 저본에는 '硏'으로 나와 있으나 가본을 따름.
197) 至: 저본에는 빠져 있으나 나, 다, 라본에 의거하여 보충함.
198) 韋布: 나, 라본에는 '布衣'로 되어 있음.
199) 每: 저본에는 '母'로 나와 있으나 가, 나, 라본에 의거하여 바로잡음.
200) 必: 저본에는 빠져 있으나 이본에 의거하여 보충함.
201) 人: 저본에는 빠져 있으나 나, 다, 라본에 의거하여 보충함.
202) 亭: 저본에는 빠져 있으나 나, 다, 라본에 의거하여 보충함.

座[203]於主壁. 閔公府隷, 踢[204]退月沙席, 曰:"我老爺品高, 正使相公, 安得並坐?" 竟設座東壁. 俄而, 月沙至, 相視而笑曰:"今日, 始知其盲人推步之精也." 其後, 閔進秩[205]爲府院君, 仁廟改玉, 並削昏朝僞勳, 閔降秩爲亞卿. 年過九旬, 漸次陞秩, 又以壽職, 官判府事而終, 一如盲人之言.

下-68.

白沙李公, 嘗雨中閑坐, 盲人咸順命來謁, 公曰:"以何事冒雨而至?" 順命曰:"苟非緊故, 病人那得衝雨而至[206]乎?" 公曰:"姑捨汝所請, 先從吾請, 可乎!" 朴判書遾兒時, 受學於白沙, 方在座, 公指而問曰:"此兒之命, 何如?" 順命細推而言曰:"此郎可到兵曹判書." 白沙歎曰:"汝之術數精矣! 此兒元來可到此官矣." 順命告朴公曰:"甲午年間, 郎君似當爲大司馬矣." 是時, 白沙庶子箕男, 與朴公同學, 箕男曰:"君若主本兵, 則宜授我兵使." 朴公笑應曰:"諾." 其後[207]甲午, 朴公果入中兵, 箕男往見, 不復一言. 辭出時, 朴公之側室[208]少兒在前, 箕男手携其兒, 捽曳搏擊於墻外. 公驚問之, 答曰:"我以鼇城之妾子, 與兵判有小兒宿約, 而亦不相念. 況此循例, 兵判之妾子, 雖生何爲? 殺之無惜." 朴公笑曰:"我雖兒時許汝邦家, 政格截然, 何敢以庶孼爲兵使?" 箕男曰:"然則君宜上疏, 自陳其兒時之約, 不應中兵之命, 可矣." 朴公笑曰:"我識汝意, 白翎

---

203) 座: 나, 라본에는 '席'으로 되어 있음.
204) 踢: 나, 다, 라본에는 '斥'으로 되어 있음.
205) 秩: 가본에는 '資'로 되어 있음.
206) 至: 이본에는 '來'로 되어 있음.
207) 其後: 저본에는 빠져 있으나 나, 라본에 의거하여 보충함.
208) 側室: 가본에는 '庶子'로 되어 있음.

斂使近作窠, 意必在此." 箕男憮然曰: "以兵使之約, 只得白翎[209], 誠可歉[210], 亦復奈何?" 竟除白翎.

下-69.
鄭左相致和, 陽坡之弟, 外王父忠正公之仲舅. 嘗爲江原監司, 營下士人家, 有『明鏡數』散帙. 『明鏡數』未知誰所著, 而卽聚會自古以來生年月日時, 記其一生所經, 壽夭貴賤, 一一錄其已驗之書, 卽皇朝禁書. 鄭公借見其散帙若干卷, 書註甚多, 而兒而夭者無數, 輒稱幾歲以疫化去. 人生而成長者至難, 其壽而富貴者, 千萬之一, 適會鄭公四柱在焉. 其下書曰: '宋丞相鄭毅夫之命, 戊辰秋科以策登第.' 與公如合符契. 毅夫卽鄭獬字, 有丙子年壽不永, 而鄭公無嗣, 有妾子兩人. 毅夫畢命之年, 鄭公甚不豫, 而終無恙, 享年過六旬. 無乃大國之隆重, 其享用之盛, 與小國絶異, 被其磨折而然歟!

下-70.
樂靜趙公, 壯元及第, 榜下同年, 例於唱榜[211]之前, 來謁壯頭. 有一同年鬚髮滄浪者來見, 坐定, 擧眼熟視而笑, 曰: "異哉異哉! 育養壯元而登第, 安得不老?" 公問曰: "何謂也?" 其人曰: "我湖南人, 老於場屋, 自少入京赴擧, 不知其何年間趁科入京. 行到振威葛院地, 夢見一兒, 下第而歸. 初以爲偶然, 其後赴擧, 每到葛院, 夢見其兒則輒落. 自是, 其兒漸長, 每夢已慣其面目[212], 孩提戲笑, 若相

---

209) 白翎: 나. 라본에는 '斂使'로 되어 있음.
210) 歉: 라본에는 '慊'으로 되어 있음.
211) 榜: 저본에는 '第'로 나와 있으나 다. 라본을 따름.

欣然. 旣覺, 已知其必落, 心惡之, 移其宿處, 雖不宿葛院前, 却葛院數十里而宿, 輒夢之. 又改其路, 由安城抵京, 每過葛院相對[213]處, 必夢之, 終無奈何, 還由大路行. 兒乃年長而冠, 旣冠亦累見, 顔熟相親. 今行亦夢, 已料其必落, 忽登第, 莫知其所以. 今日, 來謁壯元, 宛然夢中顔面, 此誠異事." 科第得失, 豈非天哉?

下-71.

許相項少時, 其婦翁爲安東府使, 許相往住甥館, 府使之內夢一獅子, 從婿室中出, 化爲龍飛去. 許相小[214]字獅子. 是時, 適有試士之命, 其婦翁令上京應擧[215], 許相年幼不文, 不欲往, 力勸送之. 至畿內, 秣馬酒店[216], 酒壚[217]上有四六一卷, 問於主人, 答曰: "朝者, 有一士子[218]落置, 故追往數里, 不及而還." 許袖往入場, 旣不能自製, 但繙閱其冊, 果有科題一篇, 寫呈得第. 許性質實, 每歷歷自言其無文得第之由, 人多許其忠朴, 致位至左相.

下-72.

郭天擧, 槐山校生. 夜與其妻同室, 其妻睡中, 忽泣呼, 問之, 妻曰: "夢有黃[219]龍從天而降, 啣君折[220]屋而上, 是以泣." 天擧曰: "吾

---

212) 面目: 다본에는 '顔面'으로 되어 있음.
213) 對: 저본에는 '代'로 나와 있으나 이본에 의거함.
214) 小: 저본에는 '少'로 나와 있으나 나, 다, 라본을 따름.
215) 擧: 라본에는 '科'로 되어 있음.
216) 酒店: 나본에는 '酒幕'으로 되어 있음.
217) 壚: 가, 나, 라본에는 '鑪'로, 다본에는 '爐'로 되어 있음.
218) 士子: 라본에는 '士人'으로 되어 있음.
219) 黃: 저본에는 빠져 있으나 나, 다, 라본에 의거하여 보충함.
220) 折: 가, 다, 라본에는 '坼'으로 되어 있음.

聞有龍夢者得第, 奈我不文何?" 朝起, 爲灌溝洫出田間. 田在路
傍, 有披襟急行者, 問之, 云: "朝家新定別科, 方急告於嶺南某邑
守令之子云云." 天擧歸, 語其妻曰: "夜來君有異夢, 今日忽聞科
報, 而吾不識字, 言之奈何?" 妻勸令入京, 天擧再三力辭, 妻力勸,
備盤纏以給. 天擧至京, 足未到王城, 莫適所向, 入崇禮門, 至最初
巷口, 卽倉谷. 窮其洞而止, 下擔息憩於一舍門外, 其家人再三出
見而去. 已而, 來言[221]主人上舍邀之, 天擧入見具告, 赴科[222]而初
到京, 無投足處之意, 主人遂令留與同入. 大抵主人李上舍, 以宿
儒老, 場屋科具東人所製積成卷軸, 入場, 令天擧負而入. 使之歷
考其冊中與科題同者, 天擧以校儒, 僅識其字, 遂考而識之. 李旣
製呈, 始搜之題同者[223]數篇, 相似者亦多. 遂裁折寫呈一篇, 並參
解額, 天擧大喜請歸[224], 曰: "吾歸而優免軍役, 與及第何異?" 李遂
挽與同入會試, 又用前法, 李見落而郭登第. 天擧質朴, 不隱其跡,
每自言其本末, 人以此推挽, 官止奉常正.

下-73.

外王父忠正公[225] 與從祖左相公[226], 同參壬寅發解. 宗室綾溪守
伋來言, "公今科, 兄弟必同登第." 忠正公曰: "何以知之?" 綾溪曰:
"已有先兆, 故我自知之." 其後, 果聯璧登第. 綾溪來賀, 曰: "吾言
果中矣!" 公問之, 答曰: "室婦曾夢, 過義禁府門外, 有嘯竿[227]兩條,

---

221) 來言: 저본에는 빠져 있으나 이본에 의거하여 보충함.
222) 科: 이본에는 '擧'로 되어 있음.
223) 天擧以校儒 … 始搜之題同者: 저본에는 빠져 있으나 가, 다, 라본에 의거하여 보충함.
224) 請歸: 저본에는 빠져 있으나 이본에 의거하여 보충함.
225) 外王父忠正公: 나, 다, 라본에는 '東山尹公'으로 되어 있음.
226) 從祖左相公: 나, 다, 라본에는 '其兄左相趾善'으로 되어 있음.

立於門前²²⁸⁾, 而兩竿上, 皆刻龍頭. 夢中問曰: '是誰家竿?' 有人答曰: '此是吏曹判書宅嘯竿.' 曰: '然則何爲立此金吾門外?' 答曰: '吏曹判書, 方兼判義禁, 故立此門.' 仍仰首視之, 兩竿所刻龍頭, 皆化爲眞龍, 沖天而去云." 是時, 外曾祖無谷公, 方以冢宰兼判義禁²²⁹⁾, 夢兆之異, 寔先兆朕矣.

下-74.

古者, 科場試取之規, 惟文工拙是辨. 士友隨其親戚知舊, 聚成文會, 謂之同接. 入場屋, 一接分隊同坐, 或時刻急促, 一人將未能及時完篇, 則一坐同力, 累人各相遞²³⁰⁾搆如聯句, 卽刻而篇成. 以一人名呈一券得捷, 如庭試謁聖及黃²³¹⁾柑節製, 一接之人, 循序得中, 殆盡無餘. 蓋聖代厚風也.

下-75.

韓相興一, 嘗於黃柑, 將赴擧, 其內曰: "單奴負²³²⁾柴, 可也, 入場何爲?" 韓曰: "諸友請往, 何可不赴?" 旣入,²³³⁾ 諸友皆曰: "今日, 當先除韓振甫." 諸人遂合成一篇²³⁴⁾得捷, 後至拜相, 昭代風流之美, 尙可想像. 今則齷齪奔²³⁵⁾競, 惟利是趨, 父子兄弟, 雖至四五六

---

227) 嘯竿: 나, 라본에는 '孝竿'으로 되어 있음. 이하의 경우도 동일함.
228) 前: 나, 라본에는 '外'로 되어 있음.
229) 義禁: 이본에는 '金吾'로 되어 있음.
230) 遞: 나, 다, 라본에는 '連'으로 되어 있음.
231) 黃: 저본에는 '賜'로 나와 있으나 나, 다, 라본에 의거함.
232) 負: 저본에는 '赴'로 나와 있으나 나, 다, 라본에 의거하여 바로잡음.
233) 旣入: 저본에는 빠져 있으나 나, 다, 라본에 의거하여 보충함.
234) 篇: 나본에는 '卷'으로 되어 있음.
235) 奔: 이본에는 '紛'으로 되어 있음.

人, 亦皆各以其名呈券, 那得見此風哉? 但所謂試官[236], 無眼目, 冥行擿埴, 只取命數, 不知其何人何券, 得爲掇網之珊瑚. 所以紛競日長, 士習日壞, 無非天之所使也.

下-76.

呂相國聖齊, 明經應擧時, 纔入講席, 自帳內出講紙, 見其七書所出, 皆非習誦之章, 無可奈何. 請起如厠, 試院之規, 講席儒生, 請飲食則饋之, 請便旋則許之, 例也. 遂令軍卒領送, 呂相許久[237] 坐厠上, 與軍卒問答閑說話, 問卒之所居, 卽其父所蒞之縣也. 略與酬酢邑事, 卒曰: "來時邑妓某付書, 使之尋傳於呂進士, 不知在何處." 呂相曰: "我爲呂進士!" 遂取其書覽之, 卽其隨往時所眄妓也. 如是之際, 時刻漸遲, 試官使人視之, 歸言, "儒生手持一紙." 試官疑之, 遂改出他章, 呂相來見, 皆所習之章也[238]. 遂登第, 官至左相[239].

下-77.

崔相國錫恒[240], 身長絕短, 形體羸弱, 相貌如不成人者, 有駭人目. 爲翰林時, 翰苑之規, 上番侵虐, 下番甚苦, 下番潛自嘲侮上番. 翰林李玄祚, 嘲崔公詩, 曰: '何物奇形院裡過, 望之堪笑亦堪嗟. 擡來雙眼疑驚兎, 跳上層階似躍蛙. 手把飯匙如學鼎, 口橫煙竹若吹鑼. 人間[241]至怪吾初見, 始信今年厄會多.' 其後, 爲嶺南伯,

---

236) 試官: 나, 다, 라본에는 '考官'으로 되어 있음.
237) 許久: 가본에는 '虛'로 되어 있음.
238) 也: 저본에는 빠져 있으나 이본에 의거하여 보충함.
239) 官至左相: 저본에는 빠져 있으나 나, 다, 라본에 의거하여 보충함.
240) 崔相國錫恒: 가본에는 '崔某官某'로 되어 있음.

冠玉鷺[242]貝纓, 着天翼. 上官初日, 有妓不勝其笑而回頭者, 軍官請罪之, 公笑曰: "以我之貌, 具此戎服, 其笑固矣. 不足怪也, 何必罪之?" 遂不問, 人稱雅量. 其後, 清使來, 唐人有見者, 云: "此人一眼視天, 一眼視地, 大貴相也." 後果大拜.

下-78.

姑夫養窩李公, 少日, 與一士友同硯, 年甲旣同, 才華相將, 名滿一世. 其後, 李公發軔正路, 早入爲己之學, 謝跡世道, 恥以華藻自名. 其士友以名家才子, 妙年登朝, 雖不躁進, 手取靑紫, 當如拾芥. 而其人誤入托身勳籍, 圖取將任, 一切以取功名, 貪進無厭, 爲士類之所棄. 每於養窩, 輒以舊情, 眷眷[243]不已, 連致饋問, 妙饌珍物, 陸續便蕃. 公一無所用, 一無所進, 受而藏之, 弃閣而封之. 厥後, 其人敗亡, 妻子貧餒, 公盡取其物, 易以錢貨, 畢歸其家, 蓋心絶之, 而迹不忍絶也. 仁人君子, 用心之厚且勤如此. 李兄尙輔[244], 嘗言此事, 因自言, "兒時, 見其美饌, 每津津欲唊, 而終不許. 其後, 其饌味, 則皆腐而棄之云." 昔宋王黼爲相, 富貴勳赫, 家人輒投餘飯於溝中, 日日白粲流出. 隣寺有僧, 收其飯, 淘洗而乾之, 其數甚夥. 其後, 黼敗入獄, 家人飄散, 無饋飯者, 阻飢將死. 其僧遂以乾飯, 更炊而饋之, 朝夕不絶. 黼心感之, 問曰: "吾平日不曾知汝, 何爲相救於患亂之中, 如此其勤也?" 其僧笑曰: "此非貧道之飯, 乃相公家飯也. 人之禍福相因, 貧道其時見相公家, 暴殄天物

---

241) 人間: 가본에는 '平生'으로 되어 있음.
242) 鷺: 가본에는 '鷟'로 되어 있음.
243) 眷眷: 저본에는 '惓惓'으로 나와 있으나 가본에 의거함.
244) 尙輔: 저본에는 빠져 있으나 가본에 의거하여 보충함.

如此, 已料其有今日, 淘洗而藏之, 茲爲來饋耳." 勰嗟嘆不已. 與
此事相類, 處富貴者, 知所戒也.

下-79.

金監司夢臣, 爲海伯時, 有居鄕遠族, 將過女婚, 來謁求助者. 公
曰: "汝貧甚, 誠悶然, 我何以多助? 第列錄婚具以來." 其人錄進,
公覽之而笑, 曰: "汝之所望零星, 此則足以治給." 押而與之. 其人
悔其初不能多書, 錄中鋤子初書五柄, 其人添書十字. 翌日, 軍官
來謁[245]曰: "帖子出當盡治給, 而鋤子五十柄, 猝難辦, 當召匠打
造." 公使進帖子, 果五十柄. 其女婿崔洪川尙復, 少時, 侍坐微笑
曰: "其十字, 昨日所無者也." 公但上下其五十字, 給之, 曰: "若難
猝辦, 則給十五, 可也." 軍官出, 公責其婿曰: "汝以年少遠大之器,
曷爲彰人之過?" 柳鳳輝爲湖南伯, 有一守令, 來謁曰: "營門題送
一狀, 使給糶穀於親舊, 而抹改添書, 不踏印可疑, 故來告耳." 柳
公曰: "其狀安在?" 其人出諸袖中而獻[246]之, 公諦視之, 曰: "此事
何可發? 依此給之." 兩公有雅量, 兩事亦相類.

下-80.

一自黨論傾奪之後, 一邊人之憤嫉, 一邊人已成痼弊, 如風聲鶴
唳, 無不皆然, 雖大臣必去姓斥呼如奴隸, 以爲常事. 外王父嘗[247]
言, "庚申後, 對趙光甫, 言必稱權大運, 吾正色責之, 曰: '其人之善
不善姑舍, 勿論纔經相職, 其在國家[248]之道, 何可若是悖慢?' 光甫

---

245) 謁: 가본에는 '告'로 되어 있음.
246) 獻: 가본에는 '納'으로 되어 있음.
247) 嘗: 저본에는 '常'으로 나와 있으나 가본에 의거함.

欣然稱善, 言未已, 又不覺其稱權大運, 言語習熟如此."爲敎. 今日黨論, 比諸其時, 不啻十倍, 其時如此, 今日之事, 不足怪也.

下-81.

金溝士人金天瑞, 以至孝名, 御史方伯聞於朝, 拜齋郞, 不就. 丙申, 余守高山[249]時, 過金溝, 邑人多說其異蹟之行[250]. 居憂時, 廬墓不離側, 行饋奠祭[251]於墓下, 烏鳶啣瓜苗及芥子苗, 飛過而落之, 遂種而極茂, 終年, 摘取而供祀. 嘗臨祀而狗有將乳者, 孝子以言縷縷戒其狗, 曰: "汝若乳, 則祭祀時將不潔, 汝須爲我, 遠出山外而産雛." 俄而, 累日不知去處, 過祀後, 啣其雛而來云. 葬其父母全州地罵谷驛, 貧不能置守墓[252]奴, 樵童牧竪輩, 皆曰: "金孝子墓, 何可犯?" 遠跡不至云. 余遂馳往, 尋見於邑東五里, 滿顔常帶慽容, 每語及其親, 悲辭懇懇. 且言, "今年歲首, 夢見父母, 有所作詩, 詩語'今年當死', 庶可歸侍於地下." 語甚悲苦. 設酒饌數器以待之, 歸後作書[253]以謝. 是年冬果歿, 可異也. 略致賻儀. 有一子, 寓居全州, 時時來見.

下-82.

得良, 己巳年前, 戶曹隸屬, 初與其兄各居. 一日, 得良言於其妻曰: "吾輩賤人, 無糊口之策, 兄弟各爲曹役, 得以傭直資生. 天明

---
248) 國家: 가본에는 '尊朝'로 되어 있음.
249) 高山: 라본에는 '南邑'으로 되어 있음.
250) 之行: 저본에는 빠져 있으나 가, 다본에 의거하여 보충함. 라본에는 '之事'로 되어 있음.
251) 祭: 저본에는 빠져 있으나 나, 다, 라본에 의거하여 보충함.
252) 守墓: 나, 다, 라본에는 '守直'으로 되어 있음.
253) 書: 나, 라본에는 '詩'로 되어 있음.

赴府, 及暮而返²⁵⁴⁾, 逐日如此. 兄弟必同居然後, 庶可夜而相會, 晝而往役. 人情生理, 可以並行不悖, 卽今兄弟各離, 見面亦稀, 何用生²⁵⁵⁾爲?" 遂破²⁵⁶⁾其家産, 率妻子, 往赴其兄家同居焉. 雖下賤, 友愛如此. 外王父判度支時, 得良以判書陪從傔人, 逐日來侍. 公常曰: "我則兄弟各居, 未能保同室之樂, 有愧於得良, 多矣."

下-83.

泰仁有孝子二人, 盧信達·鄭義性, 皆無識平民. 信達忠朴質實, 其父母歿後, 葬於相望之地, 一日一拜其墓, 風雨寒暑不廢. 雖有適他之事, 拘於拜墓, 不能遠出云. 義性性頗伶俐, 每夜分必起, 正冠帶, 先拜天, 次拜君, 次拜其親, 雖祈寒暑風²⁵⁷⁾雨不廢, 一生如一日. 前後國恤, 必聞卽賞粮, 奔哭于闕下而歸, 因山時亦赴陵下, 人或以爲好名, 許信達而少義性云.

下-84.

李益三者, 臨陂鄕吏也. 事母孝居, 恒戒其妻, 衣食之奉, 盡誠無違. 自官退食, 或有美味在盤, 請其母曰: "此味先已進嘗乎?" 母曰: "已食!" 則喜, 母曰: "未食." 則切詈其妻, 曰: "旣得美味, 何敢不進于母而進于我?" 冬夏換節時, 妻以新衣進, 必察母身, 或母身尙着舊衣, 責其妻, 少不容貸, 或至數月不相見. 以故渠身, 雖長在官門, 鮮能在家妻之所, 以奉其母, 極謹且誠, 無敢慢²⁵⁸⁾忽. 夫士之

---

254) 返: 가본에는 '還'으로, 나, 다, 라본에는 '還家'로 되어 있음.
255) 生: 저본에는 '家'로 나와 있으나 나, 라본을 따름.
256) 破: 저본에는 '罷'로 나와 있으나 가, 라본을 따름.
257) 風: 저본에는 빠져 있으나 다본에 의거하여 보충함.
258) 慢: 나본에는 '漫'으로 되어 있음.

讀古人書者, 亦或有爲妻所持, 而不能善事其母[259]者, 其視此能無愧乎? 盆三之父, 亦有至[260]行, 以孝旌閭, 蓋家傳[261]之孝也. 隣邑亦莫不稱之以孝子. 余親友有爲余言者.

下-85.

李後種, 淸州水軍, 信義著於鄕里. 隣有士夫, 哀[262]其隷於賤役, 欲抵水使而免之. 後種聞之, 一日來謁曰: "聞公欲懇水使, 免我軍役然否?" 士夫曰: "然." 後種曰: "不可爲也. 吾爲此來謁而欲止之, 願公勿爲也. 國家設軍[263], 如我年富力强之人, 若圖免, 則何以充軍額? 況我小民, 不可以無役." 仍力挽不免. 年今六十, 應役不怠. 其父之弟有爲居士者, 老病無妻子, 後種奉[264]致其家, 善養無懈. 其人久病, 便液不禁, 後種每自持其廁襦[265], 浣濯溪邊. 村人過之, 見曰: "何不令婦女洗之, 親自濯之?" 後種曰: "吾妻以別人義合, 恐無骨肉之情, 若或心穢而强爲之, 則非誠心奉養之意, 故親自爲之耳." 其父嘗屬人十斗麥, 秋來計其直, 是年, 麥貴而稻賤, 故爲二十五斗. 貸者貧, 不能盡備, 先以稻二十斗來償. 後種自外來, 聞之而驚, 曰: "麥惡稻美, 今受十斗稻, 亦過矣. 乃以十斗麥, 受二十五斗稻, 是何言也?" 仍懇乞其父, 只受十斗, 貸者曰[266]: "若除欠穀五斗, 則足矣." 後種力言不已, 其父從之, 只受十斗. 後種少而造

---

259) 母: 가본에는 '親'으로 되어 있음.
260) 至: 저본에는 '是'로 나와 있으나 가본에 의거함.
261) 家傳: 나, 다본에는 '世傳'으로 되어 있음.
262) 哀: 나, 다본에는 '知'로 되어 있음.
263) 設軍: 나본에는 '軍役'으로 되어 있음.
264) 奉: 나, 다본에는 '挈'로 되어 있음.
265) 襦: 저본에는 '襁'로 나와 있으나 다본에 의거함.
266) 曰: 저본에는 빠져 있으나 나본에 의거하여 보충함.

笠爲業, 其父輒賣於市. 一日, 忽然撤業不造, 其父悶之, 訴於隣居
士夫曰: "吾子造笠, 無端斷手, 請治之." 士夫招問之, 答曰: "小人
造笠, 而吾父輒賣於市, 賣買[267]而欲受準價, 人之常情. 爭價之際,
或爲强暴者所詬辱, 則此以吾手, 貽辱於吾父. 且無他業, 可以養
親者, 則亦何敢廢? 今力農而養之, 故撤之耳." 嘗遇旱[268], 僅壅溝
洫而儲水移秧. 是夜, 村人決水灌其畝[269], 其父怒呼而辱之, 後種
力諫曰: "欲灌其畝, 人之常情. 其畝在吾田之上, 雖欲決得乎? 況
今旣決之後, 不可逆上, 詬人何爲?" 後種隣居親友, 爲余言.

下-86.

李舒川萬枝, 爲都摠都事時, 同僚都事, 忘其姓名. 曾於丙子胡
亂, 與其妻同被虜於胡人, 其妻則爲胡人之妻, 渠則爲奴[270]. 胡人
惑於其妻, 專委家事, 其妻日日攘銀一錢, 以給其夫, 曰: "善聚此
銀, 至可贖君身, 君須贖回舊國. 吾家兄弟, 必以舊家産業, 分財及
我, 君須取而周旋, 贖我而歸. 我旣失身胡虜[271], 還家只爲貽辱, 當
渡[272]鴨綠自決, 埋骨於我國, 足矣. 我旣與君, 夫婦之義旣絶, 尙何
望其贖還? 只以此贖君之恩, 贖我可也." 其後, 逐日聚銀, 至數三
十金, 授於隣居老嫗, 令老嫗贖其身而歸國. 傳其言於妻之兄弟,
哀而分財産以給, 其人以其財, 娶[273]妻買家, 善居生, 而終不贖來,
可謂負心人云. 舒川之侄李生師盇, 爲余言.

267) 買: 다본에는 '物'로 되어 있음.
268) 旱: 저본에는 '早'로 나와 있으나 가, 나, 다본에 의거하여 바로잡음.
269) 畝: 나본에는 '苗'로, 다본에는 '畓'으로 되어 있음.
270) 爲奴: 가, 다본에는 '爲胡人之奴'로 되어 있음.
271) 胡虜: 저본에는 빠져 있으나 나본에 의거하여 보충함.
272) 渡: 가본에는 '到'로 되어 있음.
273) 娶: 저본에는 '取'로 나와 있으나 나본을 따름.

下-87.

丙子胡亂, 松都商賈之妻, 有被虜者, 商賈失妻, 號呼喪性, 聚銀入瀋. 其妻爲馬將軍所蓄, 商賈持銀, 盤問於東人之隣居被虜者, 答云: "汝妻爲馬所絶愛, 萬無贖還之理, 汝徒死耳, 急歸!" 其人猶不能忘, 願見其面, 而其隣人云: "深藏不出, 此事至難. 但將軍每飮子夜水, 信其女, 夜半必令其女取水, 汝潛伏其園[274], 或可一見, 是危途[275]也." 其人不勝情, 夜伏園中, 夜半, 其妻果至, 就執其手, 其妻無言卽入去, 小焉復出, 以小包授之, 曰: "我雖無狀失身胡虜, 亦有一端心腸. 人旣戀我, 以至於此, 心豈恝然? 萬無脫身之路, 若欲歸則禍必及, 君須持此歸國買妾, 則當得勝於我者三人. 千萬保重, 歸國勿遲, 但恐有追騎, 急往炊飯於村舍, 可喫三日者賫往." 仍手指越邊山頂, 曰: "彼頂有石窟, 潛伏其處, 三日而出去, 則可免矣." 商賈如其言, 急炊飯, 伏於石窟中. 翌朝, 其妻自到於園中所分之處, 馬大驚, 以爲朝鮮人來, 發卒搜索, 三日乃止, 其人始出去[276]云.

下-88.

成男者, 廣州注橋居民, 生而有膂力. 當丙子胡亂, 一村人, 皆乘船避亂於海島中, 以無食, 時或往來所居村, 取粮而去. 一日, 諸人到村落, 適無胡人之來近者, 狃而不卽返, 相與炊飯煙生. 胡騎望見來逼, 諸人驚惶, 走到船所, 其間潮生船泛, 卽丈許. 諸人到水邊望見, 胡騎彎弓追至, 無由入船, 頓足長號. 成男亦在其中, 勿論長

---

274) 園: 가본에는 '垣'으로 되어 있음.
275) 途: 저본에는 '涂'로 나와 있으나 나본을 따름.
276) 去: 저본에는 빠져 있으나 나, 다본에 의거하여 보충함.

少, 手摺全軀, 擲諸船屋. 上畢, 渠自躍身入船, 獨自搖櫓而去. 小頃, 胡至水涯, 以箭遙指而笑, 亦不相射而歸. 其後, 成男適更下陸, 被執於虜人, 至廣州沙斤川. 虜人反接成男, 以牛皮束其兩拇指, 指端懸一鐵釘, 夜則揷其鐵釘於地. 有一士夫家未笄女, 亦被執, 與成男縛倒一處. 夜深胡人爛宿, 其女謂成男曰: "汝將死矣." 成男曰: "何以知之?" 女曰: "向聞胡人言, '適得壯士, 當爲天祭云云.' 必是殺而祭之也." 成男遂聳身, 拔其鐵釘, 令其女齒嚼其束指牛皮, 皮濕指脫. 遂解其女, 背負而逃, 隱身林藪而得活. 其女以爲, "我雖士族, 旣被汝救而得活, 且我以身托汝背而行, 肌肉相接, 義不可他適." 遂爲其妻, 偕老而終身, 口不言其氏族居住云. 安山隣居李生師益, 爲余言曰: "其叔母李祥原夫人, 卽注²⁷⁷⁾橋崔水使克泰妹氏, 其叔母亦親見其人, 固問其來歷, 但云: '初不能死, 辱身下賤, 露其踪跡, 只爲貽辱祖先而已, 言之何爲?' 終不答云云."

下-89.

李都事邦榮, 卽尹相承勳之甥侄, 有一女而歿, 其女病篤. 一日, 都事之內夢, 自外傳言, "尹政丞來!" 俄而, 尹相入坐, 又有一少年士人, 對坐. 尹相曰: "吾甥只有一女而歿, 今病且死²⁷⁸⁾, 其嗣絶矣. 願爲我特寬其命." 少年曰: "我亦有所受命, 不敢自擅." 尹相曰: "然則有一事, 吾家奴僕, 多在海西, 以延安·白川奴婢四十口, 贖此一命, 何如?" 少年曰: "若代其命, 則謹當如敎." 尹相手書奴婢名四十口, 授少年, 又以一本, 給都事之內, 遂起去. 自此, 女病漸瘳, 其家異之, 急送人問之, 奴婢兒少四十口, 旬月之內, 皆以疫化去

---

277) 注: 저본에는 '住'로 나와 있으나 가본에 의거함.
278) 且死: 가본에는 '而危'로 되어 있음.

云. 此事頗涉荒誕, 而其後孫有爲余言者.

下-90.

李監司泰淵, 卽牧隱少[279]子提學種學之裔[280]也. 少時, 夢一老人自言, "我乃汝之牧隱先祖, 吾嘗愛少子種學, 今子孫失其墓, 樵牧不禁, 吾甚傷之. 汝是種學後孫, 須求訪其墓, 可也." 李公夢中, 不覺拜手致敬, 曰: "雖欲求之, 其道何由?" 老人曰: "汝求吾文, 可知." 遂驚覺悅然, 莫知其何[281]謂, 考諸牧隱文集, 亦無可徵. 每逢嶺南人, 輒問牧隱逸文有處, 有一士人[282]言, "嶺南某邑某家, 有若干遺文云." 而無緣取覽, 適出爲公山縣監, 委送人求來, 詳閱其中, 有提學公墓表云: '墓在冤山地某里.' 始信其夢之非虛. 還朝之後, 以玉堂言事坐罷, 乘閒亟往冤山, 徊徨境內村閭, 茫然無涯畔. 暮宿一村, 盤問其主人曰: "此近地, 亦或有古塚, 流傳古宰相墳墓形址者否?" 其人曰: "吾家後麓, 亦曾有古塚." 公遂留宿, 採問于村氓, 村氓曰[283]: "其墓初有表石, 以其陰記中, 多錄墓田所在, 故村人拔而埋之, 而盜其田云." 遂訪其埋處, 掘出於墓前, 尋丈下水田中, 字劃宛然可考. 遂置墓奴而守之, 修其香火. 牧隱之距今三百有餘年, 而精魄之不爽如此. 古之名賢, 其受天地精靈之氣, 能以身爲天地之綱常義烈之氣, 凜然如生, 此其所以千百年魂氣不散者歟! 李監司外孫, 李子餘慶遠爲余言.

---

279) 少: 저본에는 '小'로 나와 있으나 가. 나본에 의거함. 이하의 경우도 동일함.
280) 裔: 다본에는 '後'로 되어 있음.
281) 何: 나본에는 '所'로 되어 있음.
282) 人: 저본에는 빠져 있으나 가. 다본에 의거하여 보충함.
283) 村氓曰: 저본에는 빠져 있으나 다본에 의거하여 보충함.

下-91.

李監司萬稷, 爲臨陂縣令時, 一日, 晝寢夢, 下吏來言, "左水使入縣!" 心中以爲, '此縣非左水使之管屬, 曷爲入來?' 俄而, 旌麾騶導, 喧然入來, 水使入坐, 仍卽夢覺. 數日後, 有一人自言, "潘水使之外孫, 而潘水使墓在咸悅之地, 有墓田在臨陂者, 爲民所失, 呈于巡營到付." 李公思其夢而異之, 爲之推給, 仍詳加盤問, 卽爲外家先代. 遂往拜其墓, 墓皆蕪沒, 爲之修改, 仍得幽誌而見之, 果是全羅左水使. 其子孫, 亦初未知其爲左水使, 始知之云. 李子餘, 於李監司爲舅甥, 親聞於其舅, 而爲余言.

下-92.

李完豊曙先山, 自曾祖以下三代墓, 皆在楊州松山. 完豊少時省墓, 仍入坐丙舍乍睡, 忽夢一老人來言, "我乃汝之曾祖, 汝須急歸, 不然當有大禍!" 俄而, 又有一老人, 又來言, "我乃汝之祖父, 汝宜急去, 不然當有大禍!" 李公昏儱, 未卽覺悟, 俄而, 其父忽至, 又言如是. 蓋李公未及逮事其曾祖與祖父, 故夢中不能省識其面, 及見其父來言, 忽然驚悟. 適借騎武人能走馬, 遂急起登馬, 疾馳出洞口, 忽聞背後有聲, 大鬧如雷, 掀動山岳. 回首視之, 有鬼物追來, 其狀兇獰, 其長竟天, 掀天動地而來. 幾可追及, 李公躍馬, 疾驅而來, 比及關王廟而不見云. 李子餘, 聞於其後孫李世馨而言. 鬼物能前知, 亦能嘗試有氣魄之人.

下-93.

沂川洪相國, 微時居驪州, 遘癘疾, 熱盛將死. 昏昏中, 牕外有人, 高聲大言曰: "斯速捉出!" 有鬼卒, 開戶睨[284]視者數三, 忽厲聲曰: "彼洪相國, 我何能捉出?" 又閉之. 公聞其聲, 寒戰退熱.

下-94.
李相國行遠, 少時, 飮於友人家, 歸而醉臥路傍. 昏倒不省中, 有數鬼, 相與擧其四體而戴之, 呼曰: "李相國老父[285]往矣!" 遂入置市肆中. 咸興官舍, 素以多鬼魅名[286], 藥泉南相國九萬, 爲北伯時, 或掛所着褌於樹上. 一日, 南公出門時, 鬼忽以手批其頰, 有聲砉然. 南公却立正色, 曰: "我受君命, 爲一道之主, 鬼物何敢犯乎?" 遂寂然.

下-95.
敦義門外, 有一士人, 適以親病爲見醫. 凌晨入城, 至畿營橋畔, 有崇宰乘軒過去, 騶導[287]甚盛. 士人避入矮巷, 宰使人傳呼曰: "有所欲言者, 這客宜旋馬出來!" 士人依其言來見, 駐馬對語, 宰曰: "我有欲奉告者, 謹此奉邀. 我乃此門內居朴二相素立, 吾死僅一朞, 今日卽吾亡日, 兒輩以小祥設酒食, 故來飮而歸. 有欲傳於家人者, 願爲我致於吾家." 仍以油紙包裹一枚, 授之, 曰: "幸言於吾家人, 傳于第二子婦." 士人始知其爲鬼, 惝怳但唯唯而受之. 行色雖忙, 不得已[288]迤進其家, 請見棘人, 門者以爲, "主人才過小祥, 始闔門號擗之餘, 未暇接客, 不敢通." 士人曰: "有急事, 宜速告!" 棘人不得已出見, 士人曰: "今日之事, 有絶異[289]者, 雖知享事未畢,

---

284) 睨: 가본에는 '瞰'으로 되어 있음.
285) 李相國老父: 가본에는 '李政丞老爺'로 되어 있음.
286) 名: 가본에는 '稱'으로 되어 있음.
287) 騶導: 나본에는 '追徒'로, 다본에는 '追率'로 되어 있음.
288) 已: 다본에는 '不'로 되어 있음.
289) 絶異: 다본에는 '異怪'로 되어 있음.

而着急請見. 不佞平日未曾納拜於先老爺, 亦不知今日之夆祥, 俄者, 路傍逢着甚異[290], 故雖以親瘝見醫切急之行, 不得不來告." 仍俱道其狀, 士人初受包裹, 而心焉怵駭, 不曾坼[291]見, 至此, 直以包裹傳之. 且言傳小婦之語, 棘人驚號, 坼見油紙, 裹藥果一枚・全鰒一筒. 又以油紙小片, 裹一珠. 神座未撤[292], 故卽入審[293]之, 油果[294]鰒魚, 皆祭需中拔去, 痕隙猶在油紙, 卽床上所鋪截去矣. 珠蓋[295]飯含時, 適缺一珠, 索於家中, 適在小子婦處[296]用之, 詢之, 果是珠矣. 小婦始有難意而出云. 尹靈山天復, 聞於士人之子孫, 而傳之金寢郎頤行云.

下-96.

李持平彦耆[297]死後, 其內弟金侍直盛益夢, 李盛驕率[298], 若將奉使遠行者. 金甚悵然, 李慰勉之, 仍吟一絶, 曰: '華表春殘別鶴回, 石潭流玉古槐摧. 輪環一夢吾先覺, 紫府淸遊爾莫哀.' 金亦和云: '華蓋翩翩鶴影廻, 如風如雨我心摧. 西天世界君休說, 白首人間是[299]可哀.' 白首蓋指李有老親也. 金承旨盛迪, 言于尹注書明佐, 三十年前爲余言.

---

290) 甚異: 가본에는 '極怪異'로 되어 있음.
291) 坼: 저본에는 '折'로 나와 있으나 가, 나, 다본에 의거함.
292) 未撤: 다본에는 '不輟'로 되어 있음.
293) 審: 나본에는 '尋'으로 되어 있음.
294) 果: 저본에는 '裹'로 나와 있으나 나본에 의거함.
295) 蓋: 가본에는 '則'으로 되어 있음.
296) 處: 저본에는 빠져 있으나 나본에 의거하여 보충함.
297) 耆: 저본에는 '蓍'로 나와 있으나 나, 다본에 의거함.
298) 驕率: 가본에는 '驕從'으로, 다본에는 '追率'로 되어 있음.
299) 是: 다본에는 '最'로 되어 있음.

下-97.

尹監司安國, 水路朝天, 溺不返. 一日, 其家人見尹, 盛騶從, 整冠服, 自外馳來入門, 家中之人[300], 莫不歡欣迎拜. 尹卽下馬入祠堂, 家人以爲將拜廟, 旣入寂然無所見, 嚮者, 入門騶從, 了無一物. 其後, 遂入房架上聲音, 宛如平日, 而無所見, 自言, "船敗[301]溺沒." 仍在室中架上, 有時發言如平日. 或言未來休咎, 及婢僕作奸, 皆奇中, 至以言語授書其子如常云. 此是西溪朴公之外祖, 李參判正臣, 以西溪門徒, 聞而傳之. 蓋其精氣過人, 猝然漂沒, 不卽消滅, 有此異[302], 亦非理之所必無者. 而但神道以靜爲常, 雜糅於人, 而見形聞聲, 似失其常. 其後, 子孫浸[303]微, 亦其應耶? 識理者, 當詳之.

下-98.

韓時覺, 畫師也. 有寺僧, 以重價購畫三界佛幀, 時覺畫幀下, 所謂地獄, 入於刀山劍樹[304]者, 入於剉燒舂磨者, 皆畫僧人. 畫畢付僧, 僧覽之大[305]驚, 曰: "地獄中人, 皆是僧人, 是何故也?" 時覺曰: "吾意旣是佛幀, 則當畫僧佛, 故然耳." 僧曰: "此不可用, 將若之何?" 時覺曰: "事已至此, 誠無奈何, 汝須更具半價以來, 吾當備其半價, 更具綃彩畫之." 僧不得已又給半價, 時覺遂以墨抹其僧頭, 稱以改造給之. 聞者以爲, '所謂地獄, 若[306]有之, 則此人當入云.'

---

300) 人: 저본에는 빠져 있으나 나, 다본에 의거하여 보충함.
301) 敗: 가본에는 '破'로 되어 있음.
302) 異: 나본에는 '理異'로 되어 있음.
303) 浸: 나본에는 '侵'으로, 다본에는 '沈'으로 되어 있음.
304) 樹: 가, 나, 다본에는 '海'로 되어 있음.
305) 大: 저본에는 '而'로 나와 있으나 가본을 따름.
306) 若: 가본에는 '誠'으로 되어 있음.

下-99.

錦陽都尉汾西朴公瀰, 善知馬. 一日, 適駕出路, 遇一馱糞馬, 令從人携至家, 見之背曲如山, 瘦骨崚嶒[307], 直是一玄黃駑駘耳. 仍問曰: "汝當賣此否?" 其人答曰: "我以人奴驅馬而已, 不敢知買賣耳." 公令給如屋猭[308]馬, 又令擇一健馬以給, 其人驚曰: "此一猭馬, 亦足以當倍價, 健馬何爲?" 公笑曰: "雖給此兩馬, 未足以當其半價, 汝何知? 須取去!" 俄而, 有一禁軍, 踵門告曰: "村巷居賤品, 公有非常之賜, 而奴人迷甚受來, 不敢留住, 來謁奉納云云." 公召見之, 具言, "此馬卽曠世之逸足, 汝不自知, 故爾若知之, 則今此所給不足, 當其價千百之一耳." 其人曰: "前頭成才, 後事所不敢知. 初有買價, 卽此一健馬, 亦足倍筵其價, 猭馬則死不敢受." 公嚴敎[309]曰: "勿論其價之多少, 貴人賜汝, 何敢辭?" 迫令取去, 令廏人善養之, 居數月, 馬肥大如象[310], 鐵蹄鈴目, 神駿動人. 公每朝, 請捨輿乘馬, 滿路生輝, 錦陽家曲背馬, 大鬧一時[311]. 光海朝, 公竄靈光, 馬沒入宮, 光海甚愛之, 每騁於闕中, 喜其馳驟. 一日, 命屛去御者, 自騎馳突於後苑, 馬忽橫逸, 光海隧地重傷. 馬遂奔迸突出, 疾如飛電, 人不敢近, 歷盡闕中千門, 奮迅咆哮, 飄瞥如箭, 已失其去處. 追者十百爲羣, 至江上, 而馬先已流水渡去, 莫知其所向矣. 汾西[312]在謫中, 一日黃昏[313]閑坐, 舍後竹林中, 忽有馬嘶聲, 使人就見之, 卽曲背馬至矣. 背有御鞍, 而鑿纓鐙絡皆盡, 只有木

---

307) 崚嶒: 가, 나, 다본에는 '稜層'으로 되어 있음.
308) 猭: 가, 다본에는 '健'으로 되어 있음.
309) 嚴敎: 가본에는 '責'으로 되어 있음.
310) 如象: 저본에는 빠져 있으나 가, 나, 다본에 의거하여 보충함.
311) 一時: 가본에는 '一世'로, 다본에는 '一朝'로 되어 있음.
312) 汾西: 가본에는 '朴公'으로 되어 있음.
313) 黃昏: 나, 다본에는 '昏時'로 되어 있음.

轡在耳. 公大驚, 曰: "此馬入禁中, 今忽逸來, 遐裔遼夐, 牽納無路. 若或中路更逸, 則邈難尋蹤, 如此而聲聞一播, 又[314]添罪案." 遂命一隷, 掘地陷藏馬, 公親加敎諭[315], 曰: "汝能一日千里, 來尋舊主, 畜物之神者. 我有言, 汝豈不聞? 汝旣脫身[316]奔逸, 已有罪, 又還我家, 將增我罪. 今無他計, 欲沒汝踪跡, 藏汝軀, 養汝口以終汝命. 汝若有知, 其勿喊嘶, 使外人知也." 令知其事者一人飼之, 馬遂寂然無一聲, 居歲餘. 一日, 忽擧首長鳴, 聲震山岳, 播聞數里, 公大驚, 曰: "此馬不鳴久矣, 忽然大聲如此, 必有事也." 俄而, 仁祖[317]反正之報至, 卽其日也. 公遂蒙放還朝, 乘之如舊. 其後, 有一使臣往瀋陽者, 發程[318]旣久, 渡江日期, 只隔一日, 而朝廷[319]始覺咨文中有可改文字. 諸議皆以爲, '非此馬, 不可及.' 事甚緊重, 仁廟召公問之, 公對曰: "國家重務, 臣子身命, 亦不敢惜, 馬何足言乎?" 仍言於騎去人曰: "此馬到灣上後, 愼勿喂, 絶勿[320]與水蒭[321], 直懸之數晝夜, 待其休息氣定, 饋之可活. 不然, 馬必死矣." 其人領之而去, 翌日未暮, 達[322]義州, 直入納公牒. 其人遂昏倒, 氣塞不能言, 急令灌藥, 救活之際, 人見其所乘馬, 皆以爲, '錦陽宮曲背馬至矣!' 遂喂以蒭豆如常, 馬卽死云.

---

314) 又: 나본에는 '必'로 되어 있음.
315) 諭: 가본에는 '誘'로, 나본에는 '喩'로 되어 있음.
316) 脫身: 저본에는 빠져 있으나 가, 나본에 의거하여 보충함.
317) 仁祖: 다본에는 '仁廟'로 되어 있음.
318) 程: 저본에는 빠져 있으나 나본에 의거하여 보충함.
319) 朝廷: 가본에는 '廟堂'으로 되어 있음.
320) 勿: 저본에는 '不'로 나와 있으나 나본에 의거함.
321) 蒭: 저본에는 '草'로 나와 있으나 가본을 따름.
322) 達: 나본에는 '到'로 되어 있음.

下-100.

海西有驛馬所許騎者, 只是使星與[323]士夫兩班, 若中庶及吏隷乘之, 初不許乘, 乘則必騰躍墜之. 曾於勑行入境時, 入把於鄭命壽, 馬遂逸出, 奔迸於大野中, 墜鄭虜於溝壑, 幾死, 以此大生變於勑行. 其後, 驛人畏而斥賣, 海州牧羅公星斗, 嗟歎曰: "此馬雖畜物, 過於人遠矣!" 遂買置家中, 而下人奴僕, 不敢生意騎之. 最是醫官·地師, 不能率來, 每以爲苦. 其後, 羅公喪後, 馬遂長鳴不食, 七日而死. 其孫羅明村良佐, 命厚葬之. 明村之子濟云.

下-101.

蔡湖洲裕後宅, 亦曾有一馬, 不許騎[324]下賤, 每於回空騎時, 奴僕不敢騎. 一日, 湖洲赴直, 奴人歸路騎馬, 至路傍墻下, 以背負墻隳突, 奴未及下幾死. 大凡畜物之性, 剛柔善惡自別, 口雖不能言, 其心則瞭然明識者, 多矣.

下-102.

李寧邊某, 娶後妻於忠州. 其婦家有白馬產駒, 駒亦白兩耳, 後有毛文如金環, 雙環相對. 每來, 臥於其新郎所居窓外, 寧邊常借騎牝馬, 而其駒必先其母而行, 遇岐路, 則輒立而待其母. 有一驛人, 過而迎謁, 請執鞚而行, 仍請買其駒, 寧邊曰: "此非吾馬, 何可賣之?" 行十餘里, 驛人曰: "爲買此駒而來, 已[325]不可得. 然吾相馬多矣, 未有如此駒者, 當爲天下名馬." 寧邊懇請於其婦翁, 取而喂

---

323) 與: 가본에는 '及'으로 되어 있음.
324) 騎: 저본에는 '幾'로 나와 있으나 가본에 의거함.
325) 已: 가본에는 '수'으로 되어 있음.

之, 其齒僅三歲, 壯健可騎. 寧邊嘗騎入京, 歸時只持糜飮, 單騎馳來, 道問兒童, 或指之曰: "此馬如行空中, 足不踏地, 可異也!" 自京晚行三百餘里, 抵家, 日猶未暮. 其後, 寧邊嘗一騎出田疇, 馬忽橫逸, 奔突廣野[326] 反噬其主, 幾死, 農人羣聚, 救之得免. 自其後, 維縶不敢騎, 咆哮不已, 人不敢近. 隣居李蔚珍某, 有妾子沃, 登武科, 武人新登科, 戍邊例也. 沃往謁寧邊, 請買其馬, 寧邊曰: "吾爲此馬所噬, 已成病人, 今不可騎, 賣之何難? 但此馬甚惡, 汝之身手可制, 則取之. 雖然, 且是絶世名馬, 其[327]價不可太少, 常木七百五十疋持來." 沃如其言買之. 其奴有善御馬者, 與共牽出, 以其人不敢近, 故遠立而飼之. 瘦骨如山, 猶能咆哮, 僅能筘制, 沃自騎馳驟於廣野, 終日始少挫. 出戍還, 遭丙子亂, 送其家屬於山谷, 欲身自從軍. 忠淸兵使監司, 皆進軍畿甸, 沃追謁監司, 具道其從軍之意. 監司鄭公世規奇之, 使留麾下. 沃曰: "吾家在兵使營下, 鎭下武夫, 宜往從兵使." 監司發關兵使而留之, 監司戰敗, 沃累[328]中虜矢, 墜在積屍中. 沃中矢稍下, 故能不死, 開眼呼其馬, 馬至, 沃曰: "吾重傷將死, 不能起身, 騎汝奈何?" 馬遂跪於身邊, 遂作氣登馬, 馬遂起緩步行, 良久漸馳, 不知行幾里. 忽聞犬吠聲, 馬竦身傾耳而聽, 遂尋其吠聲而至, 立於村庄門前, 沃伏於馬上, 但呼曰: "活人!" 有一人, 着毛冠, 散步庭畔, 遙問: "深夜何人到此?" 沃曰: "我乃險川敗陣將士, 中虜矢到此, 願活我!" 其人曰: "險川之戰, 當敗而敗乎! 汝輩宜死." 仍盤桓入去, 忽然問曰: "汝何在?" 沃曰: "家在淸州." 其人曰: "汝在淸州, 則[329]去松谷, 幾何?" 沃曰: "我固松谷

---

326) 廣野: 가본에는 '曠野'로 되어 있음.
327) 其: 저본에는 빠져 있으나 가본에 의거하여 보충함.
328) 累: 가본에는 '屢'로 되어 있음.

人也." 其人曰: "然則汝知李蔚珍乎?" 沃曰: "卽吾父也." 其人曰: "李蔚珍之子, 何事爲軍兵赴戰? 汝果是李蔚珍之子, 則能知李蔚珍生年月日乎? 李蔚珍身上, 有何標跡?" 沃曰: "吾父生於某年月日, 左乳下有赤點, 人豈有非其父而謂其父者乎?" 其人遂開門, 親自抱扶, 置於內房, 令其妻子, 盡誠救療數日. 沃心怪之, 問曰: "不有雅分, 而臨急相救, 至此之勤, 何也?" 其人曰: "吾有當救之事, 故救之, 問亦何爲?" 沃固問之, 其人曰: "此事甚異, 汝看吾項." 遂披其襟而示之, 項有刀痕狼藉, 仍曰: "丁卯胡亂, 我受胡刃仆[330]於道, 李蔚珍過見而憐之, 諦視之, 猶有縷喘, 解帶繫髻, 繫於背, 載於所騎馬, 徒步驅馬, 至其家, 至誠救活. 遂至今日, 汝又遭患, 吾不期至此, 此殆汝父不昧之靈, 送汝於吾, 吾安得不盡誠?" 其後, 沃隨孝廟入瀋陽, 胡汗見其馬, 奇而留之. 孝廟還渡鴨江, 坐統軍亭, 望見胡地, 曰: "彼來者, 得非李沃馬乎?" 諸人望而無見, 孝廟曰: "其大如鼠." 俄而曰: "如猫." 又小頃, 曰: "今已如狗, 汝輩豈不見乎?" 坐中人終無見. 少焉, 又曰: "今幾可見." 人之見者, 始曰: "如蟻." 始知天日之表眼力異於凡人. 吳門白馬, 非虛言也. 有頃[331], 馬果至, 浮江而渡, 沃恐馬悍犯己, 請隱身, 孝廟令沃入室. 仍命開門納馬, 馬泛逸飛揚, 沃投其衣, 馬含衣踊躍, 沃請勿維縶, 待其自定, 遂持還. 孝廟登極後, 納其馬於內廐, 內廐諸馬, 皆不食俛首跛踏. 養之太僕, 太僕馬亦如之, 不得已還給沃. 其後, 更納之, 又如是, 凡三納而皆然. 其後, 李沃家遭家變, 囚繫, 獄旣具, 將死, 沃之妻[332]語其馬曰: "吾夫以至冤將死, 汝能相救否?" 遂騎

---

329) 則: 저본에는 빠져 있으나 가본에 의거하여 보충함.
330) 仆: 가본에는 '伏'으로 되어 있음.
331) 有頃: 가본에는 '少頃'으로 되어 있음.

而入京鳴冤, 淸州距京三百餘里, 而兩日能往還[333]. 及歸城門閉, 馬遂踰城, 傳其反案, 沃遂得活. 馬之神駿者, 能如此. 沃之孫及近地人, 至今傳之.

下-103.

柳定山忠傑, 於仁廟爲姑夫. 仁廟少時, 有甘盤之舊, 而定山性嚴急, 仁廟兒時, 屢受其捶撻. 龍興之後, 累[334]擬仕窠, 終靳點下. 晩年, 筵敎有曰: "柳某年老, 少時剛强之氣, 今日[335]少挫否?" 始擬定山受點. 蓋少時[336]習知其峻急險詖[337]之性, 有妨於牧民之職, 待其年衰, 氣挫而用之. 聖主不以私恩害公, 而憂民擇官之意, 可見. 宜乎! 中興之後, 吏稱其職, 民安其業, 熙熙然有太平氣象也.

下-104.

柳爀然爲水原府使時, 其叔父柳定山忠傑, 行過境內. 水原地近京洛, 民俗悍惡, 本以惡[338]鄕名, 見客至, 無不閉門牢關. 定山造門呼喝, 人皆堅[339]拒不納, 遍[340]一村, 終不得入. 是時, 積雪嚴冬, 日已曛黑, 匹馬單僮, 徊徨道路[341]. 遂下往[342]山阿, 怒罵曰: "府使善

---

332) 妻: 저본에는 '妾'으로 나와 있으나 가본을 따름.
333) 還: 저본에는 '返'으로 나와 있으나 가본을 따름.
334) 累: 다본에는 '果'로 되어 있음.
335) 今日: 저본에는 빠져 있으나 가본에 의거하여 보충함.
336) 時: 저본에는 '日'로 나와 있으나 다본을 따름.
337) 詖: 가, 다본에는 '陂'로 되어 있음. 서로 통함.
338) 惡: 저본에는 '亙'로 나와 있으나 나본에 의거함.
339) 堅: 저본에는 '牽'으로 나와 있으나 나, 다본에 의거함.
340) 遍: 저본에는 '徧'으로 나와 있으나 이본을 따름.
341) 道路: 이본에는 '岐路'로 되어 있음.
342) 往: 저본에는 '坐'로 나와 있으나 나, 다본에 의거함.

治³⁴³⁾, 則民習豈至此乎?"仍呼小奚, 曰: "汝急捉來水原府使!"民 之聞者, 皆笑以狂客. 其村去官門近³⁴⁴⁾十里, 俄而, 爀然疾馳而來. 定山大咆喝, 拿入數罪, 爀然悚息, 俯伏聽命, 懇請奉入官衙. 定山 曰: "我豈敢入賢太守善治之邑乎?" 仍憤然不顧深夜, 跨馬而去. 爀然無可奈何, 自夜至午, 盡刑一村民而歸. 其後, 民頗懲戢, 惡習 小³⁴⁵⁾悛云.

下-105.

柳定山, 嘗與其子柳連山煥然, 赴人宴席³⁴⁶⁾, 聞連山唱曲之聲, 潸然淚下. 坐客怪問之, 答曰: "聞兒子歌聲, 非久當死, 是以泣³⁴⁷⁾ 耳." 其後旬餘, 連山果病歿云. 未知其氣之將盡, 聲有急迫斷續之 異, 人得以知之否? 抑亦至情所在, 自有感通之理乎? 未可知也.

下-106.

鄭坡州赫先, 常自謂, '有麻衣之術, 或中或不中.' 己酉, 其子鄭 參判錫三, 以使价赴燕, 署其弟錫百, 爲褊裨同往. 余內弟尹文化 尙衡, 遇於店舍, 問曰: "參判年少, 三郎儒士, 何爲冒寒遠送異域 乎?" 坡州曰: "參判年壽已訖, 非久當死, 恐或歿於異域, 故並送 少³⁴⁸⁾子, 使治其喪云云." 余聞之, 曰: "是誠有術者, 自信其能之弊, 曷爲先發不祥之言哉?" 未幾, 兩子善返. 不數月, 參判往赴國葬,

---

343) 治: 저본에는 '理'로 나와 있으나 나, 다본을 따름.
344) 近: 저본에는 빠져 있으나 이본에 의거하여 보충함.
345) 小: 이본에는 '少'로 되어 있음.
346) 宴席: 다본에는 '會宴'으로 되어 있음.
347) 泣: 나본에는 '悲'로 되어 있음.
348) 少: 나, 다본에는 '小'로 되어 있음.

忽以急病, 一夜之間, 歿於昌陵店舍, 可異也.

下-107.
李咸, 判書溟之孫, 少不學, 落拓於狹邪[349]間, 嘗書刺自稱新增日者. 李咸往謁於鄭善興, 善興副提學百昌之子, 少以蕩子橫行閭里, 爲日者之魁, 人稱鄭都令. 國俗, 目少年之豪橫者, 爲日者之魁[350]故云. 善興見其刺, 發怒拿入, 捽曳於庭, 曰: "吾少時[351]習氣, 悔之無及, 汝以搢紳家少年子弟, 新增日者, 何謂也?" 遂笞之. 咸之放浪, 雖如此, 能精通相術. 嘗望見外王父東山忠正公於稠坐, 語人曰: "此誠名相, 但其膝下之慘, 何忍自堪?" 其後, 一如其言, 壯長子女五人, 連歿於膝下. 咸嘗往見具某官文治, 方晝寢, 上堂熟視而去, 語人曰: "具某將死矣! 見其晝睡, 直是臥了一僵屍耳." 未幾, 果亡云.

下-108.
德源令善奕棋, 以國手名. 一日, 有人繫馬於庭納拜, 令[352]問爲誰, 對曰: "某以鄕軍將上番, 平生喜奕棋, 聞老爺稱國手, 願一對局." 令欣然許之. 其人對坐, 輒曰: "對局不可不決賭, 老爺落則願繼番粮, 小的見屈, 則平生有馬癖, 繫者[353]良馬, 願納之." 令欣然許之. 旣卒一局, 輸一家, 又一局, 又輸一家. 其人遂納其馬, 令笑曰: "吾戲耳, 豈受汝馬?" 其人曰: "老爺以小的爲食言人耶?" 仍留

---

349) 狹邪: 나, 다본에는 '俠邪'로 되어 있음.
350) 之魁: 저본에는 빠져 있으나 나, 다본에 의거하여 보충함.
351) 少時: 다본에는 '少年'으로 되어 있음.
352) 令: 다본에는 '公'으로 되어 있음. 이하의 경우도 동일함.
353) 者: 나, 다본에는 '在'로 되어 있음.

而辭去, 令不得已留養. 過二朔後, 其人復來言, "下番將歸, 乞更對一局." 仍請賭還其馬, 令許之, 連着數局, 頓不可及, 令驚駭曰: "汝非吾敵手." 給其馬, 曰: "初局何爲見屈?" 其人笑曰: "某性愛馬, 立番在京, 馬必瘦, 又無可托,[354] 敢以小技欺公耳." 令恨其見[355]欺, 而無如之何. 令嘗江居, 永日閒坐, 有僧忽拜於庭, 曰: "聞老爺善棋, 貧道亦粗解此技, 願與對局." 令欣然許之. 對坐鬪[356]棋, 翩翩如雹散, 僧忽落一子, 令不能解, 潛心求索良久, 僧斂手請辭, 曰: "行色甚忙, 不可久住." 令沈潛默契, 如痴如醉, 久不能答, 僧遂拜而辭去. 久乃怳然[357]擊節, 曰: "何處僧乃爾能見三十八手?" 手擊棋局, 擧眼視之, 僧已去矣. 問傍人曰: "僧何在?" 答曰: "向者, 其僧累告辭, 老爺不答, 故去已久矣. 去時, 以筆書於門扇[358]而去." 尋見之, 書曰: '這般棋, 乃謂棋耶云.' 丙子胡亂,[359] 令之子, 見擄[360]於淸虜, 綾原大君以使价赴燕, 飮餞西郊, 令在座. 大君令庾贊弘對局, 曰: "庾贊弘, 每以令之不與敵對爲慨恨, 今日, 庾若見屈, 則出財贖還德原[361]之子, 令若見屈, 則降其損格, 與爲敵對, 可也." 贊弘亦欣然許之. 蓋德原令以累朝國手, 年已耆艾, 庾贊弘年少善奕,[362] 自以爲裕與相敵, 而令終不肯許其降格. 每對恥輸, 贊弘每怏怏不服, 且以譯舌饒財, 故大君之言如此, 而贊弘亦素自

---

354) 馬必瘦, 又無可托: 가본에는 '馬無可托, 將必瘦矣'로 되어 있음.
355) 見: 저본에는 빠져 있으나 가, 나본에 의거하여 보충함.
356) 鬪: 이본에는 '投'로 되어 있음.
357) 怳然: 나본에는 '慨然'으로 되어 있음.
358) 扇: 나, 다본에는 '楣'로 되어 있음.
359) 丙子胡亂: 저본에는 빠져 있으나 다본에 의거하여 보충함.
360) 擄: 저본에는 '虜'로 나와 있으나 나본을 따름. 서로 통함.
361) 德原: 나본에는 '德原令'으로 되어 있음.
362) 奕: 나, 다본에는 '棋'로 되어 있음.

願者. 令遂盥水洗眼, 露腕[363]危坐, 平日只降一格, 是日令損四子, 贊弘亦從之. 對數局, 連捷三倍, 贊弘遂贖還其子. 令自此, 眼昏廢棋云.

---

363) 腕: 저본에는 '眼'으로 나와 있으나 가본에 의거함.

이수록
二旬錄

저본 및 이본 현황

저본: 동국대본
가본: 한중연본
나본: 아천문고본
다본: 대동패림본

1.

北關與彼界, 自白頭山頂, 大澤分東西, 兩派流幾百里, 復合焉[1]. 入平安道, 廢四郡, 爲鴨綠江, 入于海, 在北關, 號曰'豆滿江'. 胡差穆克登定界時, 朴判書權爲北伯, 迎穆胡於廢茂山. 蓋將向白頭而路, 由廢茂山, 偕行二日, 穆胡曰: "汝國貴人, 決難從行, 中路狼狽, 恐誤大事." 朴亦自知難從, 仍落後, 只使褊裨二人·譯官及斧子手, 入山而不持糧, 但戰帶盛數升米食與乾肉片, 人各帶之, 又佩一瓢着皮履, 遂入山. 又過二日, 立碑定界, 而歸時則由他路合行, 還到茂山, 雖云與我國同定境界, 我人實不知也. 以此, 公然失上下近千里之地. 我國[2]之失遼東, 雖云已久, 其後, 又廢四郡, 近又失此西北兩隅, 前後所失, 爲累千里, 國之幅員如此見縮. 我國宰相, 平日自便太過, 不能習勞, 故若當如此處, 非但見侮彼國, 又使國家有如此之歎. 近來年少之人, 今日登第, 則明日陞降, 階軒已使人扶之, 僅通蔭路者, 一爲守令, 必乘轎子, 如此而豈可爲國乎? 余在北關, 人民稍稠密, 限豆[3]滿江, 故[4]我境, 則無片地空閑, 柴道尤難. 相望彼此, 樹木豊茂, 土地肥沃, 且多三種[5]蒼莽無際, 擧皆陳荒空廢, 只爲胡人獵場. 我民每望見, 嗟惜曰: "是本我地, 朴尙書何以棄之?" 至今怨恨, 蓋我國生理[6]之艱如此, 且宮納採蔘無地, 故自然[7]犯越, 誅戮相繼, 豈不憐哉?

---

1) 焉: 가, 나본에는 '爲'로, 다본에는 '爲一'로 되어 있음.
2) 國: 저본에는 '東'으로 나와 있으나 이본을 따름.
3) 豆: 이본에는 '居'로 되어 있음.
4) 故: 저본에는 빠져 있으나 이본에 의거하여 보충함.
5) 種: 저본에는 '經'으로 나와 있으나 나, 다본을 따름.
6) 生理: 다본에는 '生利'로 되어 있음.
7) 然: 나, 다본에는 '此'로 되어 있음.

2.

衣服之制, 古有上下之別, 不敢相襍, 且尙質儉堅固, 若有異制, 必駭而不服矣. 近時益奢麗, 且無等別, 又復類短胡之制, 博闊之樣, 色色新出. 上自宰相, 不知爲怪, 至於儒士, 亦皆謂之便身, 爭先取服. 且尙纖麗輕煖, 以此牽馬輩, 亦着細紬白紵. 夏畦之氓, 恥服農布, 必取細布細木, 私賤着道袍曳雲鞋, 若於不識之處, 與士夫相揖. 此由於亂文章混貴賤之弊也. 古者, 常人無衾, 近時非徒有之, 必具寒暑兩衾. 以此, 古之十人之衣, 一人衣之, 而猶有不足者. 凡事推此, 而糜財甚多, 人之家計日貧, 而貧寒到骨, 則不能保其操守, 多行非義之事. 初則自知其罪[8], 後漸習性, 恬然爲常. 子弟自初[9]視其父兄之如此, 亦以爲好事, 仍復敎子敎孫如此, 毋論京鄕上下, 漸成此風, 奢侈之害, 有如是矣. 國初苧布之設禁, 蓋如[10]此而置於禁條中也.

3.

飮食之制亦然, 一器之入, 多至十金者間多, 而其珍味驚口之外, 復有制樣或像人形, 且倣[11]草木禽獸之形, 有不忍正視者. 以此, 或至有用之祭祀者, 神豈可享? 必駭而走矣. 卿相家膏粱之味, 奴僕鷄犬, 亦復厭之, 至埋庭畔者有之. 暴殄天物, 飮食留連, 最爲亡國之兆, 近時有骨食之會, 此乃胡人獵場之食也. 圍爐環坐, 同鼎手煮[12], 爭先取食以比肩, 故脫冠近火, 故身熱唊熱, 故眼醉爭

8) 罪: 이본에는 '愧'로 되어 있음.
9) 初: 나본에는 '幼'로 되어 있음.
10) 如: 나본에는 '慮'로 되어 있음.
11) 倣: 나본에는 '紡'으로 되어 있음.
12) 煮: 나본에는 '炙'로 되어 있음.

食, 故無廉如此團欒, 故戱笑多發. 口沫自飛, 相雜鼎中, 亦不覺齷污, 不省威儀, 有失擧措駭然, 若使古人當之, 將視爲狗彘同槽然. 以此, 謂之勝事, 甚至玉署之欄有此會, 何不思不賜食餘之戒耶?

4.

各軍門及米布衙門, 例有朔燭. 人家冠婚喪祭, 往時無論知不知, 送帖輒許, 近則一切防塞, 私聚賣用燭, 是貴物. 古者, 雖宰相甚惜, 近見一宰相家, 至於奴僕之房, 皆燃之, 其賤之可知[13]. 然而寒士之家, 有燃燈而祭者, 猶不帖給, 非徒此也. 扇曆若非卿相家, 無勢之人, 鄕曲之家, 何處得用? 亦不分惠, 盡輸之市上, 若給一把一件, 則大有德色, 至於歲饌, 尤非可論. 雖至親波及鮮少, 風俗之薄惡, 利竇之經營, 豈若是耶?

5.

人家婚喪宴集等大事, 古者, 外具借用於公家矣. 一宰以爲公家什物, 借私家, 傷破不可, 仍禁之, 遂爲例規, 一切防塞. 百工之事, 旣不得自爲, 則不於公家而何處借用耶? 甚非豊厚之道, 然有勢者, 依舊借用, 而於無勢者獨然, 甚可慨也.

6.

頃年, 上行幸明陵, 入齋室後, 禮判與齋郞, 卽先爲奉審, 曲墻內外, 俱平安無頉. 少頃, 上上陵, 曲墻蓋瓦, 皆[14]破碎, 諸臣驚惶中, 齋郞尤懼. 上取視瓦片, 曰: "碎痕甚新, 是陵軍惡郞, 欲嫁禍計."

---

13) 知: 저본에는 '知之'로 나와 있으나 나본에 의거함.
14) 皆: 이본에는 '多'로 되어 있음.

以此, 命鞫一漢, 果服正刑, 更不蔓延, 聖明如神矣.

7.

年前朝廷, 預爲救荒之政, 京畿及三南, 軍額中一種, 變布作米. 宋左相寅明主之, 朴判書師洙任其事, 上促令成規, 朴台以其數多難記, 作笏記, 置袖中, 到閤外, 先上于左相, 左相畧加展見還給. 朴台及侍上前, 口奏, "某道某邑軍幾數人, 得米幾數, 合米爲幾石, 更於他郡亦如是, 合一道, 都合爲幾數. 至他道亦如是, 合四道, 摠爲幾石幾斗幾升, 無一毫差錯." 左右莫不驚服, 笏記只在朴台袖裏而已, 其聰果罕於世. 近日, 國用艱乏, 賴於軍作米, 多矣.

8.

權判書以鎭爲戶曹, 多蓄積正鐵, 尤多人言其不緊, 答曰: "後來告竭[15], 不計取用, 而正鐵獨以難便留在, 未終無着手處, 則鐵亦見用." 人皆笑之, 曹屬至, 呼以權鐵, 曰: "古之正鐵, 可以用之, 今之權鐵, 何處用之乎?" 蓋正鐵云者, 取松江姓名之音同者, 而譽鄭笑權之意也. 近來經費告乏, 果如其言, 正鐵獨在然後, 犯鐵之議始起, 古人之料事, 如此.

9.

申判府汝哲爲訓將時, 有一名官, 以大諫來見. 申聞其來, 脫笠換着方冠而待之, 大諫慍歸語人, 人傳其言, 申曰: "彼徒知吾着冠, 不知聞其來而換着也. 人之處己, 各有其類, 大諫乃名士之極流,

---

15) 竭: 저본에는 '謁'로 나와 있으나 다본에 의거함. 가본에는 '渴'로 되어 있음.

當與吏議副學追隨. 吾乃武將, 上則掛貼翼, 下則着戰笠輩, 亦可來見, 栢府淸啣, 胡爲乎來哉? 人旣失體, 吾何敬待? 須以此傳之." 大諫聞而大慙. 蓋判府氣宇高亢[16]. 嘗退憂金公家設宴, 傾朝赴會, 文谷以都承旨, 未及申退, 公亦以練操晚. 後追會相遇於道, 文谷先之, 判府後之, 到大門, 分左右, 一時幷下, 至入中門, 申以肩擠文谷, 而先路座中, 皆相視無言. 如此事間多有之, 至若體統處, 謹守規模, 一循公法, 以此, 人莫敢咎之.

10.

申判府爲訓將時, 書字的有缺, 是軍中掌文簿之任也. 一卒來告, 新差者現身, 申問: "汝何以得?" 對曰: "都提調大監帖云云." 申曰: "當有分付." 仍命拘留於北營, 人怪之. 後當習陣於軍門, 數之曰: "一營事, 無巨細, 大將主管, 雖卜馬之任, 必大將令然後, 可以行之. 今汝橫路圖占, 將有後弊, 立殺之!" 一軍莫不肅然, 提調大怒, 陳箚辭職, 申亦疏卞, 槩以大臣之故, 罷申三日而復任之, 提調亦後因辭遞. 時議皆以爲朝家待將相之道, 誠得宜, 而申之紀綱[17], 亦可知矣.

11.

肅廟朝, 關王夢告曰: "屋漏甚悶, 卽送中使, 奉審殿內." 龍袍命改屋瓦, 瓦匠有溺意, 自屋上放之, 忽落仆卽死. 上後臨幸, 以爲同是君侯, 長揖而敬之, 不爲獻拜, 聖考氣像可想也.

---

16) 高亢: 가. 나본에는 '高抗'으로 되어 있음.
17) 紀綱: 나본에는 '紀律'로 되어 있음.

12.

我國樓觀制度之難解者, 慶會樓; 風景繁華之兼全者, 練光亭. 間架之多, 制作之宏傑, 北兵營永垂堂爲首, 統營洗兵館, 次之, 安州百祥樓, 又其次之[18], 勝致瀟灑, 矗石樓爲最.

13.

統營有皇朝御賜印章, 其篆體, 人無解者, 故印雖尚在, 不知刻以何字. 蓋昔時, 若有奏聞皇朝之事, 此章用之, 今則春秋無地, 只奉在床上, 此殆與蟒龍衣同感. 又有皇明御賜鬼刀一雙, 統相出入時, 立於前, 今亦有之, 以此, 刀直斬觀察使以下之意也. 印與刀, 皆陳都督奏請而賜者, 又都督行望闕禮時, 設黃儀仗, 歸時留置, 故因遵守行皇朝望闕禮. 我國之有黃仗, 獨大報壇, 及統營統使坐起時, 排仗儀物甚盛, 異於他閫, 不知其名者, 甚多. 此皆都督依倣中朝, 大藩帥威儀造給者也. 令旗古皆紅色, 孝廟取上一雙, 爲御前旗. 其後, 次次漸上, 今則御前令旗, 盡變爲紅. 統營則爲古制, 永無可惜, 只留一雙牢子, 紅氈之着, 只有統營. 張判書鵬翼, 始通於他處.

14.

凡刑人之法, 軍門則有劊子手, 外方則有屠牛坦. 而京獄以死囚中一人免死, 刑人時隨去行之, 卽復還在獄中, 只貸其命而已, 更不敢出獄門一步地. 俗稱屠人者, 爲莫蘭希光, 此非任號也, 是前後其人之名也. 古無其料, 李完寧以爲, '無論大小, 見役於國者,

---

18) 之: 이본에는 빠져 있음.

皆有料, 獨刑人者, 無食可矜.' 始給月料, 仍作例規矣. 及完寧就
禍, 刑人以刃污, 洗劍加盤, 又網[19]斂其毛髮, 俾免傷污, 跪告于公
曰: "如我可哀之人, 其誰憐之, 而大監獨憐之, 使食月料, 其恩莫
報." 因涕泣加刃, 卽復收尸, 痛哭而去, 可謂樹德於不報之地也.

15.

肅廟嘗玉候, 累月不豫, 全却御膳, 口味甚苦, 甚思六月桃, 時當
二月, 無可得之勢矣. 三淸洞一樵兒, 往掃白岳下松葉, 見有三顆
在於巖間, 大如甫兒, 紅肉爛爛如新摘者. 以此急進上, 賴此開胃,
患候平復, 其事甚異. 樵兒, 金進士時鼎家奴, 自朝家免賤.

16.

宣廟嘗與群臣, 從容話敎, "諸臣各言, 平生最喜最悲事." 諸臣次
次陳對, 其中一人, 進曰: "臣有糟糠之妻, 共其飢寒, 與同甘苦, 有
三子, 一子年九歲, 二子年五歲, 三子年三歲. 臣不勝飢寒, 往親知
遠途官府, 過數朔有乞而歸, 囊槖錢貫, 到家之日自夕, 可以買肉
買米, 數匹綿布, 亦可先爲瘦妻之裙, 次復爲長兒衣, 次兒袴, 三兒
襪. 如此磨鍊, 忙忙還歸, 其間臣妻已死, 親知相謀, 僅爲就木, 昨
過成服. 入門形影無覿, 空簾凄涼, 只有玄木在堂, 不作往時之笑
迎. 長兒稍知人事, 故見父先啼, 曰: '母已死矣!' 次兒以其母之故,
牽衣來抱, 末兒以其不得乳, 喉渴哭啼, 匍匐而行, 伏飮盆水. 臣見
此, 不忍慘然, 一聲長痛, 淚水自沾衣袖. 然不可長哭, 且將日暮,
故掩淚出來, 手解包裹, 先出其錢, 請使隣婦, 貿米作飯. 復取行饍

---

19) 網: 나. 다본에는 '細'로 되어 있음.

餘物, 薦設夕饋, 不見下箸, 無限商量, 都歸虛地. 暝色已生, 出掩中門, 獨坐深房, 孤燈惟照, 此時冷落, 尤甚於入門, 此最平生悲事也." 宣廟教曰: "諸臣所對中, 此最者也. 當此境界, 雖[20]行路皆慘然, 況當之者乎!" 因凄然罷朝. 時新喪懿仁后, 宸情不能忘際, 此聞同病之對, 尤覺觸懷, 有此悲憐之敎矣. 蓋其人所奏之說, 善形容寒士家夫婦間情境也.

17.

壬寅年間, 余爲內乘屬, 當行幸, 鹵簿已發, 時刻已啓, 內乘進伏, 取稟御乘, 上無發落. 主簿又進伏, 取稟駕轎, 上又無發落, 日色已晚, 諸臣只環立而已. 主簿直前駕轎, 上始就乘, 而玉音微微有屈指聲, 細聽則是歷數列朝國舅君號, 又無啓行之敎. 太僕又直呼駕前, 侍衛前進, 遂啓行. 到陵所, 入齋室後, 太僕周審轎內, 則坐椅子三重, 小便皆徹濕, 見者莫不驚慮. 坐椅子, 是轎內方席, 各[21]以三色錦緞厚造, 設三重, 合高幾近七八寸之厚, 而如是溺濕, 藥院之焦遑固萬萬, 且龍腦後有物頹然者. 余問于挾侍內官, 答曰: "不敢進梳, 故御髮頹結自積而然矣." 余尤不勝驚慮, 語焦悶狀於扈從官, 揮手, 曰: "當今之時, 豈可語上候?" 上候之如此, 余所目見, 然一邊之人, 十分牢諱, 終爲忠逆源頭, 人無有提起諱疾者矣. 近年, 朴黎湖袖箚中, 始言諱疾一事云, 終[22]使龍髯莫攀聖躬受誣, 致此世道云云. 當時藥院之臣, 尤將爲罪逆之首.

---

20) 雖: 다본에는 '使'로 되어 있음.
21) 各: 저본에는 '名'으로 나와 있으나 다본에 의거함.
22) 終: 다본에는 '從'으로 되어 있음.

18.

辛壬, 聖躬日危, 禍機迫頭, 駱洞相及洪參判啓迪·李判書晩成·尹摠使慤以爲, '國勢若此, 使李訓將弘述, 扈衛宮城, 行宋朝趙汝愚故事, 以安社稷.' 因一種議論, 士禍大起, 國祚幾移. 此蓋由於無古人力量, 且其中有計較之私, 致此大禍. 古語云: "當斷不斷, 反受其殃. 爲國家者, 不顧其身." 正謂此事也.

19.

就商以訓將, 初付老論, 聽子志言, 欲變之, 而慮有嫌疑, 使人論渠請鞫. 余以宣傳官爲奪符, 與金吾郞同去, 時夜已半, 就商已明燭, 具就獄諸具以待. 渠則眼昏, 只以手附余隻符, 逆志在傍, 替受合視, 告其信然. 余奪而下階, 金吾始繼就捕, 入獄二日, 誣告老論事, 卽出爲兵判. 以此一事觀之, 彼邊之從中任意締結相通之意, 昭然[23]可知, 逆志不必待乙亥而爲逆, 已在其時難掩矣.

20.

壬寅年間, 余以官事, 晨朝往泰耉家, 耉在內寢未起, 使人請余先坐舍廊, 朝報適到, 耉子展看, 曰: "駱洞賜死, 禁郞昨夜還來矣." 以此, 使人告耉, 耉自內作數聲哭, 耉子繼曰: "駱洞若從吾言, 豈有此禍?" 余實欲踢倒而不得, 小間, 耉出來, 曰: "四寸雖有罪, 旣聞其訃, 俄泄哀, 故有此遲滯." 余言公事畢, 卽告歸, 時則雖罪逆, 只行大義而已. 其情理處, 亦依爲之故. 弼夢·一鏡, 先後伏誅, 竝皆戮尸, 讐家諸人環集, 爭先磔嚼, 無片肉隻骨. 獨一鏡, 則一呂姓

---

[23] 昭然: 다본에는 '偪'으로 되어 있음.

人曾受恩者, 仗劍守傍, 能使免之, 人亦不以爲咎. 近世雖至親, 廢其天倫, 若或有行之者, 置之罪科, 以此離移死, 妻換書外家, 以親叔爲遠族. 有如此傷倫悖理之事, 古人於朋友有收尸之事, 非爲其人爲取義也, 況於天屬乎!

21.

庚戌獄, 自大內得情, 故人未得其詳. 孝章意外喪逝, 上悲不忘, 嘗悄然獨倚欄干, 忽就睡, 孝章急來, 哭告曰: "厥人在彼!" 上驚悟視之, 宮人順貞, 持鍮盆方過前, 卽地鞫問, 而上亦不知孝章喪逝爲何祟, 故但問: "以汝罪, 汝當自知, 無敢隱情." 果自服, 其內外相應, 成此凶逆根柢.

22.

李相㙫, 雖號少論, 議論主緩, 前後無所犯. 及治疏下, 諸賊爲委官, 力主殺之, 彼邊尤不悅. 以此其子孫, 只守其本色而已, 故其結姻, 亦多老論邊.

23.

肅廟御容一本, 奉于闕內, 號眞殿, 殿[24]內房堗, 影幀掛奉, 而欲免霾氣, 日日略炊小柴. 一日, 有人急蹙守直卒, 曰: "入侍[25]殿內!" 卒驚悟, 是夢. 而夜且深, 急告守直內官, 使之奉審, 果有鼠穴於室 , 烟氣方欲炎炎, 影幀下軸已爛熟[26]. 驚惶急救, 幸得無事, 呵護

---

24) 殿: 저본에는 빠져 있으나 다본에 의거하여 보충함.
25) 侍: 저본에는 '視'로 나와 있으나 다본을 따름.
26) 熟: 저본에는 '熱'로 나와 있으나 다본에 의거함.

之靈可知.

24.

　余在淸營, 詳聞戊申三忠殉節事. 賊夜深犯營, 呼李公姓名而索之. 洪君霖時宿工房庫, 聞事急, 只掛戰服, 驚起欲出. 房妓海月[27], 牽衣挽止, 曰: "聞大夫人臨年在堂, 胡爲死難耶?" 答曰: "在家當爲父母, 在此亦爲將帥." 拂衣而出應, 曰: "我是李某!" 賊使之降, 洪奮罵不屈[28]. 賊捽去統軍樓前, 擧火視, 始知非李公, 白刃交下, 亂斫而死. 得李於淸塵堂下, 賊知其不屈, 瞠目燒髥而殺之, 懸首於客舍. 本營使令鐵伊, 入賊中, 哀乞請得頭部, 賊問: "千百下人中, 汝何獨冒死敢請耶?" 答曰: "使道再莅[29]此營, 吾亦再次新延, 故不能忘舊日耳." 賊義而許之, 奉頭而歸, 哭而收斂. 海月取其母之壽器, 欲入洪君, 旋曰: "我公此死, 專爲使道, 若斂其身而不斂, 使道冥冥之中, 必不爲樂." 以其棺入李, 以油芚裹斂洪君, 竝土壟一岡事, 聞朝廷給復, 使沒身至. 余到此營, 其死已有年, 故招見其弟, 優給食物. 鐵伊尙存, 使給料一窠, 而或有不悅於此兩人者, 甚可怪也. 賊殺洪・李兩人, 後一枝往鎭營, 欲降南公, 南曰: "降言何爲者哉?" 賊曰: "若不欲在此降之, 當往大將所矣." 奮罵曰: "吾之大將, 乃李公也. 豈有他將哉?" 賊捽髮曳到轅門, 南時年已八十, 而事出深夜, 僅着單袴, 腰上不得着一片衣. 自鎭營至轅門, 相距五里, 肌膚剝落, 已無生意. 賊棄置路傍. 人皆畏不敢收屍, 不知何人, 以簑衣掩其面部, 行路慘不忍見. 暴屍幾數時, 胸膈微有生意,

---

27) 海月: 저본에는 빠져 있으나 나, 다본에 의거하여 보충함.
28) 不屈: 다본에는 '不已'로 되어 있음.
29) 莅: 저본에는 '茬'으로 나와 있으나 이본에 의거하여 바로잡음.

日晚永絶, 鎭營諸校, 過累日後, 始收斂草葬. 亂定後, 立祠城內, 李爲主壁, 南洪配左右, 南則雖有不識, 何狀之歎? 然死固其義, 若洪則平日素昧於李, 而貧不能資生, 仍在人幕. 以此, 李亦不甚厚視之, 宜其爲勿死, 而然能辦大義, 其節尤卓卓[30]矣. 有殉節廟庭碑而拾其不載者, 玆以錄之耳.

25.

永安尉, 性本守拙, 出入不使辟除. 嘗往鄭公知和家, 一鄕人驅馬逼去, 前導自語曰: "此乃盲者!" 蓋謂不知都尉之來者也. 其人大怒, 遂來轎前, 發辱說, 尉謝乞以下人之失, 曰: "今當路次還[31]家重治." 然終不止, 往益詬罵, 隨到鄭之門外, 尤辱之. 鄭聞其喧聒, 問故, 下人對以, '俄者, 隨來都尉之人, 謂欲入謁, 多發謬言, 閽人阻, 當致有喧聲.' 尉始言曰: "來時受困, 已無可言, 還時必將更逢." 方甚苦悶, 鄭變貌, 卽命捉入[32], 尉大驚曰: "彼雖駭妄, 其止之!" 鄭不聽令, 跪庭而數之, 曰: "雖以大臣之尊, 莫不敬待, 若位不同品重, 宰臣[33]以下, 皆敬之. 汝一鄕谷賤士, 犯馬已妄, 且隨後凌辱至, 聞[34]謝乞, 終不止之[35]. 旣曰士子, 寧有是乎? 又若有一分人事, 雙前導平轎子前, 焉敢犯馬? 處事如此, 不可待以士子." 仍令曳髮笞踵, 尉苦挽, 曰: "吾當避去!" 憂悶形於色, 鄭曰: "如此漢, 何可待以兩班? 若[36]有不安之端, 吾可自當復數其愚蠢無識之罪." 尉終不

---

[30] 卓: 다본에는 빠져 있음.
[31] 還: 저본에는 '遠'으로 나와 있으나 이본에 의거함.
[32] 命捉入: 다본에는 '拿入'으로 되어 있음.
[33] 宰臣: 다본에는 '宰相'으로 되어 있음.
[34] 聞: 다본에는 '有公'으로 되어 있음.
[35] 止之: 나본에는 '知止'로 되어 있음.
[36] 若: 다본에는 '若或'으로 되어 있음.

自安, 卽起還家. 自此, 若非公故廢前導聞者, 皆以鄭爲快, 又以都尉爲謹愼. 古時禁鑾之措心[37], 可知.

26.

李統相彦祥, 任統營, 喟然曰: "此地乃南關[38]重地, 且吾祖之創設者." 鳩聚廩俸, 得萬兩銅別備, 而慮後人蠹食, 買土設屯, 統營自此大有賴. 李君卽忠武之孫, 萬金別備甚盛, 且其設施遠慮, 有乃祖風. 蓋近世居官者, 專事要譽, 不務實績, 故不作永久之事, 只以錢貨懸錄於記簿, 以照耳目. 所謂別備例, 爲後人之用, 未有如李君之規畫[39], 可惜!

27.

張禧嬪專寵時, 其從甥爲御營把摠. 當習操露梁, 而厥漢以無軍, 把摠獨坐帳幕中[40], 龍山兩班群兒爲觀光, 來往其前. 厥漢喝逐之, 群兒憤欲雪恥而無計, 一兒曰: "汝輩一從吾." 遂暗斷幕, 索而爲罥, 突入絡其脚, 高聲曳出, 前走後驅, 驟急風雨. 事出不意, 下人亦未能追[41]及, 曳到沙場, 而數之曰: "使汝設曰兩班, 不可凌侮我輩, 況恃宮姬, 焉敢乃爾?" 因棄置各散, 厥漢氣塞幾死, 皮膚盡脫, 流血淋漓, 聞者皆快之. 時張焰薰天, 當權者且愛之重之, 然亦以爲此非當難兒. 是兩班, 則其凌侮爲非寢, 其事主張者柳東夏, 以氣槪稱於平生.

---

37) 措心: 다본에는 '操心'으로 되어 있음.
38) 南關: 다본에는 '關防'으로 되어 있음.
39) 規畫: 나본에는 '爲'로 되어 있음.
40) 幕中: 이본에는 '幕下'로 되어 있음.
41) 追: 저본에는 '退'로 나와 있으나 나, 다본을 따름.

28.

朴燁, 嘗馴猿致逸, 猿野逢女人, 强狎之, 晝居絶頂, 夜下村間而作亂, 精銃勁矢, 不得中, 命捕得無策. 燁甚憤憤, 或云: "鷹可獵捉." 多求名鷹, 次第放之, 猿仰探鷹之兩脚而裂之, 以此皆隨斃, 而無一下手者. 末後, 體小一鷹, 棄猿向他人, 皆謂走去矣. 鷹於猿之不見處, 下於沙場, 仰臥轉身, 使沙塵多入羽毛間. 始向猿而來, 依前擡頭擧手, 仰待其將近, 鷹自空中去猿頭尺許, 忽鼓翼搖尾, 沙塵落入於猿目. 猿以手拭其目, 鷹乘此機, 急瞳其目, 猿亦無奈何, 落仆巖下. 鷹雖禽類, 其智謀可謂奇哉! 若使爲將者學此, 是孫吳耳. 鷹之入沙於猿所不見處, 尤異.

29.

趙相國相愚, 嘗語人曰: "吾平生無屈於人, 但有一事, 尙今每思, 甚無色. 余拜相肅謝, 日罷登筵[42], 晚[43]出闕還家, 前導及隷屬, 頗有揚揚意. 左右路傍, 奔走屛伏, 異於他時, 蓋以新相位出仕初日故也. 余亦高倚平轎, 自有好底意, 望見一老翁, 騎款段馬, 犯馬前導大喝, 錄事繼以捉囚, 因呼轎前巡牢, 時亦兼帶扈衛禁衛二提擧, 故果有累雙前排矣. 巡牢應聲飛走, 俄而, 非徒不得捉來, 前導回立, 向余呼曰: '先生來敢請古風!' 余之騶從[44]棄我, 沒數趨去. 余初不知爲古風, 始今知之, 只有轎子軍四名而已. 勢不得已前進, 且讓路朝體, 故立於路傍一邊. 老翁則忽變, 爲遽然一大臣, 立我前導, 傘我蕉扇, 率我權導, 與錄事巡牢, 左右排立. 但牽馬者無

---

[42] 登筵: 나본에는 '登對'로 되어 있음.
[43] 晚: 저본에는 '曉'로 나와 있으나 이본에 의거함.
[44] 騶從: 나, 다본에는 '擡率'로 되어 있음.

之, 巡牢代執, 漸漸而近. 是睡翁李相, 請余出立, 余辭以不敢, 睡村累請, 余始出立, 睡村笑曰: '今緣小生, 致有無色之擧.' 心甚不安, 余曰: '牽夫何無之?' 睡村曰: '見大監來, 生怯而走, 未免獨行, 故巡牢仍代執.' 蓋自呂江入城之行矣. 始還, 余器具各分而去, 然猶不可使獨行, 故余分納擡率之卒, 睡村面辭[45], 只率一人而去. 道傍觀者如堵, 偶語曰: '雖老翁也, 眞豪快!' 余自此, 上下仍無氣, 此事尙今爲無色云." 睡村以原任, 自呂上乘舟, 到蘘島, 行無從人, 只一衾袱掛在馬上[46], 短童牽轡. 人不知爲舊相公, 以鄕老知之. 及到二橋前, 趙相果來, 雙導自遠先喝, 左右路人謂曰: "新相行次方來, 須急下!" 公聽若不聞, 路人叱之曰: "鄕令監欲觀典獄耶?" 又佯若不聞, 前導漸近, 江兒叩馬請下, 曰: "豈有犯馬於政丞前人事乎?" 睡村一向進去, 江兒曰: "二錢賞我不貴矣." 因欲曳脚推下之際, 聞[47]巡牢高聲, 大怯而走, 曰: "令監則雖囚於典獄, 我馬將何以耶?" 當推馬[48]於令監所乘船, 沙工主仍無去處, 前導迫前, 拔鞍籠鞭, 大喝欲擊, 擧眼擡頭, 則是睡村相, 而皆是前立於公. 前者大驚, 伏地請死, 仍作古風, 見者莫不稱快. 江兒雖始[49]知爲相公, 以其擧脚欲下, 故又反生疑怯, 不爲推馬, 睡村苦待終日, 兒仍不來. 睡村艱得貰人, 委送其馬, 馬主卽禁軍, 聞擧脚事, 亦爲惶悚, 顚倒入來待罪. 公笑曰: "誰爲大臣好耶? 公然多事." 命使卽歸[50], 聞者絶倒.

---

45) 面辭: 이본에는 '固辭'로 되어 있음.
46) 掛在馬上: 저본에는 '貰馬江上'으로 나와 있으나 다본을 따름.
47) 聞: 저본에는 빠져 있으나 나, 다본에 의거하여 보충함.
48) 馬: 다본에는 '出'로 되어 있음.
49) 始: 저본에는 빠져 있으나 다본에 의거하여 보충함.
50) 歸: 저본에는 '辭'로 나와 있으나 가, 나본에 의거함.

30.

姜獄, 是自內事, 故外人雖不詳知, 蓋有冤說[51]. 孝宗嗣位[52], 以事關先朝, 若有論者, 當置極典爲教. 金鶴洲以海伯, 不知有此教, 果先封章, 而始聞之, 急退[53]之, 疏已上矣. 上大怒, 拿鞠杖殺[54]之, 綾川公爭之, 上不聽, 公爭之不已, 曰:"爲君而豈殺言者乎?"上益怒, 曰:"是我家事, 非卿所知!" 仍速命殺之, 公復曰:"臣以三朝舊物, 至今不死爲恨, 臣若有罪, 雖可殺之, 猶以先朝而待臣, 不可如此, 殿下何如是薄耶?" 仍叩頭殿階上, 上命捲冰牌, 是大臣之極責也. 鶴洲仍死於杖下, 公脫帽與犀[55]帶, 碎陛獻之, 曰:"是先朝所賜者, 今納於殿下, 殿下願以此賜無言者, 臣不忍見國家之將亡." 仍痛哭呼先王, 上甚悶之, 使宦侍挾扶出送, 公顧而告曰:"願殿下自爲之!" 不絶哭聲. 出闕門, 以便輿不着冠, 涕泣漣如, 霜髮毿毿, 落[56]淚水, 見者莫不悽然. 直出西江, 扁所居室, 曰'失言亭', 仍閉門不出, 作歌曰:'月明夜無眠, 時思美人蒙. 不成曉潮生, 何處擧碇聲. 斷我腸且若, 何上遣史官.' 敦諭復遣承旨, 公終不入城, 上下臨幸之教, 公始入城, 待命闕門外. 上催使入侍, 公堅伏不起, 上命顯廟出往偕來, 公皇恐入侍. 上執公手, 悽然下敎謝過, 公亦嗚咽不成聲, 曰:"願殿下自今倍加懲創!" 上曰:"予豈不知卿言之是耶? 家[57]有此事, 至痛在心, 自不得不然." 仍泣下沾襟, 諸臣亦莫不感涕, 士類自此, 益歸心於公. 失言亭, 尙今傳之本第.

---

51) 說: 저본에는 '記'로 나와 있으나 이본에 의거함.
52) 嗣位: 나, 다본에는 '嗣服'으로 되어 있음.
53) 退: 저본에는 '逍'로 나와 있으나 가본을 따름.
54) 杖殺: 다본에는 '撲殺'로 되어 있음.
55) 犀: 저본에는 '群'으로 나와 있으나 다본에 의거하여 바로잡음.
56) 落: 저본에는 '自'로 나와 있으나 다본에 의거함.
57) 家: 다본에는 '自'로 되어 있음.

31.
潛谷居加平, 晚而無成, 晝耕火田, 夜燃松明, 徹曉讀書. 且長執牙籌, 思量貢法, 近處品官輩至, 曰: "金進士雖如此, 豈得外都監官耶?" 是鄕人次知田政得食之任也. 以此嘲笑, 亦不恥之. 時往老吏家, 亦詳問一邑田結, 欲較籌其貢法多少, 積數十年, 定其成規. 及爲宰相, 遂出而試之, 設大同法, 祛累百年亡國大弊. 人或疑其貢人太厚, 公曰: "不聞劉晏漕船事耶? 後來貢人漸減利, 其利將相敵國, 猶支過民, 亦賴之, 若貢人自補而備納, 則國無望矣." 近來貢物納, 與利相敵者已多, 且有自備而納者, 間或有逃散而避之. 此後過幾年, 未知又盡, 如其言也.

32.
孝廟在瀋[58]館, 江南名畫來到, 諸人多請山水, 孝廟獨無所言, 畫師問曰: "王子胡無請我?" 孝廟給扇面, 曰: "願畫會稽山." 師是明人, 揮涕而去.

33.
梁掌令得中, 南中人, 被選南臺爲掌令, 兩司次對[59], 例有駙召之請. 梁以爲君命, 不俟駕, 不上一疏, 卽日登途, 來到漢江, 入於在外臺臣許遞之中, 仍罷之, 梁狼狽而還. 若誤讀書, 其害如此矣.

34.
昔年, 有卜相之命呂相聖齊, 頗云云. 申汾厓往見, 曰: "圖得甚

---
58) 瀋: 저본에는 '潛'로 나와 있으나 이본에 의거하여 바로잡음.
59) 次對: 다본에는 '除拜'로 되어 있음.

好!"呂曰:"卜相豈圖得乎?"申曰:"方今事, 惟在金文谷, 吾當爲君宣力." 頗示情款, 呂初以戲謔知之, 見其多情, 還復信之, 申曰: "吾方欲往見金公, 君須偕往." 仍與同去寒暄, 汾厓問曰: "今方枚卜, 小人有故友, 敢此仰請耳." 文谷笑曰: "議政豈可請乎?" 汾厓顧呂公, 直呼其姓名, 曰: "汝其聽大監分付耶?" 政丞則不可以求請之意, 已有所敎矣, 以此其時, 呂公果不得卜相.

35.

仁顯聖母在別宮時, 屢有刺客之變, 趙君克良, 每夜巡墻, 以防其患. 嘗捉一漢, 送于捕廳, 捕將反以爲虛慌, 卽釋之. 趙一日往南門外, 過期不還, 家人尋覓, 尸在外木覓, 拔其腎閩而殺之, 是南人所爲也.

36.

甲戌數年前, 有閔羅伊隱【芹根俗稱】四節, 張多伊隱一節之謠【菁芽俗稱】, 已而果驗. 蓋芹是四時長有之菜, 而菁芽不過一時所有, 聖母姓字, 與禧嬪之姓, 果符. 別宮寢階前, 有玉梅古樝, 枯死已久, 甲戌春, 忽花開, 未久有復位之慶.

37.

南溪爲論希載入城, 南相九萬連來, 五日移晷還歸, 先似肯從臨歸, 每岐之. 南溪始決歸, 人之所見, 各自不同, 議論不合, 尙或可矣, 而每日始從末違者, 甚難曉. 其時, 南溪舍館于余家, 故目擊如此耳.

38.
當宁在潛邸, 遭和敬嬪喪, 定山於高寧, 乃今昭寧園, 卽李參議聖肇之先塋局內, 李家以峽中廣占幅員. 蓋其所占處, 步數絶遠, 雖凡人足可用然. 肅廟命勿强占, 上曳襄日造李家, 立庭哀乞聽許然後, 始用之. 古之不以王子之尊而使威勢, 可知.

39.
因山瓷家之制, 古以海上大船楫, 環植圍繞, 揉其端, 令聚成之際, 甚難. 且操端之際, 每多傷人工匠, 聞有死者矣. 頃年, 仁元大妃之喪, 上命以長竹代之, 自此, 弊除而規成, 聖籌神矣.

40.
京司先生案, 訓將之數最小. 自壬辰設立, 至當宁, 近二百年之間, 僅爲四十餘人, 其久任可知.

41.
京外先生案, 水原爲最. 文衡·湖堂等錄, 雖有之, 只是一色爲之, 若水原, 則文南武通任, 而其盛如此. 蓋有八千兵馬處, 獨水原, 故如有緩急, 則訓禁御三營, 守衛於內, 水原策應於外, 以相維制, 號曰'外都監'. 此是畿輔重地, 雖是州守, 其尊重與藩閫無異. 以此, 極擇地處, 才望而任之. 余猥忝是府, 閱其府案, 文官多之, 武弁甚少, 南行間或有之. 若南行, 通⁽⁶⁰⁾府尹監司然後, 始任之, 其尊可知, 而近復漸不如前, 此後似將如凡邑例倅也.

---

(60) 通: 저본에는 '道'로 나와 있으나 이본을 따름.

42.

器遠謀不軌, 所憚者惟綾川, 使其黨黃灝·李元老, 乘夜潛見, 如不從, 仍以剪殺之. 兩人卽公之麾下, 又力士也. 公家有前後外門, 而公所居竹亭, 最近⁶¹⁾於後門. 兩人袖鐵椎, 中夜叩後門, 急呼曰: "有事, 願使道急開門!" 時國家安危, 在公一身, 夜不能寐, 攬衣急起, 欲親自開納. 時別室房氏, 侍寢挽衣, 曰: "大監一身之重何如, 而彼是力士, 當此深夜, 何爲自輕?" 兩人催呼之聲不絶, 公曰: "彼必有事而來, 何以處之?" 對曰: "入番巡牢, 掩後捕之, 明燭而問之." 公如其言, 使跪於庭下, 兩人曰: "有秘事, 願辟人!" 公曰: "左右皆親兵, 何諱之有?" 兩人知事去, 盡吐來由, 曰: "事已急矣!" 公馳到闕下, 環甲據床, 急吹天鵝, 扈衛宮城, 令一枝, 圍器遠家捕之. 以變急未及, 上聞始待命, 上卽命入侍, 問其得兩人, 由公白其事. 上以爲雖是女子, 義則君臣, 戚爲至親, 招見自內殿, 留置累日, 曰: "宜乎丈夫之蓄!" 命多錫田土. 余年七八歲, 時房年已九十, 愛余最深, 每抱置膝上, 食以飴糖之屬, 多說綾川時事. 余以幼少, 不能記之其少時顔面, 雖不得知, 蓋短小磅礴人也.

43.

顯廟當科時, 夢見李慶億三字, 刻在大明殿龍頭上⁶²⁾矣. 其科果得李, 上以其夢兆寵擢, 未久, 拜議政.

44.

夢窩金相, 殊被寵遇⁶³⁾, 有圖像御筆賛, 相公涕泣箋謝矣. 辛壬之

---

⁶¹⁾ 近: 다본에는 '進'으로 되어 있음.
⁶²⁾ 上: 다본에는 '上面'으로 되어 있음.

變, 公家尤被慘禍, 籍産無遺, 獨畫像以有御製御筆, 處置難便, 戶郞掛於庭前桃樹, 而以此得全.

45.

六臣墓在鷺梁路邊, 昔年方溫幸而路狹, 將未免蹢躅之患. 許眉叟以梧里之婿, 時在甥館【襟川】, 當行幸前數日, 忽不知去處, 家人憂之, 梧里曰:"此人必往鷺梁矣!"及歸問之, 答曰:"募[64]人得長木, 扭把防患六臣墓而來耳." 時年未滿二十矣.

46.

閔立巖, 下第歸路, 登南城門, 行色甚憔悴. 俄有, 一娼妓亦上來, 問曰:"行次方向何處?"答曰:"居在白馬江, 而今番登科之人, 皆不如吾作, 然吾獨下第, 方尋鄕路." 妓曰:"小妓粗解文字, 試[65]道下第之文." 立巖略誦之, 是「白馬江賦」, 而果絶調. 妓解裙請寫, 立巖曰:"汝何爲請之?" 對曰:"願小留洛中, 小妓當了其事矣." 立巖曰:"雖留, 科榜已出, 更無可望. 且雖欲留邸, 糊口無路, 奈何?" 妓以銀釵納之, 曰:"此物足可經過, 必依我言而留." 其言極甚訝怪, 然落榜無聊, 無意還家, 寫賦於裙, 以其銀釵, 仍留京中. 其時, 宰相子得第, 家設宴, 滿朝來會, 一代娼流皆集. 厥妓亦在其中, 以其賦, 登於歌詞而唱之, 曲是新翻, 滿座傾耳. 歌畢, 諸人問:"誦是何調?" 妓以裙解, 展於座中, 乃科題而下第者也. 其時, 考官亦在座, 知其有遺珠之歎, 請於朝, 更設後庭試, 復出此題, 果得立[66]巖.

---

(63) 遇: 저본에는 '過'로 나와 있으나 이본을 따름.
(64) 募: 가, 다본에는 '分'으로 되어 있음.
(65) 試: 저본에는 '誠'으로 나와 있으나 이본을 따름.

立嚴居在白馬江, 故熟知其古跡, 以此尤佳. 其中'江花笑而出迎, 隱樓觀於層空'之句, 尤其佳麗者. 中朝人請見此賦, 許筠以爲篇末無味, 尾亂數句示之, 稱賞不已, 但曰: "亂語不如無矣." 我人始言其由, 蓋其鑑識亦神. 以此, 此賦流傳中朝, 又入『東文選』, 妓輩尙今歌之.

47.
申利川鏛, 卽判府思喆[67]大人. 嘗犯馬於趙相相愚, 奴子被捉, 趙時以吏判赴政席, 齋郞有窠, 三望俱乏, 謂吏曰: "俄者犯馬, 號牌持來." 利川時登司馬, 故書以主進士某, 遂擬入, 果得初仕利川. 於趙相, 素無面[68]分心, 以爲怪, 後始得聞, 乃曰: "吾筮仕犯馬之德." 以此笑之. 古之仕路, 無奔競如此.

48.
昔年, 內畜猫兒, 肅廟每水剌推肉食之, 命名曰'金孫'. 及聖考昇遐, 金孫彷徨, 呼哭不食而死, 大妃命埋於明陵火巢外. 恩及禽獸, 可知矣. 時國子長, 以'埋猫明陵', 出科題, 儒生言其妄發, 始悟之, 改書以'埋猫明陵道'. 罷場後, 自陳其失言之罪, 大妃泣, 命勿問.

49.
李參判喬岳, 除拜舍人, 其友一人戲之, 曰: "何其官淸人鄙?" 座中笑之. 然李以爲, '言雖偶戲人鄙之說, 旣發於稠中, 不可冒.' 出

---

(66) 立: 저본에는 '止'로 나와 있으나 이본에 의거함.
(67) 喆: 저본에는 '詰'로 나와 있으나 이본에 의거함.
(68) 面: 저본에는 '以'로 나와 있으나 이본을 따름.

仍辭遞. 古人廉隅如此, 蓋此職是極選, 故多有數十年不出之時.

50.
訓鍊正, 亦武選之極淸, 其規如舍人, 故每書以闕字, 雖或出之, 只二望, 或單付. 以此, 呼之以闕職, 蓋無人當其職之意也. 諸司正, 座目中最爲末付, 而名官若爲是職, 還付上頭, 尤爲極選也. 余爲是職時, 三年作闕, 亦以二望擬之. 近來不然, 每年兩次都政, 必滿三望, 依例遷轉. 官方之日, 不可知焚香告天之職, 旣不如古, 則他尙何說!

51.
金判書聖應, 別薦李兵使泰祥, 卽忠武之孫也. 入侍諸臣, 亦皆贊之, 上曰: "諸臣之言如此, 固知可用, 然果復如何耶?" 主薦以下, 只皆風聞無見之者, 上下敎曰: "昔李浣, 常思將才, 而無可意者, 適路見申汝哲, 時申新着草笠, 年僅十五, 已知其爲人, 而然必欲審知之. 數日後, 躬往其家, 曾無面分, 故申家怪其來. 汝哲亦不在, 浣虛還, 凡三往而得見, 與語大悅, 始爲別薦, 果作國家柱石之臣. 古人之事, 如此矣." 諸臣皆服其率爾之罪. 近來別薦, 則有勢子弟, 殆如例付初職, 如不得爲便, 以爲羞, 人才勝古而然耶?

52.
肅廟嘗御昌慶宮, 忽聞館峴閭家驢子長鳴聲, 問宦侍是何聲. 蓋驢非朝班及軍行所騎, 故生長九重, 不能見之, 初聞是聲, 怪之, 有此下詢, 宦對以驢也. 上曰: "字彙所云驢字, 果是此物, 而詩家有'長耳'之語, 其耳長耶?" 對曰: "然." 仍命牽來, 覽其狀, 曰: "其鳴其耳, 奇且怪耳." 卽使還出, 臺臣以玩物之慮, 陳戒, 上嘉納. 昔時, 臺臣隨事規戒之意, 可知.

53.
辛丑, 寒圃齋以世弟冊封, 赴燕. 西郊餞席, 座中不勝被酒, 多發哭聲矣. 未久, 禍作士類網打, 而此相尤被酷禍, 無乃兆像先發耶?

54.
均役之設, 專出爲民之聖意. 良布旣減, 則經費不足, 宜有充代者, 第國用之不足, 專由於經費之漸煩. 近來各宮房, 折受過制, 收租[69]漸縮, 若以濟用監紫芝一貢, 言之. 肅廟末年, 內用於國朝, 最盛然. 一年所用, 極不過五六同一疋, 貢價爲累石米, 識者已憂之. 近來給[70]過三四同之時, 間多有之, 莊烈大妃殿, 宮人別監諸色, 尙今不出物, 故如此事甚多. 雖以此數三事言之, 經費之不足, 推此可知. 以此, 聖慮至有內弓房·漁箭·塩盆, 亦爲出給之敎, 任事之人, 不圖減除經費之路, 只使掊克列邑, 甚至邊將職[71]. 況俱有所減, 內外下吏之朔料, 亦爲削奪, 其弊反甚二疋之時矣.

55.
華陽洞有泣弓巖, 尤菴每於孝考[72]諱日, 中夜慟哭處也. 以此, 因命名以泣弓矣. 先生喪後, 有一僧, 每於是輒痛哭而去, 不言其名,

[69] 租: 저본에는 '注'로 나와 있으나 다본을 따름. 서로 통함.
[70] 給: 저본에는 '恰'으로 나와 있으나 나본을 따름.
[71] 職: 저본에는 '殘'으로 나와 있으나 다본에 의거함.
[72] 孝考: 가, 나본에는 '神考'로 되어 있음.

不告其住, 如此五年, 更不來.

56.

辛卯黨籍, 西人名流, 盡入之吾祖草塘公及松江鄭公, 尤被困. 蓋沈·金以後, 雖有東西兩目, 猶不至仇視, 自崔永慶事出, 尤爲乖激, 甚至如仇讐. 設使永慶曖昧, 其與汝立相通之事, 狼藉傳說, 至聞於臺諫臺體, 旣有所聞, 則不可掩置. 以此, 草塘時以正言, 發再鞠啓, 永慶遂再逮, 甚發明. 然而其文書中, 得汝立書一丈, 始以年老昏耗, 未能記識爲辭, 緣此而死於獄. 松江時爲委官, 初頗救永慶, 第以汝立書出, 終不得救出. 永慶則已死, 東人不但不知松江之初救爲可感, 反以爲松江殺之, 必欲甘心草塘之見嫉, 尤無可論. 松江身後, 又有追律之論, 松江家大懼以爲, '若無草塘發啓, 永慶何可再入獄, 欲以此爲紓禍自脫之梯?' 松江子畸翁, 至有陳疏鳴寃之擧, 草塘公子都正先祖, 亦疏卞, 兩家輾轉層激. 松江家所親人右畸翁, 吾家所親人右吾家, 又將有分目之漸矣. 士林憂之, 及八谷公夫人之喪, 黃芝川送輓, 曰: '兩家子弟俱無狀, 一代勳盟[73]共亦寒.' 蓋八谷與松江, 交契甚厚, 且草塘與松江同盟, 屢世交誼如此, 而以兩家疏卞, 以此相阻, 故輓之嘆惜之意也. 自此, 兩家俱釋怨, 復繼宿契, 士林亦喜之. 草塘遭大夫人喪, 奔喪到漢江, 東人以爲所犯至重, 發啓使不得渡, 草塘於漢江, 成服後歸謫所. 如非惡逆, 親喪例給受由, 而使旣到漢濱之人, 不得到家, 其嫉之甚, 可知. 以此, 草塘公階雖資憲, 官至大司成.

---

73) 盟: 저본에는 '監'으로 나와 있으나 이본을 따름.

57.

大報壇, 卽申利川鏛家基, 申誇之, 曰: "申鏛之地, 爲神宗皇帝之壇, 豈偶然耶?" 人答曰: "南城汗矣峯, 果符胡汗之登臨, 此非對耶?" 座中笑之. 蓋南漢有峯, 名汗峯, 丙子汗果登臨, 俯察城中. 湖南順天, 有地名曳橋, 李芝峯爲此倅, 以爲地近南倭, 而倭之諺音, 與曳相似, 惡之, 改以海雲臺矣. 壬辰倭奴, 築將臺於其上, 爲五重門三重城, 此地斗入海, 三面爲湖水, 故倭奴常組練水戰於此中. 其基址, 至今尙在宛然, 自此, 稱以倭橋, 公私文簿, 俱以是稱之. 西郊延曙, 古以燕西書之, 癸亥反正, 李公曙爲長湍府使, 約以趁期, 及其當日, 未及來到, 故急使促之, 逢於燕西, 以成大功. 自此, 改書以延曙, 地名亦先有符應也.

58.

我朝文武中, 南臺二十四爲兵判, 金文谷三十爲文衡, 且登大拜早達, 莫過此兩人. 功名爛煒, 趙豊陵爲最. 嘗送圖書, 請刻彼國書, 以大冢宰‧典文衡‧執金吾‧上將軍‧麟閣主人之章, 彼人驚, 曰: "冢宰能知人, 文衡能文章, 金吾能執法, 上將能曉兵, 麟閣主人能有大勳. 勞於王家, 是古亦罕儔之才, 始出於東國云." 此皆豊陵所經之職, 後登相國, 又爲國舅. 以此, 名位之煒煌, 爲國朝弟一.

59.

趙淑媛煽構姜嬪, 又欲謀害孝廟, 孝廟處變得宜. 仁祖嗜生鮑饅頭, 嘗當誕日, 孝廟與仁宣王后, 自東宮親造此饌, 曉漏問寢, 手自進上. 仁廟時未起寢, 擁衾而坐, 嘉悅其誠孝, 含笑欲進御, 淑媛仰告曰: "自外之饌, 不可輕進." 孝廟驚惶罔措, 手自先嘗進御無遺,復慮出外吐出之譜, 仍俯伏過半日. 自此, 淑媛不得行計, 其罪惡如此. 然孝廟曲保其兩子崇·樂, 聖德之卓越, 固不可言, 而後來諸臣, 亦不論崇·樂. 蓋罪在淑媛, 而崇·樂不預故也.

60.
閔趾齋以亞卿, 於逆旅逢遐方武士, 仍與同行. 翌日午店, 武士以其所親在店傍, 尋造[74]當還, 爲告而去. 未久, 店人進午飯, 命俟武人同饋[75]. 其間頗移時, 飯梗羹冷, 猶復俟之. 武士[76]始還, 謝其太過, 答曰: "旣與同行, 何可先飯?" 其待人之厚如此, 至若分義體統處, 少不假借. 性本嗜酒, 然非儕類, 未嘗傳杯接殷勤, 人問: "平日接人甚厚, 至於酒杯, 胡獨然乎?" 答曰: "酒是異於他食, 若爛熳酬酢, 則自忘堦限故耳." 其律己如此. 今世仕宦者, 待人以禮, 唯以顔情有無, 太視溫軟. 又假媚笑, 還失體貌, 自處驕重, 低視冷落, 全無厚意. 若思趾齋事, 待人之厚, 律己之嚴, 可俱得矣.

61.
掖隸持賜送, 往朝臣家, 古者只拜受而已, 不知何人始饋饌. 其後, 又何人兼給錢帛, 號禮段, 仍成俗規, 小給者, 至被詬罵; 多給者, 聲譽藉甚. 外戚之家, 得賞賜, 比諸臣頻數, 雖數掬蔬菜之賜, 其饋給則無異. 無識之家爲悅, 宦官·宮妾, 助其聲勢, 競相豐給, 漸成謬弊. 閔驪陽膺封初, 受酡酪恩賜, 獨廢饋給, 掖隸告其例規, 驪陽不許, 請之不已, 驪陽曰: "拜受於庭, 已敬君賜, 於汝更有何

---

74) 造: 다본에는 '遭'로 되어 있음.
75) 饋: 가본에는 '饌'으로 되어 있음.
76) 武士: 나본에는 '武人'으로 되어 있음.

事?" 仍欲陳箚矯非, 掖隷懼而走. 以此, 宮掖之間, 至相謠曰: '誰謂海無枯, 海魚將枯死.' 掖屬例有歲謁之禮, 而獨不受.

62.
國朝亂逆之內外締結八道相應者, 戊申爲最. 自戚里訛惑衆聽, 自搢紳煽動人心, 遐方之人多見欺, 從逆希亮入鞫庭, 仰瞻天顏, 自語曰: "維賢輩欺我!" 仍嚙舌而斃. 以希亮之地處, 聲望其信, 而從之如此, 其他諸賊之從風, 何論耶?

63.
戊申之變, 連日親鞫, 夜深始[77]罷. 上使中使, 視諸臣番所, 皆困憊就睡, 張判書鵬翼, 獨不脫戎服, 燭下看兵書.

64.
尤菴謫濟州[78], 金農巖別詩, 曰: '篋有當年御賜貂, 此翁何事此行遙. 臨歧一掬孤臣淚, 不爲先生爲聖朝.' 李瑞雨聞而次韻, 曰: '貂尾[79]不多狗續貂, 此行猶近豈云遙. 試看放逐驩兜輩, 不在堯朝在舜朝.' 一時膾炙, 李萬雄獨責之, 曰: "經傳不可引用如此." 李亦南人, 而其識見能如此.

65.
李參議瑞雨, 失鷄詩曰: '家禽亦[80]敵野禽難, 寃血沾巢落羽殘.

---

77) 始: 저본에는 '姑'로 나와 있으나 다본을 따름.
78) 州: 저본에는 '北'으로 나와 있으나 이본에 의거함.
79) 尾: 다본에는 '毛'로 되어 있음.

明日喞啾那忍聞, 夜來風雨九雛寒.'是將雛母鷄, 失於山狸, 而其詩似帶怨嘲意, 將有發啓之論. 閔文孝以爲抉摘不可, 挽止之. 古人雖於異色, 其公平如此.

66.
當宁在潛邸, 李果齋爲師傅, 上有送物, 輒密裹, 每以御筆書, 謹封甚細, 未嘗偵手. 聖人之敬師長, 如是.

67.
林滄溪, 乃湖南人, 其季亦有才華, 稱於士類, 兄弟俱登仕路, 伯則出入經幄, 長年在京. 然不改方言, 其儀度凡百, 少無京華貌樣, 依舊鄉居一布衣. 至侍上前, 亦多用南中語, 終身不改, 人以此尤稱其質朴. 季上京未數月, 言語酬酢, 對人起居, 頓變鄉習, 雖生長京洛諳練時俗者, 不如之人. 以此, 亦謂玉人佳士, 其昆弟[81]規模, 可見.

68.
滄溪先謁南溪, 未及見尤菴, 果執贄於南溪. 及謁尤菴, 大有景仰, 尤菴亦常加推許, 若假之年壽, 其造詣未知將到何處. 蓋其所見之明白剴正, 自幼少而然, 殆類奇大升, 而惜乎其早世. 及其身歿, 士林莫不痛惜, 金農巖以文吊之, 尤加傷盡, 每於南中人物, 以滄溪稱首矣.

---

80) 亦: 나본에는 '力'으로 되어 있음.
81) 昆弟: 나본에는 '昆季'로 되어 있음.

69.

太僕有名葡萄驄, 步驟絶塵, 性且極良. 然順於御乘, 若於凡人不使順騎, 只於時任內乘, 獨順之. 然具公服則聽順, 若平服之人, 不順之. 且今日內乘之人, 明日爲他官, 則雖具公服, 亦不順之. 以物蒙頭遮目, 雖使欲欺, 能知如神, 以此人無得乘者. 每見同槽之正, 不擇人, 亦奮鬣仰鼻, 顯[82]有不平之意. 然若當調習時, 雖於養馬之賤, 俛首聽騎. 余以內乘, 親見其狀, 甚可異也.

70.

李貞翼, 嘗以摠管, 入直孝廟, 夜半賜宣醞, 親手密裹, 命掖隷, 詳察其受賜後有何事. 李公明燭獨坐, 若有待者, 拜賜於大廳中央, 跪坐解裹, 是圓盤, 中置[83]其一塊肉, 削去四方, 如藥果形. 熟視良久, 具戎服仗劒, 繞盤數四, 作擊刺狀, 未果, 還復[84]裹盤, 付納上前. 掖隷歸奏如此狀, 玉色甚不豫, 歎息者久. 蓋聖祖有意北伐, 試問於公, 而公亦告其難成矣. 以此一事言之, 君與臣已知其難成, 而第欲[85]樹大義, 以昭綱常於萬古而已. 一邊指聖祖與其時諸公, 謂之虛作大談, 又直曰: "迂濶之[86]者, 非但誣言, 亦不詳知當時事, 而有此悖說." 此事甚秘, 人無知之者, 遂菴始聞於尤翁晚年云.

71.

林忠愍·李貞翼, 以椵島退丸事, 俱被入瀋陽, 汗大張刑具, 問之

---

82) 顯: 저본에는 '頭'로 나와 있으나 나본에 의거하여 바로잡음.
83) 置: 저본에는 빠져 있으나 나본에 의거하여 보충함.
84) 復: 나본에는 '改'로 되어 있음.
85) 欲: 저본에는 빠져 있으나 나본에 의거하여 보충함.
86) 之: 나본에는 '云'으로 되어 있음.

兩公, 極口發明, 胡重盟, 故汗使之納盟, 忠愍指天先盟, 貞翼則不爲盟, 汗盛怒, 曰: "林旣盟, 而汝獨無言, 何也?" 答曰: "朝鮮兩班, 寧有發盟之事乎?" 汗尤怒, 曰: "林旣非兩班乎?" 答曰: "林遐土賤品, 我乃鷄林君之子也. 其地閥, 不可同年而語." 汗始解怒, 送之. 忠愍之節義, 非曰不足, 而其有識, 則難及貞翼. 本朝武將中, 謀猷之外, 見識之明, 操履之正, 不愧古人者, 余則以李忠武·李貞翼爲最矣.

72.

余嘗在姨兄金判書【取魯】座上一年, 老人有坐地蔭官, 刺啣請謁. 時當寒節, 戶外脫去揮項·毛扇而入, 余謂太過, 姨兄答曰: "我是重宰, 安敢不然? 君年少, 未及見故事, 文官雖堂[87]下, 若經三司, 蔭官不敢下馬於門內. 且於方帶臺諫亦然, 是文蔭間體統, 彼是古人能行此規云." 朝廷體貌之嚴, 如此, 而近世則不然. 獨洪參判重疇, 以其門閥文華, 見敬, 一時位登卿宰. 然不乘軒軺, 雖相素知之間, 若文官, 不爾汝呼之, 人或過之, 答曰: "紅黃有異, 君不見國朝故事? 謂我有過, 旣仕蔭路, 妄友文官, 有何所益?"

73.

壬辰之變, 將薦爲平兵, 以遠接使, 迎楊經理, 同過兵營. 經理見兵使不橐鞬迎候接使, 責之曰: "兵使前雖文臣, 今爲武職, 文武之嚴, 體統自別, 而全無體統. 朝廷之上無體[88]統, 而國其久乎?" 近時族弟【善行】, 以原任兵判, 出爲平兵監司, 除去公體. 族弟雖是崇

---

87) 堂: 가본에는 '掌'으로 되어 있음.
88) 體: 저본에는 '統'으로 나와 있으나 나본에 의거하여 바로잡음.

品望重, 身是武弁, 且見職爲兵使, 則監司之如此, 未知其如何也.

74.
纘新全盛時, 文宰名官[89]多有往來, 而其中某宰尤親密. 纘新雖以文臣之來見, 相親爲榮幸, 若有事, 直呼其姓名, 曰: "渠安敢不從?" 蓋其平日見侮而然也. 及就刑, 合眼昏涔中, 若譫語曰: "汝何不思前日食我銀, 不救此時耶?" 某宰, 時以判義禁在傍矣. 蓋文武異路, 儕類且異, 而近世文官, 則交結武弁, 張手請銅, 全無廉恥. 若不應, 必中傷, 以此武弁, 外示和好, 內實仇怨, 鄙唾凌侮, 更無餘地. 是其自取, 而其或不解事者, 不思自反反爲呶呶, 益復見辱. 其中麤獰[90]無識之弁, 則至詬罵, 曰: "某之圖科也, 用我錢幾數, 其科是我之賜也. 某之娶妻也, 用我錢幾數, 其妻是我之賜. 某之喪葬也, 用我錢幾數, 貯贏占土, 其土是我之分給." 然尙不知此言之爲羞辱, 彼[91]此之習, 若不革除, 將有大憂慮. 余則文臣雖失體, 宜可自守, 故自少相親外知面者, 鮮少. 嘗入闕, 不識吏判, 面有一宰, 謂曰: "如是而豈可作仕宦[92]耶?" 以不事干謁[93], 反以爲怪, 朝廷之上, 有此妄發, 傍聽亦不以爲怪. 近來朱輪華轂滔滔, 皆是極可慨.

75.
軍門郎廳, 是從事官之任. 故於大將有幕府分義, 雖已遞之後,

---
[89] 名官: 다본에는 '名宦'으로 되어 있음.
[90] 獰: 저본에는 '狰'로 나와 있으나 이본에 의거함.
[91] 彼: 다본에는 '若'으로 되어 있음.
[92] 宦: 저본에는 '官'으로 나와 있으나 이본을 따름.
[93] 謁: 저본에는 '請'으로 나와 있으나 이본에 의거함.

書狀與出入之際, 自處以舊幕, 若非大事, 故不敢論罪. 以此昔時, 則稍欲自好者, 皆厭避, 故大將亦欲必得清望, 以爲幸待之甚厚. 近時, 自請不暇, 若當一窠, 衆人爭之, 不知誰某之可除. 名官乞郡, 雖國家例法, 昔時則甚難之, 雖請必求閒僻小邑, 多在峽裏山水鄕, 亦多不過十餘朔還朝. 近來告乞無難, 亦擇腴邑, 必待準瓜, 藩任亦是得食之. 故古者中物望爲之, 近世若非翹楚, 有形勢不得, 此專係於廉隅之日喪也.

76.

陽坡鄭相, 一日於籌司, 問於諸堂曰: "今世搢紳中, 誰最快活無憂者?" 諸人皆曰: "莫過於大監也." 陽坡曰: "不然. 今曉赴往[94], 見一隊, 火城煌煌, 及其相逢, 乃具綾豊也. 多率軍校, 前列數十妓樂, 皆乘駿駒, 復有一簇臂蒼牽黃之輩, 前擁後衛, 綾豊高倚肩輿, 意態豪放. 吾問之曰: '大監將何之?' 答曰: '吾方帶盟府摠營, 俱是閑局, 故今作射雉之行, 是吾本分矣.' 吾更問: '欲向何處?' 曰: '所帶雖云閑局, 不可經宿於外, 故已於四五日前, 發送數哨軍兵, 百里外驅圍雉兔, 使之待於鍾巖矣.' 余思之, 將軍閑事游獵, 可見國家之無事. 比吾儕民憂國計, 擔着一身, 夙夜勞碌, 何如耶? 彼可謂今世之汾陽矣." 一座稱歎.

77.

南溪以吏議入城, 余先人問曰: "今行當何事?" 答曰: "當論東平." 諸人愕然, 曰: "是乃王家[95]至親, 方今國勢孤危, 他無近宗, 又

[94] 往: 저본에는 '坐'로 나와 있으나 다본을 따름.
[95] 王家: 나본에는 '王室'로 되어 있음.

二句錄 335

無顯著罪端, 欲何以論之?" 答曰: "然倘[96]來諸君, 當有思吾言之時矣." 遂構草極論. 且陳防閑之意, 肅廟震怒, 以招致一怪物, 於朝廷之上, 處人骨肉之間, 爲敎. 朝野亦指爲駭妄, 南溪皇恐卽歸, 後果符合如契, 宗國幾乎將殆. 近時議南溪者, 以此事爲偶中, 南溪雖不能比擬於栗谷, 若以養兵之言, 爲億中云爾, 則是可成說乎! 凡論人, 至公無私然後, 可以伏之, 而近世澆澆, 幷其是處而非之. 以此, 雖有非處, 當之者及論[97]之者, 亦混掩游辭, 指其不公等處, 反作訂據而不伏, 此宜可戒矣!

78.

華陽洞有九曲, 第九卽芭環, 而水石尤佳勝, 使人幾乎三返, 此雖入於九曲, 而與華陽異局也. 花田李公, 欲作晩年, 計構屋五六間, 僅[98]及蓋瓦, 流議以爲一草一巖, 非他人所敢犯. 公遂掇役而歎, 曰: "吾雖不居, 旣成之家, 毀之不祥." 卽歸寒泉, 棄之草莽, 見者傷之. 金永興磴後, 以本州營將, 慨然曰: "我是武弁, 誰當後來享我[99]於此?" 作左右房, 爲靑衿居接之所. 又建他舍, 募人入處; 又買土田, 給以資生. 以其餘, 作接待儒生之資, 便成庠塾. 金武人也, 且以客官殘力, 減料鳩材, 能辦此事. 今之所謂自稱讀書者, 豈不愧乎? 近時朴令盛[100]源, 貧賤[101]無去處, 數年寓居石室院下, 亦未免見逐. 院下一邨, 不知爲幾家, 而獨於朴令何故耶? 人心之浮

---

96) 倘: 다본에는 '後'로 되어 있음.
97) 論: 나본에는 '護'로 되어 있음.
98) 僅: 가본에는 '未'로 되어 있음.
99) 我: 다본에는 '武'로 되어 있음.
100) 盛: 저본에는 '威'로 나와 있으나 이본에 의거함.
101) 賤: 저본에는 '殘'으로 나와 있으나 다본을 따름.

薄, 可慨可慨!

79.

章陵追崇, 非正禮, 勳貴諸臣, 宜任其失. 然綾川傍祖, 以處地之有異, 雖不顯著立異之言, 初不干涉, 伯氏都正先祖亦然, 兄弟所見, 相同而然也. 以此, 朝野據跡, 無一字可言之事, 而不知者, 以綾川公處於勳貴中, 以都正公奉國舅, 祠宇處於疑似地, 不爲明白區別, 混以言之勳貴, 令人可歎. 如[102]此論議, 豈可以偏私敢言也? 反正之策, 出自吾家, 都正公實主之, 其密勿謀猷, 多在吾家龍池閣上. 以此, 甥孫叔季, 內外親戚, 多參之. 大計已定後, 都正公謂諸人曰: "我以世臣, 不忍與汝偕亡, 雖有預聞, 終有慚德. 每思耿耿來頭錄勳, 我名若在券首, 誰知我心? 今已策定, 我之有無無關, 挈家歸扶風田舍." 臨歸, 告于叔父, 綾城公戚兄申平城曰: "使我若勳錄, 我必逃去窮山, 因自泯以此, 仁廟終有如何意思? 君臣之際, 可謂難矣." 爲國舅祭位, 命賜折受, 又命占私田, 使內司給價, 累次催[103]敎, 每對以無可合處, 終不膺命. 八谷公文章·德[104]行·官爵, 已顯於世, 不待國舅追尊, 而門闌之計, 固無輕重於追崇之間. 以此數事而觀, 吾祖之不爲參涉, 可知. 但綾城稍有干涉, 雖父子之間, 論議各異, 豈可以此而異議於都正公與綾川公耶? 綾城亦我傍祖, 何獨無誠而有此云云乎? 如此之事, 至公無私然後, 後人可以信之也.

---

102) 如: 가본에는 '以'로 되어 있음.
103) 催: 나, 다본에는 '促'으로 되어 있음.
104) 德: 저본에는 '陵'으로 나와 있으나 이본에 의거함.

80.

余九世祖綾川君, 乃永膺大君獨女壻, 臨終, 以所居第宅, 給之子孫, 因居之. 已近四百年, 尙今傳授, 是鍾街竪平坊, 卽今吾家也. 京裏私第, 雖不觀風水, 蓋白岳一枝, 龍翥鳳舞, 穿田渡水, 到漢陽中央鐘街, 北平地突起, 作爲別局, 前對終南如案. 然處地雖閭閻深邃寬閑者[105], 山林且地勢極高, 俯臨四面, 通望遠勢, 勝致不少, 滿城花柳禁苑, 楓菊尋常粧点, 爲一活畫. 六世祖八谷公, 是綾原傍祖第二弟. 八谷公及登第, 綾原公謂八谷公曰: "我禁臠, 君是名官." 同處一舍, 甚非便, 遂割宅半區, 作池閣, 池後又建內舍六間, 使八谷公各産. 八谷公有八男妹, 內外曾玄, 殆近七八十, 以家舍狹窄, 若當子婦女壻相聚之時, 八谷內外, 常處廚樓上. 蓋於六間之家, 爲取廣用, 作樓二間, 而一則爲廚, 一則復作房堗, 通用之. 草塘先祖之世, 亦不張一架, 仁廟冲年受學於草塘. 嘗一日未免不通, 草塘性本嚴, 嘗於子姪教課, 不少假貸, 莊色無言. 仁廟逡巡退縮不知之際, 以池閣古無欄檻, 墜下池中, 池水本淸, 徹見底. 自是, 忽變爲幽黑, 雖澄滌, 卽復黝黑, 人頗怪之. 及反正, 大計出自吾家, 而東有綾川家, 後有平城家, 且處地幽邃, 故密勿謀猷, 多在池閣. 反正後, 仁廟親臨池閣, 追思向時盤泥之阨, 命設欄軒. 又於巷立里門, 免巷口民役, 使屬於吾家, 以爲修掃池閣之地, 以表甘盤奇蹟興王古基. 自是, 人名池閣, 曰'潛龍池'. 蓋在永膺之時, 世宗友愛至篤, 數臨大君第爲樂. 嘗[106]未及還宮, 聖候不豫, 因昇遐, 於大君第成服日, 嗣君卽位於柩前, 是禮儀. 故文宗之立, 寔在此地. 其後, 仁廟生長此家, 撥亂大策, 又在池閣, 以此, 世謂有王

---

105) 者: 이본에는 '若'으로 되어 있음.
106) 嘗: 가본에는 '當'으로 되어 있음.

氣云云. 吾家旣是世傳, 故雖今居生, 他人不敢入處. 自國初, 京裏世傳之家, 固不多, 雖略有數三處, 皆不如吾家之事蹟之奇偉. 壬辰之變, 八谷公爲海州牧使, 元廟與王妃, 俱往任所, 仁廟誕降於其時. 蓋聖祖誕育在海上, 聖學成就在池閣, 反正龍飛, 又在池上, 無奈龍德在水之徵耶? 池水之至今黝碧, 是可異也.

81.

世宗友愛至篤, 讓寧大君, 嘗告作妙香之行, 上敎曰: "關西是風流色鄕, 兄須愼之." 讓寧對以謹當奉敎. 遂發行, 而若使女色初不掛目, 自無其患, 預爲下令, 沿路路上, 一切禁女人, 使不得現形. 上下密旨于平安監司, 使一妓薦枕于大君, 而未還朝前, 厥妓先爲上送, 亦勿使大君知之. 監司雖欲試之, 女色元不敢近前, 故試策無路, 甚愁悶. 有妓名丁香, 年才二十, 姿色過人, 善唱善舞, 冠於一道, 自薦試當奉行矣. 大君到平壤, 入處客館, 座中寂無人, 只有通引侍立. 時當三月, 晩春色無聊, 只對墻角, 角有小門, 門外皆閭家. 適門邊有猫兒, 含肉從墻而走, 又有一少娥, 淡粧素服, 蒼黃逐猫入門而走. 通引見之大驚, 急急下庭, 逐出門外, 叱責曰: "是何事? 將大生事!" 卽復還來, 立於舊處, 俯首皇恐, 若將俟罪然. 大君問曰: "女是何人, 而居在何處, 亦何以素服耶?" 對曰: "此是小人異姓四寸, 而居在彼門外. 十四出嫁, 卽爲寡居, 怨恨徹天, 無異處女, 父母慘憐. 今至六七年, 而姑無改適, 生長閨閤, 不識事體, 未諳分付之嚴, 犯此死罪, 皇恐皇恐." 大君雖存素戒, 春日空館, 獨坐無聊之際, 意馬乍動, 問曰: "與汝情分, 果何如?" 對曰: "與小人同甲, 且渠薄命之後, 倍加傷憐, 以此無異同生." 又問曰: "然則似當彼言汝聽, 汝言彼聽矣." 對曰: "然矣." 大君十分次且, 始曰:

"夕後汝招來否?" 對曰: "常日雖彼此無言不從, 深關嚴重, 村女多怯, 招來似難. 然分付鄭重, 試當圖之矣." 大君更敎申托, 曰: "旣云無言不聽之間, 則何難之有? 汝不聞金石可透之言乎?" 通引起伏而更對, 曰: "小人當極力極力!" 累次往復, 夕後, 始艱辛招來, 引入房內, 百般含嬌, 態度綽約, 果是名物. 大君牽情雲雨, 數日留連, 別時, 作詩書於其裙, 曰: '立馬河橋別故遲, 生憎楊柳最高枝. 佳人緣薄含新態, 蕩子情深[107]問後期. 桃李落來寒食節, 鷓鴣飛去夕陽時. 庭前賴有丁香樹, 强把春心折一枝.' 難勝繾綣, 更留後約, 大君始發向香山. 監司密密馳送於上, 上留置闕內, 以待大君之回. 大君歷覽諸勝, 還過平壤, 尋思宿緣, 唯思日暮. 監司故使前者通引侍傍, 大君先見通引, 已喜之, 殷勤賜顏. 次欲問厥妹消息之際, 見通引新持服帶, 問曰: "其間汝遭何喪耶?" 通引悽然含淚而對, 曰: "行次離發, 某妹不知何症, 而沉綿委牀, 十餘日前, 終至不起. 已葬綾羅島越岸, 只與芳草・春禽・殘花・野卉爲伴, 渠無血屬, 香火無人. 故其平日香奩資妝出, 付永明寺僧, 以作每年一度薦魂之計矣." 大君聞不覺慘然, 更問曰: "臨歿有何所言乎?" 對曰: "別無所言, 只於無人之時, 謂小人曰: '我雖出嫁, 無異處女, 因兄之勸, 遂作卜夜之奔, 偶[108]結佳緣, 誓不改適. 靑春薄命, 造物多猜, 今尋冥司, 耿耿此意, 欲因小人而告達已恨, 此生不得再謁, 唯願地下相逢而已.' 如是細音, 仍握手而歸. 俄者, 猥惶不敢盡達矣." 大君尤不覺慘然, 幾乎淚水盈眶, 雖欲爲文而祭之, 事涉如何? 以物多數帖, 給通引, 曰: "汝妹今旣不在, 以汝視作汝妹, 帖物分半, 汝用之, 以其半備饌, 汝須代吾祭其墓, 默以我意通之." 大君初計

---

107) 情深: 나. 다본에는 '多情'으로 되어 있음.
108) 偶: 나본에는 '深'으로 되어 있음.

爲路憊, 且爲丁香, 欲數日休去. 及聞丁香之死, 且聞其臨沒可憐之語, 意緖慘怛, 只與通引相對, 輾轉不寐, 到曉仍卽發行. 每當靜夜無寐, 自難忘枕上矣. 及還朝之日, 上使宦侍迎候中路, 以勞行李, 宦侍還奏曰: "大君顔貌, 甚瘦瘠矣." 上曰: "是丁香之故也." 急招丁香, 敎以如此如此. 大君入闕, 上携手迎入大內, 問行役凡百後, 敎曰: "顔貌何以憔悴乎?" 對曰: "自然路苦而然也." 上又敎曰: "別時吾言, 能果無負否[109]?" 大君諱之則欺君, 告之則甚難處, 只累次起伏. 上命宮女, 以酒慰行勞, 大君受酌見之, 則分明是丁香. 而丁香則已埋荒山, 然目下宛然見丁香, 且感且疑, 自然顔色變改. 上謂大君曰: "此宮人知之乎?" 對以不知, 復敎曰: "是新進宮人, 兄須試問其名." 大君依敎, 復問名, 丁香仰答曰: "大君豈不知我名乎?" 大君愈益疑之, 上復使催問, 大君緣敎更問, 丁香告之曰: "我是丁香, 難忘宿緣, 告于玉皇, 復降人世, 以侍大君矣." 上大笑, 大君僕僕起謝, 上笑曰: "是我所敎, 論人當以酒色外且知[110], 今行只有一丁香, 更無他眄, 踐約足矣, 何如是多謝?" 仍使畜之生子, 是考亭正, 其子孫蕃盛, 至今有之.

82.

廣州一氓, 母病極重, 爲辦送終具, 牽牛上京, 欲賣牛備需, 請告[111]食主人, 主人曰: "汝須先往市上, 吾當踵去." 其人出去, 俄而還, 言曰: "路逢奇貨, 相換而來." 仍出示, 是新造金圈子, 而乃銅塗金者, 直不過數十文. 主人告其見欺, 牛主大驚, 泣涕往告于捕

---

109) 否: 저본에는 '不'로 나와 있으나 다본을 따름.
110) 知: 다본에는 '至'로 되어 있음.
111) 告: 저본에는 공백으로 되어 있으나 다본에 의거하여 보충함.

將, 捕將命軍官張希載, 捕之, 曰: "若遲遲, 汝當死矣!" 希載未移時, 縛一人, 驅牛來, 有若豫待者然. 捕將甚神之, 對曰: "此類捕風, 但金工其數不多, 故打造別[112]樣, 使工相視, 則知其爲某工所作, 故以此尋去, 仍推捉賣者耳." 其事言之雖易, 思之[113]甚難, 可謂多謀矣. 希載以其智謀之多, 恣行胸臆於辛巳, 使人莫測, 爲國禍根, 兵家所謂'善用謀則吉, 不善用謀則凶'者, 政謂此也. 捕將卽李仁夏也.

83.

綾川爲訓將時, 統帥新除來辭, 公謂曰: "靑魚可能得送不?" 對曰: "雖無分付, 敢不封進乎?" 公曰: "須滿船定色吏送之也." 統帥聞甚驚訝, 不敢更請其由. 及當節統[114]吏來告, 魚船來泊某江, 公大會一營, 屬於江頭, 自首校下至火兵, 而均分賜之. 人問故, 答曰: "余再任統營, 素知此魚至賤, 訓局是宿衛重地, 長待輩轂, 未能一飽, 故有此請. 彼雖以我爲貪, 何可避之耶?" 人服其器局.

84.

閔驪陽未膺封號之前, 以正卿謫居興海, 本家寄衣送奴. 奴是隨廳於公者, 名鶴鳳, 至安東値暮, 爲巡軍所捉. 夜禁乃鎭營所關, 而營將乃舊日門下被公吹噓, 得除是職, 與鶴鳳, 雖有上下之分, 平日顏厚甚善. 鶴鳳望呼曰: "令監豈不知我乎?" 萬端哀乞, 佯若不聽, 奪取卜物, 竝書封一一披見, 更命牢鎖拘留, 卽往本官, 請同見

---

112) 別: 나. 다본에는 '制'로 되어 있음.
113) 之: 저본에는 빠져 있으나 다본에 의거하여 보충함.
114) 統: 저본에는 '繞'로 나와 있으나 나. 다본에 의거함.

書札, 曰: "似有秘密之言." 本官亦午人文官金海一也. 然責之, 曰: "父子間書札, 豈可奪見乎?" 其人愧恧, 給書放釋. 鶴鳳收拾書卜, 忿痛啓程, 望見謫所, 痛哭而來, 詳告其無據狀, 公只付之一笑. 未久, 有進退擧首, 拜公知敦寧, 上以當此危疑, 不可遲滯, 急令上來, 家人持傳敎, 罔夜奔告. 公以爲聖敎, 雖如此, 不可傳廚乘馹, 以私行登程, 到某邑. 其營將以巡閱, 同日亦到其邑. 昏[115]後, 兵曹衆隷, 自京又急來, 大聲呼曰: "兵曹判書大監, 下處在何? 其間又爲兵判也." 一邑鼎沸, 營將聞此報, 卽來欲通謁, 下人輩相與目笑而無應之者. 營將彷徨門外之際, 李留守喜茂, 適過是邑, 亦爲拜公而來, 曾已聞鶴鳳事, 見營將來坐門外, 尤覺忿痛, 睨視發唾而已. 到夜深始罷歸, 營將猶夜坐門外, 不敢去, 李大叱曰: "汝何顔請謁? 眞蒙牛皮!" 使人驅逐之. 又曉頭更來門下, 而終無納刺, 只自發赤而歸. 此事傳播, 莫不唾[116]罵, 然或有問於公, 公秘而不露, 亦於仕路不枳, 人服其量. 營將眞所謂犬馬不如.

85.

讓寧隱于狂, 日以畋獵遊宴爲事; 孝寧逃于佛, 日以供佛慈悲爲事. 孝寧與僧徒, 素食斷飮, 齋沐淨衣, 方設無遮之際, 讓寧滿載獵獸, 大張妓樂而至, 孝寧跪告曰: "是佛家所忌, 行次紛撓, 祝手敢乞, 伏願俯此苦衷." 讓寧答曰: "生爲王兄, 一國奉之, 死爲佛兄, 十方[117]供之, 豈非樂事乎? 爛烹山猪頭, 新稻酒, 西王世界, 極樂世界, 未之有也." 『秋江冷話』有此語, 而不爲詳盡. 近時,[118] 『東圃

---

115) 昏: 저본에는 '爲'로 나와 있으나 나, 다본에 의거함.
116) 唾: 저본에는 '嚊'로 나와 있으나 다본에 의거함.
117) 方: 저본에는 '佛'로 나와 있으나 다본을 따름.

彙言』亦有之, 亦不如我聞. 命號至德之號, 豈不媲哉?

86.

閔老峯以大臣, 居三清洞, 季氏驪陽, 以提擧掌苑, 赴本署眨坐. 見盤果甚盛, 思伯氏不下箸, 命致之伯氏所, 蓋伯氏宅與苑署, 至近故也. 老峯亦見而悅之, 親手分給家人然後, 命囚苑吏, 吏告狀于驪陽, 驪陽皇恐. 且謁于伯氏, 請故, 答曰: "是體例間事." 驪陽曰: "兄弟間, 豈有體例乎?" 答曰: "我乃大臣, 盤果是掌苑提調之食. 坐公廨旣受盤果, 則無論下箸與否, 是提調之退物於公座, 豈可使公吏逡退物於相位耶? 何不思送于君家, 使私人送于我乎? 在私家, 雖食餘, 使小婢子相分無妨, 在公座不可如是. 是以, 囚吏也." 驪陽始服之, 曰: "罰已行矣, 請放釋!" 答曰: "此雖似微細, 以該署而啗退食, 於大臣無嚴極矣, 不可以兄弟間, 偶爾事置之." 翌日, 始釋之, 人稱其知體.

87.

閔趾齋, 剛直守法. 爲刑判時, 往妹氏洪參奉禹肇家, 趾齋素嗜酒, 妹氏進酒, 味極淸烈, 然酒肴只一沈菜. 趾齋飮而悅之, 曰: "以汝貧家, 如此旨酒, 何以得之?" 蓋昨是洪參奉大人晬日, 果釀酒, 又椎小犢, 而憚公守法, 不敢出肉, 只以酒進之. 心裏悵之, 答曰: "昨日尊舅晬辰, 故有小釀." 趾齋復索之, 曰: "必有餘瀝, 須出之!" 妹氏繼進之, 公尤喜, 曰: "眞所謂有酒無肴者." 妹氏見此, 思肉十分咨且, 仰請曰: "有一事, 可勿咎否?" 公曰: "第言之." 妹氏猶復慮

---

118) 近時: 다본에는 '近世'로 되어 있음.

之, 又咨且. 公半醉笑語曰:"有何事而如是多心? 佳肴須典釵速[119]
辦." 妹氏始告其由, 曰:"尊堂素知兄性剛, 故初不敢出肉矣." 公
曰:"催燒以來!" 妹氏大喜, 燒進之, 趾齋復以酒與肉, 爛熳飮喫.
妹氏當其起去, 牽衣更告曰:"願勿察察!" 趾齋笑之而已. 及出門,
命吏曰:"此家犯屠, 捉囚奴子." 妹氏無顔[120], 廢食涕泣. 洪大怒之
單奴見囚, 廿八兩贖錢, 無以備納, 趾齋以其驅價代之. 洪之大人
問曰:"兄不撓法可尙, 然何食而反禁?" 趾齋曰:"以至愛之情, 妹
旣勸之, 何可不食, 而旣入我耳, 亦豈可拘私耶? 若不言其由, 雖
全牛, 我可只啖而已, 何論之有?" 公之如此事甚多, 雖至親, 少不
饒[121]貸, 必自擔當. 以此, 亦不以非人情責之.

88.

李臺東彦, 侍肅廟, 見延齡君折受過, 則[122]陳之, 上曰:"閭閻匹
庶, 能爲子孫置産, 胡[123]爲使我子獨[124]飢耶?" 東彦進伏, 而誦'可憐
王孫泣路隅'之句, 曰:"此王孫, 豈爲無食而泣於路隅乎?" 玉色愕
然. 李初爲持平, 無別般出禁, 只令吏曰:"無使人犯禁." 閭巷人一
時盡去, 其東西郊所豎碑. 朝士於闕中, 不敢作前導聲, 獨兩司酸
聲高唱, 直到臺廳. 肅廟每聞是聲, 問:"誰也?" 若對以東彦, 蹙彩
眉, 曰:"今日更欲以何事苦我耶?" 其見憚可知. 不禁去墓碑, 雖古
之虎掌令, 決不如此.

---

119) 速: 다본에는 '連'으로 되어 있음.
120) 無顔: 저본에는 빠져 있으나 나, 다본에 의거하여 보충함.
121) 饒: 나본에는 '撓'로 되어 있음.
122) 則: 저본에는 '制'로 나와 있으나 다본을 따름.
123) 胡: 저본에는 '月'로 나와 있으나 나, 다본에 의거하여 바로잡음.
124) 獨: 나, 다본에는 '犯'으로 되어 있음.

89.

吾家有中廟鹿皮袴, 是命賜綾川先祖者, 尙今傳來. 袴長恰過三尺餘, 聖體之長大, 可以伏想. 今人則雖極長者, 無堪着者, 且皮厚而重, 殆近一負, 古之聖儉, 亦可知.

90.

纘新不待乙亥, 已在四武臣之中, 罪固罔赦. 然上以爲勳臣, 假之寵祿, 保全其性命. 及乙亥, 終伏誅, 年已九十. 後日, 朴靈城【文秀】語上前曰: "纘新固不足惜, 第已作家中枯骨, 何不使曲全終始?" 諸臣皆失色, 靈城蓋非爲纘新地也. 及退, 洪相鳳漢曰: "大監之言, 尙今心寒云云." 然當時亦不以護逆, 論之纘新之妻, 免收坐, 終身給料, 亦是一聖德事也.

91.

我東色目, 初有東西而已, 東人分爲北南. 有一人, 坐地甚[125]微, 及登第, 無色目歸屬處, 友人問之, 以書答曰: "投之有北, 有北不受, 欲歸于東, 東亦客也. 登彼西山, 我安適歸, 遂爲西人." 其文章見識如此, 故不拘地處, 歷敭華顯爲士類. 其子孫不思, 乃祖犯於凶論, 幾爲廢族, 可歎!

92.

肅考[126]愛延齡君最深, 當出閤, 令擇好家舍. 吾家入於擇中, 諸臣以龍池事體自別, 且門臨市廛, 將有後弊王子, 宜居深巷爲奏.

---

125) 甚: 다본에는 '寒'으로 되어 있음.
126) 肅考: 다본에는 '肅廟'로 되어 있음.

自別云者, 意指世稱有王氣之言也. 卽命移定他家, 非但爲吾家之幸, 昔之君臣間, 雖如此嫌疑之言, 告之無嫌.

93.

往時[127], 爲外任者, 爲添價之嫌, 不敢移家. 雖有壞處, 不敢修補, 遞任後五六年內, 不得買土地. 近世今月爲縣, 明月買大屋, 作新大屋, 買賣田土, 無難當者與見者, 作爲例事. 若見爲官而食貧者, 笑之, 曰: "是無才無用之人." 以此, 一爲小縣膏壤, 連項再經州郡, 疊置郊亭·江榭, 尤以第宅奢麗爲勝. 近來朝士家價, 雖蔭吏, 數[128]千金少[129]之矣.

94.

古制用板房, 雖宮嬪, 皆宿廳軒, 以此古之家舍, 多設樓與廳, 小作房堗. 老人外不敢處房, 房制亦狹窄, 以此曰柴小入. 近來雖小家專爲房, 無論老少, 皆入處, 房制皆廣濶, 故曰柴, 比古爲幾倍. 柴政隨以漸貴人家形勢, 尤以柴政益復艱難. 古人則以宿板房, 能耐寒, 肌膚堅强, 今人以宿暖堗, 筋脉虛[130]弱. 以堅强故, 寒暑無難, 飢飽亦無難, 自無疾病, 亦[131]能享年. 今人以筋力虛弱, 觸處生病, 自促其壽. 以此, 凡於做事, 古人則能堪耐做去, 今人多不能做得, 且[132]心性隨以變遷. 此專由豪奢自便之害, 洪範康寧之訓, 豈

---

127) 往時: 다본에는 '昔時'로 되어 있음.
128) 數: 저본에는 '若'으로 나와 있으나 나본을 따름.
129) 少: 이본에는 '小'로 되어 있음.
130) 虛: 이본에는 '濃'으로 되어 있음.
131) 亦: 나본에는 '復'로 되어 있음.
132) 且: 다본에는 '此'로 되어 있음.

不是哉? 在上之人如此, 故鄕谷[133]賤氓效之. 昔之用一房者, 今用三四房, 以其用柴之倍, 多其勞役[134]隨以倍之. 雖山峽擧皆赤濯, 至當春夏, 莎草根至梳拔, 取爐到處皆然. 故山坡童濯, 沙礫自汰, 川澤皆塞, 以其無草樹, 水根亦竭. 近來江漢, 若十餘日不雨, 船隻不得相通. 雖以畎畝言之, 昔時則山野常帶潤意, 故逢旱而尙有濕氣, 能免火災. 今則以山澤之皆涸, 一逢小旱, 被災倍前至, 若峽畓, 則昔日樹草茂盛, 故土性軟厚, 種粟倍出. 近則土性禿童, 風磨雨洗, 自爲瘦瘠, 得穀半減. 以此, 田畓無論, 山野比昔皆落下. 人不知其故, 輒罪歲責地, 且山野旣無木根, 擧皆沙汰, 故逢小雨, 川澤壅塞, 水災汎濫, 田土多傷. 以此, 小旱小雨, 輒爲大災, 頻年斂荒, 民[135]不聊生, 人心日漸無謂, 此專由於在上者奢侈之害也.

95.

國初古制, 自闕門外挾大路, 作長廊設板房, 使軍兵入處, 以守街路, 且習冷處, 此制廢之已久. 今之軍兵, 散居各處, 習宿溫堗, 若暴露一宿, 輒多生病, 脫有緩急, 將焉用哉?

96.

軍兵之就煖, 不習勞苦, 尤爲近來痼弊. 余則以爲, '各軍門大將, 日下房柴之法, 甚非矣.' 重器雖謀逆伏誅, 爲訓將時, 年已七十, 時當嚴冬, 猶能常宿板房. 余問: "以老人能無難乎?" 答曰: "以習熟故, 別無所難." 以此, 古人於板房, 自幼少宿之, 其無所難, 可

---

133) 鄕谷: 다본에는 '鄕曲'으로 되어 있음.
134) 役: 나. 다본에는 '力'으로 되어 있음.
135) 民: 나본에는 '或'으로 되어 있음.

知. 今大路邊, 行廊後之稱, 蓋以此.

97.

文武雖別, 文官之見侮, 已多. 至若朝廷上體統, 則自別, 而間或只恃文科, 妄作駭擧. 若逢武弁之律, 已不撓志[136], 據法以拑制, 論責備至逢敗, 種種貽笑, 頻頻至訟, 於上前擧皆狼狽. 是亦文臣可戒處也!

98.

余嘗以亞卿, 爲武所試官, 徐參判命九, 時以左尹, 同爲試官, 而朴纘新以崇品, 前任漢城[137]判尹, 爲上試. 徐台以纘新爲弁, 欲自爲上試, 纘新笑曰: "台今爲京兆亞堂, 我已經京兆判堂. 不必多言, 且試看, 吾與台之鬢邊圈子樣." 徐終不聽, 纘新疏白於上, 命罷徐台職.

99.

李相國㙔, 以亞卿來試座, 問余得二品年數, 余答曰: "在於台未登科之前." 李曰: "何如是蹭蹬耶? 旣有陞階, 前後自就爲末試, 未久爲大臣." 嘗逢余, 余進拜據地, 李只擧手而答, 是亦公體. 李語及前日試座事, 曰: "官路之不可知如此!" 徐台事, 尙今思之, 其不識體例, 令人帶笑. 吾輩中間, 以如此等事, 爲尊台輩, 見辱者有之, 其言甚異[138]矣.

---

136) 志: 저본에는 '者'로 나와 있으나 다본을 따름.
137) 漢城: 다본에는 '漢城府'로 되어 있음.
138) 異: 나본에는 '是'로 되어 있음.

100.

余以忠兵, 巡到忠州, 將拜林忠愍遺像. 第思所佩密匣, 乃御押, 林雖可敬之人, 乃我國臣子, 則不可以御押庭拜, 故辭置床上, 始拜於庭. 此事, 自未知如何也. 祠在猻川, 是公所居址, 子孫尙今居生. 身長短小, 貌甚瘦勁, 精神射人, 親拜遺祠, 令人倍覺千秋凜然. 蓋此祠文正私建, 爲鄕賢祠, 疎齋筵白賜額, 趾齋求得畫像, 奉安之. 蓋是西人之主張, 以此, 南少並與林公, 而不甚尊敬. 偏論之害, 至於如此耶!

101.

李白洲以騎郞, 佩御押出巡檢, 將往巡軍所, 路逢其大人月沙, 月沙下馬, 白洲解御押, 掛馬鞍而下馬, 可謂善處變矣.

102.

丁未, 余寓金郊驛村, 一日夕, 散步籬外田畔, 土肥沃. 村人金頤三者隨來, 余問以誰物, 答曰: "是吾丙子胡亂時, 祖父以總角, 避亂山中, 爲運粮下邨, 望見胡騎垂鞭而來, 有空馬隨之, 一人兩馬, 乃胡兵制也. 欲走則相逢於路中, 急無去處, 前有大川, 長橋橫亘, 走伏橋下. 有頃, 胡困睡而來, 僅到牛橋, 自橋下, 忽高聲急呼, 突出以杖打擊橋杠, 兩馬驚逸, 胡落橋絶項而斃, 以其馬歸山中. 亂定後, 賣此驛, 而俱駿驄, 故多捧價, 以買此田. 家計素貧, 自此好過, 至今世傳云." 聞者絶倒, 亦所謂福所湊也.

103.

端宗昇遐後, 李束皐朝天, 禮部問: "端宗何去?" 對曰: "爲尋建文皇帝, 乘彼白雲而去." 禮部不敢更問.

104.
我東衰服之制, 只行於父母喪, 其外皆廢之, 自東皐始服之, 人仍以遵行.

105.
草貢人, 每納馬草於太僕, 僕吏以衡稱捧, 例有卄銅情債矣. 某人爲提擧, 以爲旣稱捧, 則吏可無操縱之端, 乃命禁止衡子. 乃百斤大稱而擧手, 毫釐之間, 大有輕重, 吏自廢情債, 固無顔情, 高準稱納. 其所添加者, 不啻把束, 反爲十倍於前, 情債時, 貢人不敢堪支, 反依前復給, 吏不聽之. 貢人懇乞, 且定倍前給, 又厚餽酒肉, 其所費比前甲倍, 然貢人猶以爲幸. 以此推之, 下吏應食之物, 不可禁, 非徒無益, 而又害之.

106.
肅考年齡旣高之後, 始患痘疫, 顆粒極多, 自起臕, 日已合眼症候, 甚重甚重. 太醫柳瑺, 長在大內, 晝夜侍側, 頻瞻天顔, 仰譽聖候. 上委臥龍床, 嘗無端忽微笑, 瑺恐生別症, 仰白日伏見, 天顔有微笑色, 敢此仰問, 上曰: "今汝所問, 無或有慮而然乎? 固非以病而笑者, 勿慮也! 長臥牀褥, 目無外視, 消遣無路. 昔年時事, 自入細思, 適有堪笑者矣." 瑺爲暫聞玉音, 奏曰: "極知[139]猥惶, 第笑事, 切欲承聞." 始敎曰: "昔在先朝, 余年九歲入學, 趙復陽爲太學士,

---
139) 知: 다본에는 '至'로 되어 있음.

趙相愚爲將命, 余當往泮宮, 先王執余手, 申命曰: '多士叢中, 萬人延頸, 汝須十分收斂, 雖有可笑事, 勿輕啓齒, 無使失措!' 余銘心承敎, 乃詣泮宮, 行師弟禮, 始講『小學』. 而將命乃儒士中極望, 故人多注目, 將命亦自斂容飭躬, 巾衣鮮明, 所着靴子. 且大鹿皮新造者, 昌皮[140]厚重極高, 儒士不習靴, 難於屈伸, 行步極甚不便. 方挾冊趨蹌之際, 所鋪地衣, 乃新備滑席, 進到數步, 步滑失足, 大跌席上, 環顧衆眼, 驚板生惻, 蒼黃急起, 僅至半起, 更躓仆地, 擧措絶倒, 觀者莫不大笑. 太學士亦微哂, 余亦心中十分甚笑, 幾將啓齒, 而還念來時聖敎, 堅忍含畜, 終不開笑, 傍觀似有指謂童年夙成之意. 講罷, 先王爲速見[141], 開集春門還來, 僅入門內, 宿笑始發, 放心快笑. 先王自後苑, 望見館所, 念余行禮與否, 仍親自倚門, 見余入門大笑, 下問曰: '果無失措, 亦以何事, 如是發笑?' 聞命, 笑意漸加未暇, 仰對良久鎭靜, 始白其由, 先王拊背而敎曰: '雖使老成, 當之亦必笑矣.' 尋思其事, 不覺有笑耳." 以此一事, 聖考之歧嶷, 可知也. 鐺累朔侍湯寢食, 俱在御前, 如家人父子間. 嘗困[142]德伏睡, 大妃爲問上候, 臨幸宮人, 欲蹴起, 命使止之, 以御裘覆其背. 及睡覺, 大驚惶汗, 仍命服之. 上候及至無虞, 御用網巾, 仍懸金圈, 親手賜給, 使之着於御前, 又使卽席謝恩.

107.

頃年, 李果齋來寓家中, 與余校正『東儒師友錄』, 至佔畢齋本傳, 不覺慘切激慨, 掩卷廢其役. 余適有事入內, 而時値潦雨, 循簷而

---

140) 皮: 저본에는 '復'로 나와 있으나 나본에 의거함.
141) 爲速見: 다본에는 '速命'으로 되어 있음.
142) 困: 저본에는 '因'으로 나와 있으나 이본에 의거함.

步, 忽有休紙落在階上, 拾取詳見, 乃禁府[143]畢齋僇尸啓辭, 而字畫印跡, 宛如新書者. 時之相距累百年, 且累經兵火, 而尙今留在, 是異事. 設或留在, 乃公家文書, 又非汗漫者, 則在於私家, 亦意外. 雖或漏在私家, 如此等紙, 人輒見惡, 例皆卽去, 況有先生名字乎! 若自流在吾家, 豈可忍而存之? 吾亦曾未得見, 而且棄之地上乎! 心甚驚訝, 持視諸人, 亦莫知之也. 事之怪異如此, 且出現於立傳之日, 似若有使而然, 實多千歲[144]之感[145]. 果齋掩涕, 以其紙藏笥而歸.

108.

孝廟賓天, 自闕內, 大張神祀於東郊, 滿城奔波. 鄭公知和, 時爲大憲, 命禁吏曰:"某處, 今有神祀, 須捉來大巫, 如不能, 汝輩南走海北走胡然後, 可以得生. 若徥[146]捉來, 如小遲, 亦罪矣." 吏承命直往, 白幕連天, 環以日月屏, 中有御座, 設儀仗, 掖隸列侍, 凡百之盛, 不可勝言. 大巫方張事於其中, 勢莫敢下手, 吏相謂曰:"吾輩雖有後患, 今若不捉巫, 亦當死, 死則等耳[147], 宜可死吾職." 遂大喝一聲, 揮鞭超入, 打破神床, 縛大巫. 事出不意, 掖隸相顧嘿視, 不知所爲, 觀光者崩走如雷. 吏以巫來現, 公命逼跪於前, 數之曰:"老臣不忠, 龍髯莫攀, 每恨不得下從, 惟祈夢得, 侍耿光以承天語. 今聞汝能爲先王玉音, 汝若爲道, 前日對群臣所敎之語, 吾當敬而尊之, 拜手承聞矣." 巫戰慄, 僅聲曰:"何能爲玉音耶? 只願

---

143) 禁府: 다본에는 '禁府事'로 되어 있음.
144) 千歲: 나, 다본에는 '千載'로 되어 있음.
145) 感: 저본에는 '職'으로 나와 있으나 나, 다본에 의거함.
146) 徥: 가본에는 '後'로, 나, 다본에는 '復'로 되어 있음.
147) 耳: 다본에는 '矣'로 되어 있음.

小須臾活命." 公數之曰: "先王在天之靈, 若有下敎之語, 宜托於近密如吾之臣, 豈可假汝口乎?" 因殺之. 大妃震怒, 命殺公, 上只推考. 大妃尤怒止御膳, 上不得已命遞差. 臺諫無罪名而遞職, 則例不以已遞自處. 鄭伏閤仰請命, 遞以何事, 問之不已, 上悶苦, 曰: "卿豈不可揣知[148]耶? 何如是索問?" 過五日, 還復仍任. 上之待臺閣甚盛, 公之風力亦盛. 禁吏之能, 如視無人, 縛來大巫之狀, 可謂豪快萬萬.

109.

張判書鵬翼, 爲開良時, 申判府汝哲, 以訓將, 一日招, 謂公曰: "今夕, 吾當都巡邏, 汝須來待於六曹前通衢." 張不敢請由, 果往候. 時値月夜, 白幕高張, 軍校皆聚, 妓樂多在, 又於帳後盛辦酒饌. 公問故, 諸人答, "以日前使道, 以此分付, 而委折無所敎, 吾輩亦不知矣." 稍久, 燈燭煒煌, 判府果來, 下馬先問, 張某來待否, 公出待, 曰: "來已久矣." 判府引公, 坐於上座, 幕府之年位俱高者, 皆在下公, 猥不敢判府不許. 坐定, 命進杯盤, 歌舞奏樂, 酒闌數巡, 顧謂張曰: "今日之樂, 爲君而設矣. 非久, 君可坐吾座, 而第不能辦此事, 雖復欲爲之, 其時世道, 必將難爲, 後來無忘老夫此日之言." 仍復曰: "酒豐樂盛, 君可盡意, 取樂更鼓已深, 老夫難强此會, 專付於君, 君須自爲主人也." 起謂幕府諸人曰: "彼雖渺少, 他時代[149]吾者, 必此人也. 汝等須事以上將." 遂還家, 公承命, 達宵取樂, 心謂若當判府位, 此事豈可難辦? 後果爲訓將, 每思此事, 然國家多憂, 世道險巇, 終不得爲之.

---

148) 揣知: 다본에는 '自知'로 되어 있음.
149) 代: 나본에는 '繼'로, 다본에는 '强'으로 되어 있음.

110.

肅廟朝, 一道伯與帥臣, 廢歲饋, 退憂金相白上曰: "臣等雖無似道帥臣之無端廢歲問事, 關體例, 不可無責." 上敎曰: "宰相夙宵勤勞於內, 外官宜可歲時饋問, 以供其餞迎之資, 非但厚風, 是亦尊朝廷之意, 不可推考而止." 竝命罷職, 可想當時之氣像也. 近日則或請廢歲問, 而至若要路私饋, 復直滿馱厚載矣.

111.

皇朝革命後, 我使往燕, 例有賞銀, 最初使行者恥之, 渡江後棄之. 義州府府尹, 處之爲難, 送于監營, 監營不得自擅, 送于戶曹, 戶曹亦難於處置. 至於上達, 則朝家以爲本是使臣之物, 給使家, 還[150]爲使臣之用. 自後, 仍以爲例. 蔡湖洲嘗使燕, 及還渡江, 褊裨告以賞銀出給本府, 湖洲問: "何以出給?" 對以例規, 湖洲笑曰: "此實細人之事, 如鄙而欲棄, 直投之鴨水, 何必帶以越來?" 及到家, 令奴子得利斧, 擲厥銀於庭, 使片片斫碎, 或大或小, 或重或輕, 竝與沙礫而雜盛, 置在壁藏中. 無論親戚知舊, 若聞有婚喪難辨, 不計多少, 以手掬給之. 且逢酒客, 不稱斤兩, 多送酒家, 優辦酒肴, 必醉飽乃已, 如此無何而盡. 此近於滑稽, 而可想其氣岸也.

112.

昔[151]蔡湖洲, 嘗思酒不得, 欲沽無價, 出大提學官敎, 付婢子, 曰: "須以此典, 當得酒, 而第是重難文書, 必以善藏之意, 言及酒家!" 婢子果持往酒家, 酒媼見其紙厚字大, 且疑之, 曰: "何異於村

---

150) 還: 저본에는 '遵'으로 나와 있으나 나, 다본에 의거함.
151) 昔: 저본에는 빠져 있으나 다본에 의거하여 보충함.

二旬錄 355

人之文券耶?" 還復曰: "大臣宅文書, 當如是矣." 遂給酒以送, 其夫自外至, 見官敎在架上, 驚問曰: "此紙何爲來在耶?" 媼告其由曰: "是某宅和[152]名文書也." 其夫曰: "汝得大提學何處使喚乎?" 乃懷袖來, 納于公, 公笑曰: "近處酒家, 念吾之貧, 不許外上, 故果如此." 待其驅價厚償之.

113.

余嘗往申參判昉家, 內兄李司諫廷郁, 亦來坐. 俄有, 令亞銓, 口傳差出南中四守令之命, 申方爲吏參矣. 申顧座中, 曰: "可合人, 猝未記得, 須各薦某人!" 余與內兄, 俱有所答, 乃依吾兩人之薦而除之. 昔時無奔競, 可知.

114.

兵判, 雖主武弁之職, 兩局將臣以爲, '不可兵判不得除拜, 至若閫任, 尤然.' 以此, 每當都政, 問議於將任然後, 始行政統制使, 是廟薦. 然大臣不得任意, 必用訓將薦望, 若非訓將薦統[153]帥, 亦不敢下去. 蓋文宰未能詳知武弁, 而兩局將臣, 是武宗故也.

115.

李判書弘述, 爲訓將時, 重器以新除統相來謁, 公曰: "七百禁旅貧殘, 弓矢甚難, 須相助也." 重器到任後, 造黑角弓七百, 各給之, 每弓入四兩銅, 並輸京, 合費三千餘兩. 統營雖云腴闊, 昔時不敢違越, 將臣之言如此. 文衡之人, 若以書籍等事, 開口於道臣, 亦不

---

152) 和: 나본에는 '利'로 되어 있음.
153) 統: 저본에는 빠져 있으나 나, 다본에 의거하여 보충함.

敢不從, 如角弓事矣.

116.

金知敦相勛, 李參判重協, 金參判希魯, 徐判書宗伋, 洪參判重疇, 李左尹秉淵, 兪相國拓基, 嘗會余家, 與余伯氏團欒. 金知事先曰: "吾輩今此相好, 若登仕路爲外官, 每月各問此中八人, 不忘舊誼乎!" 諸人皆諾之. 後或登第[154], 或蔭仕, 皆通仕籍, 終身不廢月問之約. 古人之交道, 如此. 今人握手傾肝, 背面下石, 蓋古人自居家至治國, 皆以質朴做去, 旣尙質故, 自然有誠信, 有誠信故, 敬從而生, 自無其失. 今人非徒於朋友, 無誠信於國事, 專事外面姑息, 甚者於父兄亦有文具, 人心日漸浮薄無實, 可嘆!

117.

李參判重協, 爲萊伯, 捕一賊, 命施亂杖. 時單卷新書, 自倭中得來, 置案頭, 未及看, 適風吹卷開, 首字掛眼. 李仍轉看數行, 仍漸潛着頓忘鞫囚, 在庭執杖者, 以無停刑之命, 連施三十度, 罪人死已久矣. 蓋其賊未必當殺者, 且亂杖刑之最重者, 故極不過用十餘度. 褊裨怪其如此, 亟入立於前, 然尙潛着不知傍有人,[155] 褊裨噓聲而告曰: "罪人已斃." 李大驚曰: "君輩何不早提?" 仍復自嘆曰: "此是邊上重地, 不可久居." 卽辭於監司, 監司不許之, 李馳告其由, 曰: "若果不許, 吾當投印!" 監司不得已以病奏遞, 上怪之, 下詢大臣, 大臣書問于監司, 監司答其由甚詳. 大臣以其書奏之, 上

---

154) 登第: 다본에는 '登仕'로 되어 있음.
155) 褊裨怪其如此, 亟入立於前, 然尙潛着不知傍有人: 저본에는 빠져 있으나 나, 다본에 의거하여 보충함.

嘉獎, 曰: "疎忽雖欠, 自知其不能而卽歸者, 此世其誰? 且聞貧寒最甚, 甚可矜憐, 此眞經幄之臣." 後命除湖伯, 曰: "是內地也, 欲使小救其飢寒矣." 此亦未久辭歸.

118.

肅廟朝, 一內侍習御筆體, 文谷時以大臣, 招內侍, 伏於前, 問曰: "汝習御筆體云, 然否?" 對以偶然, 仍數責曰: "身爲宦侍, 敢效御墨耶?" 宦者惶汗, 謝罪以死哀乞, 金曰: "第姑赦之, 若不速改, 當置汝極典矣." 宦卽改字體, 過數日, 持現於金相, 而以金意未知如何, 戰慄立脚. 可謂得大臣之體, 而當時紀綱, 亦可知矣.

119.

孝廟在瀋舘時, 胡汗最忌, 必欲害之. 嘗出令獵於皇城北六百里之地, 卽日當還命朝鮮大君來會, 如失期, 獵行亦軍行, 當以軍律從事. 我馬無追及之勢, 事將罔測, 一舘上下, 只淚眼相對. 十選中, 如許礚・朴信元・趙驤三人, 相與私議, 告于孝廟曰: "小人當護[156]行, 願勿憂[157]!" 孝廟問: "有何策?" 對曰: "事不可漏泄, 不敢煩告, 但從小人而爲之." 當日初昏, 三人步從陪, 孝廟先發, 到皇都北三十里, 路傍林藪, 下馬休息. 三人相語曰: "此地可以試謀." 仍以不行, 夜半燈火點點, 三人望見, 曰: "是獵騎先鋒." 俄間, 果過前, 乃獵騎也. 繼有汗陣隨來, 胡人兵制, 不作隊伍, 以鋒同陣作行. 許・朴・趙三人, 潛伏路邊, 當其汗過, 忽奮身搹吭邊騎一胡, 摔下之, 以其搹吭, 故無聲卽斃, 諸胡不知之. 棄於林中, 取其馬, 請

---

156) 護: 나본에는 '奉'으로 되어 있음.
157) 憂: 다본에는 '壁'으로 되어 있음.

孝廟乘之, 趙驤執靮, 許·朴左右扶護, 追到獵場, 日猶未明. 汗問:
"朝鮮大君來乎?" 對以已待矣. 俄而日明, 軍中告一騎亡[158], 汗大驚
良久, 招[159]孝宗, 問之曰: "汝何爲無據事乎?" 孝宗知終不可諱, 三
人進對曰: "此[160]非大君之爲, 乃我輩事也." 汗曰: "獵畢當有處分,
姑退俟!" 死斃胡, 卽汗之愛壻也. 獵畢, 汗謂孝宗曰: "汝之勘罪,
當在還都後, 汝等來時, 旣不違令, 須落後還歸, 以見於皇都也."
又多賜獵獸而先去. 孝廟追後還歸在館, 諸人以不聞消息, 萬萬池
菀, 見一行無事還來, 相復迎喜, 復聞更有馬事, 還復罔措. 過二
日, 汗召孝宗及三人, 責之曰: "汝何殺人?" 三人對曰: "非我殺人,
陛下使之殺之." 汗曰: "何以云然?" 對曰: "陪臣之來, 國王以大君
泣托而送之, 誓欲忘身而護之矣. 陛下知我馬之決不能進去, 而有
此下令者, 必欲害我大君也. 若欲害之, 當宜光明, 豈以天子而行
此曲陷之事乎? 人臣各爲其主, 陪臣出萬死, 以救其急, 是陛下敎
之殺也." 汗默然良久, 顧命勿, 問於三人曰: "我馬何在?" 對曰: "在
我廐." 曰: "何不還之?" 對曰: "馬不如人, 人猶不問, 於一馬何有?
旣在我廐, 欲留用於他日如此危急之時矣." 汗笑而仍給之. 馬本內
廐之最良者, 汗以其愛壻之故, 命擇而給之. 世人只知有八壯士,
而八人外加選二人, 合爲十選. 此在壯士日記中, 其時保護聖躬之
功, 三人尤多. 許磁, 是選中人, 汗雖欲害孝廟, 心中一邊, 常奇之.
每於征伐畋獵, 必使隨行, 北過陰山, 西至蜀界, 南過桂嶺. 以此,
山川險易, 道路遠近, 雖生長中原之人, 無如孝廟之知也.

---

158) 亡: 가, 다본에는 '止'로 되어 있음.
159) 招: 다본에는 '把'로 되어 있음.
160) 此: 저본에는 빠져 있으나 다본에 의거하여 보충함.

120.

會寧府西四十里, 有豐下鎭, 乃山城也. 壓臨豆萬江, 與胡地只隔一帶水, 自古傳以徽欽所拘五國城, 乃此地也. 我國改稱雲頭城, 乃置僉使. 大抵地勢峻高, 間多巖險處, 因以不築其西, 北隅有一巖, 罅折其間, 相去不過席地, 兩壁如削, 下臨不測, 雖飛鳥如一墜, 不可更出. 傳說, 徽欽之被拘也, 宮女宦官, 多隨來, 不忍忿苦金胡之凌侮困辱, 多自投於此中, 宮人尤多. 壁間幽陰不明, 日色正午, 陽氣始照, 乃得見底, 殘骸[161]尙在, 慘不忍視. 徽欽則死後, 葬於府東十里地, 自雲頭嶺相距五十里也. 此地之古名, 未知何稱, 而以有皇帝塚, 仍爲地名, 以皇帝塚呼之. 所謂墳乃山足斷壟, 不如人塚樣, 周圓甚高大, 無階砌, 又無可標之物. 其後, 溯上下六十餘同岡, 而橫麓有纍纍衆塚, 遍滿山坡, 或半頹, 或過半頹, 或幾至陵夷. 大抵宛然者尙多, 此則當時侍臣之隨來死者, 皆葬, 此外[162]以當[163]時所用之物殉葬, 故於崩頹處, 刀子・火鐵等物, 尙今種種得之. 亦以侍臣塚稱之, 土人有計其塚數, 爲近百云. 豐下之爲五國城, 此地之爲皇帝塚, 雖無文蹟之可據者, 北方乃古金・元兩胡所居之地, 則似不異也. 此兩處, 余俱親見, 彷徨躑躅, 不覺傷心. 以堂堂萬乘天子, 至於此, 想像宋家時事, 起千載憤惋. 到其塚下, 徽欽雖不足敬待, 以偏邦之人, 心有所不安, 自不得背面而坐. 余之見此, 已近三十年, 侍臣塚, 想必又減於當時也. 江界廢四郡, 又傳有徽欽被拘處, 而不如此地之疑似可信.

---

161) 骸: 저본에는 '陰'으로 나와 있으나 나, 다본에 의거함.
162) 外: 나본에는 '各'으로 되어 있음.
163) 當: 이본에는 '常'으로 되어 있음.

121.

　我國文章, 以明·宣爲盛際, 蓀谷李達, 出於庶孼, 以詩鳴世, 尤長於七絶, 殆逼唐調. 與孤竹崔慶昌·叢桂子鄭之升, 並驅騷壇, 時人以三唐稱之. 蓀谷每欲一見金剛, 貧不能辦治行具, 常以爲恨. 適往友人家, 見輕裘掛壁, 駿馬立廐, 謂主人曰: "欲迎某人返魂, 而所着甚薄, 且無所騎, 專恃來." 請[164] 主人, 果許之. 蓀谷衣裘乘馬, 直出東城, 仍作金剛行, 題一絶, 曰: '乘君之馬衣君衣, 萬里湖山雪正飛. 怊悵此行無送別, 興仁門外故人稀.' 以詩書於東城, 謂城下人曰: "後日若有尋裘馬者, 以此指示." 其主怪其不還, 送人于其家, 則其家亦不知去處. 數日後, 聞出東城, 又尋之, 只有此詩. 遍踏諸勝, 累月而歸, 裘已弊, 馬則瘦矣. 嘗過大丘, 有房妓, 妓出外而有愁色, 蓀谷問其由, 對曰: "京商方來, 多有錦緞, 吾以詩翁之故, 不得買衣矣." 蓀谷笑曰[165]: "價有幾何, 則能可取之?" 妓嘲對, 何作多事問, 蓀谷解妓裙書之, 曰: '商胡賣錦江南市, 朝日照之生紫烟. 佳人欲買作裙帶, 手探粧奩無直錢.' 給妓, 曰: "汝須着此裙, 入視監司." 妓依其言, 監司見知蓀谷之過, 果優給裙價, 妓喜之曰: "始知一字千金也." 遂買錦衣之.

122.

　朴燁十年西伯, 專事威猛, 每坐練光亭, 辟除大同江越岸行人, 故沿江十里林藪, 人不敢騎馬. 嘗一人獨犯之, 燁大怒捉來, 數之曰: "汝以何大膽敢犯吾座前乎?" 其人謝曰: "鄕谷寒士, 不識事體, 有此得罪, 恭俟笞撻, 第粗解文字, 願以詩句自贖." 燁呼韻, 卽應

---

164) 請: 저본에는 '謂'로 나와 있으나 이본에 의거함.
165) 笑曰: 나본에는 '問'으로 되어 있음.

聲曰: '百尺高樓送目遙, 中原王氣日蕭蕭. 書生白髮心猶壯, 落照江天倚大刀.' 時淸胡作亂瀋遼之間, 故以此賦之矣. 燁見此稱贊, 急令賜冠上坐, 使妓進酒, 其人作色, 曰: "男兒豈以碌碌小盃飮之?" 燁更令以大碗, 又辭曰: "尊公以此爲大也耶?" 燁曰: "何如盃始可稱之?" 答曰: "數盃器, 稍可近之." 燁壯而怪之, 命鎔東海滿酌紅霞[166]以進, 始喜曰: "此器始可僅稱耳." 舉手欲飮, 還復停之, 曰: "酒禮不當如是, 豈有主人不酌而使客獨飮乎?" 燁亦巨量, 若不飮, 慮見凌, 引以先飮. 及至半傾, 酒器上邊, 已過額上, 遮面不見外, 其人潛起出外, 策馬而走, 燁旣無分付, 故下人不得挽止. 一器盡飮之間, 自然移時, 飮畢見之, 已無蹤跡. 燁自歎曰: "彼不飮, 而使我獨飮, 是罰我也. 我國之人, 決無簸弄我如此, 此必淸人也."

123.

燁嘗坐練光亭, 忽有偉然[167]一男子, 弊袍破笠, 不爲納刺, 不知自何來, 已上欄軒. 下人驚惶, 欲就執, 燁命止之, 相揖而坐, 以賓主禮, 其人曰: "欲請借銀子, 許之不?" 燁問曰: "當用幾數?" 答曰: "三萬兩矣." 燁不問其人名姓·居住·還報期限, 命褊裨出給, 其人告辭, 卽受去, 褊裨怪之. 明年其日, 果以銀子來報, 別無他語, 燁亦無所言, 褊裨怪問其由, 燁不答, 曰: "此非君輩可知之事." 此事極怪. 蓋燁在西關, 如此事甚多. 燁於昏朝, 罪犯甚多, 改玉後, 卽爲伏誅. 雖不足惜, 第其威明如神, 十年在西, 習知邊事, 不愛銀貨, 縱反間遼瀋間事, 無不知之. 淸胡最忌畏之, 及聞死, 拊掌相賀, 始釋憂. 後於丙丁, 龍馬兩胡, 還歸到義州, 謂我人曰: "朴燁若

---

166) 紅霞: 나, 다본에는 '紅露'로 되어 있음.
167) 偉然: 저본에는 빠져 있으나 나, 다본에 의거하여 보충함.

在, 我不敢來矣." 其見憚若玆. 燁生祠, 尚在平壤, 西人甚敬奉之, 亦有畫像, 爲人短小, 眼彩閃閃, 精神射人, 故人不得對立直視之.

124.

李貞翼以捕將, 嘗過六曹前, 見有二人坐於街邊假家, 命使捉囚. 及還家捉入, 無他語, 只曰: "焉敢入我國?" 一漢甚哀乞, 一漢頗有憤色. 公先殺其憤色者, 解縱其一漢, 曰: "歸告我狀!" 人問: "胡倭間是何人, 何不竝殺?" 公不答其詳. 後始告曰: "果是倭人之爲偵探而來者, 若竝殺之, 彼當不知我在故, 故縱而使歸, 告其國矣." 又問: "何以知其爲倭人?" 答曰: "此非人人所可知者."

125.

孝廟每對李貞翼, 有日暮道遠之嘆, 嘗敎曰: "卿爲訓將已久, 能令軍心, 當從水火乎?" 對曰: "未能自知." 更敎曰: "試之!" 貞翼承命而退後, 於露梁月操揮旗向江, 一軍皆赴水, 又旋吹唐把歌鳴鼓, 北向直指京都, 先鋒已到崇禮門, 滿城大驚. 始鳴金罷陣, 仍爲入來, 待命於金吾, 上敎以吾有所敎, 勿爲待命. 公之得軍心, 其號令之嚴明, 君臣間相恃之盛, 可見矣.

126.

金參議濟濂, 初配富寧靑巖, 復置極律. 世良之子, 以金吾郎, 自請監刑之行殺之, 其日卽還鏡城, 大張妓樂邀兵使. 兵使卽金洙也, 托病不往, 世良子疑有厚於金, 固請之, 終不往. 褊裨入告曰: "禍甚可畏." 答曰: "吾於彼素無面分, 且其罪之有無, 固不可論, 而但是日就[168]自殺人, 又作宴遊, 甚非仁人事矣." 問者亦還愧之.

127.

朴判書信圭, 語人曰: "世之居官者, 無不見欺於下吏, 而吾則非但略有聰明, 以威猛束吏, 故吏亦畏戢, 常以不見欺自處矣. 曾接湖南一營吏, 自其入仕, 無得罪云, 余問: '汝何以能如是?' 吏曰: '平生以無自欺爲工, 雖尋常休紙無一片隱置, 以此而然矣.' 曰: '生計果何如?' 吏曰: '應食朔料外, 更無一物得用, 故長飢耳.' 曰: '雖欲盜財, 才不足而不能也.' 吏曰: '以勿欺爲工而然, 若欲欺之, 豈難乎?' 余欲各試, 吾與吏自恃之才, 因令曰: '自明朝限定三十日, 勿論某事, 須作欺.' 吏應諾而退. 自此, 余別加深察, 每夕心自謂, '今日不見欺.' 至限日, 招問曰: '汝何不如言?' 吏曰: '一自分付之後, 倍前詳察, 故不得作欺, 死罪死罪.' 余曰: '所告果然矣. 若更定三十日, 汝能行之乎?' 吏曰: '當行矣.' 余復許之, 一如前者之不見欺, 每自知矣. 限滿, 又招問曰: '限日已過, 奈何?' 吏曰: '自改定之後, 尤加詳察, 故終不敢有試, 然若復又定三十日, 庶可行矣.' 余笑曰: '若過三不欺[169], 汝當受罪, 我若被欺, 當重賞汝.' 吏唯唯而去. 自三定之後, 每自誇吾聰明, 只負自恃, 惟俟期日. 及到二十七日, 一吏入告, 靈巖郡守報狀曰: '使關內本郡營吏某名人, 立仕多年, 以勿欺官家爲心, 家甚貧窮, 然不改其操, 誠爲可嘉. 方欲施賞, 而聞渠以本邑之人, 無家舍云, 瓦家十五間造[170]給, 是乎矣! 鐵物役粮凡百, 以營穀會減, 一屋內外壁, 亦皆塗排, 俾極明潔. 待畢役, 使渠入處後, 形止卽爲牒報, 原關還上事敎, 是故今始畢役. 渠亦入處, 故依關辭, 幷原關牒報云云.' 余急取見之, 果吾手決印迹,

---

168) 就: 나본에는 '親'으로 되어 있음.
169) 不欺: 나, 다본에는 '期'로 되어 있음.
170) 造: 다본에는 '遣'으로 되어 있음.

亦無可疑. 關子日子, 乃初定翌日也. 余招[171]問: '翌日何時能行此關?' 對曰: '翌日朝前矣.' 余曰: '願聞行計妙術.' 吏曰: '詳察然後, 始乃行之. 若有忽忙底意, 人心自然不靜, 終至有不省之擧. 使道時有入內酬應之事, 且有出外待客之事, 事機甚忽忙紛擾, 故乘此時, 冒萬死, 混入他文書入之, 而且瞻使道眼睛, 遊外之際亦入之. 旣有忽忙底意, 且復游目, 故未及詳察. 竝爲手決, 手決之後, 踏印尤易事, 故如此行之矣.' 余曰: '何作過濫如此?' 吏曰: '小人本無家舍, 而旣有下敎, 故乘此好機會.' 余問: '旣卽行計, 何不卽告, 累次退限?' 吏曰: '旣作家舍, 故待其畢役, 欲使本郡而告之, 故如是矣.' 余旣以重賞爲約, 則言不可食, 復給十石白米." 以此觀之, 世之不欺於吏者, 其或有之不?

128.

昔年, 諸名官會酒席, 座中曰: "酒不可無令." 卽出令, 曰: "以『詩經』一句, 繼以五絶一隻, 終之以藥名, 而以『詩經』之韻, 同於藥名之末字然後, 可用. 又以遲速巧拙, 判勝負, 負者不許酒." 林滄溪泳曰: '羔羊之皮經歲, 又經年陳皮.' 趙副學持謙曰: '野有蔓草先遣, 小姑嘗甘草.' 申平川琓曰: '習習谷風日暮, 掩柴扉防風.' 吳尙書道一曰: '之子于歸山中, 酒應熟當歸.' 韓執義泰東曰: '他山之石江南, 雨初歇滑石.' 朴參議泰遜曰: '山有葛白日來, 照之乾葛.' 無一不及, 若宿構者然. 後余與尹尙書憲柱, 同往北關, 語此事, 尹始聞爲奇, 卽繼曰: '何草不黃八月, 邊風高大黃.' 座中服其神速, 且時當八月, 地又六鎭, 卽景爲句, 尤着題矣.

---

171) 招: 다본에는 '把'로 되어 있음.

129.

趙公國群[172]在湖中, 與李白軒爲友壻, 作書於白軒曰: "近來多選南臺云, 兄旣居要地, 何不爲弟圖得一窠耶? 另加經營, 以爲必得之地, 如何南臺? 如不得, 則靑粧曆一件得送, 可也." 蓋其氣宇軒昂, 不與世相合, 譏笑當時南臺之意也. 後爲蔭官, 淸國一統, 使行北發, 搢紳送于西郊, 以微官參於末席. 座中出韻, 姑未有成, 獨先書曰: '萬曆年間瀛海公, 當時書狀屬時隆. 歸來細說中原事, 少小仍聞上國風. 城郭人民華表柱, 衣冠文物大明宮. 行行所見今何似, 君欲無言我欲聾.' 座中閣筆.

130.

趙參議龜錫, 徐判書必遠, 竹馬相好, 同入翰苑, 趙爲上番, 徐爲下番[173]. 翰苑上番之侵譃下番, 雖是古風, 趙之侵徐, 實多難堪, 徐不勝苦, 作詩曰: '今年厄會最難言, 偶與邯鄲【姓趙】作上番. 荒手過時藏[174]筆盡, 亂髥掀處雜談繁. 形容醜惡看如鬼, 胸腹脹膨望似豚. 可憐密山【趙妻密山君女】纖弱女, 一生相對奈煩寃.' 進呈于上番, 趙大怒, 伏徐於數時暴陽下, 始責之曰: "豈有如許事體乎?" 徐曰: "一時妄作, 知罪知罪!" 趙曰: "詩語無非可痛, 而其中辱說, 尤極駭痛." 徐曰: "元無辱說, 何以爲敎也?" 趙曰: "望似豚三字, 豈非辱之甚者乎?" 徐曰: "以愚意思之, 此非辱也. 曾拜于尊丈前, 語到上番, 每稱豚兒. 以此, 當知上番之豚字, 果爲當時稱號也." 趙聞此言, 尤益忿痛, 而亦無奈何, 還復溫言, 曰: "從今吾當更不侵譃,

---

172) 群: 저본에는 공백으로 나와 있으나 가, 나본에 의거하여 보충함.
173) 下番: 다본에는 '番者'로 되어 있음.
174) 藏: 다본에는 '作'으로 되어 있음.

詩可勿傳於人乎!" 徐曰: "作詩已極未安, 亦[175]蒙赦罪, 安敢傳播?" 趙復申申言之, 徐對以如約, 卽歸番次, 書數本, 潛通于儕類, 一時大播, 趙益忿然, 亦復奈何. 蓋各司俱有古風之例, 而銀臺·翰苑·金吾·宣傳廳, 尤最者, 故古時多有如此, 可笑可聞之事. 近時則人輒怒之, 故擧皆不爲, 古風之廢已久矣.

131.

胡差穆克登, 以白頭山定界事, 自平安道出來, 路由三甲, 與我人會于茂山. 將同入白頭山, 而又與後春胡, 有相議事, 別定筆帖式一人送之, 使之來待於會寧. 蓋後春胡落在慶源越邊也. 筆帖式, 彼國官名, 掌文簿者也. 筆胡自茂山, 率從胡二名, 來到會寧, 入客舍, 所設屛風, 面紙所書, 盡尊崇皇明醜辱淸國之詩也. 筆胡大怒, 曰: "使此屛觀我者, 是故辱我, 當膽去." 急索紙筆, 我國欲行貸[176]圖之, 過[177]銀數萬兩, 而不許之, 監司以下, 罔知所措, 但不給紙筆而已. 筆胡尤怒, 曰: "何必膽之? 明朝直當載去!" 手握大刀, 怒氣勃勃, 飭兩從胡曰: "汝等宿於窓前, 而勿一時同睡, 互相遞守." 渠亦不脫衣帶, 明燭而坐, 若時時德睡, 驚惕擡眼, 先顧其屛, 呼從胡, 問其遞守[178], 復勵握劍柄. 事將不測, 座首吳廷虎曰: "國事至此, 何畏死? 當圖之." 人問其策, 答曰: "第觀之." 三胡累日險路驅馳, 今見忿事久[179]食不甘, 茶果等節, 又皆廢却不受, 以此, 其困尤甚. 初雖相遞, 夜幾將半, 則漸頻俱睡, 吳弁乘此時, 脫衣

---

175) 亦: 다본에는 '又'로 되어 있음.
176) 貸: 다본에는 '貨'로 되어 있음.
177) 過: 나. 다본에는 '至'로 되어 있음.
178) 守: 나. 다본에는 '睡'로 되어 있음.
179) 久: 나본에는 '夕'으로 되어 있음.

袴, 赤身潛入胡房. 房是半間狹房, 當初此屛爲設此而造, 故間數
轉曲如納鞘者. 且累重鋪席, 掩其屛足, 胡卜又倚屛而積, 筆胡坐
於其下, 事勢甚難. 然盡移胡卜, 捲三面席端, 遂拔出其屛, 更以他
屛, 依前排設而出, 方出戶外, 胡睡覺大驚, 然嘿無一言, 只自咄咄
而已. 翌日朝, 但[180]數從胡之一時同睡, 以皮鞭俱猛打之, 無片辭
到失屛, 亦於我無索屛之事, 盤果等物, 亦依前例受之. 蓋知我人
當抵死不給, 旣失之後, 作無益不可, 故以此而然也. 彼人處事之
大如是, 若使其屛入彼國, 其挑怒貽禍, 當復如何? 吳弁事無異,
蹈刃憑虎, 一入已難, 況再入如前設屛耶? 其膽畧無懼, 在古無儔.
余莅北營, 吳弁尙在, 年已過九十, 爲人短小磅礴, 氣貌勁悍. 其時
朝家賜爵, 而亦不受, 吳弁可謂難哉!

132.

余從弟紀仲【常默】, 早孤, 及成長, 嘗見其內子有不遜語, 紀仲自
責曰: "吾早孤不學, 不能見重於妻孥. 然君旣有失, 不可無罰!" 施
撻楚, 卽日請學於黎湖. 黎湖素不輕許人執贄, 紀仲泣不去, 黎湖
嘉其誠, 許之. 先受『小學』書, 家甚貧, 只有一間房, 冬不炊冰片滿
壁, 終日凡坐, 夜亦不寐. 如此讀『小學』, 十年如一日, 始能見重於
士類, 來頭造詣, 將未知如何. 蓋其奮勵刻苦, 則可尙矣.

133.

昔時, 華使之往來也, 多遊賞山川, 每與人酬唱, 以强韻及難對
等[181]語爲勝事. 國家選文士, 豫候之義州, 以接其事, 只[182]爲從事

---

180) 但: 가본에는 '催'로 되어 있음.
181) 等: 저본에는 빠져 있으나 나본에 의거하여 보충함.

官. 朱天使之蕃, 嘗游漢川亭, 許筠時爲從事官, 自漢以下, 有兩水合襟, 朱使以'二水分爲坎'爲句, 使之聯和, 必得字對然後, 可以用之, 而卦對尤難. 筠未能卽對, 罷宴歸家, 廢食思索, 終無好對, 心裏愁悶, 蘭雪問曰: "今日有何詩篇, 而兄何故帶悶耶?" 答以故, 蘭雪曰: "彼詩云何?" 筠曰: "阿妹雖粗解文字, 吾所不能者, 君何能之? 方寸撩亂, 勿復多言." 蘭雪曰: "雖不敢得聯, 第本詩何可不聞乎?" 强問不已, 筠始言之, 蘭雪曰: "對語甚非難, 內隻旣用水, 則宜可以山對之, 何不如此思得? 吾在閨中, 此亭眼界不能知之, 入望諸山, 須歷歷詳道." 筠曰: "遠近層巒中仁王·白岳·木覓, 此三山相距, 均適如畫裏景也." 卽曰: '三山斷作坤如何.' 驚嘆不已, 卽以此酬之, 華使大奇之. 後知蘭雪所賦, 尤加稱賞. 以此, 『蘭雪集』, 朱使序之, 華文之弁卷於偏邦女人文集, 罕有之事也.

134.

梁君益標, 是大俠也. 嘗路逢一倅, 梁醉批其頰, 倅大怒捉致數之, 卽納供, 曰: "天子腹上, 尙加子陵之足; 太守鬢邊, 何妨壯士之拳?" 知其爲梁釋之. 又嘗夜過通衢, 爲休息入假家, 下見僵尸在傍, 驚欲還起之際, 爲巡卒所捉, 巡卒竝其尸, 告于秋曹. 秋曹以梁爲元犯, 將成獄, 自明無地, 納供曰: "殺義帝於江中, 江中奚罪?" 亦以此免. 後於辛壬士禍, 死之.

135.

李永哲, 閭巷人, 家甚貧窶, 其妻嘗謂, "男兒宜有資身之策, 何

---

182) 只: 나본에는 '號'로 되어 있음.

可拱手乎?" 答曰: "手裏無物, 奈何?" 妻曰: "若有錢, 能有試否?" 答曰: "雖有錢, 當今無息利之事." 妻嘆曰: "主君如此無復可望, 吾可自試." 遂賣家得三百金, 謂其夫曰: "當今藥局草材中至賤者, 知[183]來." 其時澤瀉最賤, 一斤價爲二文, 若二斤爲三文, 四斤則爲五文. 以此歸言, 妻募得十餘人, 善饋[184]給雇, 分送諸局, 竝貿取, 局人以至賤, 無難傾局, 如此數日, 所儲蕩然. 數日後, 更使往他局, 佯爲欲買[185]狀, 以無儲價甚[186]高, 一斤之直爲八九文, 遂以六七文還, 後[187]少出, 局人[188]貪數三文利, 爭取之. 又過數日, 復欲買之, 諸局旣以六七文得買[189], 故以一錢許[190]出之, 遂以此直盡取之. 各局又極貴持厚價, 不能得五六日之間, 一斤之價, 爲二十文之登, 復以每斤直十文餘, 略復出之, 局人爭取之. 又五六日盡, 復取之, 每間以數日, 或五六日[191]換面送, 人多入少出, 價直日高. 一月之間, 遂至一斤爲五十文, 始宣言於諸局曰: "某處鄕局, 方用此材, 不計價直, 欲多取矣." 復以數十兩銅, 佯示急求狀, 各局無一斤儲置者, 故見價皆流涎, 曰: "當此之際, 若得此材, 可售倍蓰之利." 甚苦待之, 始遂大散貿置[192]者, 以三四十文出之, 局人喜其絶種之餘, 且爲鄕局之渴, 求竝取之然後, 無更求者. 始知見欺, 亦無奈何. 一月之間, 得利數十倍, 還退其家, 平生好過. 此事, 可入於「貨殖傳」.

---

183) 知: 다본에는 '至'로 되어 있음.
184) 饋: 다본에는 '餘'으로 되어 있음.
185) 買: 나, 다본에는 '貿'로 되어 있음.
186) 甚: 이본에는 '以'로 되어 있음.
187) 後: 이본에는 '復'로 되어 있음.
188) 人: 저본에는 빠져 있으나 나본에 의거하여 보충함.
189) 買: 다본에는 '賣'로 되어 있음.
190) 許: 나본에는 '餘'로 되어 있음.
191) 日: 다본에는 '間'으로 되어 있음.
192) 置: 저본에는 '罟'로 나와 있으나 이본에 의거함.

136.

趙正泰相, 漢原府院君之孫. 嘗往關王廟, 右手拔靑龍刀, 揮擲左右, 擊刺上下無難然, 謂人曰: "關公之力, 當倍我矣. 吾亦運用, 雖容易, 猶覺手中有物, 若關公頓忘有執然後, 常日始可長用. 以此, 知其倍我也." 其力亦可謂殆近關公矣. 嘗來余家, 適廳有樻木冊床, 長五尺, 厚二寸, 廣亦闊, 上積綱目·節酌·通編各一秩, 及數十卷雜冊, 高過丈餘. 而所置之處, 甚不便, 故欲移之, 而方難於運移矣, 趙見而運置無難. 余家有大鐵硏尾, 以夗擲庭前十間外墻壁, 墻穿爲孔. 本家[193]有魍魎, 正在家不敢現, 若離家復大肆. 嘗欲試之, 瞞家人以出外, 經宿夜深, 潛歸舍廊, 魍魎亦如前者之爲, 人皆怪之. 未久, 一日初昏, 臨軒放溺, 忽自後有物, 摧之仆於地, 傷面部, 自知氣衰, 曰: "吾將死矣!" 其年果逝, 年二十九, 國家將擬大用, 未及之. 本房卽余眞外家, 以此詳知.

137.

南原湖南大治, 而還穀有數千石逋欠, 無面吏身死已久, 以此, 仍作弊邑, 人皆厭避. 呂坡州[194]翼[195]齊, 欲自任, 吏判方難, 人聞而喜之, 卽擬除, 人問: "何自求弊邑?" 答曰: "非久當爲完邑." 人疑其易言之. 赴任路, 歷見監司, 曰: "自願任此者, 妄欲有試耳. 然有奉約然後, 可以試之." 監司曰: "何事?" 答曰: "當有毁言, 日至限以三朔, 一日雖十聞, 置而不論, 若過此限, 而不能祛弊, 始責之." 監司曰: "諾." 到[196]衙, 閉門深坐, 不見一吏, 無或出治, 人莫知其由. 過

---

193) 家: 나본에는 '房'으로 되어 있음.
194) 州: 저본에는 '刑'으로 나와 있으나 이본에 의거하여 바로잡음.
195) 翼: 저본에는 '翌'으로 나와 있으나 다본에 의거함.

五日, 招刑房吏, 以十卷紙四折爲冊子, 捉入無面吏子, 曰:"汝父旣死, 逋欠汝宜盡納供!"曰:"累千石, 雖富漢固難猝辦, 況此貧殘, 何能盡納乎?"刑吏[197]亦以分付爲意外言矣. 更命曰:"然則告汝一族."吏子卽告數人, 命書其姓名居住於冊中, 捉入其數人, 被告者使之備納, 其人亦以難辦爲辭. 更命告其一族, 又書於冊, 又招捉如前者爲, 亦如前人稱寃. 又使現告一族, 日日如此爲事, 初自親族轉轉相告, 遂及連査, 復及於査之査, 闔境殆無遺漏, 十束紙已滿. 始計數分定, 則一人所納, 不過數升. 隨其面里出牌, 定日如捧還者, 初雖稱寃. 蓋南土穀賤[198], 且入官爭升米, 還甚有弊, 皆爲卽納, 數月之內, 果爲完邑. 遂投印而歸, 曰:"自願來此者, 良爲祛弊, 而能[199]事畢矣."過辭監司, 輩語果多, 而以有約, 故雖不論責, 而心固疑之, 始知其事. 自此, 尤稱以能吏, 累經爲[200]牧, 多有如此事.

138.

順興浮石寺, 有枯筇, 植於簷楹地上, 傳以新羅義相祖師, 創建此寺, 移去華山時, 留錫於所居室前, 卽是物也. 已過千年, 不朽不顚, 忽花開葉生, 以其上有簷楹. 不被雨露, 且不漸長, 花葉一開不落, 僧徒奉若神明, 名曰'仙飛花'. 遠近奔波, 莫不崇奉, 退溪有咏此花詩. 朴臺弘儁, 居在境內, 少時讀書其寺, 僧徒盛[201]稱花之神異, 曰:"一蘂一葉, 若敢凌侮, 罪必立至." 朴臺痛卞其妄惑, 僧徒

---

196) 到: 다본에는 '至'로 되어 있음.
197) 刑吏: 다본에는 '小人'으로 되어 있음.
198) 穀賤: 가본에는 '壽域'으로 되어 있음.
199) 能: 가본에는 '斷'으로 되어 있음.
200) 爲: 다본에는 '州'로 되어 있음.
201) 盛: 저본에는 빠져 있으나 다본에 의거하여 보충함.

固爭之, 朴臺遂折取一枝, 歸視諸僧, 曰:"汝盛稱[202]花之能降禍福, 而吾今折之, 禍福將如何?"僧徒大驚, 脫其衣冠, 縛其手足, 往告監營, 請殺以報之, 監司曰:"花如有靈, 禍福宜可立至, 而彼已折之累日, 尙今不死, 其異安在? 汝雖不殺, 花必殺之, 以好生慈悲, 故[203]爲作此." 遂解朴臺, 升堂賜坐, 戒之曰:"少年氣槩可尙, 然彼[204]旣崇奉, 何必强折?" 朴臺雖幸得生, 衣冠見奪, 且無歸資, 監司備以送之. 後果登第, 以直截稱, 監司乃渼湖兪相也.

139.

海州一士夫家, 富饒豪强, 嘗與神光寺僧有相較, 蓋曲在上. 一日, 火賊入其家, 別無偸物, 只僧弁四件, 落在外庭. 其家曰:"是神光寺僧仇我而然也." 持其弁, 告官嚴覈, 而僧徒終不服. 然旣見執[205]贓, 自明無路, 前後獄官見弁, 皆痛治徑斃者, 已多. 仍作疑獄, 神光自此爲廢寺矣. 李某當其獄, 不閱獄案, 先坼弁縫, 比見布品精粗, 及長短廣狹, 則皆從一端裁出無參差者. 直問其家首婢曰:"若有隱情, 汝當死." 果自服其上典之罪, 僧徒始得洗寃. 人問:"何以知其事? 婢子何以先問?" 答曰:"諸僧似無一時以一端布同品造弁之理, 故知之. 且造弁事, 是秘密者, 必從內間, 而女婢似先知之故耳." 人服其神明.

---

202) 稱: 다본에는 '道'로 되어 있음.
203) 故: 저본에는 '胡'로 나와 있으나 다본에 의거함.
204) 彼: 저본에는 '後'로 나와 있으나 이본에 의거함.
205) 執: 저본에는 '軌'로 나와 있으나 이본에 의거함.

140.

明陵國恤時, 下磚石, 自江華渡海, 入浦口. 未及解陸, 船忽致敗, 潮至則水沒, 潮退則雖露視, 然浦土泥濘軟陷, 若欲動之, 尤漸陷溺, 無曳出之道. 因山已迫, 事將罔措, 以大船乘潮入浦, 泛立於石在處. 及潮退, 船之下板, 自接於石上, 始網羅石之左右, 仍繫網端於船之左右. 復潮至丈[206]餘, 船始微動, 潮幾數丈, 果佩石浮出, 遂曳泊土堅處, 潮退後運出, 克完陵役. 蓋此石以僧軍一千五百名用曳, 而今以一船之力, 能爲引出, 可知舟力之壯. 其時任事者, 亦可謂善計人.

141.

延安南池, 蓮荷之盛, 名於國內. 有一倅, 當花開, 奉大夫人, 玩賞遊宴於池邊. 適又其時, 南中一守, 與栗木敬差官素善, 差官求女色, 而邑無妓, 代以衙婢出送薦枕. 一臺聞而駭, 兩倅事將欲並駁, 而與南參判[207]老星, 素善且同里, 兩倅之子, 請於南使挽止. 南卽邀其臺, 使兩倅子入避夾室, 問于臺曰: "近日欲論何事?" 答曰: "有兩倅事, 而姑未詣臺, 然袖裏之文已具." 南問: "何事?" 其臺具陳兩事, 曰: "延倅大夫人之爲賞蓮於大路邊, 南倅之昏夜送衙婢於別星房, 俱不可不論." 南曰: "果然則大不可, 決不可已. 然此是必無之理, 雖有之, 亦何可論乎?" 其臺怪, 請其故, 南曰: "以延[208]安事言之, 延安之老母, 若爲常漢, 則此乃大變, 而今不過只爲賞蓮云爾, 則豈有以女交女之理乎? 雖或交之不過, 彼此女人相合, 何

---

206) 丈: 저본에는 '使'로 나와 있으나 나본에 의거함.
207) 南參判: 다본에는 '南台'로 되어 있음.
208) 延: 저본에는 '進'으로 나와 있으나 이본에 의거하여 바로잡음.

論啓之有? 以南邑言之, 若以其母親出送, 則此亦大變, 而今只以 衙婢出送云爾, 則以男伴男, 亦何有驚怪之事乎? 遠外風聞, 本多爽實, 此無理之事矣." 蓋以誚解之, 衙婢乃呼父之常稱, 賞蓮乃賤女之常號. 其臺不勝捧腹, 會其意, 曰: "敢不如戒." 仍罷去. 兩倅子始出座, 南曰: "俄者酬酢, 果何如耶?" 兩人曰: "事雖幸停, 語甚苦悶." 南曰: "若直請不可解, 故試以戱語耳." 其言大播, 兩倅極苦之.

142.

農巖有獨子, 名崇謙, 年十餘. 嘗騎驢率兒奴, 逢雪路中, 入於路傍家, 門內以石打驢足, 主人怪問故, 對曰: "雪裏蹇驢方雅, 故欲使蹇之耳." 聞而大奇, 仍細聞, 其爲農巖子, 卽日往見農巖, 約婚而歸, 主人卽朴判書權也. 文才日就, 年未二十, 已成大儒. 一日, 往遊把淸樓, 題曰: '歲暮高樓悲獨夜, 時危百慮聽江聲.' 詩老洪世泰, 方飯, 聞而落匙, 曰: "農老文章, 有善繼之人矣." 未久夭折, 年十九, 人皆嗟惜. 有遺集行于世, 其中'老僧一笑蒼崖古, 遊子無言流水長. 野澗[209]崗將受落日, 鴻哀[210]天已近殘年'等語, 有少陵風韻. 農巖之課[211]文, 非李長吉·王子安之流, 雖父子之間, 必不過譽. 字君山, 號觀復齋.

143.

一紙商, 持壯紙, 自某邑邑內, 行到不遠, 小憩路傍樹陰下. 忽憊睡之際, 紙無去處, 環顧遠近, 無人指徵, 還入邑內, 以此白活, 其

---

209) 澗: 저본에는 '信'으로 나와 있으나 나본을 따름.
210) 哀: 저본에는 '心'으로 나와 있으나 나본을 따름.
211) 課: 가, 다본에는 '諫'로, 나본에는 '謀'로 되어 있음.

倅聞, 曰:"近來人心雖無狀, 豈知草木亦然? 此必樹陰之所爲, 吾當推給汝, 當俟之."其分付極甚虛慌, 聞者莫不怪之. 招刑房, 謂曰:"厥木能行盜賊之事, 逃走似慮, 以邑內軍七十[212]名, 每夜守直以待分付."吏承命而出, 尤笑甚荒唐, 然依令守直, 殆近十日, 令漸解弛, 且草木無逃走之理, 故里軍皆闕直. 一日, 忽使点考, 軍皆不在, 命曰:"莫重之罪, 木闕直有[213]異於他, 皆以壯紙, 急捧闕紙."闕直者, 一時竝求紙, 紙價高登. 盜紙者, 難於出賣, 累日掩藏, 始以爲今若散賣, 可以易賣而掩迹, 且得厚利, 果爲盡出. 諸人取以納闕, 命積其紙, 招商視之, 渠紙果在其中, 蓋邑人乘睡偸去矣. 聞者服之. 其倅姓名不傳可嘆, 南中倅云耳.【鄭副學百昌之父, 爲清州牧時事也. 見『梅翁閑錄』】

144.

三淵放跡江湖, 八入金剛, 其探奇選勝, 可知. 嘗自斗尾溯向忠原, 其時忠牧, 乃嚴判書緝, 其查李姓人, 自京江, 已坐其船, 往忠衙, 以其親查在官, 凡具甚盛. 淵翁則草布澹泊, 狀貌野朴, 與尋常鄕老無異. 李不知爲誰某, 甚忽之, 每過[214]勝處, 輒寓吟咏, 篇軸成囊, 意思得得, 淵翁從傍視之. 至清心樓前, 顧謂淵翁曰:"如此勝處, 不可無詠, 尊亦能詩乎?"答曰:"鄙人何能知詩, 且敢與士夫聯賦乎?"李曰:"人雖鄙微, 詩何有鄙微乎? 無爲羞澁, 出興速成, 以破無味."淵翁曰:"所教如此, 竊欲肉談書進, 幸願勿笑指教."李復笑促書, 曰:"吾當潤色之!"淵翁卽書云:'擊汰梨湖山四低, 黃驪遠

---

[212] 七十: 나본에는 '七百'으로 되어 있음.
[213] 有: 다본에는 '者'로 되어 있음.
[214] 過: 나, 다본에는 '遇'로 되어 있음.

勢草萋萋. 婆娑城影淸樓北, 神勒鍾聲白塔西. 積石[215]波沉神馬迹, 二陵春入子規啼. 翠翁牧老空文藻, 如此風光未共携.' 李大驚, 細問其姓名, 翁曰: "山野之人, 問亦何知?" 仍不告而下. 李到衙, 細傳其事, 嚴問其狀貌, 乃淵翁, 其人大慚[216].

145.

三淵一日遊山寺, 有數三士子方讀書, 知其爲淵翁, 招[217]與敬待之, 留數日. 轉向他處, 至其洞口, 水石佳處, 倚筇而立, 自山下眒一白年少上來. 蓋其寺中人同接, 而不知是爲淵翁, 亦同坐, 時時睨視, 意甚忽之. 作詩浪[218]吟, 淵翁欲戲之, 卽題曰: '遠客來山寺, 秋風一筇輕. 直入沙門坐, 丹靑四壁明.' 仍曰: "生員似是文士, 故以此相贈." 其人不知爲譏己, 往寺出示其詩, 備傳其事, 諸人大笑曰: "此是三淵, 而詩語無非嘲君者, 遠客之遠字, 以諺解之, 則遠乃盲也. 一筇云者, 乃盲者之一筇, 直入云者, 盲者能入門直也. 丹靑云者, 盲者之玩丹靑, 又是戲談, 此皆譏君之盲也." 其人始悟大慚. 又嘗遊一寺, 僧風甚惡, 卽題法堂, 曰: '問爾榻[219]上佛, 何事坎中連. 此寺僧風惡, 西歸擇吉年.' 僧徒大以爲悶, 來乞改題, 傳爲美談. 如此事前後非一, 而不能盡記.

146.

光恩金公有八子, 比擬於荀氏八龍, 俱有文章才藝, 其中北軒爲

---

215) 石: 이본에는 '水'로 되어 있음.
216) 慚: 나본에는 '慙'으로 되어 있음.
217) 招: 나본에는 '相'으로 되어 있음.
218) 浪: 저본에는 '後'로 나와 있으나 가, 나본에 의거함.
219) 榻: 저본에는 '樓'로 나와 있으나 나본을 따름.

最然. 嘗看相說, 卽取鏡照面, 仍廢科不仕宦, 其他兄弟皆顯達. 每當祭祀, 八龍雖年位俱高之後, 必沐浴具冠服, 俱會列坐大廳, 自滌器親自爲之. 其家法之嚴, 可知.

147.

聖殿釋菜例, 使逞方賤儒, 充滌器差備, 人皆恥之. 退溪新自逞方來, 充是任, 手自精洗, 使器皿盡生光彩, 又奉之如玉, 人皆笑[220]之. 獨一守僕, 嘆曰: "此人必將享此器矣." 果如其[221]言.

148.

金大提學樑, 卽余姨母夫. 其家在竹洞, 所居舍廊, 只二間分作房軒, 而有子六人女壻三人, 諸子鋪席於後簷下, 常經過, 然不廣而居之. 及爲西伯, 姨兄請改其頹圮, 不許之, 當潦雨果見覆壓, 始許之. 而命一依舊制, 伯兄不敢違, 第以不堪容衆, 懸半架於四面矣. 提學還家, 見之, 曰: "是何簷楹濶耶?" 余曰: "舊時房一間, 軒一間, 今亦然矣." 提學復環顧, 曰: "果然, 而於吾眼何如是廣耶?" 後數日, 余復往提學, 笑曰: "始知甚者之欺也." 終身有不安底意[222], 古宰相如此.

149.

沙斤五峯山, 卽金參判樑世葬之地. 其中一麓甚好, 第以自古堪輿者, 擧謂雙行癸丑, 故人皆惜之, 不敢用矣. 參判卒, 子累往周

---

220) 笑: 저본에는 '美'로 나와 있으나 나, 다본을 따름.
221) 其: 저본에는 빠져 있으나 다본에 의거하여 보충함.
222) 意: 이본에는 '思'로 되어 있음.

視, 然是山家之最大忌, 故不得生意, 更占他麓. 臨葬時, 第四子安東, 先往審視山役, 坐於穿壙邊, 睡魔忽到, 見參判乘帤[223], 自林中出, 坐於癸丑處, 曰: "豈不好耶?" 安東驚寤歷歷, 遂往其處, 更爲泛鐵, 果非雙行, 大異之, 仍始役於其處. 厚齋居在山下, 聞之忙急上來, 厚齋乃參判之至親, 而自兒時居在墓下, 亦解堪輿術. 朝夕來此, 泛鐵者不知爲幾次, 分明是雙行, 故每歎惜而已. 驚而問之, 安東告其由, 厚齋亦更泛鐵, 果非雙行, 歎之曰: "古傳皆爲雙行, 吾幾次泛鐵, 皆亦雙行, 今番五喪人迭相來見, 亦俱爲雙行, 而今忽如此者, 豈非萬年幽宅自有所定而然耶? '漆燈猶不滅, 留待沈彬來'之詩, 非虛矣." 遂葬之.

150.

金學謙, 抽嶺人, 以科行上京. 渡津日已黑, 到靑坡, 見路傍有高門, 入去, 則略如公廨, 闃無人聲, 但廳上有燭影. 進見, 則有帽帶兩人相對, 方書冊子, 大驚曰: "汝何以入此?" 答曰: "日黑無向處, 敢此入來." 仍細看冊子, 是今科榜目, 金請書其名於冊末, 答曰: "科榜豈可以請書乎?" 金復苦請不已, 一者笑謂一者曰: "爲吾輩破寂, 許之, 未知如何?" 答曰: "榜數有定, 代拔者, 豈不可矜?" 一者曰: "然, 豈無後榜乎?" 仍許書名, 曰: "此事勿傳於人, 汝事已成, 不可久留." 遂逐之, 金出門, 則是山坡, 而自在馬背矣. 果得參榜.

151.

李參判宇鼎, 其大人爲南邑宰, 自衙娶妻四日程, 及其還歸, 童

---

223) 帤: 저본에는 '軸'으로 나와 있으나 이본에 의거함.

心未已, 棄正路尋曲逕, 越店催程, 違失宿所. 暮到一村, 主人以只有單房, 牢[224]辭拒門不納, 李排門入去, 果有左右房, 左則主人居之, 右則闃無人聲, 只燈影照窓. 開戶視之, 甚精灑無他, 只其四壁有懸板, 其上所置, 皆奉祀之物. 謂主人曰: "如此好處, 甚難得, 吾當入處." 主人固挽, 曰: "此乃神堂[225]." 李不聽, 遂入坐, 獨倚寢具, 以待夕飯. 儵睡忽至, 方合眼之際, 五六歲童子五人, 自懸板脫衣赤身而超下, 執李之四肢, 一人則執其頭髮. 李知其爲鬼祟, 然欲聲不能聲, 欲拂不能拂, 身在五兒握中, 胸膈漸煩, 氣息莫通, 將至昏倒, 心中雖知其如此, 無可奈何矣. 其背後小窓外, 卽廚竈, 方炊馬粥, 而鼎冠適落地, 鏗然有聲, 鬼兒驚鐵聲, 卽皆釋去, 超登[226]板上, 始得蘇甦而視之, 鬼不見矣. 試使行中通引臥宿, 燈後復暗察, 則通引睡, 小頃, 若有不堪狀. 李知其鬼來, 以鞭向其背, 而空中亂打之, 始得起坐, 曰: "俄果夢魘, 幾至將死." 問其事, 則一如前狀, 李曰: "寧以丈夫而不勝鬼乎?" 命一行, 初不交睫待曉, 臨發使行中, 毁破其四壁, 盡碎其奉神[227]之物, 主人大驚曰: "人將盡死." 李不聽之, 只留其四柱而歸矣. 後復往妻家之路, 爲見其神堂, 又尋其家, 則毁房不爲修改, 其奉神碎物狼藉, 在毁壁中, 前行入於昏夜. 又曉出來, 故主人不能記認, 李問曰: "此室何爲毁壁耶?" 答曰: "此乃神堂, 前日一狂客來宿, 及其臨歸, 作此駭擧, 必蒙罰而[228]死矣. 宜可卽改而修改, 尙有餘怖不敢耳." 李笑答曰: "狂客卽我也, 神果有靈." 主人大愧之.

---

224) 牢: 나본에는 '爲'로 되어 있음.
225) 神堂: 나본에는 '祀堂'으로 되어 있음.
226) 登: 나본에는 '去'로 되어 있음.
227) 奉神: 다본에는 '奉祀'로 되어 있음.
228) 而: 나본에는 '向'으로 되어 있음.

152.

李參議綸, 無書不讀, 第才品駑下, 尤無誦聰, 五言小詩等文, 亦讀不下萬遍, 猶不能記誦. 故若萬數, 則乃甚最少, 自謂之不讀半生讀書, 猶不得理勝. 嘗於山寺, 讀『通鑑』「唐紀」, 自十月至季春, 不知爲幾遍讀. 一日, 忽欲做文, 一束紙折爲一軸, 自日出時, 使僧磨墨, 無題寫去文, 是行文長長春煦, 手不停筆, 至日暮, 意不竭. 然紙軸已盡, 始輟硯, 而自不知以何意做來. 又覺支離, 不爲展見袖軸, 往見受學人, 是善文老儒, 主人先問曰: "冬春勤業可知, 而有何得效?" 答曰: "試觀此軸." 主人曰: "軸圍甚富, 書當幾首文, 亦何體?" 答曰: "一篇無題行文." 主人笑曰: "此非暫時看了者, 後當復來." 李三日後更往. 主人曰: "留軸果盡見俗, 以麤荒不精爲冷水, 此則又過於冷水者, 世豈有如此文耶? 第言天言地, 或東或西, 天下萬事, 無不論之, 而旣說火事, 又說水事. 雖若[229]不襯合之事, 下語連脉, 句節接承, 自然理勝, 一無艱澁文理, 今始大得然後, 可用之." 取讀『書傳』, 歸讀『書傳』二萬遍, 更欲試做, 還不能寫一字, 大惆以爲見害. 歸告其由, 其人答以取讀『莊子』, 復試讀六朝, 筆路復開, 以所做往示, 其人歎賞, 曰: "文章今始成矣!" 自此, 人以巨擘稱之. 李有兩兄, 才華俱盛. 嘗同伴山寺, 俱讀『孟子』, 限以二十日, 伯則長與僧徒遊戲, 只讀二十遍, 仲則讀七十遍, 而季則晝夜不寐, 滿二百遍. 聞者皆不信, 及當罷歸, 伯則畧[230]有疑滯, 仲盡通, 季則不能開口, 人以非人責之. 然兩伯徒恃才華, 不爲勤業, 竟無所成, 而季則老益勤篤, 六十四登第, 位躋緋衣. 常自謂, "吾乃下愚, 而專由篤工, 至誠感天, 有此晚成矣." 余家有兩卷斗册, 每

---

229) 若: 나본에는 '萬'으로 되어 있음.
230) 畧: 나본에는 '終'으로 되어 있음.

卷各爲百六十餘丈, 一卷各種行文, 一卷詩歌及四六之抄選者, 皆公口誦親寫者, 以萬遍不誦之才, 能復誦寫此冊, 其不知爲幾萬讀, 可知矣. 世以金柏谷爲多讀之最, 而李殆過[231]於柏谷者, 七十得科, 是稀貴. 且其到老篤業, 終得至誠之感, 可聞於後輩, 故略撮數件而記之. 公卽余至親, 故親聞如是耳.

153.

余伯甞與申恕菴會話, 庶孼一人, 適在座, 曰: "吾輩雖不及於士夫, 比中人則大有間隔, 而世人倒稱以中庶, 庶在中下, 豈不寃乎?" 申曰: "郭子儀·李光弼, 優劣懸殊, 而人皆以李·郭稱之, 不聞以郭·李稱之者." 伯氏[232]曰: "然矣, 第何必深指李·郭乎? 奴主分義, 此乃中庶之對." 一座笑之, 仍問於其人曰: "庶亦是兩班種子, 自降等無世保其門戶, 能傳世之久者, 是何故?" 其人蹙然而答曰: "造物最忌汰濫, 庶孼不忍[233]爲庶孼之猶爲幸, 至若親父, 則可無奈何, 自兄弟已有怨意, 必欲離親戚自主張, 水豈有無源而能達乎? 吾所謂離親戚者, 非指入山逃海也, 雖在一城之內, 必欲棄而不附. 以此, 其規模苟且, 自吾成薄惡, 百事隨而如此. 先不能敎子弟, 次以家計貧敗, 因流離澌滅. 如此之中, 能堪耐居京者, 猶得全保, 雖不能居京, 若居近地, 猶有可望, 而至於遐方者, 盡皆無望. 是自作之孼, 誰怨咎哉?" 其言甚有理. 其庶卽李箕男之玄孫, 能有知識者也.

---

231) 過: 저본에는 '㴌'으로 나와 있으나 이본에 의거함.
232) 氏: 저본에는 '卽'으로 나와 있으나 나본을 따름.
233) 忍: 나, 다본에는 '思'로 되어 있음.

154.

李全仁, 卽晦齋之妾子, 其母乃南邑妓. 全仁冒其母後夫姓, 不知爲晦齋子, 而入官役矣. 夫死披髮, 爲喪人成服後, 全仁磨劒, 告辭其母曰: "父子是天倫至情, 然今喪, 吾無淚水, 雖爲外面作哭泣, 心裏則固無徹天寃痛之意, 是天地間大變怪. 一頑然木石, 何可[234]戴頭於天日乎?" 仍欲自刎, 母大驚扶持, 曰: "汝非斯人之子!" 全仁不死[235], 曰: "然則固非異事." 遂尋來晦齋家, 時晦齋謫在江界, 只夫人在家, 不知是子, 頗疑之. 全仁伏地, 涕泣如雨, 夫人以爲, '俗稱賤[236]必有類.' 已處隔簾, 細察其身體髮膚, 言語聲音, 起居行步, 無一類晦齋. 夫人曰: "前日旣不聞汝在, 且無一類, 汝誤尋矣." 全仁廢食, 仍欲斃, 夫人悶且憐, 送飯勸之, 全仁不食. 夫人更招全仁, 坐於簾外, 親爲勸食, 全仁始强食, 而先嘗淸醬三匙, 夫人驚問由, 對曰: "素性然矣." 夫人撤簾, 亟命升, 定之以子. 蓋晦齋當食, 必先嘗醬三匙, 此是食性中異常者, 故見全仁如此, 斷然無疑. 全仁卽往江界, 晦齋果有與其母, 一宿之侍, 然不知有子, 故亦疑之, 見夫人書, 始知無疑. 全仁年已長成, 不識一字, 始受學三年, 成大儒, 潛心經學, 父子講論, 有『關西問答錄』, 多有發前未發處. 後晦齋之伸雪, 皆由全仁泣血至誠而得者. 每自江界必徒步, 人問: "無脚德耶?" 答曰: "欲聚行費, 以救大監謫所萬一之費." 晦齋無子, 全仁能傳血續.

---

234) 可: 다본에는 '其'로 되어 있음.
235) 死: 저본에는 '聽'으로 나와 있으나 나본을 따름.
236) 賤: 다본에는 '賤子'로 되어 있음.

155.

余爲谷山, 觀寂寺僧來告曰: "同房僧某漢, 潛通女人, 隱置寺中, 濁亂僧風, 願重治." 余謂, "各寺皆有所任年老主管者, 汝何以凡僧來告?" 招問丈釋, 三人對以淫女本狀者, 所奸見失於彼僧, 相鬪起鬧, 寺中始覺, 欲告之際, 有此先發矣. 厥女, 是孟山塾師宋哥妻, 名少愛. 宋中人孟與谷接界, 故谷人多從學, 厥女乞綿來, 留谷之學徒家, 路逢厥僧, 因以不歸, 所爲可痛. 故沒入爲官婢, 而頗有姿色, 仍陞妓案, 女亦喜之. 數月後, 邑人急告曰: "俄聞, 思孝寺洞口有殺人變!" 卽爲往見, 淫女少愛, 劍痕狼藉, 暴於路中矣. 寺去官五里, 驚聞往檢, 果如所告, 不知元犯, 無處可問, 第獄體例發窺捕, 殆同捉影矣. 數日後, 果捕捉, 仍本夫宋哥也. 供曰: "豈惜死不爲痛陳乎? 厥女過期不還, 故心疑尋到, 始聞爲官婢, 其罪雖惡, 拘於刑勢, 欲爲率去. 第身非常人, 恐有涉煩, 留置行裝於思孝寺. 身到邑內, 猶慮掛眼, 隱坐司倉隅, 待其過去, 欲中路招去矣. 日將夕, 果過前, 而着粉曳裙, 意態揚揚, 含口忍憤, 擧手招之. 渠亦大驚而來, 謂渠曰: '有煩.' 仍携去向寺, 及入洞口, 始諭[237]曰: '失行雖可殺, 他無知者, 宜速還!' 女初似肯諾, 當離發, 以死不從, 百般開誘, 或喝且說, 終不回心, 故遂責[238]而殺之. 仍卽還家, 殺在無人處, 還時無明, 見捕校, 雖因行裝之留寺, 爲可疑而拘我. 我如忍杖不服, 足可逃生, 又若遠走, 豈可被執乎? 然人有血氣, 寧死何爲[239]碌碌擧乎?" 其納供, 快活無隱, 然旣自服, 故勢將償命. 余以其不當殺, 爭卞於監司, 監司難之, 余爭之不已. 時御史適來, 以此

---

[237] 諭: 저본에는 '論'으로 나와 있으나 나, 다본에 의거함.
[238] 責: 다본에는 '憤'으로 되어 있음.
[239] 爲: 다본에는 '以'로 되어 있음.

聞于朝, 上判敎曰: "丈夫特宥之!"

156.

『彙語』, 是科儒之絶寶. 始述者, 秘不示人, 永安尉洪公, 懇請借數日. 其人以爲數日之間, 決不得謄出, 始借之, 洪得善書手百餘人, 一時謄出, 逢人皆借. 自此, 始廣布.

157.

許眉叟文章, 人盛稱之, 農岩曰: "高處太高, 卑處太卑, 以此, 見識隨而然, 高處之太高, 雖不爲『中庸』, 尙[240] 猶可矣. 卑處之太卑, 其害不可言云." 是確論. 其氣類似道人, 若無語獨坐合眼時, 如古槎奇岩, 故爲鵲自下於肩背云矣.

158.

遂菴權公, 終老淸風黃江. 黃江海嵩尉家物, 海嵩傳與之三淵金公, 受居楊根蘖溪, 是思菴物, 思菴傳與南東岡【彥經】. 東岡玄孫淮陽【宅夏】, 傳與三淵, 三淵「挽淮陽」詩, 有'思菴別業屬東岡, 換[241]受風流綠水長'之句, 古人贓獲其傳與人, 若是之容易也.

159.

劉村隱希慶, 閭巷人也. 操行有識, 且喜詩酒, 禮學尤傳名, 名公巨卿, 日造其門. 然若逢士夫, 拜謁馬前, 若往士夫家, 下馬於洞口外, 必徒步[242]而進. 昔時, 上下名分之嚴, 可知. 今昌德宮枕流臺,

---

240) 尙: 저본에는 '而'로 나와 있으나 이본을 따름.
241) 換: 나, 다본에는 '授'로 되어 있음.

卽其舊墟²⁴³⁾, 其手種蟠松, 尙今有之. 當時枕流臺詩帖, 今亦流傳, 多先輩題名矣.

160.

淸州華陽洞, 有煥章菴, 九曲山川, 非但勝致難忘, 瞻望萬東廟, 又過泣弓岩, 若無怵惕之意, 是無人心也. 以此, 菴僧亦知其如此. 余到煥章菴, 與老釋談話, 余曰: "居此深山, 亦知有世情乎?" 老釋曰: "居此已三十餘年, 以山水之絶勝, 閱人甚多, 自然知四色目是非世情乎!" 余曰: "色目汝何以知之?" 對曰: "觀其貌樣, 可易知矣. 初入洞口, 環顧山川, 曰: '好哉好哉!' 入洞及半, 呼菴僧, 及到書院, 攛眼揮手而快步, 又咳唾狼藉, 過廟全無敬謹意者, 是南人也. 入洞不爲細看, 到書院與廟, 必忽忽過去, 及到菴子, 必細察僧徒之有過屑屑不赦者, 是少論也. 入洞, 只看山水, 過書院與廟, 雖無尊敬之意, 亦不作太褻慢, 其忽忽過去, 又不如少論之甚者, 是少北也. 入洞, 不暇左右酬應, 或坐溪, 或倚巖, 到書院, 敬謹拜庭, 細閱書籍, 嗟歎不已. 及到廟, 瞻望簷楹, 已生怵惕之懷, 奉審殿內, 周徨殿陛, 鞠躬過庭. 到菴, 細問僧徒生涯, 入夜招老釋, 娓娓問山中古蹟者, 是老論也. 以此, 若逢南少行次, 僧徒之操²⁴⁴⁾心畏奉, 有倍山僧, 何惡於色目? 而然其厚薄之見被難曉矣²⁴⁵⁾." 蓋華陽專是瘠确, 人民難居, 故構此菴, 以守萬東廟, 僧徒之被害於一邊者, 是萬東廟故也. 於流水白衲, 何其不思之甚耶?

---

²⁴²⁾ 徒步: 나본에는 '趣步'로 되어 있음.
²⁴³⁾ 墟: 나본에는 '基'로 되어 있음.
²⁴⁴⁾ 操: 저본에는 '措'로 나와 있으나 다본을 따름.
²⁴⁵⁾ 之見被難曉矣: 저본에는 공백으로 되어 있으나 이본에 의거하여 보충함.

161.

　金參判楺, 文章夙成, 十歲能作古文. 年十四, 讀書奉恩寺, 嘗夢行婚禮, 甚歷歷, 故記置篋笥矣. 及娶妻, 皆不中, 未久喪妻, 更復後娶, 新郎服色, 鞍馬道路, 新物[246]凡百果, 如夢中, 始知天定. 後夫人生五男, 嘗夢中, 聞門外喧聲動天, 奴僕驚告曰: "有兩龍來, 向吾家!" 少頃, 龍入門, 直入臥內, 各飮夫人兩乳, 鬐鬣甚偃蹇, 而夫人心中, 若如當然者, 少無疑懼意. 龍飮訖, 因盤臥兩膝下, 以手拊背, 取裳覆之, 龍就睡如雷. 夫人常曰: "吾子中二人, 當登科." 後子婿俱登司馬, 二男·三男·末男, 又得第, 第三與末, 一時作相, 二龍可驗於兩議政. 卽余之嫉母, 故知之如此.

162.

　寒泉李公, 嘗於其晬日, 座客甚衆, 盛設飮食. 公之座有小窓, 高排大牀, 自其窓入來侍者, 換受[247]之際, 失手墮地[248], 聲震一座, 飮食四散, 器皿盡碎. 座中或起或立, 或延頸而視, 或擡頭而望, 公略不顧, 顏色不變, 酬酢如一, 意味安安. 座客見公如此, 還復整齊定坐. 公少時, 浮薄輕躁[249], 或稱以妄男子, 其晩年矯揉變化用工之篤, 可知也.

163.

　麟坪大君, 眄侍婢得玉, 大君赴燕後, 夫人殺之於映波亭, 亭卽

---

246) 物: 저본에는 '婦'로 나와 있으나 나본을 따름.
247) 換受: 나, 다본에는 '授受'로 되어 있음.
248) 地: 저본에는 '之'로 나와 있으나 나본을 따름.
249) 輕躁: 다본에는 '輕妄'으로 되어 있음.

池閣, 而在於幽僻處. 大君還, 夫人對以病死. 自此, 大君家若有大事, 得玉白晝宛然出現, 或立於墻頭, 或立於屋上. 嘗醬瓮自後階飛越大廳, 落於庭中, 瓮長幾過丈, 而亦不碎. 未久, 有槙·栯之事, 戊申垓圻之事, 又有變. 此[250]蓋得玉爲崇而然. 夫人卽吳挺昌之妹也.

164.

蘆花, 長城妓也. 姿色傾城, 人一見, 莫不沈惑. 以此, 本道方伯守令, 過去別星, 多有駭擧. 一新進, 白於朝曰:"湖南緣[251]此尤物, 爲大弊, 請往殺之."因下去, 先命牢囚郡獄. 蘆花賂給獄卒, 要於中路, 淡粧素服, 當夕陽半照, 持一端紅紬, 半露玉手, 臨溪浣濯, 紅光素衣, 相映水面, 夕陽粧出一朶牧丹, 令人奪睛. 名官到夕店, 思之銷魂, 欲忘不能忘, 欲寐不能寐. 試問於通引曰:"中路浣紗女, 是何人?"對曰:"此乃村女, 而早時喪夫, 年纔二十餘矣."復問:"汝當招來乎?"對曰:"異官府之妓生, 其肯從似難, 第分付如此, 試當極力."少頃, 還白曰:"掉頭矣."名官更托曰:"當此暮夜, 其誰知之? 更須往召."如此往復殆數四, 始得率來, 若如艱辛者. 厥女低頭, 燭下皓齒, 乍露朱唇, 半開含愁, 而告曰:"身雖下賤, 矢心自貞, 一夕侍宿, 如不更顧, 自爲路柳, 不免狂蝶之患. 迫於嚴令, 今雖入室, 難從侍宿."卽欲還歸, 其言其態, 尤奪目銷魂, 名官見其起立, 不覺手抱女腰, 曰:"陽臺之緣鄭重, 白首之言那忘?"厥女始爲聽命, 新情未洽, 村鷄已唱. 收拾裙帶, 含態告歸, 曰:"丈夫一言, 重於千金, 固知不遺矣. 粗解文字, 偶得詩句, 願得筆迹, 以作蘆花合鏡之資."自呼蘆花, 臂上刻[252]誰名, 墨入肌膚[253], 字字明.

---

250) 此: 저본에는 '化'로 나와 있으나 이본에 의거함.
251) 緣: 나본에는 '仍'으로 되어 있음.

願使東流流有變此心, 不復負初盟, 露出玉臂, 請書其上, 名官取筆寫之. 厥女仍告別而去, 刻其臂[254]以墨塗之, 先歸長城, 依舊在囚矣. 數日後, 名官果到, 大具刑杖, 命捉入, 而以爲不見尤物, 閉窓而坐, 蘆花哀乞曰: "何敢請生, 願得一言而死." 因上其臂, 乃厥女也. 非徒不能殺, 亦沉惑留連. 以此, 見廢棄, 因以不返, 居於長城, 亦非久死之, 葬於蘆嶺, 尙今有翰林塚者. 是路傍不遠處, 其相望亦蘆妓所居遺址, 多少行人, 指點笑傳矣.

165.

余繼外家姜氏, 居在嶺南宜寧, 而余伯嫂, 自南中還來歷入. 其時, 當宣懿王后喪, 着淺淡服, 姜氏婦女責之, 曰: "今此國恤, 服色不可如此矣." 伯嫂曰: "婦女似異, 故然矣." 姜氏曰: "婦人從男子, 宜可純素, 且婦人亦非臣子乎?" 嶺南自是鄒魯之鄕, 雖婦女其禮法之嚴, 如此.

166.

頃年, 一常漢, 自十餘歲, 畫眉粉面, 習學女人諺書體, 善讀稗說, 聲音如女人矣. 忽不知去處, 變爲女服, 出入士夫家, 或稱知脉, 或稱方物興[255]商, 或以讀稗說, 且締結僧尼, 供佛祈禱. 士夫婦女之一見者, 莫不愛之, 或與同宿處, 因作行淫. 張判書鵬翼知之, 鉗其口殺之, 如開口, 恐有難處故耳. 蓋宰相家被辱者, 專由豪奢

---

252) 刻: 다본에는 '是'로 되어 있음.
253) 肌膚: 다본에는 '氷膚'로 되어 있음.
254) 臂: 다본에는 '臂上'으로 되어 있음.
255) 興: 저본에는 '與'로 나와 있으나 이본에 의거함.

奔無事之致也.

167.

葬用隔灰, 非但禮制然矣. 專爲堅固, 使木根不得入壙之意, 惑於山家者, 多不用地灰. 余嘗與渼湖兪相, 語此事, 兪相曰: "若用地灰, 地氣不能上通, 全無名穴之義." 余曰: "堪輿者, 以外山爲朝壟, 照應內壙, 隨其吉凶, 而有灾祥云. 若以不用地灰說論之, 旣有傍灰天灰, 則外朝雖有不好者, 自可[256]無來照作吉凶之理." 兪相大悟, 曰: "所言誠然矣!" 曾見不用地灰家, 及其改遷, 木根多有從地底入犯壙內者, 尤可戒也.

168.

余草塘先祖影幀, 以年久改糊褙, 未及曬乾, 雨作仍成長霖, 子孫憂之. 霾氣因以滿栖, 自衣領以下, 無片隙餘, 盡爲黴汚, 獨於面部, 不犯至於一旬之久, 而無一點汚. 公之精爽[257], 可知其盛.

169.

肅考行幸齊陵, 南溪居在坡州, 出迎路次. 時大駕未及, 過有一京商者, 坐於公側, 望見越岸有相親者, 以南溪認爲鄕老, 而付其卜物, 曰: "我當卽還, 須善看守." 南溪以不可之意, 方言及之際, 商者徑去, 曰: "必守必守!" 其所親問: "卜物置於何處?" 答曰: "同坐處有, 村翁狀貌野朴, 必是可信者, 故暫付而來." 其人問之, 是南溪也. 大驚曰: "此乃今世隱士朴大監也." 商者大驚, 仍遠走. 南

256) 可: 다본에는 '不'로 되어 있음.
257) 精爽: 다본에는 '精靈'으로 되어 있음.

溪久待不來, 無主之物, 不可棄之, 故以卜還家, 堅封置[258]樑上. 過期年, 而[259]終不來, 處置甚難, 列[260]錄物件, 出付邑店矣. 三年後, 商者始推去, 然多蠹破, 不能賣, 聞者笑之.

170.

具承旨欽, 喜詩酒. 嘗爲黃州牧使時, 各邑例於朔望, 有日月食與否報司, 而若食之, 圖形上之, 監司聚列邑報狀而上達. 黃州嘗忘不報, 過朔日已久, 其食與否不能記, 知以半食, 報之. 其日陰曀, 列邑俱不得見, 而黃州之報, 獨以此[261]事係狀聞. 故監司極其驚怪, 以黃州獨何見天之意, 更關問答報曰: "其日子丑之夜, 黃岡之天, 獨爲淸明, 牧使亦甚怪訝. 然彼天茫茫, 無路推問緣由, 馳報事云云." 監司以爲文人事, 特宥之. 閒居累年, 家貧長飢, 嘗於月課, 得題'平沙落鴈', 書納曰: '瀟湘南畔[262]白皆沙, 密密疎疎翠墨斜. 欲下還飛黂叫侶, 去寒就暖此爲家. 高秋水落宜菰茱, 明月霜寒尙葦花. 最是夕陽將盡處, 一行何處殿天涯.' 上大加睿獎其淸新, 又敎曰: "其久廢之意, 自現於'殿天涯'三字." 特除外邑, 邑人呈訴曰: "某寺水碓, 卽我陳田舊地, 請收稅於其寺." 判題曰: '靑山流水, 自舂其米. 一片荒地, 豈有收稅.' 其文詞可喜也.

171.

李判書晩成, 以暗行, 誤入萬疊山中, 是賊穴也. 賊徒欲殺, 李哀

---

258) 置: 나본에는 '懸'으로 되어 있음.
259) 而: 저본에는 '西'로 나와 있으나 이본에 의거하여 바로잡음.
260) 列: 다본에는 '別'로 되어 있음.
261) 以此: 나, 다본에는 '如此'로 되어 있음.
262) 畔: 다본에는 '泮'으로 되어 있음.

乞曰: "今旣當死, 願食白飯而就命." 賊曰: "將死之人, 食復何爲?"
其中一漢, 許之, 李緩緩下匙, 故爲遲遲. 飯已, 卽無可奈何, 復曰:
"我奉命, 且有父母, 若得遙望拜辭而死, 庶無遺恨." 賊又許之, 向
闕[263]行四拜, 曰: "闕中有四殿." 各行四拜, 復向其家, 曰: "父母俱
在." 各行再拜, 拜畢, 無奈何, 更乞曰: "有老妹[264]及長兄." 又各再
拜, 拜之遲, 若三日新婦樣, 恰過半日, 而驛子一人逃脫, 急聚軍來
救, 始得生出. 其危甚於一髮, 而其事亦可笑也.

172.

一武宰家, 有僧來伏門外, 曰: "我本此宅逃奴, 今始覺非不敢待
長髮, 今此來現." 果以兒奴逃往南中, 作緇爲叢林大宗師, 其言語
儀貌甚異. 其宰以爲, '僧尼此等事, 將惑世.' 杖殺之, 僧無言就戮,
只呼天曰: "當有事!" 其家後見慘禍於辛壬士禍, 禍則雖冤, 其家之
亡則甚酷, 其殺未知其穩當也.

173.

綾川相公, 與伯氏都正公分居, 嘗約同作楸行, 綾川日晩不來,
都正使人催之. 綾川時以訓將兼兵判, 且帶各衙門提擧, 將累日離
京. 故臨發, 公務十分煩劇, 自致日晩, 悾偬無暇, 未及通告, 果已
先發. 伯氏聞始繼發, 而行未數里, 綾川思其不告之失, 策[265]馬歸
來, 俟於路傍, 拱手而立, 伯氏不顧而去. 及到墓幕, 綾川免冠解
帶, 俯立階下, 伯氏嘿然不答, 只於食時, 命上坐食, 畢卽復下庭,

---

263) 闕: 저본에는 공백으로 되어 있으나 나, 다본에 의거하여 보충함.
264) 老妹: 나본에는 '老叔'으로 되어 있음.
265) 策: 저본에는 '撲'으로 나와 있으나 다본에 의거함.

如此三日, 伯氏還家, 綾川以此不得拜墓, 屛去騶從, 只自陪歸, 伯氏始責之, 曰: "事父兄若此, 國事不可受任." 綾川卽日果尋單, 朝廷不知此事, 以公無端控辭, 甚怪之. 鄭相太和, 知其由, 始白顚末, 上嘉歎之, 卽許其辭, 數日還任之. 吾家家法之嚴, 聖祖使臣以禮之意, 可知矣.

174.

古人接人甚恭, 雖尊丈往侍生家, 必下馬於門屛之間, 稍尊處下於門外, 極尊處下於洞口, 中庶毋論年齒·官爵, 若往士夫家, 不敢入門而下之. 蓋衝馳眼前甚不緊故也. 近世則皆下於兩階間, 或有子孫於先代祠版所奉之家, 馳入門內下之者, 已成風俗, 視之者, 不以爲怪當之者, 自爲例常. 若此不已, 則子弟將有犯父兄之患, 甚可慨!

175.

古人上父兄書面, 書白是字, 是字出於吏文中, 至敬至恭之語也. 吏文雖東國賤野之言, 亦類中華之語錄, 故只取敬恭之意, 用之. 今人以鄕音廢之, 或見有書之者, 亦笑之. 親姪於叔父母, 古人則書稱'猶子', 其自稱雖不如從子之正號, 亦出於古書, 且猶字視從字, 實[266]有加親切之意, 欲取自附相愛之意. 凡在家庭, 呼以猶父, 稱以猶子, 古人豈不知白是之野從子之正稱, 而或書或不行耶! 今之子弟, 其見識非勝於古之子弟, 至於此等處, 必非而改之. 此由愛敬不足, 文具漸盛而然者, 豈[267]欠於禮不足從野之訓也?

266) 實: 나본에는 '然'으로 되어 있음.
267) 豈: 나본에는 '實'로 되어 있음.

176.

松都妓眞伊, 姿色傾國, 文藝尤奇, 與徐花潭竝時, 世謂, '松岳精分爲男女, 花潭則更無可言, 眞伊惜乎其出於賤女也.' 眞伊嘗題品當時人物, 曰: "今世有三大人, 乃栗谷·松江·西厓, 栗谷眞聖人, 松江是君子, 西厓乃小人." 人問其故, 對曰: "吾閱人萬數, 絶無可意者, 唯此三大監, 聲望蔚蔚, 爲冠一世, 故平生所願者, 只是三人. 而其中栗谷大監, 則養德山林, 尤無得侍之路, 嘗以爲恨. 嘗於天使之行, 大監以遠接使, 出壇將過松都, 雖草草操身之士, 不接娼妓. 是循例工夫, 故初不生謁見之計, 行次入館, 意外招見, 使之近坐, 賜顔退賜茶唊床, 又當食時, 亦賜祭飯. 及當昏黑, 欲爲出來, 則又命勿退, 談話娓娓, 事機若將侍宿, 心中十分喜幸, 且怪之, 曰: '以此[268]大監之定力如此, 他尙何說?' 及夜深, 命退出, 曰: '身當遠役, 路憊甚難, 如汝名物, 未免空送, 可惜可悵! 明早, 更卽入來, 承此分付, 愕然失心, 然無可奈何?' 終夜耿耿, 待曉去, 時未起寢, 彷徨窓外矣. 知已到招命, 逼坐臥內, 其賜顔如[269]昨日一般. 及當行次, 拜辭馬前, 則以來時更逢, 殷勤爲敎, 果於回路, 一如前者然, 終不許薦枕. 見余者累日, 如是眷愛而終不犯者, 獨於栗谷見之. 蓋其招見, 非愛我也, 乃愛我才也, 此眞聖人也. 其後, 松江亦以儐相過去, 心謂, '此大監, 素稱怪剛, 必不見余, 亦非意招見, 而別無愛恤之色.' 余還自謂, '幸蒙招見, 望斷侍宿矣.' 夕命薦枕, 曰: '見汝名物, 豈可空度耶?' 其還歸亦如之. 見吾者不使虛送, 是男兒之例事, 其處事, 極其光明, 此乃君子也. 西厓又以使星過去, 亦招見之, 其賜顔眷注, 一如栗谷大監, 夕後亦命退去, 其所

---

[268] 以此: 나본에는 '以若'으로 되어 있음.
[269] 如: 나, 다본에는 '與'로 되어 있음.

分付, 又如栗谷. 余私謂, '見吾而空送者, 當世惟以栗谷大監一人知之, 此大監亦能如此, 此亦聖人也.' 及夜深, 潛送知印, 招致侍宿, 早曉命退去, 其處事極不明快. 以此, 知其眞小人也." 其評論可謂的當矣.

177.

余最少時, 過酉峯, 入見明齋, 滿庭植瀟灑[270]野花, 着華陽巾, 閑窓獨坐. 時當早朝, 朝旭射窓, 照耀室內, 几案明潔, 不着一点塵埃. 酬酢如響, 溫溫樂易, 第見吾入戶, 先自起立之時, 乍攧眼斜視, 眉端與睫尾, 有如何氣. 及還家, 先君子問: "今見子仁, 果何如?" 對以斜視之事, 先君子敎曰: "玄石丈嘗語, '余子仁甚可愛, 但其不知之中, 時乍斜視, 不能忘. 然不可以面目論人, 且方今期待甚盛, 須愼語.' 今汝所告, 偶類玄丈語矣." 到今思之, 玄丈果善相矣.

178.

綾川受學於沙溪, 沙溪知爲國器, 於門人中最奬許. 公以前任甲山居憂, 嘗長者患候曳衰, 步往沙溪, 甚思生雉. 綾川歸路, 見有持雉者, 解衣易之, 還歸納之. 同門諸人, 頗疑衰袖中置肉, 沙溪曰: "喪服雖重, 師生亦不輕, 況且爲病乎! 見雉而誠心藹然, 未暇他商量, 彼可謂不失天理人情者, 蓋其有眞實工夫而然也. 君輩宜學之."

179.

洪參判啓迪, 素有飮量, 且以勁直, 名於世. 壬寅士禍, 作黑島安

---

[270] 灑: 저본에는 '湘'으로 나와 있으나 나본을 따름.

置, 發船於羅州, 爲颶風所飄, 檣摧楫折, 窮一晝夜不止. 船中諸人, 皆昏倒, 雖如長年駕海之船格者, 遑遑失措, 不省人事. 公獨晏然而坐, 以手握都事, 少無動色, 風浪少息, 幸泊濟州. 都事曰: "公何能獨無懼耶?" 笑答曰: "豈無畏意? 試看吾酒甁, 初載燒酒四十鐥, 盡飮無餘, 豈非動心之致乎?" 聞者驚之. 都事是尹綾州東高也.

180.

余少時, 問尤翁·南溪氣像於姑夫李果齋, 答曰: "未可輕議耳." 余曰: "吾輩雖尊仰[271]兩先生, 而第尤翁灑落有餘, 而縝密不足, 南溪縝密有餘, 而快活似欠." 果齋大責, 曰: "少年何敢妄言之容易耶?" 余不勝悚然. 近[272]與從弟紀中, 偶道此言, 答曰: "果齋之言誠然, 第嘗於玄湖師門, 有承此敎, 玄湖於南溪, 非但至親, 固有誠心. 然所見則如此, 兄言正相符耳." 又曰: "三先生從享之議, 已久, 兩先生今始幸躋, 而南溪雖不得請, 無論某時, 亦將一番從[273]享也." 余曰: "以其學識而云然乎?" 紀中曰: "心頭沒摸捉, 而自有此思矣."【後果躋享】

181.

南溪之學, 於我東諸賢, 其優劣不敢輕論, 而禮學之博, 則諸賢鮮及. 以此, 其時一隊諸公, 皆就質問. 近時攻南溪者, 竝與禮學而毀之, 至曰: "類聚學者, 若欲博禮, 非據書, 而何使『禮記』等作休紙而塗壁耳." 記問之學篤工者, 似不可亦廢也.

---

271) 尊仰: 나. 다본에는 '尊師'로 되어 있음.
272) 近: 저본에는 빠져 있으나 나본에 의거하여 보충함.
273) 從: 이본에는 '復'로 되어 있음.

182.

李參議薈, 澤堂之孫, 畏齋之子也. 初仕察訪, 見金剛而還, 仍棄官, 居于江陵蓬坪, 隱於漁樵, 仍不出. 嘗來吾家, 吾王考僉正公問曰: "先相公以澤堂之不得享文廟爲恨云然乎?" 蹙然而答曰: "誠然! 是病患中事也." 蓋畏齋微有心差過於孝, 而嘗有此言, 非本意然也. 古人雖於父兄事, 若非傷悖之言, 不爲阿私掩諱如此.

183.

睡村李相旅宦, 借寓墨洞東岳詩壇, 一日來見先人, 曰: "詩壇將見離, 爲我借得此一洞舍否?" 先人答曰: "同閈聞已先喜第, 抑[274) 有別般意乎?" 睡村曰: "吾祖澤堂, 半世來過此洞, 每入洞, 自多追感. 且此洞只有兄家, 更無他, 甚靜寂[275), 爲此數事而然也." 先人卽招洞內倭譯李永錫, 言其由, 李譯無難快許, 睡村卽日移居. 蓋澤堂以童蒙, 自古阜上來, 余五代祖草塘公, 見而奇之, 率而敎育. 八谷夫人常親梳其首, 仍作外孫婿, 行禮於吾家, 其冰翁[276)是沈玉果, 乃八谷第三婿也. 澤堂稱門生於草塘公, 非但爲妻外家, 以兩世舊恩, 平生有情於吾家, 以此其子畏齋, 承志亦然矣. 睡村老來以家眷, 相離調養爲憂, 李判書[277)寅燁, 以戶判見公, 請貨[278)下戶曹銀貫厥家. 公甚難之, 諸人皆以爲, '旣有貨下似無嫌.' 公始團聚眷屬而居之. 及後決歸, 以家券送于戶曹以償, 李是一邊中極峻於公, 旣無情厚能如此, 古者朝廷間厚風, 可知. 睡村雖於一時寓居

---

274) 抑: 저본에는 '押'으로 나와 있으나 이본에 의거함.
275) 寂: 나본에는 '閴'으로 되어 있음.
276) 冰翁: 다본에는 '娉翁'으로 되어 있음.
277) 判書: 다본에는 '參判'으로 되어 있음.
278) 貨: 나, 다본에는 '貸'로 되어 있음. 이하의 경우도 동일함.

之地, 其追先之感, 亦可知矣.

184.

柳副帥琳, 兒時見巫女, 方張椒糈, 潛上屋上, 正於巫坐處, 以劍揷架上. 巫女卽自氣塞, 自試針灸藥餌, 終不得甦. 家人始知之, 拔去劍揷, 巫復回生而言, "有何許氣, 自架上直揷胸膈間, 仍昏窒[279]不知矣." 自是, 巫失神, 仍廢業. 厥巫不習他事, 糊口無計, 行乞於市云.

185.

松峴綾雲族叔家, 是柳希奮之第, 爲昌慶宮新建堂上, 拔其木石之良者, 先作此家. 及其敗沒, 入爲綾城家, 子孫至今世居. 而其東廂六間, 甚高屹, 皆作樓四面無窓戶, 只有一隻板門而已, 以大鎖牢鎖, 自希奮時如此. 綾城入處, 見之, 曰: "樓置何物而如此?" 每欲開之而未果. 其後, 過五世百餘年, 自然未開, 至綾雲, 始開見, 周積數十衣籠, 皆鎖錫子金, 一邊積分院沙器. 又有二木樻籠內, 皆婦女錦緞衣裳, 只存形體, 籠亦破壞, 樻內限盛銀子, 蓋希奮時籍産也. 見漏可怪, 自綾城時, 歷年許久, 每欲開而未開, 可怪, 此[280]非有拘而不開, 至綾雲始開者, 極怪. 無乃[281]寶貨之出用, 自有待時而然耶?

186.

蘭雪軒, 嘗夢上界, 至月宮, 月皇呼韻, 賦應製曰: '芙蓉一朶花,

---

279) 窒: 나본에는 '塞'으로 되어 있음.
280) 此: 나, 다본에는 '且'로 되어 있음.
281) 乃: 나본에는 '非'로 되어 있음.

三九霜墮紅.' 覺來歷歷可想, 仍作夢遊記. 及年二十七, 無所病,
忽一日沐浴更衣, 謂家人曰: "今年乃三九之數, 今日霜墮紅." 翛然
而逝. 此詩全篇, 在於本集云.

187.

李澤堂以編髮, 自古阜徒步上京, 草塘先祖見逆旅中, 奇之, 謂
曰: "汝當隨我學書否?" 澤堂隨來, 留學於龍池閣上, 有同學數三
人. 嘗皆唾於池面, 李獨不然, 草塘問其由, 對曰: "唾污鏡面, 甚惡
故耳." 草塘曰: "汝將爲君子矣." 後果如其言.

188.

吾姓族派繁盛, 布居八道, 其麗不億, 第多貧寠, 獨久明宗孫豊
富, 然此非自少[282])以官力占土者. 綾川君【壽永】先祖, 策勳賜牌, 綾
原尉【思顔】傍祖, 亦策勳兼受公主折受, 綾川府院君【仁屋】傍祖, 三
策勳受三賜牌, 以此而自然家饒, 以官德不長片土. 若吾家八谷先
祖【思孟】, 位至卿相, 常仰噉於綾原伯氏, 故夫人每假貸以爲朝夕
資. 草塘【宬】先祖, 雖策勳不受賜牌, 無尺土, 故門生學徒, 常若其
菜粥. 仁廟獨以冲年, 能不爲苦, 草塘公入於黨籍, 多年居謫, 初往
扶安, 而都正先祖【仁基】, 常來往覲謁見邊山, 下多陳荒處, 立案以
置. 及癸亥改玉時, 辭勳, 往居邊山, 下治立案處, 作田地爲食根,
自此, 始免艱食. 其後, 連世州牧, 更不長尺寸地, 以至諸枝派, 擧
皆貧乏. 古人之不以官力置產者, 皆然, 而吾家之淸白, 自是最者.
至伯氏世, 亦一守家法, 而獨余不肖, 始置庄土, 自愧忝先人, 見我

---

282) 少: 나본에는 '昔'으로 되어 있음.

晚年飢寒, 笑其無謀. 今人之不如古, 可知.

189.

劉水使克良, 平山人. 武科陞堂上, 與其母論人窮達, 母曰: "汝本以不可做官之人, 階以至此, 若數在事, 不可知矣." 公驚問由, 母更不詳答, 公疑之, 强問不已, 始曰: "吾以某宅婢子, 年十三, 碎玉杯, 恐被罪受撻, 出門到弘濟橋, 不知所向. 彷徨涕泣之際, 一男子適過前, 問由, 余答見失父母, 顧無依賴處, 其人憐之率去, 此果汝父也." 公驚曰: "奴主分義, 天經地緯, 若不知則已, 旣知之, 不可遲滯." 着平涼子, 服賤衣, 卽日造主家, 立門外, 告以奴某方現身, 因拜伏於庭, 主家見之, 乃劉公也. 大驚曰: "是何事乎?" 扶以上堂, 公固[283]辭曰: "上典雖不知之, 小人果是奴子, 緣於不知多年隱在, 罪當萬死, 豈敢升坐?" 主家使坐中階, 問其由, 公詳言母媼顚末. 主家卽以此事筵白, 上大獎命免賤, 敎以於奴主如此, 於君臣亦當如此. 官爵循例進用, 官至水使·副元帥, 果立節於猪灘, 立祠血食. 主家乃洪鶴谷云耳.

190.

南參判老星, 嘗往郭洗馬, 始徵家庭, 前有新舍, 未及土役, 係南公馬於新舍根間, 馬忽驚逸, 根木中折. 其翌日, 南公又往, 則新舍夜間失火. 南公曰: "此家失火, 吾於昨日, 已知之." 主人曰: "何以能神?" 答曰: "霍氏之禍, 萌於驂乘." 蓋指昨日馬驚根折而言, 引用漢紀霍光事, 而火則以禍代用, 郭則以其同音而辱之, 座中皆笑.

---

[283] 固: 다본에는 '因'으로 되어 있음.

191.

申判書汝哲, 乃李貞翼別薦也. 然廟議欲任統營, 則貞翼每力主不可, 而至於他職許之. 人問曰: "是公所拔薦, 常以大器稱之, 而若統閫, 何爲不許耶?" 答曰: "吾有所思矣." 不詳言其由, 人皆怪之. 過十年, 始許之, 臨別申戒, 曰: "尙有多憂, 必須愼之!" 申公行到天安, 以鋪陳有頉, 立殺座首及色吏, 李公聞之, 移書責之, 曰: "十年不許者, 慮君過銳而然矣. 離京不遠, 殺人已多, 統營乃一國之重, 不可寄托." 申公果卽日辭歸. 又過十年, 貞翼又命更往, 曰: "今可試之矣!" 申公果往善治, 入爲數十年將任, 佩國家安危, 位至判府, 終爲柱石. 貞翼之量才任用, 殆近古宰相風矣.

192.

北窓鄭公, 乃四兄弟, 其季都事公, 卽余七代祖通津公第三壻也. 北窓每當具氏出入, 必起居敬謹, 至他嫂不然, 家人怪問之, 答曰: "吾家將覆亡無遺, 而此嫂獨保種子, 能傳吾姓, 以此敬待矣." 及余八代祖永柔公之喪, 北窓親視葬穴, 曰: "平生吾無開路, 今日之事, 欲報具嫂, 使繼鄭氏之恩也." 其穴至近於國葬埋標處, 無學所占也. 通津公問曰: "禁穴在近, 將[284]有後憂." 答曰: "然. 不爲後患, 只過空若論, 後徵將文武竝顯, 而其中一派, 最淸高矣." 其後, 文定王后之喪, 卜此禁穴, 始役未半, 逢石變, 棄之, 吾家因以無事, 無學蓋不如北窓也. 其後, 元宗昇遐, 禍危滔天, 不能求山, 借空於吾山一邊. 癸亥改玉後, 環定火巢, 禁標內, 各姓諸墳皆掘, 吾家少遲之, 復遷陵於金浦地. 上以所定火巢, 特賜吾家, 以此圻內

---

[284] 將: 다본에는 '卽'으로 되어 있음.

士夫, 山幅員之濶大, 無如吾家. 勿論支嫡, 皆入葬, 仍作世葬之
地. 北窓家, 果闔門見禍, 北窓·古玉且無後, 具氏獨有子, 鄭姓因
以不絶, 求柔公山所, 是楊州辈場里. 而自此, 子孫甚繁, 向時華爀
亦在此. 後一派淸高, 無乃吾派耶? 前後堪輿者, 稱以大地.

193.

朴黎湖入城時, 從孫錦城尉, 備[285]盛饌, 先置於外軒而白之. 黎
湖令門人羅司禦蓼見之, 以數品持來, 司禦曉其意, 取下品二器,
進之. 黎湖猶驚, 曰: "油臭先逆弱胃!" 略爲下箸而退之, 曰: "近來
飮食, 日漸奔侈, 故不欲掛眼. 第欲退, 則近於迫切, 有此下品之
進, 尙復驚之." 平生只有短衾臥, 不得伸脚, 年已七十, 雖夏夜, 有
課程以無油. 每背誦, 無論四時, 其就寢[286]不過數更. 近者諸人中,
眞實刻苦, 似爲最首, 其貧如此. 然錦恩·錦城諸姪, 只助其朝夕
資, 不敢以他物進之, 他人不敢餽遺. 推此可知, 而近來讀書者, 多
有不審於辭受處, 可怪.

194.

南獻明爲引儀, 是少北也. 人謂南之子曰: "汝本以少北, 今何爲
南人之子?" 蓋引儀字與人矣, 字同音故耳. 一時傳播, 未得其對.
未久, 曹參議夏望之子, 入場屋, 與人相較, 將被困辱, 曹之隨從,
謂彼曰: "汝決非士子, 必是隨從, 焉敢犯士夫乎?" 答曰: "旣云兩
班, 是誰子隨從?" 曰: "此乃曺參議之子." 答曰: "彼雖曺參議之子,
吾不畏之矣." 隨從曰: "何故?" 曰: "雖蕭何之子, 吾本不畏之, 況曺

---

285) 備: 저본에는 '滿'으로 나와 있으나 나, 다본에 의거함.
286) 就寢: 가본에는 '枕宿'으로 되어 있음.

參議之子乎!" 傍觀絶倒. 蓋參議之議, 亦與矣同音故也.

195.

申德夏爲右兵使, 遞任, 南德夏代之, 時人以爲以德夏易德夏, 似無交代之理矣. 非久, 南德升以居山察訪, 遞任, 韓德升代之, 人以爲與申南交代爲好對矣.

196.

金參判聖應·鄭參判彦變·李參判普赫三人, 一時爲同義禁, 金武·鄭文·李蔭, 人稱之, 曰: "金同知·鄭同知·李同知, 一則文, 一則武, 一則非文非武." 一時人笑傳, 未得其對[287]. 非久, 韓澍·張世文·宋瓆, 一時就理, 皆曾經保寧, 韓西人·張南人·宋北人, 人稱之, 曰: "韓保寧·張保寧·宋保寧. 一則南, 一則北, 一則非南非北." 世以巧代稱之.

197.

名官五六人會話, 座中元應教仁孫曰: "李亮天·李敏坤·洪好人, 天地人三才, 而地變爲坤有此對乎!" 李校理最中應之, 曰: "金樂祖·閔百男·元仁孫, 此三名, 乃祖子孫三世, 而子變爲男." 一座莫不絶倒, 一時傳播. 元大苦之, 亦無奈何.

198.

竹泉金公, 試鑑神異. 嘗以太學士, 一世文士, 無遺選取, 獨李參

---

[287] 對: 나본에는 '代'로 되어 있음.

議晩堅, 屢擧不中, 儕類稱寃. 一日, 李之姪寒泉李公, 與金公子姪, 語到科事, 曰:"大監試眼, 名於一世, 而吾獨未之信也. 吾三寸之文, 決不下於近來科作, 而連爲見屈, 以此吾未之信也." 未久, 李果登柑製, 人戲之曰:'三寸黃柑猶子請.' 此得於杜律, 而子請與自靑, 音同故也. 傳爲才談. 其後, 魚府院喪出, 兩子俱幼, 未能執禮, 李校理毅中·李參議奎采, 同往請弔喪, 家奴告以喪主二分年幼, 不得受弔, 諸客只哭於几筵. 李校理曰:"昔年, 黃柑猶子請, 今得其對." 卽呼曰:'一鼇[288]白魚不受弔.' 此亦杜詩[289], 而弔與釣, 音同故也. 尤極奇妙.

199.

柳判書儼之儼字, 與母字之諺音相同, 故人戲其子, 曰:"人呼汝父, 必曰'汝母', 何其以父易母耶?" 蓋母字諺音'儼伊'故也, 人皆絶倒. 時韓金海珩, 有兄珪, 每呼其弟, 曰'珩'. 人戲之曰:"珪處兄位, 稱弟爲兄; 珩處弟位, 自處以兄, 眞所謂難兄難弟." 蓋珩與兄音同故也. 聞者以爲以父易母, 以兄易弟, 眞所謂混沌氏之子也. 尤覺捧腹.

200.

尹監司知敬, 爲湖西伯, 趙公慶起, 時爲稷山縣監, 與尹相親. 監司巡到稷山, 戲謂趙曰:"此邑雖謂忠淸道, 近接畿甸, 無異京畿也." 蓋趙名與京畿, 音同故也. 趙卽對曰:"果如使道之言, 此邑間於畿湖, 故人皆曰'地境邑'也." 蓋尹名與地境, 音同故也. 以此報

---

[288] 鼇: 나, 다본에는 '雙'으로 되어 있음. 동자임.
[289] 杜詩: 나본에는 '杜律'로 되어 있음.

之, 尹大笑.

201.

許眉叟, 善言語, 好詼諧. 人之來見者, 每當接語, 多被其辱. 李白軒景奭, 少時見許, 而歸詫於人, 曰:"許不敢一言侵我, 蓋亦觀人而發矣." 人問其酬酢語, 李曰:"別無他語, 彼此通姓名之際, 吾先曰:'鄙生之名, 景星·景雲之景字, 召公奭之奭字云爾.'則彼答曰:'鄙名穆, 穆文王之穆字云爾.'"人大噱曰:"召公於文王, 誰也?" 白軒始悟, 大憤.

202.

李南平顯應, 家有宴集, 全義·鎭安兩倅來參, 鎭安倅曰:"邑況不如全義." 全義倅曰:"全義之殘薄, 甚於鎭安." 兩倅相下頗久, 座中一人曰:"當說目前事, 鎭安何必爲全義言, 全義何必爲鎭安言耶? 俗言以過去事, 俱謂'鎭安''全義'故耳." 一座大笑.

203.

黃爾明爲青山宰, 往一處, 座中一人曰:"以黃姓爲青山倅, 有何黃青山之對?" 有應之者, 曰:"赤白痢可合黃白." 雖甚辱, 是巧對矣.

204.

崔崑崙昌大, 代金竹泉長國子, 嘗試士, 姜栢詩有'仙舟未繫六鰲首, 若木花老金烏死'之句, 大加稱賞, 貫珠揮場. 時爭名者, 作詩譏之, 曰:'人間豈有若木花, 長夜然後金烏死. 生子當如金達甫, 兒子昌大豚犬耳.'非但姜詩之見稱, 作此詩者, 亦能文者也. 其後,有一國子長, 以夢見爾父出題, 蓋取明祖宋濂事也. 儒生托以問解題, 直向廳中而呼之, 曰: "夢中果見爾父耶?" 蓋辱之也. 師長亦答曰: "果夢中見爾父也, 以此反辱之." 大抵, 士風漸澆, 前後爲是職而見辱者, 漸多矣.

205.

有老武, 率弟子, 敎射於山寺, 儒士五人, 亦讀書同寺, 所業雖異, 自然相親. 一日, 士人得河豚數尾, 作羹, 而羹少人多, 難爲分食, 士人曰: "作詩先成, 每聯[290]用二魚名然後, 可以許食." 弓師曰: "雖武夫可許乎?" 士人曰: "何論文武?" 其人卽詩曰: '踈於【蘇魚】文字訥於【訥魚】辭, 粗記【石魚】姓名道未【道尾】知. 家在【刺在】長安無樂地【絡蹄】, 半塘【蘇魚】傾仄不謀治【首魚子】.' 士人閣筆, 弓師獨食之.

206.

一武人, 自鄕致書於一宰, 曰: "大監在位朵豆之末, 大監未死, 伏罪伏罪." 其宰莫曉, 曰: "雖是武夫, 何如是不成說耶?" 此際, 他武來謁, 出示其書, 曰: "能知之乎?" 答曰: "朵豆末俗所謂飛陋, 以飛陋洗之, 顔色生光, 大監居在高位, 於渠生光之意也. '未死'云者, 想必大監宅羊兒, 應有寄養於渠家, 而其羊自斃之意, 羊是未故, 敢以此仰告." 其宰曰: "奇哉奇哉!" 果有寄羊之事矣. 其武持其書, 歸視同類, 曰: "某宰不能解, 看者吾如此曉之聞, 余言甚釋然矣."

---

290) 聯: 저본에는 '紙'로 나와 있으나 나. 다본을 따름.

207.

李監司善溥, 爲湖伯, 嘗遊[291]錦江, 顧謂幕府曰:"花千片, 水一帶, 無限風光." 復曰:"諸君能有繼之者乎?" 審藥先請, 肉談繼之, 審藥卽呼曰:"薑[292]三片, 棗二枚, 不拘時服." 檢律曰:"杖一百, 徒三年, 勿刊敕典." 裨將中一武人曰:"槍三中, 革五中, 序具得中." 各以其所業, 俱用數字對之, 尤奇妙矣[293].

208.

我國風習, 婦女之解文者, 甚少, 若解文, 俗謂命薄. 蓋才多然後能文, 故才多, 則不能享厚福理, 或然歟! 十餘年前, 司導寺書員林姓, 有女才藝女紅, 俱臻妙, 且解其棊譜詞律. 父母欲嫁之, 女願自擇, 必得善琴[294]棋工, 詩吟有豪槩然後, 可以許身. 故文人才子, 日集其門, 終無可於意者, 年過二十, 未有許身. 聞宗室南原君橘, 善棋善琴, 兼有豪爽之風, 作詩送媒, 南原以其姿色之未極美, 不許. 女終不歸他, 未久夭閼, 人皆慘之. 其漫吟曰:'深樹濃靑覆屋簷, 隔林啼鳥語聲纖. 吟餘樂譜棋經伴, 醉後閒情睡事兼. 花影亂垂知露重, 竹陰淸淨見風恬. 生平世路心無競, 隨處安身足一鎌.' 又有兩聯[295], 曰:'蘭蓀野外流芳日, 桃李城東得意春. 偃臥荊扉爰得[296]所, 高吟玉署是何人.' 其他律絶, 膾炙者甚多, 筆法翩翩, 有鍾王之意.

---

291) 遊: 나본에는 '過'로 되어 있음.
292) 薑: 가, 나본에는 '干'으로 되어 있음. 서로 통함.
293) 矣: 저본에는 빠져 있으나 다본에 의거하여 보충함.
294) 善琴: 저본에는 빠져 있으나 나본에 의거하여 보충함.
295) 聯: 저본에는 '紙'로 나와 있으나 나본을 따름.
296) 得: 나본에는 '我'로 되어 있음.

209.

許兵使瑬, 受學於寒泉, 文章甚盛, 以巨擘稱之. 寒泉嘗令門生, 各言其志, 許對曰: "當盛夏脫衣, 急投於冷泉, 是快活事." 寒泉笑曰: "當投筆矣." 人問曰: "許本儒家子, 且文學已成, 何以從武乎?" 答曰: "第看之." 匪久返武.

210.

寒泉李公, 嘗獨坐, 有人衣冠甚盛, 不通刺而入來, 寒泉雖不知爲何人, 迎揖具[297]賓主禮. 其人無他語, 只曰: "竊有疑晦文字間, 敢此有問答?" 曰: "何事?" 其人曰: "魯論「舞雩」章, 冠童之數, 幾何?" 答曰: "冠者五六人, 童子六七人外, 更有何疑耶?" 其人曰: "以賤見, 似不然矣." 寒泉以爲有別般意, 問之曰: "願聞其說." 其人曰: "冠者乃三十, 童子又四十二矣." 寒泉駭之, 然旣是初見, 故不甚強責, 只問曰: "尊居在何處?" 答曰: "居於湖南, 名朴男, 今者之來, 非爲見先生, 爲問冠童之數, 而所答極不瑩然, 可知其先生爲也." 仍告辭而起, 寒泉亦揖而送之, 心甚怪之. 後逢湖南人, 問曰: "尊同道儒生朴男爲名者, 顏貌果如此, 其所問亦如此, 極怪駭, 是何人乎?" 聞者細思, 則元無儒生朴男, 只有名倡朴男漢, 以此對之, 寒泉始知其見欺. 蓋朴男者, 以善倡冠擅國內, 能使人笑之悲之. 嘗當科時, 到寒泉店, 此店李公所居, 前村赴[298]科士子四五人, 亦同入, 盛稱李公經學, 曰: "人之見者, 自不得不敬矣." 朴男曰: "吾當往見, 若不得能作戲事, 吾當受罪, 如試行次, 亦具酒饌矣." 卽往寒泉家, 果作此擧, 聞者絶倒. 嘗又同里有上番人之妻, 持自

---

297) 具: 저본에는 '是'로 나와 있으나 이본에 의거함.
298) 赴: 이본에는 '小'로 되어 있음.

京來家夫書, 請見, 曰: "爲我詳傳書中辭意." 朴男展見, 移時無語, 而但泣下如雨, 其女以爲, '他人見他人書, 若是悲慘者, 書中必有大端事.' 心內罔措, 先亦淚湧, 催問書由, 曰: "須急道, 勿諱!" 朴男徐[299]曰: "吾之悲, 非見書而泣. 年近六十, 未解諺文, 不能知此書辭意, 故以此泣之." 厥女大怒, 奪書而去. 一日, 又路逢同邨尊位, 尊位騎馬, 渠亦騎馬, 渠不下馬, 伏於馬上, 曰: "小人拜謁." 尊位大怒, 捉下數之, 朴男曰: "尊位主試思之, 尊位若步行, 朴男若步行, 相逢於路上, 勢當拜於路上. 今者, 尊位與小人, 俱騎馬, 以此推之, 步行與[300]馬行之逢等耳. 若以尊位所敎施行, 相逢於步行之時, 則其可掘地而入拜乎? 吾曾與寒泉大監相揖, 不畏華陰令, 久矣." 尊位大笑.

211.

金栢谷少時, 憑北使, 送銀十兩于曲前子, 推命以來, 編年下或書詩句, 或書行文, 末書曰: '華山騎牛客, 頭戴一枝花.' 見者莫解. 及當年奉命往安東, 得毒疵, 邑人告曰: "此地有妙方, 若騎牛行紅門街上, 能得離却矣." 事雖駭瞻,[301] 不勝病苦, 且被人勸强, 始騎牛而行, 痛勢終不愈, 卽復還歸, 委臥昏昏. 一妓侍坐枕邊, 以手按頂, 問其名, 則曰 '一枝花'. 心忽驚悟, 更問安東別號, 亦華山. 始知將死, 命治喪具, 數日後果不起. 蓋前定有限, 不可以人力進退, 又其推步極神矣.

---

299) 徐: 저본에는 '復'로 나와 있으나 나본을 따름.
300) 與: 저본에는 '而'로 나와 있으나 나, 다본에 의거함.
301) 駭瞻: 의미상 '駭膽'이 되어야 함.

212.

南進士達明, 世居京洛. 一日, 忽欲深居峽裏, 卜宅於襄陽, 親知挽止, 不聽之, 築室於萬疊山中. 爲慮虎患, 以三四丈眞木, 環家爲籬, 雖飛鳥急難超越. 日未夕, 外戶且閉, 若有出戶事, 必多施防虎之物, 居此數月, 虎亦不現形. 嘗一日初昏, 爲放便, 才出戶外, 有虎忽超入直噬而去, 家人追之, 已無蹤迹, 爪髮之餘, 終不得之. 有人挽之, 曰: '遯世高蹤合隱淪, 如何枉殺百年身. 襄陽太守無嘉政, 虎不渡河反食人.' 京華士族, 猝居窮峽, 竟爲虎噬者, 無乃天定以死於虎耶!

213.

茂朱衙舍, 以有魍魎廢棄, 前後倅皆居寓所. 趙僉正泰來爲此倅, 直到廢衙, 人皆挽之, 不聽, 命合番官屬, 多備火具, 每夜四面擧火, 使一衙通紅. 復作草人, 使邏卒拿入, 以大杖猛打, 使諸人左右羅列, 一時大喝, 聲震天地. 移時後, 更往他處, 亦如之, 達宵如此. 初則鬼魅與人雜處, 現於火下, 逐隊嘲戲, 小無忌憚. 向其現形處, 大吹囉角, 擊鼓伐金, 又以炬火搏擊之, 數十日連[302]夜如此, 始有挫意, 漸至避逐. 自此, 衙舍寧靜復用.

214.

東萊有鄭姓人, 生子, 自落地身體壯大, 纔過三日, 已如朞年兒, 及五日, 恰如五六歲兒. 家人大怪之, 掘地數丈而埋之, 兒奮身肆勇, 土崩不得掩, 以網席覆其坎, 且壓[303]以大石, 衆人環立席端而

302) 連: 저본에는 '達'로 나와 있으나 다본을 따름.
303) 壓: 저본에는 '壓'으로 나와 있으나 이본을 따름.

鎭之, 猶能搖動, 過數時始絶. 未久, 其家相繼暴死, 無孑遺.

215.
李文輔, 卽白洲曾孫. 自幼已有藻思, 八歲方學『史畧』初卷於塾師, 其師將挈家歸峽, 作序送之, 曰:'山田躬耕, 以養老親; 好子多生, 以事聖君.' 見者大異. 及長, 文思日就, 先輩諸公, 皆以爲將繼於樗月之業. 嘗遊道峯, 題詩曰:'缺月空山宿, 寒溪老樹聽.' 歸獻[304]於三淵, 三淵以爲絶調, 而然語人曰: "恐不久於世." 未久, 果夭. 人惜其才, 而服三淵之鑑識.

216.
南中士子數十人, 作科行, 行自孝浦酒幕, 曉渡[305]錦江, 向弓院, 一行盡是同接, 而獨居前二人, 不知其何處者. 時未開東, 月色滿野, 居先者, 顧謂曰: "時景正合聯句!" 仍呼曰:'弓院月彎風似箭.' 後者卽應曰:'錦江烟織柳如絲.' 同來諸人, 相與傳誦, 歸質於三淵, 三淵以爲鬼詩云爾.

217.
有人爲安東倅, 將赴任, 到鳥嶺龍湫, 登亭休息. 一年少, 儀貌如冰玉, 亦同憩, 小間先起, 俄復還來, 曰: "雖無面分, 今得一句詩, 敢獻矣." 仍曰:'盤根露地蛇當徑, 怪石蹲溪虎出林.' 覽之, 曰: "詩果何意, 給我亦何意?" 答曰: "是偶得者, 別無指意." 卽復出去, 其行逢一儒士, 視之解看, 曰: "此鬼語也. 內隻明年當爲本道監司,

---

304) 獻: 저본에는 '戱'로 나와 있으나 나, 다본에 의거함.
305) 渡: 다본에는 '到'로 되어 있음.

外隻後將爲大將之意." 聞之不爲信, 更不細問, 亦不問其居住姓名矣. 翌年, 果爲監司, 殆同例進之職, 不以爲驗, 若大將非文臣之職, 故不置念頭. 年久後, 果拜將任, 始悟其解詩之言, 雖欲詳問, 無處可問, 常以爲恨.

218.

金興祖, 閭閻人, 自少有誠於余. 余昔貧窮, 興祖多助之, 而亦無故必來見, 以此余亦甚愛. 余嘗得病數朔, 興祖尤連日來問矣, 渠亦得病數十日, 不相見. 一日晝宿, 興祖以新衣玄冠, 夢現曰: "今將遠行, 有此告別." 握手殷勤, 甚怊悵而去. 覺甚驚異, 强疾昇轎, 往見, 俄果絶命. 其妻泣告曰: "臨終時, 以不見余爲恨, 願托其稚子云." 不覺悲慘, 聲淚難禁, 不可以上下有分行[306] 緦服. 其稚子長成後, 其妻又老死, 余在三和, 率其子, 置在衙中矣. 一日, 急告歸不言由, 余不許, 又復涕泣不食, 余甚怪之, 許其歸. 歸後聞之, 晝夜倍道云, 尤[307]甚可怪. 余還家後, 問之, 對曰: "其時亡母夢告曰: '汝子方患痘, 須歸見.' 以此, 果告歸而發行, 翌日又來, 謂曰: '症勢甚重, 必急歸云.' 故倍道而到家, 則其時恐事謊[308], 不敢傳說矣." 余問: "此外, 亦更有異事否?" 對曰: "果然矣. 若家有大事, 或夢告, 或宛然臨空來語, 而獨於吾及吾之妻, 告之, 他人不然, 尙今如此云." 可怪.

---

306) 行: 저본에는 '付'로 나와 있으나 이본에 의거함.
307) 尤: 저본에는 빠져 있으나 나본에 의거하여 보충함.
308) 謊: 나, 다본에는 '荒'으로 되어 있음.

219.

慶尙都事, 巡到某邑, 講校生. 落講生, 當降定軍役, 百端哀乞, 都事曰: "汝若作詩, 可以贖罪." 落講生本無文, 然以姑息之計, 對曰: "謹當如敎!" 都事曰: "今已日暮, 不可出韻, 明朝待令." 生往請鄰家文[309]人借作, 答曰: "不知出韻之當何字, 何以預作乎?" 生猶請之不已, 士人書之曰: '平生不讀一字□, 豈意今日韻呼□. 使道案前小生怯, 末句終難更着□.' 以此給之, 曰: "明朝, 無論韻字之爲, 某字書塡於三空處." 生果如其言, 終免軍役.

220.

一塾師敎弟子四人, 學『蜀漢紀』者, 至'死諸葛走生仲達', 弟子問意, 師曰: "汝不知此意耶?" 因吞吐曰: "汝之文理, 可謂尙遠. 走是急步, 生是解産之意, 已死之諸葛急步, 而産仲達." 弟子曰: "諸葛男子, 何能生人? 且已死之人, 又何能走乎?" 答曰: "諸葛乃三代上人物, 其神通變化, 若不如此, 何以謂之諸葛亮乎?" 學「放猿」詩者, 次問曰: "'啼時莫近瀟湘岸, 明月孤舟有旅人.' 此何意?" 師曰: "啼時無得近於岸者, 舟中有旅人, 故可畏而然也." 弟子曰: "舟中雖有人, 何畏之有哉?" 師曰: "旅人作客已久, 忽思肉味, 故恐見捉而烹之. 蓋古人仁厚, 雖山猿微物, 其惻隱之心, 無所不至, 有此戒矣." 弟子聽畢, 更問曰: "旅人之食肉, 是好事, 作詩者, 何薄於人而厚於猿, 使不得捉食耶?" 師高聲曰: "汝豈不聞孟子乎? 是乃恩足以及禽獸者也." 學『史畧』者, 問夷齊遂餓死之意, 師悽慘滿面, 曰: "殘忍哉, 哀憐哉! 雖使勿侵而置之, 食不過山菜, 非久當死, 況

---

309) 文: 저본에는 '丈'으로 나와 있으나 다본을 따름.

以足踏之, 豈不逕死乎?" 末者, 方學五絶「途中寒食」, 問寒食暮春之意, 答曰: "馬上所得冷飯, 不可因食[310], 故付途中主人媼, 名暮春, 更炊以來之意. 洛橋人云者, 得飯復炊, 思與情人分之, 其人在洛橋, 不可得, 故有此恨意也." 群弟子應諾而退, 師搔首, 曰: "今日講論苦多, 氣甚憊薾矣."

221.

白沙畫像, 本家所奉, 本嘗失之, 畫像偸去, 似無用處, 人皆怪之. 蓋胡人必欲見公像, 且若畫像之名畫, 則尤貴之, 不計價, 本而取之. 公之畫像, 亦名畫, 故一譯官偸出去, 其糊褙捲貼, 藏之. 自偸像之後, 有偉然丈夫, 頻頻夢現, 大懼之, 欲投水火, 則恐被罰; 欲投本家, 則恐或見捉. 趑趄不敢, 請盲者, 使讀逐邪經, 盲曰: "人形畫掛壁上, 以蓬矢射之." 遂取出畫像, 方欲射之際, 大風忽起, 飛捲落門外, 捕校適過, 見之, 遂捕之. 精魄之盛, 可知.

222.

申平川, 有傔從一人, 嘗陪公往新門外, 及還歸, 到城門, 忽曰: "有難入之事!" 越[311]城而走, 仍無蹤跡. 家人尋到三角山重興寺, 落髮爲僧, 叉手拜之. 過一年, 始出山門, 來謁公, 又納僧徒所業木箸. 公問: "汝胡爲僧?" 對曰: "上有父母, 下有少婦, 家計不貧, 且自少本無崇佛之意. 及當日至城門, 忽見塵埃滿門, 如雨如霧, 來者去者, 皆從其中, 滿身蒙翳, 殆不如人形. 竊以爲, '豈可以人而入去如彼中混蒙其汚穢耶?' 卽直到重興寺, 見衲子閒無世事, 遂

---

310) 不可因食: 저본에는 빠져 있으나 나본에 의거하여 보충함.
311) 越: 나본에는 '循'으로 되어 있음.

托迹沙門, 以木箸等事資生. 前日出家時, 不告大監, 不辭家人, 故今始來現." 公曰: "今從何門而來?" 對曰: "新門矣." 公曰: "今日亦有塵埃否?" 對曰: "今日則無之, 前者所現, 殆同當日出家之緣也." 以此論之, 術家所論, 賦僧之說, 似不虛.

223.

吾家楊州接堵里有墓奴閔孫者, 爲人唐突. 墓幕庭畔, 有老松槎枒, 盤結爲二層, 每層安如平床, 足可坐臥. 嘗夏月夕後, 爲避暑, 升臥下層, 仍就眠矣. 有虎不知人在, 躍坐其上層, 閔孫驚悟虎在頭上矣, 欲下走, 則虎必覺知[312], 若仍留, 則非久虎當知之, 計無所出. 擧頭仰見, 則虎亦困署, 故其腎囊大皺, 懸垂枝間. 閔孫以手漸近虎腎, 微搔其閫皮[313], 以試其驚否, 虎初不知人手之近, 後則喜其搔痒, 搖尾而安, 小無驚動, 愈搔愈喜. 閔孫以一手不輟其搔, 以一手解袴帶作罟, 先繫一端於木, 以罟一邊搔之, 漸絡其閫, 幾至不脫. 忽揚聲而急先超下, 虎亦驚逸帶, 是堅纏麻索, 故引而不絶, 閫入罟中, 漸絡不脫, 驚倒掛樹, 欲絶而走, 則閫亦欲絶, 不勝痛楚, 只大聲吼哭, 以石打其細腰, 腰脊遂折, 不得肆勇, 解罟而亦不能走. 余親自目見, 若仍人得傳, 必將謂虛誑.

224.

龍山車夫, 嘗解卜京城. 日暮還家, 適放溺於水閣橋路邊人家壁後, 忽聞頭上有聲, 仰見, 則上有樓窓, 而一美娥半身隱樓, 招謂車夫曰: "暫從後門入!" 車夫心甚訝之, 第以急請, 果入去, 女年才二

---

312) 知: 다본에는 '起'로 되어 있음.
313) 閫皮: 나본에는 '閫莊'으로 되어 있음.

十, 極有姿色. 懽喜迎坐, 仍請宿, 問其本夫, 以別監方入直云. 車夫以牛隻區處後, 更來爲言, 女申托踐約, 再三重複, 車夫付牛於京裏主人, 更自後門而來. 女倚門苦待, 盛饋夕飯, 仍卽請懽, 破笠鶉衣, 脫却一邊, 同臥錦裯, 其淫戲不可醜言. 夜幾三更, 門外忽有呼人聲, 女大驚, 曰: "家主出來!" 急藏車夫於樓而鎖之, 出去開門, 本夫入來. 車夫從樓覘視, 容貌美麗, 衣服鮮明, 女問: "入番之人, 緣何出來?" 答曰: "俄夢家中失火, 盡見回祿, 覺來心驚, 越城而來矣." 女佯若驚動, 還復大責, 曰: "夢兆雖不佳, 直在重地, 何妄作如此擧? 急速還直!" 本夫曰: "今旣出來, 空還甚可惜." 仍欲戲謔, 女百般周[314]遮, 終不聽順, 本夫且怒且笑, 無可奈何, 亦慮直所之久曠, 卽復出去, 曰: "豈無後日出番, 當不遠矣." 女隨後, 堅閉外門, 卽復開樓, 迎下車夫, 復事淫醜, 比前尤甚, 仍困而先睡. 車夫不能卽睡, 對燈輾轉, 忽心語曰: "本夫百勝於我, 且吾乃行人, 而無端招入, 作此大淫, 此專由於淫慾, 而俄者本夫百計作戲, 終不聽順者, 吾在樓上故也. 且渠之父母, 定給夫婦, 而有醜行, 人有血氣, 目擊如此, 寧復置之?" 遂刃殺之, 待鷄而走. 翌日, 廊底人入見, 流血滿房, 劒痕狼藉, 斃已久矣. 女之本家, 起獄而無他端緒, 廊底人只告曰: "其夜男主人, 自直所潛來, 入去房中, 未知何時還歸, 此外無知爲供." 遂覈問本夫, 質弱年少, 不勝栲掠[315], 以惑於他妻, 果手自刃刺誣服, 論以償命. 凡罪囚之行刑也, 龍山車夫, 例爲持車載之. 當夜其車夫在待命中, 而罪人未及出來, 立於典獄街前, 問于曹屬曰: "吾車死囚, 是何罪?" 方酬酢之際, 囚出獄門, 將登車, 車夫詳視, 乃燈火所見者也. 大驚以爲, '豈自愛死而誤殺

---

314) 周: 나본에는 '固'로 되어 있음.
315) 掠: 저본에는 '抱'로 나와 있으나 이본에 의거함.

人?' 遂告官曰: "此非殺人者!" 因告其由, 獄官判曰: "殺一淫女, 活一不辜, 是義人, 特免賤, 又重賞." 車夫姓柳, 本私賤也. 本夫遂得生, 待以恩人, 家素富, 仍割半給之. 車夫棄其業, 賴以好過, 子孫繁盛, 以其業車而得福, 故人稱'車達'. 今世, 文化柳氏之始祖云爾.

225.

余少時, 往一喪家, 參朝奠, 方哭泣之際, 忽有乞子着無頭平涼子, 衣懸鶉, 立戶內, 顯有流涎意. 余凝目視之, 因復不見. 事雖怪異近誑, 故不與人語, 今始記之.

226.

柳鏛·丁始濟·象□□, 庶孼人, 同母兄弟也. 柳神醫, 丁國手, 象神弓也. 肅廟問於鏛曰: "汝之兄弟, 何各姓也?" 對曰: "母有眼廣之病." 上曰: "何各妙於雜技?" 對曰: "臣母有才於鑄人, 第以眼廣病孕胎, 故緣病而稟賦, 俱未純各歸於外技, 至於聖學, 不得矣." 上大笑.

227.

柳大將赫然, 任平兵時, 一通引爲人伶俐, 神手俊邁, 升爲將校, 常愛之矣. 一日, 惡虎白晝橫行城外, 柳親自行獵, 其校衣紫的軍服, 乘白馬隨去. 虎突入大將幕中, 於衆中噬出厥校, 一軍急救脫之, 一縷姑未絶, 急送其家. 仍捉其虎, 還營歸路, 到其家, 問其死生, 其父泣告曰: "此乃獨子, 家且不貧, 故在渠兒時, 推命於燕京, 曲前子推命一軸, 如是堅封, 而書外曰: '若開見, 大禍立至, 愼勿開封, 事到危急, 始乃開見云.' 故今欲坼見矣." 因開封書, 裏面曰:

'某年某月某日, 衣紫的戰服, 乘白馬, 爲虎咬[316]死.' 見之錯愕, 繼有家人急告曰: "今者命絶!" 蓋曲前子受人卜債, 故雖致精推給, 而外封申戒勿坼者, 恐漏洩天機也.

228.

陜川海印寺, 方營圖像丈六佛簇子, 八路緇徒大會, 畫師無可合者. 末座一僧, 衣服藍縷, 形容枯槁, 自謂曰: "限以九十日, 一從吾言, 庶可畫出. 所居之室, 盡去窓戶, 以土塗之, 使無虧隙, 只留小穴, 僅容食盂." 申戒曰: "雖八十九日, 如或窺見, 將不成." 獨居其中, 無語無聲, 若無人者, 朝夕自穴只饋[317]一飯而已. 八十九日, 一僧以明是限滿, 必盡畫, 復窺見, 僧大驚, 曰: "是何事?" 俄自室中, 有雷聲, 繼有黃鳥自穴出來, 因飛去. 及明日視之, 畫僧不在, 畫佛雖成, 而但足部第五指未成, 以朱紅畫鳥跡而去. 若當大旱, 以其佛障掛竿祭之, 輒雨降矣. 壬辰之亂, 倭人持去, 惟政以萬金請換, 終不許之. 佛家如此事, 可怪.

229.

鄭知事纘述, 趙博川德潾, 俱兼才談. 趙嘗爲鄭之幕府, 鄭曰: "君能嘲我乎?" 對曰: "使道是喪中所出也?" 鄭怒曰: "何以知之?" 趙曰: "使道乃甲子生, 故以此知之." 答曰: "吾甲子生, 然何以謂喪中耶?" 趙曰: "『史畧』有'占斗建作甲子'之言, 是以知之." 蓋喪人頭巾與斗建, 同音故也. 滿座大笑.

---

316) 咬: 나본에는 '噉'으로 되어 있음.
317) 饋: 다본에는 '餤'으로 되어 있음.

230.

尹進士志述, 最少時, 嘗夜話窓外, 忽有尹持平三字聲, 如此呼三次, 仍復無聞, 諸人以爲進士當至此職. 後被士禍, 以此職褒贈, 果驗於是.

231.

梁參議應井, 善繪素, 其大人亦工於畫格. 人問於參議曰: "春府畫品與君高下, 如何?" 答曰: "家親畫格, 在古所罕, 吾焉敢及之? 但吾之人物, 則果勝於家[318]親." 聞者絶倒. 及登第, 槐院古風, 坐起出戲題, 曰: "應井賢於其父." 對曰: "堯之子不肖, 舜之子不肖, 應井賢於其父, 其父之賢於堯舜, 可知矣."

232.

呂參判必容, 李右尹東馣, 俱以槐院參下, 得戲題. 呂得李東馥傳, 李得呂必容傳, 呂先對曰: "世有李東馣者, 又有李東亨者, 似若母子然, 而自以爲兄弟, 其傷風敗俗, 若是之甚矣." 蓋東亨東馣之兄也. 亨與兄同音, 馣與母, 稱同音, 故呂以此辱之. 一世笑傳.

233.

徐佐郞夢良, 出宰靑陽, 監司當臘月行關列邑, 使納梅花, 藥爲藥用也. 列邑皆得納, 靑陽獨未納, 監司別關嚴督, 徐論報曰: "靑陽過[319]歲除是乎矣, 寒梅着花未是乎, 等以不得上使云云." 俱唐音而時當臘月邑號, 又同故, 以此取用. 人皆善之.

---

318) 家: 저본에는 '吾'로 나와 있으나 나본을 따름.
319) 過: 이본에는 '逼'으로 되어 있음.

234.

南參判老星, 爲都承旨, 同僚有再娶鄕行者, 南曰: "故人作行, 寧無一言贈耶?" 其人喜請之, 卽書曰: '日暮銀臺後[320], 相送知申郞. 大道莫疾馳, 恭汝知申郞. 入門莫疾步, 屈於知申郞. 擧脚莫頻作, 斗[321]如知申郞.' 一時傳笑.

235.

宗室碧溪守, 自謂有操行, 常曰: "人一見眞伊, 皆沈惑, 我若當之, 非徒不惑, 且必逐之." 眞伊聞之, 得好辯者, 敎以如此如此. 其人到碧溪守, 乞粮, 守獨坐, 適[322]無人, 見乞客, 招問曰: "汝居在何處?" 對以松岳山下. 時當九秋, 守因問松岳諸勝秋景, 乞客以懸河之辯, 盛稱之. 守自生秋興, 謂乞客曰: "吾欲往見, 汝當偕乎?" 對曰: "何憚之有?" 守遂與同行, 及到松都界, 乞客迂路引行, 故使犯昏. 時已月生東嶺, 靑山綠水, 盡帶故國之思. 守駄載驢背, 左右酬應, 不覺幽興滔滔. 此際, 眞伊隱於路傍, 以澹妝出於月下, 執驢轡[323]呼之, 曰: '靑山裏碧溪水, 莫誇易去. 一到滄海後難復, 回明月滿空山, 暫休去且如何?' 明月是渠之字. 守見月中一朶解語花, 鳳唱九霄, 自不覺心醉, 遂墮驢. 眞伊始謂曰: "何不逐我耶?" 守大慚之. 其事大播, 至以聞歌墮驢, 出科題. 其松都懷古詩, 曰: '雪月前朝色, 風鍾古國聲. 南樓愁獨立, 殘郭暮烟生.' 此詩, 入於『箕雅』.

---

320) 後: 저본에는 '復'으로 나와 있으나 이본에 의거함.
321) 斗: 다본에는 '頭'로 되어 있음.
322) 適: 저본에는 빠져 있으나 나본에 의거하여 보충함.
323) 轡: 다본에는 '興'로 되어 있음.

236.

金相宇杭, 有友人往南中, 其間, 金公身逝, 友人則不知. 還歸到南城外, 逢公, 公倚坐平轎, 雙導如常儀. 公謂友人曰: "吾方出[324]行, 而吾之落髻, 在於『事文類聚』第某卷中, 忙未持來, 兒輩似將不知, 須爲我言之." 友人問方向何處, 公曰: "君當知之矣." 不告而去, 回顧其去處, 則向靑坡, 而路回山轉, 因忽不見. 友人到金公家, 昨才過成服, 以其事傳之, 卽取見其冊, 果有之. 蓋在世時, 落髻置於其中, 而家人不知, 未能入棺內, 此事甚異矣.

237.

閔判書百祥, 以書狀赴燕, 與上使・箕伯・平兵, 遊宴百祥樓. 趙悔軒觀彬, 戲書狀曰: "人百祥登樓百祥, 其意莫曉." 是悔軒有一妓, 名明窓, 進曰: "文使道對武使道, 坐處從容賴明窓." 諸人奇之, 曰: "如此妙物, 不可空捨, 而吾輩旣多明窓, 一身甚難處." 更對曰: "佳賓滿堂舞鸞, 惟孤敢請, 小人自作割半爲雲雨, 伏願諸公, 勿忘全軀, 保妻子." 其割半全軀, 非但巧取古文爲對, 亦寓嘲諷之意, 一座尤奇之.

238.

報恩俗離山, 最上頂有石峯, 狀如伏龜, 其頭部垂出空中向西北, 顯有蜿蜒意, 其下乃絶壑也. 曾有漢人, 望氣尋到, 以爲吸精中華, 斷頭落地. 其後, 閔老峰以爲南服靈巖, 發一道軍, 築石其下, 取連龜頭, 復以鐵釘匝之. 年久後, 漸生釁隙, 余之登臨, 已聞一

---

324) 出: 저본에는 '公'으로 나와 있으나 나본을 따름.

二旬錄　421

寸, 眞所謂不可復生者也. 非但此處, 我國山川, 唐人之斬脉釘脉處, 甚多, 實非公心也.

239.

有宦年少位高, 家且富饒, 居在果川路傍. 嘗當科時, 一日晨朝, 命奴三人曰: "往候路傍, 若以科行有上京者, 勿論某人, 初逢者必招來." 又命辦酒饌. 午後, 嶺南一士人, 款段牛卜, 行色疲獘, 果居前而來. 三漢出拜馬前, 暫請入去, 士人不許, 曰: "吾無素面, 且行色甚忙矣." 三漢遂前擁後護, 鞭馬强驅, 若如捉去. 其人欲下不能, 遂入巷口, 門閭高大, 儼若卿相家. 三漢强使下馬, 挾上堂, 士人忿怒, 大罵主宦曰: "行客何爲招來作此困辱?" 主宦徐[325]答曰: "徐當有可知之事, 今日宜留此處." 仍命奴輩曰: "解下卜物, 善喂馬子於舍音家." 一時應聲, 卽依其言. 士人曰: "招入貽辱, 已極怪訝, 且不言事由, 任意强挽, 此何事耶?" 主宦但微笑, 曰: "只留只留!" 士人推馬不得, 索卜不給, 只咄咄不已. 如此之間, 日色已暮, 勢難前進, 賓主夕飯, 繼而出來, 饌品器皿, 燦爛奢麗. 士人不勝忿, 推盤不食, 主宦解諭, 曰: "吾非辱尊, 當有好事, 且[326]客中廢食, 恐有生病, 須下心進飯." 士人稍稍忿減, 始食之. 及到昏黑, 銀燭前導, 主宦次之, 曰: "尊客當有宿處." 引入別堂, 金爐篆烟, 枕具鴛鴦, 若如新郎房. 少頃, 進酒饌, 士人尤以爲怪, 主宦只曰: "可唉可唉!" 行盃强勸, 撤饋[327]後, 有嬋姸美娥, 凝粧盛飾, 侍女數輩, 左右扶挾, 開戶入來. 士人益加驚疑, 惝怳莫知所爲, 急[328]欲退避[329], 主宦

---

325) 徐: 저본에는 '復'로 나와 있으나 나본을 따름.
326) 且: 나본에는 '恐'으로 되어 있음.
327) 饋: 나, 다본에는 '饌'으로 되어 있음.

挽坐, 曰: "是可見之人, 故如是耳." 卽起出戶, 以金鎖鎖戶, 曰: "好度今夜!" 士人不知其由, 悄然而坐, 燭盡夜深, 人迹四無, 銀鬢玉膚, 半面羞澁, 態度綽約. 士人忿心漸解, 色意暫生, 頻頻擡眼, 羅裙醉顔, 燭影眩花, 心不能自勝. 厥娥始言曰: "若依吾言, 始可從令." 士人問曰: "何事?" 厥娥曰: "跨越我腹, 高音作牛聲." 士人曰: "如此駭擧, 不可不可!" 退坐枕邊, 未久色心復生, 厥娥曰: "若不如吾言, 寧碎玉膚, 難夢雲雨." 士人始微作牛鳴, 曰: "雖云暮夜無知, 汝知我知, 慚愧慚愧." 答曰: "牛聲猶低, 決難聽令, 更須延頸高亮." 士人大忿, 曰: "一猶不可, 況可再乎! 意外被人困辱於外, 駭擧於內, 是何厄會?" 口中呪語, 只待天明, 蹴窓欲出, 此心暫爾慾心復發, 更作牛鳴而稍高, 曰: "可慚可慚!" 厥娥猶曰: "牛聲尚不快高, 須作大鳴, 達于窓外." 士人乞之, 曰: "兩次已極自愧." 答曰: "初已鳴之, 再三無間, 且勝於鷄鳴狗吠, 何只自焦肝消腸, 以傷千金之軀乎?" 士人聞其言, 愈不勝情慾, 大作牛鳴而越腹. 老婢子適爲溲溺, 出來庭畔, 驚聞其聲, 曰: "如此深夜, 是何牛聲?" 士人聞, 亦自不覺絶倒, 男女繾綣, 只願六更之復作. 俄而, 金鷄催唱, 曉星將散, 彼此惟思, 此夜再來, 重續佳緣, 以此酬酢之際, 東方已白. 主宦入來, 親開戶鎖, 笑謂曰: "良夜果好度否?" 厥娥低眉含羞, 卽起入內. 主宦呼士人曰: "是吾新郎." 命侍婢進饌, 若新郎之早飯床, 水陸珍味, 擧皆前所未見者. 士人忿心頓解, 歡情復發, 然疑訝尚存, 更問事由, 主宦只笑曰: "當有好事." 不爲詳告, 士人心裏沓沓, 亦無奈何. 銀盃玉椀, 賓主相勸, 士人自不知醉倒, 及覺來, 日已近夕矣. 自驚自忙, 始告歸去, 主宦不許, 曰: "夕陽將暮, 似難到

---

328) 急: 나본에는 '意'로 되어 있음.
329) 避: 저본에는 '遜'으로 나와 있으나 나본을 따름.

京, 更宿今夜." 士人以新情未洽, 宦挽鄭重, 因爲留宿. 翌朝復告歸, 主宦又不許送, 士人曰: "兩夜陽臺之夢雖幸, 千里槐黃之行, 甚重. 遐方之人, 前期入京, 始可追尋同接, 辦備科具, 庶免曳白之患, 而今已科行不多, 一向留連好因緣, 反爲惡因緣耶?" 主宦曰: "當有赴科之道, 第留之." 時科期只隔二日矣. 士人且疑且愁, 心欲逃去, 然馬正不知在於何處, 私集等冊場屋所用之費, 皆入卜中, 無路推出. 只於心裏多般思量, 如是否且之際, 日色又暮. 同接諸人, 則不知士人之被留在此, 已先³³⁰⁾入京, 而士人不來, 皆以病臥中路知之, 且憐且念. 士人迫不得已, 又留宦家, 終夜不寐, 曉起長嘆, 曰: "來時, 父母折桂之願鄭重, 空作逆旅, 籠鳥之煩冤, 此何故歟?" 主宦慰解, 曰: "勿憂勿憂!" 及朝, 出給試紙與筆墨, 俱是極品, 又盛備場屋酒饌, 給之, 曰: "果何如耶?" 士人稍喜而謝曰: "所賜雖感, 已失同接, 且無書手, 望斷丹梯, 淚向淸瀾矣." 主宦曰: "此亦勿憂! 此科乃春塘臺也. 旣是殿庭³³¹⁾, 則吾輩頗有力焉. 一依吾言, 則必可決科." 使伶俐兩奴作隨從, 復作牌於掖隷及寺府, 必以善手寫券納券之際, 須善爲周旋, 申申托之. 復謂士人曰: "勿往他處, 直尋吾京家, 如此爲之, 今科必得高參, 恩榮歸路, 須復更尋, 毋負我意." 士人一如其言, 及入場屋, 左右酒饌, 善筆寫之掖屬, 看護納券, 方及呈券, 宦奴隨從, 不告先走. 士人盡失同接, 獨行踽踽, 無可奈何. 及坼榜, 果高參, 三日遊街, 卽尋舊路, 厥宦亦已先知, 盛設酒肉, 高張白幕而待之. 士人果尋入, 則主宦手把恩花, 喜笑相迎, 因設唱榜, 留過一宵, 始謂士人曰: "彼娥本以良家女, 貧困無依, 爲我所畜, 姿色如彼, 且有才藝. 然空老春閨, 心常

---

330) 先: 저본에는 빠져 있으나 나본에 의거하여 보충함.
331) 庭: 다본에는 '前'으로 되어 있음.

憐之, 向者夜夢, 見黃牛跨據娥腹, 因變爲龍, 上空而去. 我若非病人, 足可以生子登科, 此生望斷, 固無[332]其應. 果邀尊客, 作此好事, 彼旣薦枕, 則可率去矣." 士人始知其由, 曰: "盛意雖謝, 在此路中, 何以帶去乎?" 主宦曰: "吾已治待, 載以屋轎." 居[333]前送別, 竝給其資粧之物. 士人決科得妾, 醉還嶺南, 鄕里皆賀之. 其後, 士人復來相尋, 主宦有凄然色, 告之曰: "雖有前日情款, 我是宦侍, 尊是名官, 自此告絶, 惟[334]願地下相逢." 因爲永絶. 士人姓名不必言, 宦則金昌義, 善詩善書, 善酒善琴, 且善棋善畫, 以風流男子稱之. 早年歸鄕, 隱於漁樵, 自號曰'漁樵子'. 其送別詩曰: '萬物具陰陽, 獨憐自不然. 二八春閨女, 暮泣向花前.' 以一詩觀之, 其善詩可知, 可謂義宦.

240.

沈承旨極[335]家, 有盲者來坐, 其隣友以有可問事, 暫請命送, 沈書答曰: "室人方與卜者, 有可笑之事, 不得起送, 待畢可以命之矣." 其友更問曰: "可笑者, 未知何事?" 沈又答曰: "所謂可笑之事, 卽陰陽之事." 以妄發中奇談傳播.

241.

李判書裕民, 爲洪州倅, 境內寺僧來, 告曰: "一邑士夫宅, 迭相來作軟泡鷄首, 雖持來泡米, 常不足, 僧自備以供, 不得保生, 願自

---

332) 無: 다본에는 '爲'로 되어 있음.
333) 居: 가본에는 '其'로 되어 있음.
334) 惟: 나본에는 '終'으로 되어 있음.
335) 極: 저본에는 '克'으로 나와 있으나 다본에 의거함.

官變通."答曰:"汝輩稱冤固當, 而然軟泡者亦吾民, 不可使不知而禁之, 其往來費, 甚可矜. 寺中磨石, 當印封, 以給汝輩, 須以磨石, 遍示境內, 明使知之." 諸僧大喜稱謝, 卽又運石, 納於官, 命合符, 上下隻糊紙堅封, 四面打印, 曰:"兩班不敢私開, 汝輩豈不好乎?" 僧徒祝手恩德, 僕僕起拜, 更命曰:"若不明告, 封印於家家, 反有罪矣." 僧徒曰:"雖無分付, 豈不遍示也?" 蓋其磨石[336]甚大, 故十餘僧, 以長杠擔持, 次第行示邑內, 邑內已費五日. 洪州幅[337]員甚大, 且士夫居多, 雖過數年無盡, 視之道還, 極苦悶. 以開坼印封, 依前供泡爲請, 始責曰:"山寺軟泡, 是何事? 汝欲圖避已不可, 且吾聽汝言而封給, 初何樂而後悔耶?" 仍重治之. 諸士夫若逢厥寺僧, 亦猛杖, 累日擔持, 苦費萬萬, 受罪官庭, 見怒士夫, 軟泡終始依舊. 僧徒之狼狽, 可笑極矣.

242.

忠淸道公都會, 以淸風定試所, 多士聚會, 疑心客相與登寒碧樓, 勝致令人挑興, 欲題詩寫景. 但平生只習疑心, 不知吟咏, 故無可奈何, 遂以行文, 體效作聯句, 一人首呼曰:'於戲寒碧樓.'第二繼曰:'大抵風景好.'第三沈吟良久, 曰:'由是觀之則.'居末者, 成落句曰:'謹對淸江流.'聞者大笑, 以寒碧樓風月稱之. 蓋世以詞律, 雖謂妨於科工, 詞律者, 亦知科工, 只事科工, 而不知詞律者, 甚多.

243.

洪監司【靜窩公諱】兒時, 夢見一龍, 出自墻穴, 遊於庭中, 少回還

---

336) 石: 저본에는 '不'로 나와 있으나 가, 나본에 의거하여 바로잡음.
337) 幅: 저본에는 '輻'으로 나와 있으나 이본에 의거함.

復入墻,而龍體甚少,不過寸餘.其明年又夢,此龍而稍長.自後每年,依例一次夢之,龍漸長大,以此夢徵,每自期登第矣.年已四十,夢雖年年,科甲蹉跎,霜髮生鬢,嘗鐃白而歎曰:"龍乎龍乎!汝何負哉?"其夜又復例夢,其龍五彩盡成,盤空而去,其年果登第.世之以龍夢決科者,甚多,此則其中最異者也.

244.

完平李公兒時,在鄉家,一日夜夢,有一人,狀貌有異,衣冠甚偉,來謂曰:"汝之死命將近,若卽今遠避,可以免禍."覺來甚丁寧,第深夜難行,還復就宿,其人又告曰:"胡爲尙在家中?事已危迫,須速走!"申申戒之,驚而覺之,其所告之丁寧,倍甚於前者,始欲走避,無可去處.家後不遠有小菴子,不告家人,潛起上去.時已夜深,僧徒怪問來由,不答而仍就睡,其人又來覷,曰:"汝何不遠去,止此至近之地?欲殺者,必搜覓轉到此,急起遠走,如小緩,禍將立至."公驚悟,急出寺門,僧徒曰:"何事深夜獨來,今復何事退去,亦向何處?"公不答之,不定去處,直向遠而走,以日明爲期矣.去後少頃,鬼卒十餘漢,狀如夜叉,極凶獰,明火突入寺門,而大呼曰:"李元翼在何處?"各持長槍・大釰,賈勇急索,僧徒驚惶失魄,僅僅作答曰:"俄果來此,旋復卽起,不知去處矣."鬼卒大恨,曰:"今夜必欲殺之,又此見失,後無更圖之時,在渠果大幸,吾輩與渠有結冤,必欲報之.今日乃限滿而失之,更無奈何?"仍散去.公莫知其鬼祟何由,人皆怪之,然已知公非尋常人也.

245.

李昌平穆,與李判書景曾爲叔姪,而昌平乃姪,長於叔數十歲,

判書養育受學於昌平, 故不以凡姪待之. 昌平素好滑稽, 每多蔑
戲, 判書常雖苦之, 亦無奈何. 嘗出按海西, 及遞歸, 昌平請曰: "眞
墨何不優賜?" 答曰: "前已多送, 今何無廉且無帶來者?" 昌平曰:
"下教誠然矣." 後數日, 探判書不在家, 謁其夫人曰: "今者, 隱微之
中, 有不可聞人之事, 不勝慨咄, 敢欲仰白." 夫人曰: "何事乎?" 昌
平曰: "叔有平日才望, 與自處何如, 而擧世亦不以凡類待之. 今番
海營之行, 處事大失, 昔日聲望, 減損無餘, 故如是告." 夫人驚問
曰: "以何事至於如此?" 昌平尤帶悶然之色, 曰: "少年男兒, 爲外
任, 或置房妓, 例無足怪, 而若叔主在營時, 首陽・梅月兩妓, 寵愛
太過, 非但多有駭擧, 貽笑營中. 及當遞338)歸, 不忍相離之情, 以其
名'首陽梅月'四字, 至刻於墨板, 多數印造, 常置硯匣外, 托文房四
友內, 爲永久相對不忘之資. 人之親愛, 亦無過於友, 字之稱, 此事
大播, 無人不道, 皆指叔父爲笑場. 子姪悶迫之心, 當復如何? 夫
婦之間, 人所難言, 故人無敢白, 姪若不告叔母主, 何以知之?" 夫
人乃宗室順和君之女也, 生長宮家, 常時只見大節墨, 不知更有首
陽梅月, 而今聞此昌平之言, 頗近似, 卽命侍婢, 取出墨横, 箇箇詳
考, 太半果首陽梅月. 夫人見此大怒, 昌平又從傍挑忿, 夫人尤不
勝憤惋, 無數噴咄, 盡欲碎棄. 昌平曰: "叔主處事, 雖似如何墨之
碎棄, 無義. 姪乃局外人, 取用無妨." 夫人感其來告, 盡給之, 昌平
無遺持去. 日暮後, 判書還家, 夫人怒憤未解, 高聲大言曰: "何不
與首陽梅月同居, 尋還家中耶?" 判書莫知其由, 夫人指墨板事,
曰: "身爲名官, 何作此駭怪之擧耶?" 判書始知昌平所戲, 而然發
明無路, 卽使奴子, 貿取首陽梅月數同於市上, 示夫人, 曰: "吾果

---

338) 遞: 저본에는 '迎'으로 나와 있으나 이본에 의거함.

惑於兩妓, 實有此事, 而第市人有何所惑, 而亦有此墨耶?" 夫人覺無聊.

246.

雪峯姜公, 性本踈拙. 嘗爲海伯時, 欲近某妓, 不敢生意, 只掛置心中矣. 一日夜, 無寐獨起, 散步欄軒, 更漏已深, 萬籟俱寂. 時又夏月, 月色如晝, 房妓四五人, 半解羅裙, 乍露玉肌, 散宿欄邊. 其中注意者, 亦與焉. 始欲犯接, 第恐他妓之知, 且欲竝與當者, 而無使知之, 屛息逼坐臥內. 而爲慮驚睡, 擧手先抑其肌膚, 妓濃睡半醒, 欠伸而動脚. 公還生羞怯, 急起還房, 俄而色意復生, 從窓窺覘, 妓復就睡. 公更爲出去, 以手又[339]試其深宿與否, 妓入睡未久, 驚悟見之, 乃監司也. 公又急起而走, 妓始知向意於渠, 佯若復睡, 公稍久, 又[340]出來, 如前試之, 妓牢臥不動, 一如熟睡. 公十分咨且[341], 始狙伏而狎之, 妓始抱腰, 公大生羞愧, 戰慄若痁疾人, 曰: "此何事?" 妓仍自按抱入房, 曰: "此乃至易之事, 何過生疑怯?" 百般戲謔, 渠自挑淫. 然驚魂未定, 頓失色意, 曰: "外人當知之, 奈何?" 妓曰: "深夜之事, 其誰知之? 願無慮焉." 日未明, 出[342]送厥妓, 妓出戶外, 一營已皆知之, 相傳爲笑. 自後, 渠深夜入來, 或爲薦枕, 公猶以外人爲不知, 每申托無使洩漏, 妓亦每對以無知者, 常欲以某物帖給, 而亦慮有知者. 每歎曰: "吾豈薄情而然也? 第有所拘, 無可奈何." 妓對曰: "侍宿已極榮幸, 何望賜物?" 及當遞歸,

---

339) 又: 저본에는 '尺'으로 나와 있으나 이본에 의거함.
340) 又: 저본에는 '只'로 나와 있으나 이본에 의거함.
341) 咨且: 다본에는 '趑趄'로 되어 있음. 서로 통함.
342) 出: 다본에는 '暗'으로 되어 있음.

妓爲惜別, 乘夜入謁, 公多致情款, 曰:"外人果不知耶?"對曰:"然矣." 公曰:"不得給物之意, 前已酬酢, 而今當相別, 笥無私儲, 仍無表情者, 尤令悵缺." 出硯裏退墨禿筆, 給之, 曰:"此物則其誰有知耶? 汝須持去, 替我相愛也." 妓曰:"此亦情貺也." 及出戶外, 周示同類, 曰:"三年巡使道差備, 得此好物." 人尤笑之. 未及上京, 已播洛中, 傳爲笑囮. 及其還家, 儕流來見, 曰:"新從海營, 筆墨應有帶來者, 可分用否?" 公本淸白, 故果無一枝片墨, 答以[343]無有, 皆曰:"給妓之物, 可無波及於知舊耶?" 公叔色羞愧, 且驚怪, 答曰:"此事何以知之乎?" 呭呭不已, 其性拙如此.

247.

李參判世璡, 族人推奴慶尙道, 其族屬甚繁, 或贖或貢. 其中年少一婢, 爲使喚率來, 而行到洛東江, 方渡津之際, 厥婢有所上者, 取而見之, 則裂裳咋指血書, 曰: '夫妻奴主義無間, 不去亦難去亦難. 回首洛東江水碧, 此身危處此心安.' 覽未訖, 大驚環顧, 已投水而死. 蓋新嫁未久, 其夫是不得隨來同居者, 生於賤微中. 以女人能識奴主夫婦之義如此, 婢在家其父母, 亦不能知其識字. 今到洛東江, 忽有此詩, 甚奇且怪也.

248.

禮山一兒, 年未十歲, 文才奇異, 人指巫山十二峯畫屛, 命賦詩, 卽對曰: '昔者巫山十二峯, 來往[344]吾東作八峯.' 八峯[345]蓋內浦山

---

[343] 以: 나본에는 '曰'로 되어 있음.
[344] 往: 가, 나본에는 '住'로 되어 있음.
[345] 八峯: 저본에는 빠져 있으나 나본에 의거하여 보충함.

名, 人問曰: "十二峯內四峯, 胡無去處耶?" 卽對落句, 曰: '其餘四峯何處去, 三爲三角一俗離.' 又指日命題以三五七言, 應之曰: '自東出, 從西沒. 東西非咫尺, 出沒則朝夕. 安得長長鐵鉤索, 繫爾中天也不仄.' 人稱神童, 雖子安之才, 決不過此. 未及成長而夭折, 可惜!

249.
北兵營有行營, 在於鍾城, 而其不遠有池[346], 名山城底, 土地肥沃, 水草且好, 第自古以鬼藪稱之, 人不得居生矣. 會寧姓陳者, 欲居之, 人皆挽止, 不聽而遂居[347]焉. 別無魍魎, 凡事順成, 且非久生子, 尤爲喜幸. 兒生二夜, 窓戶依舊, 兒無去處, 大爲驚怪, 搜覓不得. 人始謂是鬼祟, 而然如前奠居, 更無他患, 又連生二子, 俱得善養. 年過十餘, 其父始死, 葬於家後, 與其母依舊安過. 又過四五年, 皆娶妻, 其母率兩子兩婦, 又好過十餘年矣. 一日, 兩子出他, 其[348]母獨坐, 忽有頎然一男子, 容貌俊邁, 衣服鮮明, 乘駿驄, 飄然而來, 下於門外, 卽送其人馬, 不通而直入內房. 母驚問曰: "尊果何人而如是直入乎?" 答曰: "以母而豈不知子耶?" 母曰: "吾只有二子, 今皆出外, 客是何言?" 答曰: "能記某年失兒事否?" 母曰: "何可忍忘?" 答曰: "吾乃當日之兒也!" 母曰: "雖有是事, 尊言極虛慌矣. 旣稱吾子, 往在何處, 乳養於何處? 亦何以如是成立乎?" 答曰: "本以上界之人, 只假母腹而生, 故卽出戶爲神仙, 昇天雲遊, 不待乳養, 且不火食, 自然成長. 若有可食之物, 食無量, 雖數旬不

---

346) 池: 다본에는 '地'로 되어 있음.
347) 居: 다본에는 '去'로 되어 있음.
348) 其: 저본에는 빠져 있으나 다본에 의거하여 보충함.

食, 亦不爲飢, 周遊四方, 俯瞰下界, 世間萬事, 無不通之." 母雖不知向失之兒, 無恙如此, 兒披雲俯家, 歌哭悲歡, 大小凡百, 無不詳知矣. 如是酬酢之際, 兩子自外還歸, 神仙亦如與母之言, 曰: "父死已久, 吾且長成, 尙不得與母親二弟面對, 敍懷情理悵缺. 故今爲塵世之人, 下降始來, 我若在家, 家有喜事, 願少留欲報劬勞之恩." 兩子見而聞之, 大爲奇愛, 使之留在. 自此, 母與二子, 待以同氣, 母子呼[349]以神仙子神仙兄, 每於朝夕, 雖給四五升, 食無飽意, 亦累日不食粒米, 無飢色. 自後, 或留或去, 來往無常, 彼之自處, 家之待彼一如同居者, 親戚知舊, 漸皆知之, 仍復面熟, 亦皆呼之以神仙. 如有可探之事, 雖絶遠處, 半晷能往返, 亦果無差誤. 以此, 人皆待以神明. 若出門外, 昇空不見其影, 在家言語處事, 咸得其中, 家人非但有喜, 隣里皆賀之. 一日, 謂兩弟曰: "先人葬地不吉, 吾欲移窆." 兩弟曰: "能知地理否?" 答曰: "神仙於天下事, 無不知之, 豈獨地理而不知耶?" 兩弟已服其神明, 故皆曰: "諾. 第好穴在於何處?" 答曰: "吾已卜置, 但當擇日, 從吾所爲新山有禁秘之事, 且凡遷葬諱人然後, 可得其福, 必勿漏泄!" 兩弟聽命, 雖於至親, 秘而不言. 及到葬期, 無辦需, 且無新山穿壙之事, 兩弟心爲泄鬱, 神仙曰: "吾已備之, 勿復慮!" 葬日夜深, 神仙率兩弟, 往其父墳, 破墓出棺, 三人運去一水邊, 其水出自鍾城邑, 成大川於行營十里地餘, 入于海. 兩弟問: "新穴在於何處?" 神仙指川而言曰: "此乃穴也." 兩弟莫測其言, 神仙曰: "肉眼何以知乎? 葬後將觀來頭, 可以知之." 仍擧棺, 沈於水中而歸. 兩弟心[350]極疑訝, 然常日凡事, 不出於神仙之言, 故還復信之矣. 其叔之在於會寧舊基者,

---

349) 呼: 저본에는 '所'로 나와 있으나 이본을 따름.
350) 心: 저본에는 '雖'로 나와 있으나 가, 다본을 따름.

知其遷葬, 來問曰: "汝父改葬, 何不告我乎?" 神仙曰: "葬地是非便處, 故不得仰告, 如往見可知矣." 其叔卽欲往見, 神仙曰: "地是被侵, 艱辛得用, 然當有後慮, 不可涉煩來往, 須勿言於他人, 宜定日卜夜而來, 姪輩當陪去矣." 叔心甚訝之. 某日夕, 依所言而來, 神仙兄弟, 備祭物及香燭, 待昏後月夜, 同往沈棺處, 曰: "此乃葬地." 其叔周覽[351]四面, 無葬人處, 只有大川橫流而已. 問曰: "新墳在於何處?" 神仙曰: "徐徐待之." 其叔益復疑惑, 神仙設饌於川邊, 明燭焚香, 使叔與兩弟, 相與參神. 少頃, 其父自水中, 金冠・佩玉・紅袍・犀帶, 緩步而來, 依然若大官制度. 神仙問于其叔曰: "果何如?" 語未已, 其父已到沙上, 威儀儼然, 據梧而坐, 噓唏謂其兄曰: "余今夕得復拜兄, 懽喜如何? 兒輩葬我大吉地, 故做得高官, 其榮顯不可言也." 所謂酒饌, 生人死者相對啖食, 食訖, 告別曰: "心雖悵然, 所掌職務甚煩, 不得久留." 還入水中, 神仙曰: "新穴之效, 果復何如?" 其叔驚且極異, 曰: "如此之事, 古今未有聞也." 仍各罷歸. 復數三日後, 神仙曰: "祖父母墳山, 亦甚不佳, 移奉於親山近處, 甚好." 兩弟曰: "可白于叔父." 卽與神仙, 同往告之, 其叔果肯許之. 神仙卽自擇日, 曰: "此乃家中大事, 不可使他人參涉, 且不必張皇. 大抵父親之入地, 卽爲顯貴, 非徒新穴之極好, 專由於出柩安葬之秘密. 而然今番亦如前勿漏, 又不用擔軍, 只吾六人相遞負去, 可以完事." 蓋其叔有二子, 故發此言[352]也. 及期日於夕後, 神仙率諸人, 不爲破墓, 自墓前鑿穴, 曳出兩棺, 復以莎片還塞穴口, 使他人不知之. 遂剖柩, 去其棺, 神仙及諸人, 相遞負去, 遂到先葬川邊. 時夏潦水漲, 所謂穴處, 水深數丈. 神仙以長索, 繫轉兩

---

351) 覽: 다본에는 '觀'으로 되어 있음.
352) 發此言: 다본에는 '摠而言'으로 되어 있음.

尸, 三人執其端, 又使三人, 從水淺處渡去, 立於越岸, 彼此各引索端. 又以大石抱尸, 神仙或進或退, 且上且下, 東西指揮, 當其水深處, 遂沉之. 自以爲安葬, 相賀而各罷, 其繫尸索端, 自在泛水. 翌日, 近處農人, 往浴於川上, 見汎索攬鉤, 牽出兩尸, 隨以出來, 浴者大驚. 葬時以夜行, 叔陳腰帶有箭而來, 一箭落於草間, 不得而歸. 此際又得之, 箭是柳箭, 故有刻名, 見之, 則是會寧陳某也. 其村人, 竝與柳箭而告于官, 自鍾城移文會寧, 會寧招問叔陳, 則隱諱不言. 此際, 陳哥所居面任, 適過陳哥父母墳前, 見其破棺, 且多有殊常痕迹, 仍復細察其塋域, 拔莎片, 是空穴也. 以此告官, 陳哥自不得終隱, 官家卽令捉來神仙, 神仙已走, 去處不知. 雖是見欺而然者, 以其父尸之沉水二者正刑, 三人杖斃, 陳之種類, 無子遺家, 舍仍爲蓬墟. 余在北關, 親[353]見親聞如此.

---

353) 親: 저본에는 '視'로 나와 있으나 가, 다본을 따름.

집필진 소개

- 연구책임자

  정환국   성균관대학교에서 박사학위를 받았으며, 현재 동국대학교 국어국문문예창작학부 교수로 있다. 한문학과 고전서사를 연구하고 있으며, 저역서로 『초기소설사의 형성 과정과 그 저변』, 『주생전·운영전·최척전·상사동기』, 『조선의 단편 1·2』, 『역주 신단공안』 등이 있다.

- 공동연구원

  이강옥   서울대학교에서 박사학위를 받았으며, 현재 영남대학교 명예교수로 있다. 고전산문을 연구하고 있으며, 저역서로 『죽음서사와 죽음명상』, 『한국야담의 서사세계』, 『구운몽과 꿈 활용 우울증 수행치료』, 『일화의 형성원리와 서술미학』, 『청구야담』 등이 있다.

  오수창   서울대학교에서 박사학위를 받았으며, 현재 서울대학교 명예교수로 있다. 문학작품을 포함한 넓은 시야에서 조선시대 정치사를 연구하고 있으며, 저역서로 『조선후기 평안도 사회발전 연구』, 『춘향전, 역사학자의 토론과 해석』, 『서수일기-200년 전 암행어사가 밟은 5천리 평안도 길』 등이 있다.

  이채경   성균관대학교에서 박사학위를 받았으며, 현재 성균관대학교 한문학과 초빙교수로 있다. 조선후기 야담을 주로 연구하고 있으며, 저역서로 『철로 위에 선 근대지식인(공역)』과 논문으로 「『어우야담』에 담긴 지적경험과 서사장치」, 「『금계필담』에 기록된 신라 이야기 연구」 등이 있다.

  심혜경   동국대학교에서 박사학위를 받았으며, 현재 동국대학교 국어국문문예창작학부 강사를 맡고 있다. 고전소설을 연구하고 있으며, 논문 「조선후기 소설에 나타나는 여성과 불교 공간」, 「윤회에 나타나는 정체성 바꾸기의 의미」, 「〈삼생록〉에 나타나는 애정문제와 남녀교환 환생의 의미」가 있다.

  하성란   동국대학교에서 박사학위를 받았으며, 현재 동국대학교 국어국문문예창작학부 강사를 맡고 있다. 고전소설을 연구하고 있으며, 저역서로 『포의교집(역서)』, 『절화기담(역서)』, 『한국문화와 콘텐츠(공저)』 등이 있다.

  김일환   동국대학교에서 박사학위를 받았으며, 현재 동국대학교 국어국문문예창작학부 교수로 있다. 조선후기 실기문학을 연구하고 있으며, 저역서로 『연행의 사회사(공저)』, 『조선의 지식인들과 함께 문명의 연행길을 가다(공저)』, 『삼검루수필(공역)』 등이 있다.

교감표점 정본 한국야담전집 2
천예록天倪錄·매옹한록梅翁閑錄·이순록二旬錄

2025년 06월 10일 초판1쇄 펴냄

책임교열 정환국
펴낸이 김홍국
펴낸곳 보고사
등록 1990년 12월 13일 제6-0429호
주소 경기도 파주시 회동길 337-15
전화 031-955-9797(대표)
전송 02-922-6990
메일 bogosabooks@naver.com
http://www.bogosabooks.co.kr

ISBN 979-11-6587-822-1 94810
      979-11-6587-820-7 (set)
ⓒ 정환국, 2025

정가 30,000원
사전 동의 없는 무단 전재 및 복제를 금합니다.
잘못 만들어진 책은 바꾸어 드립니다.